서남동양학술총서

고려에 남긴
휴휴암의 불빛
몽산덕이

허 흥 식 지음

창비

21세기에 다시 쓴 간행사

서남 동양학술총서 30호 돌파를 계기로 우리는 작년, 기왕의 편집위원회를 서남포럼으로 개편했다. 학술사업 10년의 성과를 바탕으로 이제 새로운 토론, 새로운 실천이 요구되는 싯점이라고 판단했기 때문이다.

알다시피 우리의 동아시아론은 동아시아의 발칸, 한반도에 평화체제를 구축하고자 하는 비원(悲願)에 기초한다. 4강의 이해가 한반도의 분단선을 따라 날카롭게 교착하는 이 아슬한 상황을 근본적으로 해결하는 방책은 그 분쟁의 근원, 분단을 평화적으로 해소하는 데 있다. 민족 내부의 문제이면서 동시에 국제적 문제이기도 한 한반도 분단체제의 극복이라는 이 난제를 제대로 해결하기 위해서는 우선 서구주의와 민족주의, 이 두 경사 속에서 침묵하는 동아시아를 호출하는 일, 즉 동아시아를 하나의 사유단위로 설정하는 사고의 변혁이 종요롭다. 동양학술총서는 바로 이 염원에 기초하여 기획되었다.

10년의 축적 속에 동아시아론은 이제 담론의 차원을 넘어 하나의 학(學)으로 이동할 거점을 확보했다. 우리의 충정적 발신에 호응한 나라 안팎의 지식인들에게 깊은 감사를 표하는 한편, 이 돈독한 토의의 발전이 또한 동아시아 각 나라 또는 민족들 사이의 상호연관성의 심화가 생활세계의 차원으로까지 진전된 덕에 크게 힘입고 있음에 괄목한다. 그리고 이러한 변화가 6·

15남북합의(2000)로 상징되듯이 남북관계의 결정적 이정표 건설을 추동했음을 겸허히 수용한다. 바야흐로 우리는 분쟁과 갈등으로 얼룩진 20세기의 동아시아로부터 탈각하여 21세기, 평화와 공치(共治)의 동아시아를 꿈꿀 그 입구에 도착한 것이다. 아직도 길은 멀다. 하강하는 제국들의 초조와 부활하는 제국들의 미망이 교착하는 동아시아, 그곳에는 발칸적 요소들이 곳곳에 숨어 있다. 남과 북이 통일시대의 진전과정에서 함께 새로워질 수 있다면, 그리고 그 바탕에서 주변 4강을 성심으로 달랠 수 있다면 무서운 희망이 비관을 무찌를 것이다.

동양학술총서사업은 새로운 토론공동체 서남포럼의 든든한 학적 기반이다. 총서사업의 새 돛을 올리면서 대륙과 바다 사이에 지중해의 사상과 꿈이 문명의 새벽처럼 동트기를 희망한다. 우리의 오랜 꿈이 실현될 길을 찾는 이 공동의 작업에 뜻있는 분들의 동참과 편달을 바라 마지않는 바이다.

丙戌 元旦
서남포럼운영위원회
www.seonamforum.net

한국에 보존된 한 포기 원대 강남불교

우리는 "업은 아이 3년 찾는다" 또는 "이웃 동네에 가서 찾는다"는 속담을 듣는다. 세계종교의 하나인 불교의 교조가 깨달음은 멀리 있지 않고 가까이 있다는 가르침을 알아듣기 쉽게 정리한 표현으로 해석할 수 있다. 불교의 목적은 깨달음이고 방대한 대장경에 실렸고, 친절한 설명이며 성실한 수련이 축적되면 가까운 곳에서 큰 열매를 얻는다.

고려말기의 불교계는 침체되는 대세를 되돌리지 못하였으나 성실하게 새로운 사상을 모색하였고 보존한 성과가 있었다. 성리학이 주도한 조선에서 유지한 불교의 기반은 고려의 조계종과 관련이 깊었다. 필자는 고려와 조선의 불교에 연속된 사상의 바탕에는 몽산덕이(蒙山德異)와 지공선현(指空禪賢)의 영향이 지대하였음을 강조하였다.

고려의 승속이 몽산을 찾았으나 그는 고려에 다녀간 일이 없었다. 지공은 고려에 겨우 3년 가까이 머물렀고, 입적하기까지 30년 이상 원의 수도에 머물렀다. 그러나 그에 관한 자료는 원의 수도인 연도(燕都)에서 찾기 어렵다. 필자는 1998년부터 1년간 원의 수도 연도(燕都)인 오늘날 북경에 머물면서 몽산과 지공에 관한 자료를 찾았으나 조금밖에 얻지 못하였다. 이후 국내에서 두 고승에 관한 자료를 적지 않게 추가하였고, 북경에서 만난 스님을 다시 보고 "업은 아이를 가까이 두고 오랫동안 밖에서 찾았다"고 바꾸어 말하였다. 몽산과 지공은 고려인이 아니고 7백여 년 전에 남송(南宋)과 인도에서 각각 성장한 인물이며, 이들의 저술로 현지에 남아 있는 자료는 극히 적고, 거의 국내에서 발견되었다. 이 두 고승은 모두 원대의 불교사에서 주목되는 인물이지만 인도사와 원사를 비롯한 외국의 역사책에 남지 않았다. 이들이 현지에서 외면당하고 멀리 떨어진 고려와 조선을 거쳐 현재의 한국 불교에 깊은 흔적을 남겼으며, 최근에야 관심을 끌고 있는 추세이다. 이들의 저술과 영향은 한국에만 전하므로 한국불교의 특성을 규명하기 위하여 새로 도전할 과제이다.

몽산이 살았던 불교계는 간화선(看話禪)이 풍미하였고, 몽고가 확대하기 직전 고려의 보조국사(普照國師) 지눌(知訥)도 남송의 대혜종고(大慧宗杲)로부터 깊은 감화를 받았다. 몽산은 몽고족이 세운 원(元)이 팽창하고 남송을 멸망시킨 13세기 후반에 활동한 임제종(臨濟宗) 양기파(楊岐派)에 속한 고승이었다. 이보다 앞서 금(金)의 침략에 저항한 지식인으로써 대혜종고의 현실인식은 그의 법손 온릉계환(溫陵戒環)에게 계승되었고, 그 메아리는 몽산으로 이어졌다.

지눌의 뒤를 이어 몽고에 저항하던 시기에 진각국사(眞覺國師) 혜심(慧諶)은 간화선을 더욱 발전시켰다. 혜심의 법손은 몽산을 찾았고, 저술과 불교고전의 교류를 통하여 동아시아 불교사에서 깊은 발전이 있었음이 최근에야 조금씩 입증되기 시작하였다. 국내에 몽산의 저술이 끊임없이 발견되고, 일부가 보물문화재로 지정되었다. 몽산의 사상이 고려말과 조선전기에 불교를 지키기 위한 중요한 전거로 그의 저술이 사용되었다는 뚜렷한 증거이다.

몽산의 저술이 문화재로 지정된 동기는 내용보다 한글이 창제된 초기에 번역된 국어자료로서 가치를 높이 평가한 결과였다. 필자는 몽산이 한국사상사에 남긴 발자취와 중요성을 알기 위하여 자료를 모으고 해석하기까지 오랜 기간이 필요하였다. 출현한 자료의 분석이 2002년 거의 끝났다고 짐작하였으나, 이후에도 적지 않은 새로운 자료가 나타났고, 그에 관한 연구도 폭을 확대시킬 필요성이 증가하였다. 5년의 기간을 연장하면서 적지 않은 새로운 자료를 분석한 결과를 보충하였다. 이 책이 앞으로 새롭거나 훼손된 부분의 내용을 보충하면서 향상된 연구로 발전시키는 도움이 되기를 바랄 뿐이다.

몽산과 관련된 새로운 자료를 판독하여 입력하는 작업은 간단하지 않았다. 여러 자료를 비교하여 교감하고 표점을 찍기까지, 냇가의 모래를 건축으로 바꾸는 작업과 다름없는 번거롭고도 지루한 과정을 거쳤다. 지공과 몽산은 14세기 고려불교사에 큰 영향을 주었지만, 국어사와 달리 사상사에서 소외되었다. 동아시아는 물론 세계불교사를 바꿔야 할 부분도 적지 않다.

몽산과 임제종 양기파의 사상과 지공의 삼학과 선사상, 그리고 남전의 선불교는 원을 통하여 도입된 성리학과 함께 고려말기의 사상계에서 삼교일치(三敎一致)를 강조하는 사상을 촉진시켰다. 성리학은 과거제도에 수용되면서 원과 고려 지배층의 교육과정으로 접목되었다. 원의 임제종 양기파는 강남불교의 전통을 계승하면서 삼학은 물론 성리학의 고전을 불교사상으로 해석하여 흡수하는 사상의 확대에도 불구하고, 원의 지배층이 신봉한 라마교에서 소외된 상황을 벗어나지 못하였다.

명이 중원의 패권을 원으로부터 탈취하면서 불교계는 라마교보다 강남 임제종이 주도하였다. 조선의 불교계는 삼교일치에 대한 몽산의 이론을 견지하면서 성리학의 공격에 대응하였다. 이러한 불교계의 노력은 성리학의 공세를 공존으로 융합에는 실패하였으나 새롭게 평가할 주제이다. 우리나라에만 전하는 몽산이 남긴 직주도덕경(直註道德經)이나 사설(四說)을 동아시아의 사상사에서 이제야 논의한다는 사실은 학계가 낙후한 아쉬움이라 하겠다.

그동안 틈틈이 발표한 논문을 다시 다듬어서 저술의 체계로 묶고 대부분의 자료가 새로 알려졌으므로 거의 모두 실었다. 다만 사설은 훼손이 심하므

6

로 서문만 실었고, 제경찰요(諸經撮要)의 전반부는 몽산의 교학에 대한 여러 불경의 초록과 같으므로 제외하였다.

삶과 사상의 발자취란 보석의 원석(原石)과 같으며, 갈고 닦는 기술과 노력의 수준에 따라서 모양과 빛의 반사가 달라진다. 몽산에 관한 자료를 찾아 해석하고 의미를 더하였으나, 짧은 지식으로 원석에 흠집만 내었다는 걱정이 앞선다. 밝은 지식을 가진 동학들이 향상된 연구를 위하여 디딤돌로 삼는다면 다행이겠다. 학계는 전산화된 자료를 간편하게 이용하여 바빌론의 대탑을 만들기에 열중하고 있다. 때로는 번거로움만 더하는 활자의 공해를 벗어나 새롭고 썩지 않는 핵심을 담고 싶었다.

귀중한 자료를 제공하여 주신 천혜봉(千惠鳳) 박사님, 조병순(趙炳舜) 관장님, 김민영(金敏榮) 선생님, 그리고 남권희(南權熙) 교수께 깊이 감사한다. 원고를 제출하고 1년 반이 늦어졌으나, 연구비를 지급하고 기다려주신 서남문화재단에 고마움을 전한다. 또한 경영에 도움이 적은 학술서를 맡아 간행한 출판사의 노고에 감사한다.

2008년 12월
허흥식

차례

서론

아시아는 하나의 대륙이라 보기 어렵고, 가장 넓은 면적과 인구를 포함한 몇개의 대륙이다. 이 가운데 동아시아는 서에서 동으로 흐르는 황하와 양자강 유역에 가장 많은 인구가 밀집되었다. 동아시아 서북의 사막에서 북서계절풍과 황하의 물줄기를 따라 이동한 황토는 중원을 덮었다. 강력한 통치력으로 황하를 관리하지 않으면 황토는 제방을 넘고 범람하였다. 이를 다스리는 노동력은 곧 군사력이었고, 군사력을 장악하면 동아시아 질서의 정점을 차지한 패자로 군림하였다.

양자강은 황하보다 길고 유역이 넓고 여유롭지만, 동아시아 패자가 등장하는 중원에서 빗겨나 있었다. 중원이라 불리는 황하유역은 태풍처럼 단명하더라도 강력한 패권을 가진 여러 민족이 왕조를 생산하였다. 춘추전국과 남북조, 그리고 오대에서 원의 통일에 이르기까지 황하를 차지한 여러 민족이 주인을 바꾸면서 각축하였다. 중원을 차지한 민족은 여러 차례 변했어도 새로운 왕조는 문화를 창조할 겨를이 없이 앞선 왕조의 문물을 그대로 둘러쓴 집게와 같았다.

고려와 같은 시기에 중원을 장악한 요(遼)와 금(金)과 원(元)은 가장 두드러진 패자였다. 오늘날 중국은 만주족인 후금(後金)이 세웠던 청(淸)의 공간을 빌린 집게이고, 서구의 문명과 접목을 시도하고 있다. 송(宋)과 명(明)은 화이(華夷)를 외쳤지만 국력은 금과 원과 청에 비교하기 어려운 약세의 국가였다. 혼족(混族)인 다수의 한족(漢族)과 순족(純族)의 소수민족이 세운 국가의 교체에서 국가의 통치비용과 국력은 지배민족의 수효와 반비례하였다. 몽고의 후신 원은 고려와 티베트, 그리고 위구르족을 연합하여 국가를 경영한 통치비용을 최소화하고 최초로 동서를 합친 세계사를 쓰면서 동아시아의 전성기를 이루었다.

중원에서 빈번하게 일어난 왕조의 격심한 변혁에도 불구하고, 고려는 오랜 기간 안정된 왕조를 유지하였다.[1] 중원에서 사라진 동아시아의 문화유산을 고려에서 보존한 예가 적지 않았다. 특히 불교서(佛敎書)는 고려보다 앞선 당말(唐末)의 회창폐불(會昌廢佛)과 고려초인 오대(五代)를 거쳐 송초(宋初)에 이르는 시기에 중원의 많은 문헌이 사라졌으나 고려에서 이를 보존하였다. 고려중기의 대각국사(大覺國師) 의천(義天)은 이를 토대로 더욱 널리 수집하여 대장경에서 빠진 장소(章疏)의 목록인 신편제종교장총록(新編諸宗敎藏總錄)을 편집하고 전문을 간행하였으나 극소수만 현존한다.

동아시아의 불교는 북전(北傳)한 교학(敎學)이 먼저 융성하고, 남전한 선종이 확장되면서 새로운 전기를 맞았다. 중간통로로 당대(唐代)에 밀교(密敎)가 전래되었으나, 티베트를 제외한 지역에서는 종파로서 확립되지 못하였다. 당대(唐代)를 교선(敎禪) 병립기라 한다면, 송에서 선종이 번영하였고

---

[1] 한국사에서 고려는 내우외환이 격심한 시기라 통설이 되었다. 필자가 탐구한 바로는 실제로 내란과 외침도 적지 않았지만, 같은 시기의 동아시아는 물론 세계사의 어느 곳에도 고려처럼 장기간 안정된 국가를 유지하면서 보편성과 독창성을 겸비한 문화를 발전시킨 사례가 드물었다. 한국사에서 외국의 군사를 끌어들여 외침을 해결하지 않고, 스스로 거란이나 몽고의 침략을 물리치고 국가를 유지한 사례는 고려가 가장 뚜렷하였다. 허흥식 「한국의 전형적 중세 고려시대사가 남긴 새로운 세기의 과제」, 『한국사론』 30(국사편찬위원회 2000).

요와 금에서 교학이 우세하였다. 고려에서는 교종과 선종이 균형있게 발전하였으며, 대륙과 마찬가지로 남선북교(南禪北敎)라 할 정도로 지역별로 보면 선종은 기후가 온화하고 민족이동이 적은 지역에서 발전하였다. 원대에 이르러 왕실은 밀교계의 라마교를 숭상하였고 동남방은 여전히 선종이 우세하였다. 이 무렵 유교나 라마교에 대응하여 유불도(儒佛道) 삼교(三敎)의 일치(一致)를 주장하는 사상이 강화되었다.

동아시아의 불교사에서 당말의 회창폐불은 교종에서 선종으로 주도권이 변하는 분수령을 이루었다. 기존의 교종은 몰락하고, 지방 불교로서 교세가 떨치지 못했던 선종은 오히려 이후의 오대를 거치면서 더욱 번성하여 이른바 오화칠엽(五花七葉) 또는 오가칠종(五家七宗)이라 불릴 정도로 다양하게 발전하였다. 선종사에서 회창폐불까지 제1기라 한다면, 이후부터 북송까지를 제2기라고 한다. 송과 요는 대륙을 양분시켰을 뿐 아니라 선교(禪敎)의 사상으로 대조를 보였다면, 고려에서는 선교에 뿌리를 두었던 여러 종파가 균형있게 발전하였다.

북송에서 금이 대두하면서 주전파(主戰派)를 옹호한 임제종승(臨濟宗僧)은 간화선(看話禪)을 내세웠고, 강화파(講和派)는 조동종승(曹洞宗僧)의 묵조선(默照禪)과 사상적 상관성이 있었다. 남송이 강남에 도읍하고 대혜종고(大慧宗杲)의 간화선은 선사상의 주류를 이루면서 이후에 황룡파(黃龍派)와 양기파(楊岐派)로 갈라져 경쟁하였다. 남송 이후를 선종사에서 제3기라 할 수 있다. 원의 통일과 함께 라마교와 성리학이 임제선종과 대결하였고, 명의 건국으로 라마교가 쇠퇴하였으며, 성리학의 우위가 확립되었다. 이 시기를 선종의 제4기라고 할 수 있다. 청에서는 원과 상통하는 종교의 다원적 요소가 다소 부활되었다. 몽산덕이는 임제종 양기파에 속하고 선종사의 제3기 말부터 제4기의 초에 속한 고승이었다.

몽산은 남송말에 태어나 전반기를 몽고와 저항하던 시기를 보내었고, 출가한 생애의 후반기는 원의 통일된 통치를 받았다. 원대의 선종은 유불도의 사상적 논쟁을 벗어나 삼교일치(三敎一致)라는 사상적 융합이 성행하였고, 이를 선종사에서 제4기의 특징이라 하겠다. 명과 청의 불교사상도 원대에 확립된 삼교일치의 이론에서 크게 벗어나지 않았고, 선종을 중심으로 교종의 교학은 물론 유교와 도교의 사상과 융합성이 강화되었다.[2] 몽산이 말년에 저술한 직주도덕경(直註道德經)과 사설(四說)과 그보다 같은 강남(江南)에서 앞선 시기에 여여거사(如如居士) 안병(顔丙)이 저술한 삼교어록(三敎語錄)은 임제종이 간화선을 중심으로 사상의 융합을 강조한 저술이었다.

몽산은 13세기 후반에 주로 활동하였다. 고려후기에도 송과 원 또는 원과 명의 왕조변혁기에 그곳에서 없어진 문헌을 고려에서 보존한 예가 적지 않고, 몽산의 어록과 저술도 바로 같은 사례에 속한다. 성리학을 이념으로 조선을 건국한 근세에 우리나라에서 없어진 많은 불교서가 일본에서 발견되는 현상과도 같다.

남송의 대표적 불교종파이었던 임제종 양기파의 고승들은 가장 끈질긴 생명력을 유지하였다. 이들은 라마교보다 원의 왕실과는 거리가 있었지만 치열하였던 유불도의 이론투쟁에도 살아남았고, 명과 청을 거쳐 근래까지 동아시아 불교의 정통성을 가장 철저하게 지속하였다. 몽산은 생애의 전반기에 남송과 원으로 이어진 왕조의 변혁과 선종사상의 변화란 소용돌이의 한가운데서 치열하게 살았으나, 후반에는 은둔하여 저술에 힘쓰면서 보냈다. 그는 고려 승속(僧俗)과 교류하면서 출가 전으로 회귀하는 적극적인 일면이 포착된다.

몽산은 몽고세력이 팽창하던 1231년에 남송에서 태어나 청년기를 양자강

2) 중국의 선종사에 대한 거시적 연구는 방대한 작업이므로 이를 종합하여 정리한 통시적인 연구가 개인의 노력으로 이루기는 어렵다. 중국 선종사는 왕조사와 연결시켜 정리되었으나 선종 자체의 변화를 중심으로 서술할 필요가 있다. 필자의 시대 구분에는 다음 서적을 참조하였다. 杜繼文·魏道儒 『中國禪宗通史』(江蘇古籍出版社 1993).
다만 위의 편저는 일반적인 중국의 저서에서 나타나는 기존의 학설에 대한 수렴을 밝히지 않고 원전의 전거만을 수록했다는 한계점이 있다.

유역에서 수학(修學)과 출가(出家), 그리고 수도(修道)로 보냈다. 그는 원이 중원을 통일한 다음 교화와 저술로 남은 생애를 보냈으나, 생몰연대에 대해서조차 그동안 정확하지 않았다. 그의 행적에 대해서는 약간의 사실이 명과 청의 선종고승전(禪宗高僧傳)에 올라 있을 뿐이고,[3] 동아시아의 다른 나라에서 그에 관한 연구는 거의 찾기 어렵다.

몽산은 명보다 조선에 더욱 알려진 고승이다. 그와 관련된 서책이 우리나라에서 다섯 점이나 보물문화재로 지정되었고, 한 점은 국보로 지정된 일괄 유물에 포함되었을 정도이다.[4] 개인과 관련된 서적이 이처럼 다량이 외국의 문화재로 지정된 사례는 극히 적으므로, 그가 일찍부터 우리나라의 불교계에 깊은 영향을 주었음을 반영하지만, 이에 관한 관심은 최근에야 주목되기 시작하였다.

우리나라 학계에서는 각 분야에서 그에 대한 연구가 조금씩 축적되었다. 그의 『법어약록』은 훈민정음이 창제된 초기에 해당하는 세조 시기에 이미 번역되었다. 국어학계에서 여러 차례 이를 간행하고 국어사의 자료로 중요시하였으며, 해제가 있었으나,[5] 그의 생애에 대해서는 깊이있게 취급되지 못하였다. 또한 그의 저술인 육도보설(六道普說)의 언해본이 발견되면서[6] 서지에 대한 연구가 차츰 진전되었다.

---

3) 明 通谷 『五燈嚴統』 권 22, 鼓山凝禪師法嗣 蒙山異禪師
　　明 淨注 『五燈會元續略』 권 4, 鼓山凝禪師法嗣 蒙山異禪師
　　明 文琇 『增集續傳燈錄』 권 4, 鼓山皖山凝禪師法嗣 蒙山異禪師
　　明 袾宏 『禪關策進』
　　清 超永 『五燈全書』 권 56, 皖山凝禪師法嗣 蒙山異禪師.
4) 신미(信眉)가 번역한 『법어약록(法語略錄)』이 보물 767, 768, 769, 1012, 1172호로 각각 지정되었고, 불조삼경서(佛祖三經序)가 국보 282호에 포함되어 있다.
5) 이에 대한 영인본은 매우 많으며 논문과 해제한 아홉 편 목록은 다음에 수록되었다. 洪允杓 『國語史文獻資料硏究 近代篇 1』(太學社 1993).
6) 南權熙 「蒙山和尙六道普說 諺解本의 書誌的 考察」, 『어문논총』 25(경북어문학회 1991).

그는 고려에 다녀가지 않았으나 법어와 저술이 그의 생존시에 고려에 유통되었고, 이후 오늘날까지 자주 간행할 정도로 우리나라의 불교계에 널리 통용되었고 특히 좌선문(坐禪文)은 일찍 주목되었다.[7] 그의 제자인 철산소경(鐵山紹瓊)은 몽산이 입적한 다음에[8] 고려에 3년간 머물렀고, 고려말의 고승들도 몽산의 유적을 탐방할 정도로 깊이 기억되었다.[9] 그가 고려의 동안거사(動安居士) 이승휴(李承休)에게 간접으로 감화를 주었을 뿐 아니라, 그의 제자 철산소경은 조선시대 불교사에서 특기되었다.[10] 고려의 불교계는 물론 조선을 거쳐 오늘날의 불교계에도 그의 영향은 적지 않다. 그는 국어학계와 서지학계에서 각별한 주목을 받았으며, 그의 생애와 사상에 관해서 국사학계와 불교사학계에서도 주목할 필요가 있다.

몽산은 남송에서 원으로 지배민족과 통치세력이 바뀌는 상황에서 전반기는 불교를 중심한 몽고와의 항전에 깊이 참여하였다. 원의 통일로 그의 현실 참여가 좌절되자 휴휴암(休休庵)에 은둔하여 저술과 교화에 몰두하였다. 그는 여러 이본의 『육조단경(六祖壇經)』을 읽었으나 만년에 고본을 얻고 이를 정본으로 확신하였다. 또한 불조삼경을 확정하여 경전에서 선사상의 기원을 찾고 위앙종(潙仰宗) 조사의 경책(警策)을 삼경의 하나로 삼았다. 그는 기존의 선종에서 확대하여 선교일치(禪敎一致)와 불교를 유교와 도교의 경전해석에도 활용하였다.

---

7) 韓基斗 「休休庵坐禪文 研究」, 『韓國文化와 圓佛教思想』 文山金三龍博士華甲紀念(圓光大學 校出版局 1985).

8) 몽산은 철산이 고려를 방문하였을 때까지 생존하였다고 추측한 견해도 있으나 필자는 이를 따르기가 어렵다. 철산은 스승인 몽산이 입적하고서야 몽산의 감화를 받았던 고려의 도속을 만나 스승의 유방(遺芳)을 확인하였다는 추측이 오히려 자연스럽다고 하겠다. 철산이 고려를 방문하여 옮긴 강화 보문사의 대장경은 대장도감판 인본으로 추측되며 대장경의 이안기(移安記)에도 몽산에 대한 언급은 없다.

9) 許興植 「高麗에 남긴 鐵山瓊의 行蹟」, 『韓國學報』39(一志社 1985).

10) 閔泳珪 「蒙山德異와 高麗佛教」, 『六祖檀經의 世界』(民族社 1989).

몽산의 저술은 직주도덕경을 비롯하여 사설(四說)이 그의 삼교일치론(三教一致論)을 보여주는 대표작이며, 그가 남긴 편저도 오로지 국내에만 전한다. 우리나라는 한글 창제의 초기에 번역된 몽산의 저술을 문화재로 지정하였으면서도, 국어자료로 주목하였을 뿐이고, 그의 사상이나 저술이 국내에 주로 전래하는 까닭에 대하여 주목하지 않았다.

몽산은 고려의 조계종에 깊은 영향을 주었다. 만년에 휴휴암으로 그를 찾거나 서신으로 교류한 고려의 승속과 관련이 컸다. 또한 단기간 고려에 머물렀던 지공선현과 함께 고려의 불교는 물론 오늘날 한국불교의 특성에 큰 흔적을 남겼다. 이를 이해하기 위한 근거로 삼기 위하여 그의 저술을 찾아서 다각도로 소개하고 한국불교의 대표적 종파인 대한불교조계종에만 남아 있는 원대의 강남불교를 살피고자 한다.

제1장

생애와 시대상황

　제1장에서는 몽산덕이의 생애와 저술, 그리고 고려의 승속과의 관계를 살폈다. 몽산은 몽고세력이 확대하던 시기에 남송에서 태어나, 몽고의 침략에 의하여 남송이 몰락하던 시기인 생애의 중반에 출가하였다. 몽산의 전기에는 불교와 관련된 사실만 강조되었고, 시대상황과 관련된 시련은 매우 소략하다.

　몽산의 생애를 몽고에 대한 남송의 저항과 연결시켜 당시의 현실과 관련을 강조하였으나 자료의 한계가 심하였다. 그가 남긴 저술은 몽고의 패권이 확정된 시기에 완성되었고 종교인의 저술은 세속과 갈등에 대해서는 소략한 경향이 있다. 그의 말년에 고려의 승속과 활발한 교류가 있었음은 그의 저술이 고려말을 거쳐 현재까지 한국에서 가장 풍부하게 보존한 경위를 이해하는 중요한 단서가 되었다.

　원은 다른 국가를 가혹하게 정복하였으나 신앙과 종교에서 관용성이 컸고 다원성을 인정하였다. 원은 광대한 영역에서 지역별 종교의 특성이 강하여 사상을 통한 사회적 통합이 어려웠다. 고려에서 몽산의 저술이 풍부하게 남은 까닭도 양자강유역의 불교전통이 오랜 기간 교류가 지속되었고, 선불교의 전통이 고려와 상통하기 때문이라고 해석하였다.

I. 생애와 활동

머리말

13세기 후반의 동아시아는 몽고세력의 팽창으로 세력균형에 커다란 변화가 일어났다. 몽고는 기동성이 강한 기병을 앞세워 원제국(元帝國)을 형성하면서 서양 중세로 진입시키는 중요한 요인의 하나인 게르만 민족이동보다도 넓은 지역으로 확산하였다. 서유럽이 15세기부터 해양으로 진출한 지리상 발견에 앞서 원은 확대된 영토의 동서 육로를 따라 동아시아의 문명을 널리 유럽에 옮겨 심었다. 고려와 남송은 몽고로 말미암아 위기를 맞이하였고, 대하(大夏)를 위시하여 침략을 받은 금(金), 토번(吐蕃, 티베트), 대리(大理), 남송(南宋) 등이 차례로 멸망하였다. 고려는 오랜 항쟁을 혼인동맹을 맺어 외교로 위기를 탈출하고 원이 망한 다음까지도 왕조를 지탱하였다.

남송 불교의 사상적 기둥이었던 임제종(臨濟宗)의 양기파(楊岐派)는 끈질긴 생명력을 유지하면서 원대(元代)에 치열했던 유불도(儒佛道)의 이론투쟁에도 살아남았고, 명과 청을 거쳐 근래까지 중국불교의 정통성을 가장 철저하게 지속하였다. 몽산덕이는 몽고세력의 확산으로 남송이 위협받던 13세기

22

전반에 태어나 원제국이 절정에 오른 13세기 말까지 격동기를 살았던 양기파에 속한 고승이었다. 그는 양자강 하류에서 수도와 교화, 그리고 저술로 생애를 보냈으나 생몰연대에 대해서조차 정확하지 않았다. 그의 행적에 대해서는 간단하게 원·명·청의 선종고승전에 올라 있을 뿐이다.

몽산의 생애에 대해서는 최근에 국내에서 발견된 사본인 몽산행실기(蒙山行實記)와 법문경치(法門景致)에 집중되어 실려 있다. 이를 요약하고 다른 자료에서 보충하면 이해하기 쉽다. 그의 출생연대는 1231년, 또는 같은 시기쯤으로 사전(辭典)에 올라 있다. 그의 몰년은 확실하지 않으나 1297년 그가 고려의 이승휴에게 보낸 법어(法語)가 『동안거사집(動安居士集)』에 실려 있으므로, 그는 적어도 68세까지 생존했음에 틀림이 없다. 그에 관한 모든 자료를 다시 검토하고 그의 생애를 체계화기 위한 문집목록과 연보를 작성하였다. 이를 토대로 이 논문에서는 그의 생애를 시대구분하고, 그의 사승과 교화의 활동을 재구성하고자 한다.

1. 출생과 출가

몽산(蒙山)은 그의 호이고 덕이(德異)는 법명이다. 아버지는 노정달(盧正達), 어머니는 추씨(鄒氏)로 서양(瑞陽) 고안(高安)에서 태어났다. 고안은 원대에 오늘날 강서성(江西省)에 속한 여능도(廬陵道) 서양(瑞陽) 고안현(高安縣)이었다. 몽산은 여능도에 있던 산명(山名)이고, 몽산화상이라고 흔히 불려왔다. 그는 고균비구(古筠比丘), 전산화상(澱山和尚), 또는 휴휴암주인(休休庵主人), 절목수(絶牧叟)라는 자호(自號)도 썼다.

서양(瑞陽)은 당(唐)의 균주(筠州)이므로 몽산과 고균(古筠)은 그의 고향에서 따온 호로 일찍부터 사용하였다고 짐작된다. 전산(澱山)은 그가 득도한 송강부(松江府)에 있던 산 이름이었다. 휴휴암주인은 그가 1277년 전산을 떠나서 휴휴암이란 암자에 머물던 만년에 사용한 별명이고, 이때부터 세속의 교화를 단절하고 수도에만 전념한다는 뜻으로 절목수란 자호(自號)도 이때부터 사용하였다고 짐작된다. 출가 직후부터 몽산과 고균이 쓰였고, 중반기에는 전산으로, 그리고 후반기에 휴휴암주인과 절목수라는 호가 추가되었다고 확인된다.

그는 젖먹이 때부터 태몽과 일치하는 행동을 보였다고 하나, 태몽의 내용은 실려 있지 않다. 젓니 나는 나이에 벌써 똘똘하여 다른 아이들과 달랐다. 14세에 스님의 반야심경(般若心經)을 듣고 대신주(大神呪)란 무슨 뜻인지 캐물었다고 한다. 스님이 놀라서 동산(洞山) 죽암인(竹巖印)을 찾아보라고 했다. 죽암이 그를 보자마자 웃으면서 "이 앙징스럽고 귀여운 놈아, 잊지 않고 찾아올 날이 있으니 가서 있으라"[1]고 했다. 그는 호기심과 모험심이 많은 소년이었다고 하겠다.[2]

16세에 외숙(外叔, 구씨舅氏)이 형양(荊襄)에서 벼슬하므로 그곳에서 관례를 마치고 공부하였다. 막료(制幕)로서 참가하였으나 다방면에 재주가 있었고, 특히 20세부터 불교의 경전에 심취하였다고 한다. 『선관책진(禪關策進)』에 의하면 그가 20세에 불교의 위대함이 있음을 알기 시작하였다고 하였다.[3] 행실기에 실린 청소년에 진입하는 14세에 고승 죽암인을 만났지만 성년인 20세부터 불교에 관심을 가지고 불교서에 몰두하였다고 해석된다.

그는 천성이 학문을 좋아하고 종교에 관심이 컸으며, 이르는 곳마다 세속에 초연한 벗을 찾아서 넓은 교우를 가졌다고 하였다. 일찍이 3백 함의 대장경을 열람하였고, 이로부터 공안(公安) 두 성인의 불교서를 통하여 불경의 뜻을 더욱 깊이 이해하였다.[4] 그는 32세에 17.8원의 연장인 지식인을 만나

---

1) 爾也是個蟲豹 切莫妄却 他時自會 去在.
2) 사설(四說)의 역설(易說)에는 그가 14세에 시서(詩書)를 배우기를 폐지하고 선종을 배우기에 독실하였다고 회고하였다. 사설 29면.
3) 禪關策進: "某年二十 知有此事."

24

어떻게 공부를 할 것인가를 물었으나 그에게 감동을 주지 못하였다고 한다.[5]

민(閩)에 들어가 환산정응선사(皖山正凝禪師)를 뵙자, 몽산에게 단순하게 "개에게도 불성이 있는가"를 물었다. 그는 의문을 채찍질하면서 말없이 탐구하였다. 순창(順昌)에 돌아와서 염화(拈化)의 기연이 있으므로 부모를 만난 다음 촉으로 들어가 중경(重慶)에 머물렀다. 『선관책진』에는 자세하게 환산정응에게서 무자화두를 받아 열심이 탐구하여 선열(禪悅)을 느낄 정도였다고 술회가 실렸다. 그는 환상정응을 떠나 고승을 서너 분 더 만났으나 그에게 화엄사상을 말하였으며, 감동을 주지 못하고 두 해를 보냈다고 하였다.

경정(景定) 5년(1264년) 6월에 사천 중경에서 이질(痢疾)로 고생하였다고 한다.[6] 이때 그의 나이는 32세에서 두 해가 지났으므로 34세가 확실하다. 그러나 행실기에는 33세에 빈사상태에 이르렀다고 적었으므로 1세의 차이가 있으나 『선관책진』은 행실기보다 이 무렵의 나이와 활동시기에 대하여 자세하게 적혀 있으므로 이를 따라서 1231년 출생으로 계산하도록 하겠다.

그는 이질로 죽을 지경에 이르렀으므로 병이 나으면 곧 승복을 입고 출가하여 불교의 이치를 밝히기로 하였다. 맹서를 마치자 병이 물러갔으므로 뱃길로 삼협(三峽)을 지나 이성원(二聖院)[7]에 이르러 주머니를 털어서 반승(飯僧)한 다음, 머리를 깎고 세속에서 벗어나 출가했다. 그는 중경에서 삼협을 지나 8월에 동쪽의 강릉(江陵)에 이르러 출가하였음이 확인된다.

---

4) 因補公安二聖藏典. 公安은 道安과 慧遠이라 추정된다.

5) 禪關策進: "至三十二請益十七八員長老 問他做工夫 都無端的." 장로(長老)란 연장의 지식인이란 뜻이고 고승에 대해서도 쓰이지만, 원(員)이란 관원으로 관인을 가리키는 경우가 많지만 여기서는 고승으로 해석이 가능하다.

6) 禪關策進: "過了二載 景定五年六月 在四川重慶府 患痢晝夜百次 危劇瀕死 全不得力."

7) 『선관책진』에는 강릉(江陵)이라고 하였다. 강릉은 중경에서 삼협을 지나 동쪽에 위치한 곳으로 형주(荊州)라고 한 시기도 있었다. 몽고군에 의하여 사천에서 패하여 사경(死境)을 헤매었던 사실을 이렇게 표현하였을 가능성이 있다.

그는 출가 후에 여러 사원을 거치면서 전법사(傳法師)를 찾아서 이른바 유력(遊歷)의 길을 떠났다. 병이 나았으므로 복암묘우(福庵妙祐)를 스승으로 삼기 위하여 복관사(復觀寺)에 이르러 곧바로 찬문을 남기고 떠났다. 황룡(黃龍)으로 가서 불예(不羿)에 머물면서 하안거를 마치고 절강으로 가서 승천사(承天寺) 고섬여영(孤蟾如瑩)과 영우에게 의지하였다. 한질(寒疾)에 걸리자 고섬은 몸소 위로하고 고인의 경구를 들어주었으므로 기연(機緣)이 어그러지지 않고 병이 들어서도 더욱 진전이 있었다.

그는 고섬에게 "승이 입적하면 어디로 갑니까?" 하고 물었다. 고섬은 몸을 꼬고 퍼지면서 사지를 떨어뜨렸다. 참선에 참석하여 첫째 자리에 입당하여 향합을 떨어뜨리는 소리에 확 트이듯이 크게 깨달았다. 『선관책진』에 의하면 1265년 3월 6일이었음이 확인된다. 그의 오도송(悟道頌)은 다음과 같다.

沒興路頭窮 蹋翻波是水
超群老趙州 面目只如此

일어나 나갈 앞길은 막혔구나, 있는 곳은 파도치는 물 위이어라.
초탈한 옛 조주선사여 참 얼굴이 다만 이것이었구려.

당시의 현실과 삶이 배어 있는 심오한 오도송을 필자의 식견으로, 또한 다른 언어로 정확히 옮기기에 한계가 크다. 그러나 어림잡은 해석으로도 처절한 지식인의 좌절을 딛고 서려는 한가닥 의지가 굳게 나타나 있다고 짐작된다.

행실기에 의하면 가을에 그는 경호(京湖, 臨安)를 지켰던 여무충공(呂武忠公)의 정문(旌門)에 대하여 송을 남겼고, 가재(可齋) 이공(李公)이 이를 칭송하였다. 이 무렵 경호를 지켰던 덕망이 높던 여문덕(呂文德)이 병사하였던 1269년 이후를 말하고, 그는 군신(軍神)으로 사당에 모셨다고 하겠다. 가재

이공은 여문덕을 이어서 이 지역을 담당한 이정지(李庭芝)라고 짐작된다. 여문덕은 친족을 중심으로 이 지역을 10년간 지켰고, 그의 동생이 5년간 더 버티면서 이곳을 장악하려는 후빌라이의 정예군과 맞서 원의 남송 정복의 분수령을 이루었던 양번(襄樊)전투와 관련이 있다고 추정된다.[8]

몽산이 여문덕의 사당을 찾은 시기는 그의 동생 여문환(呂文煥)이 항복한 1273년 2월의 전이었음에 틀림이 없다. 몽산은 이로부터 경호에 있는 천령사(天寧寺)의 설암조흠(雪巖祖欽), 사계사(思溪寺)의 석림행공(石林行鞏), 정자선사(淨慈禪寺)의 석범유연(石帆惟衍) 등이 모두 입실을 허락하였다. 이때 그가 찾았던 고승으로 『선관책진』은 행실기보다 퇴경령(退耕寧)[9]과 허주보도(虛舟普度)가 언급되었으나 석림행공(石林行鞏)은 없다. 형무(衡鶩)를 거쳐 곧바로 경산사(徑山寺)에 이르러 허당지우(虛堂智愚)를 뵙고 그의 권유로 환산정응(皖山正凝)을 찾아서 그곳에서 깊은 수도의 경지에 이르고 법을 이었다.

몽산의 생애는 위에서 가려 뽑은 행실기의 내용을 토대로 다양하게 구분된다. 크게 세속의 시기로 34세 되던 1264년 8월까지와 출가하고 입적하기까지의 2기로 나눌 수 있다. 입적한 시기를 정확히 알기 어렵지만 1298년까지 활동한 근거가 있으므로 그는 30대 초반의 늦은 시기에 출가하고 법랍(法臘)도 세속의 나이와 비슷하다고 하겠다.

세속에서 보낸 34년간에 대하여 다시 셋으로 구분할 수 있다. 15세기 이전에 고향에서 부모와 살던 시기와 그뒤 외숙이 벼슬살던 형양으로 나가서

---

8) 가재(可齋) 이공(李公)이나 여무충공(呂武忠公)에 대한 구체적인 기록은 찾기 어렵다. 여무충공은 몽고와의 항전에서 덕망이 높았던 여문덕(呂文德)으로 추정된다. 그는 남송의 운명을 걸었던 양번(襄樊)을 친족을 중심으로 지켰으나 1269년 12월에 병사하였다. 이 무렵의 원과의 항전과 여문덕과 동생 여문환에 대해서는 다음을 참고하였다. 胡昭曦 主 編 『宋蒙(元)關係史』(四川大學出版社 1992) 314~30면.

9) 퇴경령(退耕寧)은 설암조흠(雪巖祖欽)의 계승자라고 『선관책진』의 주석에 실렸지만 선학대사전에는 이를 싣지 않았다.

공부한 20세까지 5년간을 들 수 있다. 20세부터 세속에 뜻을 초연하게 가지고 불교에 깊은 관심을 가지면서 폭넓은 교우를 가졌다. 그가 출가하기 전에 3백여 함의 대장경을 읽었을 정도로 불교에 깊은 관심을 가졌다고 하지만 이 시기에 머물던 지역과 시기는 정확하지 않다.

그가 출가한 1264년 가까운 시기도 다시 세 시기로 구분할 수 있다. 첫째는 1276년까지로 전산에 머물면서 유교에 호감을 가지고 불교와 도교를 배척하는 조사(朝士)를 만나 토론을 벌였다. 그는 이때 그가 심혈을 기울인 직주도덕경의 토대를 쌓았다고 생각된다. 다음은 중오(中吳)의 휴휴암에서 보내면서 그동안 온축된 식견을 바탕으로 저술을 마무리 짓고, 그밖에도 많은 불교서를 출간하면서 깊은 경지에 도달했다. 마지막으로 1295년부터 입적 시기까지 고려에서 많은 승속의 도우(道友)가 찾아와서 교류가 빈번하였고, 이밖에도 간접적인 서신의 왕래도 있었다.

1300년 고려승 만항(萬恒)은 몽산이 서문을 쓴 『육조단경』을 고려에서 간행하였으므로,[10] 그때까지 몽산이 생존했을 가능성도 있다. 그는 생애의 절반에 가까운 33세까지 출가하지 않고 세속에 머물렀으며, 세속인뿐 아니라 불교나 도교의 지식인과도 깊은 유대를 가졌음이 몽산행실기(蒙山行實記)와 그가 남긴 직주도덕경의 서발(序跋)에서 확인된다. 그는 출가한 다음에도 승속과 도가(道家)와의 사상적 대화가 빈번하였다. 그의 생애를 간략히 구분하면 다음과 같다.

세속의 시기
① 1~16세(1231~1246) 부모와 고향에서 머물음.
② 16~20세(1246~1259) 외숙을 따라 형양에서 공부함.
③ 20~34세(1253~1264) 촉(蜀)에 머물면서 교우과 관심을 넓힘.

---

10) 朴相國 「現存 古本을 통해 본 六祖大師法實壇經의 流通」, 『書誌學硏究』 4(1989).

출가 후의 시기

① 34~44세(1264~1274) 민(閩)의 전산(澱山)에 머물면서 도덕경(道德經)
을 연구.

② 44~62세(1274~1292) 중오(中吳)의 휴휴암에 머물면서 저술과 간행.

③ 62~68세(1292~1298) 휴휴암에서 고려의 승속을 만나고 서신도 왕래함.

그가 일찍이 불교에 관심을 두었는데도 늦은 나이인 34세에야 출가하여
세속에 머물던 시기가 아주 길지만, 최근에 발견된 행실기에도 출가 전 시기
의 활동에 대해서는 아주 소략하다. 그의 반생(半生)은 세속에서 보낸 성장
기를 제외하면 몽고와의 항전이 가장 치열하였던 시기였다. 그의 전기나 어
느 자료에도 몽고와의 항전에 그가 관심을 가지거나 직접 참여하였다는 사
실을 뚜렷하게 언급하지 않았지만, 몽고와의 관계를 떠나서 그가 살았던 시
대배경을 이해하기는 어렵다.

출가 전의 생애는 부모와 고향, 그리고 타고난 자질과 불교에 대한 관심
만 기록에 남아 있다. 16세부터 외숙이 벼슬하는 형양에 가서 막료로 수학
하면서 6년간 머물렀으나, 국가관이나 몽고에 대한 태도는 전혀 실리지 않
았다. 또한 출가하기까지 11년간 촉에 머물렀으며 질병으로 고생하고 이를
극복하기 위해 출가하였음을 정리한 정도이다.

그의 호로 쓰인 몽산은 서양(瑞陽)에 있었다. 서양은 남송의 수도인 임안
에서 가까운 서남부에 위치하였다. 그가 출생하기 전부터 이 지역의 토박이
로 임안(臨安)에 건국한 남송의 지배층으로 참여하였음을 알 수 있다. 몽산
이란 지명을 따라 호를 사용하였지만 실제로는 출생하기 전에 대대로 기반
을 가진 토박이의 근거지를 의미한다. 그는 대대로 우월감과 광복의식을 지
닌 한족(漢族)이란 자부심을 나타냈다고 하겠다.

벼슬하는 외숙을 따라 6년간 머물렀던 형양은 형주와 양주(襄州)로서 남
송의 수도에서 서북방에 위치하였다. 몽고가 토번(吐蕃, 티베트)과 손을 잡고

남송의 서쪽 최전선인 촉을 위협하였다. 그는 청소년기와 성년의 초기를 외숙의 정치수업을 받으면서 학문도 익혔음을 알 수 있다. 이러한 교육방법이야말로 근래까지 중국에서 계승되었고, 제도 내의 교육보다도 성취도가 빠른 가정교육이었다. 그는 관료로 진출하기 위하여 실습을 포함한 전통적인 영재교육을 받은 셈이었다.

그는 22세부터 출가하기까지 12년간 촉에서 머물면서 교우와 학문에 힘썼다고 행실기에 적혀 있다. 촉은 오늘날의 사천(泗川)으로 강과 산이 조화된 다기(多岐)한 지형조건을 이루고 있다. 몽고가 북중국을 석권하였고 운남(雲南)까지 장악하였지만 양자강 유역의 다음으로 수로와 산지로 둘러싸인 남송의 중요한 보루였던 지역은 촉이었다. 그는 효용성있는 가정교육을 받고 성년을 지나 22세부터 34세까지 가장 활동적인 시기에 10년 이상 남송을 지키는 제2의 보루인 촉(蜀, 지금의 사천) 지방에 배치된 셈이었다.

그가 촉에서 교류한 다방면의 지식인이란 당시의 사회를 이끌어간 토착세력과의 접촉을 의미한다. 행실기에는 그의 출가 후에 이룩한 사상적 성취에만 초점을 두었고, 현실에 초연한 인간상을 강조한 나머지 몽고와의 항전에 대해서는 은폐하였을 가능성이 크다. 그가 출가하기 직전까지 질병과의 투쟁과 수행을 통한 시련도 그가 겪었던 현실적 좌절을 반영하고, 출가한 까닭도 그의 업무수행에 장애를 극복하기 위한 방편의 하나였을 가능성이 크다. 그는 관인 지망생인 유자(儒者)나 은자(隱者)로서 거사(居士)와 불승에 이르기까지 모든 지식인을 망라하여 교류하면서 사천지역의 현실문제인 몽고와의 항전에도 깊이 관여하였을 가능성이 크다고 짐작된다.

34세에 출가한 다음 활동은 만년에 이를수록 자세하지만 입적한 시기는 정확하지 않다. 적어도 68세였던 1298년까지 생존하였음에 틀림없으며, 그는 출가한 뒤에도 출가 전과 거의 비슷한 기간을 살았다. 그의 진면목을 여러가지 저술과 교화의 활동이 있었다. 11년간 전산(澱山)에서 도덕경을 불교사상으로 해석하였고, 나머지 20여 년간은 휴휴암에서 불교에 대한 저술과 교화의 시기를 보냈다. 특히 1295년부터 고려의 여러 승속을 만나고, 그의 서신도 왕래하였을 정도로 만년(晩年)의 3년 이상은 고려 출신의 문도와 밀착된 경향이 있었다. 출가 후의 시기에는 그의 사상을 보여주는 중요한 저술을 많이 남겼다.

그의 내외가(內外家)는 모두 남송 관인의 후예로서 이 때문에 일찍부터 폭넓게 교류하였고, 관인의 교양을 쌓았다. 그러나 몽고와의 항전과 촉에 머물면서 겪은 시련은 『선관책진』에서 수도의 과정으로 은폐되었다고 짐작된다. 34세의 늦은 출가할 무렵 극렬한 질병과 투쟁하여 극복하였고, 출가와 득도에 이르기까지의 역경은 그가 승려로 출가하기 위한 과정이기보다 몽고와 항전에서 오는 세속의 고통을 출가로서 승화시킨 시대배경을 반영한다고 추측된다.

몽산은 출가 전까지 관인과 거사는 물론 유자나 도가와도 열띤 토론을 벌였을 정도로 다양한 지식인과 교류를 가졌다. 그가 몽고와의 항전을 독려하면서 지식인의 호응을 얻기 위하여 있었던 접촉은 그의 행실기에 여러 사상가와 나눴던 토론으로 분식(粉飾)되었을 가능성이 크다. 후에 그의 저술에서도 불교를 토대로 유교와 도교와의 폭넓은 사상적 관련성이 있으며, 이들 사상가와 교류도 출가하기 전부터 비롯되었다.

출가를 전후하여 그의 교류는 선승(禪僧)으로 집중되게 마련이었다. 그의 폭넓은 사상적 편력도 남송의 토박이 지식인의 호응을 받아 통치와 몽고와의 항전을 수행하기 위한 현실의 필요성에서 비롯되었다고 하겠다. 선승으로 출가란 세속보다 은둔이란 단절의 의미도 있지만, 세속의 경험을 내면의 의식으로 승화시키기 위한 처세의 방편이었다고도 해석될 수 있기 때문이다.

2. 수학과 사승(師僧)

몽산은 출가 전에도 지식인의 부류였던 선승과 교류가 많았으나 도가와 유자와도 폭넓게 관계를 맺었다. 출가를 전후하여 선승과의 교류로 좁혀지고 집중되게 마련이었다. 그가 처음으로 선사상에 관심을 가진 계기는 14세 때 탁발승이 외우는 반야심경의 대신주(大神呪)를 듣고 그 의미를 의문을 가지면서 비롯되었다고 하였다. 탁발승이 놀라서 동산(洞山)의 죽암인(竹庵印)을 찾도록 충고하였다.

죽암인은 양기파의 고승으로 죽암묘인(竹巖妙印)을 말하며, 그가 후에 사승으로 계승하였던 환산정응(皖山正凝)과는 범맥상 같은 증조에서 갈라진 고봉독수(孤峯獨秀)의 법형제였다. 죽암인은 호기심이 많은 14세의 소년을 보고 돌려보내면서 "다시 찾아올 날이 있다"라는 예측이 적중되었다고 하겠다. 그는 2년 뒤에 집을 떠나 형양에서 벼슬하는 외숙에게서 공부하고 관례(冠禮)를 행하였다. 22세까지 외숙의 제막(制幕)에서 놀았다고 하였으나, 단순하게 보낸 시기가 아니고 막료로서 개인 비서였다고 추측된다. 외숙의 이름과 직위, 그리고 행적은 전혀 알 수 없고 모친의 성씨는 추씨였다. 추씨는 아버지의 성인 노씨(盧氏)와 함께 남천(南遷)한 관인의 후예를 자처했을 가능성도 검토할 필요가 있다.

그는 22세였던 1252년부터 34세였던 1264년까지 촉의 중경에 머물렀다. 그가 촉으로 옮긴 계기와 그곳에서 출가하기 전까지 활동은 지식인과의 교류와 질병과의 투쟁만이 행실기에 실려 있다. 그는 이미 결혼하여 가정을 가진 관인이었을 가능성이 크다.[11] 이 무렵 몽고는 남송에서 두번째 제이의 교두보인 이곳을 집중 공략하고 있었으므로 질병과 출가는 전투에서 가정을 잃고 겪은 수난이나 은신(隱身)과도 관련지을 수 있다.

---

11) 체관(逮冠)이란 결혼을 의미할 수 있기 때문이고, 그러면 구씨는 장인[妻父]이 된다.

몽산은 질병에도 불구하고 여러 고승과 교류가 있었다. 출가를 전후한 시기에 접촉한 선승은 거의 양기파(楊岐派)에 속하였다. 그의 스승은 환산정응이었지만 그밖에도 여러 선승에게서 감화를 받았다. 북송에서는 조동종이 우세하고 사상으로는 강화파의 사상인 묵조선이 강하였으나, 남송의 불교계는 임제종이 가장 번성하였으며, 현실참여와 호전성이 강한 속성이 있는 간화선이 유행하였다.

남송의 임제종은 그 가운데서도 초기의 황룡파(黃龍派)에 이어 남송말에는 양기파로 주도권이 바뀌었다. 그의 사상형성에 영향을 끼쳤던 사승에 대해서는 선종고승전에 속하는 『오등엄통(五燈嚴統)』[12] 『오등회원속략(五燈會元續略)』[13] 『오등전서(五燈全書)』 『증집속전등록(增集續傳燈錄)』 등에 이미 수록되었다. 선종관계의 후기 고승전에 속하는 이런 선적(禪籍)에는 주로 그에게 영향을 주거나 그가 영향을 끼친 사제의 계보와 수도과정에서 있었던 대화가 한두 가지씩 집중적으로 실려 있다. 세속에 머물던 시기의 생애와 출가 후의 사승과 활동에 대해서는 최근에 국내에서 사본의 몽산행실기와 몽산 행적이 발견되어 적지 않은 사실이 보충되었다.[14]

선승과의 만남은 14세 때에 이미 죽암인(竹巖印, 죽암묘인竹巖妙印)을 찾은 경험에서 비롯되었고, 숙부의 제막에서도 많은 방외(方外)의 여러 인사와 교류가 있었으므로, 이 가운데 선승(禪僧)이 포함되었음에 틀림이 없다. 출가하기 전인 32세 시에도 17.8원(員)의 장로와 더불어 교류가 있었고, 후에 계승한 환산정응(皖山正凝)을 만나 화두에 몰두한 경험도 행실기에서 찾아진다. 그러나 그가 본격적인 선승과의 유대는 강릉에서 출가한 다음 행각과정

---

12) 『五燈嚴統』권 22, 鼓山凝禪師法嗣 蒙山異禪師. 몽산이 환산과 고섬형(孤蟾瑩), 허당(虛堂)을 거쳐서 다시 환산에게 와서 득도하는 과정을 간략하게 서술하였다. 『五燈會元』권 56, 皖山凝禪師法嗣 蒙山異禪師 松江府澱山蒙山德異禪師 高安盧氏子.

13) 『五燈會元續略』권 4, 鼓山凝禪師法嗣 蒙山異禪師. 오등엄통과 거의 같으나 깨달은 다음의 접화(接化)에 대해서 좀더 자세할 뿐이다.

14) 許興植「蒙山德異의 行蹟과 年譜」, 『韓國學報』77(一志社 1994 겨울).

에서 절강(浙江)의 복암우(福庵祐, 묘견도우?妙見道祐?)[15]와 승천사(承天寺)의 고섬여영(孤蟾如瑩)을 만나 수행의 진전에서 비롯되었다.

다음으로 경호(京湖, 임안臨安)에서 무준사범(無準師範)의 문도인 천령사(天寧寺) 설암흠(雪巖欽, 설암조흠雪巖祖欽)과 퇴경령(退耕寧, 퇴경덕령退耕德寧)을 찾아 입실하였고, 정자사(淨慈寺) 석범연(石帆衍, 석범유연石帆惟衍)을 찾았다. 또한 경산사(徑山寺)의 허당우(虛堂愚, 허당지우虛堂智愚)를 찾았을 때 그는 환산정응을 계승하도록 권하였고, 이를 따라서 정응의 법맥을 잇게 되었다. 그가 출가 후 유력과정에서 만났던 고승과 그들의 계승관계를 열거하면 다음과 같다(밑줄 친 인물은 그에게 감화를 준 고승이고, 그보다 뒤에는 특별한

洞山良价→(6대 생략)→芙蓉道楷→(5대 생략)→<u>孤蟾如瑩</u>

臨濟義玄→(6대 생략)→楊岐方會→白雲守端→五祖法演→圜悟克勤→大慧宗杲

→虎丘紹隆#

→開福道寧→(4대 생략)→孤峰德秀*

→<u>竹巖妙印</u>

*孤峰德秀→<u>皖山正凝</u>→蒙山德異→鐵山昭瓊

#虎丘紹隆→(2대 생략)→破庵祖先→無準師範→<u>雪巖祖欽</u>→高峯原妙→中峯明本→千巖元長

→及庵宗信→石屋淸珙→太古普愚

→平山處林→懶翁慧勤

→<u>退耕德寧</u>

→松源崇岳→滅翁文體→石林行鞏

→運庵普巖→<u>虛堂智愚</u>

→<u>石帆惟衍</u>

→無得覺通→<u>虛舟普度</u>

---

15) 묘견도우(妙見道祐, 1201~56)는 일본의 박다인(博多人)으로 입송(入宋)하여 무준사범을 계승하면서 10년 가까이 머물렀다. 그의 행적은 지금까지 알려진 그의 입송연대가 몽산의 출가 직후보다 다소 늦으므로 재고를 필요로 한다.

유대가 있었던 고려의 고승과 스승이었다).

그가 만났던 고승으로 고섬여영(孤蟾如瑩)을 제외하고 모두 임제종 양기파의 고승이었다. 그가 출가 전과 출가 후 유력과정에서 접촉했던 수많은 선승들이 대부분 확인될 정도로 고승임을 알 수 있고, 이는 곧 그의 세속과 출가 후의 높은 위치가 지속되고 있음을 의미한다.

그는 여러 고승에게서 감화를 받았으나 법통을 이은 사승은 환산정응이었다. 정응의 법어는 그의 전기가 실린 고승전에는 물론 그의 법어가 실린 사법어(四法語)에도 실려 있다. 정응의 다음으로 그에게 감화를 준 고승은 설암조흠이었다. 중년인 34세에 출가한 그는 한 스승에 고착되지 않았고, 많은 선승과의 득도와 수행을 다지는 대화와 대결, 갈등과 의존을 반복하였음에 틀림없다.

3. 수도와 교화활동

그는 어려서부터 출가할 인연이 깊었으나 늦게 출가하였다. 그가 출가한 다음의 생애는 머물렀던 장소에 따라 크게 두 시기로 나뉘었다. 11년간 전산에 머물던 시기와 다음은 휴휴암에 정착하였던 14년 이상의 시기였다. 그가 입적한 시기는 1200년대 말이거나 1300년대 초일 가능성이 있지만 확실하지 않다. 1298년까지 생존한 사실은 확인되지만 이후의 소식은 앞으로 관련 자료가 발견되어야 규명되겠다.

그가 출가하였을 무렵 몽고와의 항전이 막바지에 이르렀고, 그는 남송이 망한 다음 점령군 장군이 주지를 맡으라는 원 조정의 제의를 물리치고 중오(中吳)에서 은둔으로 일관하였다. 그는 출가 전의 폭넓은 지식인과의 교류를 토대로 저술로 심화시키면서 교화에 힘썼으나 저술을 남긴 시기는 휴휴암에 정착한 이후였다. 그가 휴휴암에서 사용한 절목수(絶牧叟)란 자호도 몽고와의 항전이 좌절되고 세속에서 시련을 은둔과 수도로써 열매를 맺겠다는 굳센 의지가 함축되었다고 하겠다. 실제로 그는 시대적 한계를 정직하게 인식하고, 의지로서 적절하게 대응시켰다고 해석할 수 있다.

그가 출가한 다음의 활동은 휴휴암에 정착한 시기를 기점으로 전후의 두 시기로 나뉜다. 그는 출가한 다음 휴휴암에 정착하기 전까지 여러 곳을 전전하였다. 우선 남송의 정세와 자신의 위치가 확고하지 못한 두 가지 상황이 그를 안정시키지 못하였다고 하겠다. 출가하여 의지한 곳의 스승과 수계(受戒), 득도, 그리고 청익(請益)의 여러 단계를 시험하는 바쁜 일정을 보내는 관습이 있었고 그도 예외는 아니었다. 그는 14세에 과거와 관련된 시문을 멀리하였다거나 출가 전에 이미 3백여 함의 불경을 읽었으며 많은 고승을 만났음이 확인되고, 출가 후에도 사승인 환산정응을 비롯하여 유대가 계속되었음에 틀림없다.

그는 출가할 무렵 사천은 당시 표현인 촉이고, 중경(重慶)에서 강릉으로 옮겨 낙발하였다고 하였다. 중경과 강릉 사이에 삼협(三峽)이 있으므로 몽고에 의하여 사천을 빼앗기고, 동쪽으로 밀려나 있었음에 틀림이 없다. 몽고는 앞서 신강에서 티베트와 사천의 사이를 지나 대리에 이르는 이른바 차마고도(茶馬古道)를 확보하였고, 다음에 사천을 장악한 다음 마지막으로 남송의 수도 임안(臨安)을 압박하였다. 남송의 잔존세력이 복건의 산간으로 숨어서 유격전을 펼쳤으나 완전히 굴복한 시기는 몽산이 휴휴암으로 정착한 1277년보다 2년 뒤였다.

남송의 서쪽에 있던 대리(大理)와 토번(吐蕃, 티베트)은 자주적인 국가였고 남송의 일부가 아니었다. 이를 먼저 확보하기까지 신강에서 대리에 이르는 여러 민족과 국가를 회유와 초토화하면서 남송의 수도까지 장악하고 잔재세력을 근절시키는 과정을 거시적으로 보기 쉽게 연대순으로 간단히 정리하면 다음과 같다.

1214년 금의 수도 함락

1227년 대하를 멸망시킴

1232년 고려가 강화로 천도

1233년 금을 완전히 멸망시킴

1253년 쿠빌라이가 대리를 장악

1258년 쿠빌라이가 사천을 장악

1259년 쿠빌라이와 고려가 통혼과 출륙을 약속하고 화친함

1259년 7월 쿠빌라이 여남(閭南) 입성

1260년 3월 개평(開平)에서 쿠빌라이 황제에 즉위

1278년 남송황제의 항복

1279년 4월 남송의 잔존세력 근절시킴

고려가 원과 혼인동맹을 맺고 국방을 원에 포기한 시기는 1270년이었다. 무신의 잔재세력인 삼별초가 여러 섬을 거점으로 삼아 항전과 이동을 계속하면서 해안에 출몰하고 버틴 기간은 3년이었다. 남송의 수도가 함락된 시기는 1276년 초이었고, 잔재 세력이 민(閩, 오늘날의 복건성)에서 버틴 기간은 3년이었다. 1274년 몽산은 민에 있었다, 그는 고승이면서 동시에 위장한 남송 마지막 세력의 군사(軍師)이었을 가능성이 크다.

그가 출가한 지점은 촉에서 동으로 삼협에 가까운 강릉이었지만 이후에는 민에 머물면서 불교와 도교를 공격한 조사와 만난 지점은 오늘날 복건의 순창(順昌)이었다. 17~18명의 조사와 토론을 벌였고 이에 대한 대답은 휴휴암에 정착한 다음 완성한 직주도덕경과 사설이었다. 사설에 의하면 조사들 가운데서 알려진 인물은 복재(復齋) 황공원(黃貢元)과 겸재(謙齋) 임공원(林貢元)이었다.[16] 이들은 과거에 응시하기 위하여 지방사회에서 선발된 지식인이었다고 하겠으나 정확한 이름은 확인되지 않는다.

---

16) 공원(貢元)이란 향시(鄕試)에 합격한 지식인이고, 이름을 이들의 정확히 밝히기 어려우나 도학이라 자칭하던 성리학자였을 가능성이 크다.

그가 출가한 다음 휴휴암에 머문 시기는 남송의 마지막 근거지마저 뿌리가 뽑힌 1279년이었고, 그가 출가하고 8년이 지난 시기였다. 그가 휴휴암에 정착하기 앞서 남송의 수도를 장악하였던 승상 백안(伯顔)은 항전하였던 다른 국가와 상통하는 정책을 썼다. 왕족을 포함한 귀족을 박멸시키고, 그 지역의 토박이 유력자를 실무자로 등용하였다. 가장 관대하게 대우한 대상은 종교인이었다.

백안은 청량사의 주지를 맡으라고 몽산을 회유하였다. 몽산을 이를 사양하고 소헌(素軒) 채공(蔡公)이 마련한 휴휴암에 머물렀다. 휴휴암은 평강부(平江府) 오현(吳縣)에 위치하였고 스스로 중오라고 표현하였고 송강부 전산이라고도 하였다. 그가 출생한 서주(瑞州)는 서양(瑞陽)이라고도 했으며 오늘날 강서성에 속한다. 송강부는 평강로와 함께 모두 절강에 속하므로 오중이라고도 하였다. 그는 민이나 사천에도 머문 때가 있었지만 자신이 정착한 절강에 대한 자부심이 컸고, 이 때문에 은둔하여 남송의 유민으로 초지를 지켰다고 하겠다.

그는 송강부 전산에서 휴휴암을 마련하기 직전에 머물렀다. 휴휴암에 정착하여 그곳에서 다른 곳으로 옮기지 않았다. 다만 주변에 여러 암자에서 단월의 위한 보설(普說)로서 상례와 제례를 주관하고 이를 위한 시식의문도 마련하였다. 개당설법(開堂說法)한 대은암(大隱庵), 그리고 단월을 위한 불사를 주관한 승천선사(承天禪寺), 탁암(卓庵), 각암(覺庵) 등이 그의 활동무대로 등장하였다. 이 사원들은 모두 중오라고 하던 절강성에 속하고 오늘날 상해시의 어느 곳으로 추정된다.

강소성은 소주가 유명하고, 항주의 절강성과 더불어 남송의 중심지였다. 양자강 하류는 바다처럼 너르고, 생산량이 풍부하고 수운이 발달하여 예로부터 여러 곳으로부터 물산이 모여들고 분배되는 곳이었다. 기후가 온난하여 참선에 알맞은 지역이고, 선종의 최종 주자로 고려에서 조계종처럼 주도적인 선종이었던 남송의 임제종(臨濟宗)은 몽산을 중심으로 원의 포용정책에도 흡수되지 않은 은둔자가 사상적 전통을 유지하였다. 몽산은 사액 사원이 아닌 암자에서 수도와 저술로 임제종 양기파의 전통을 지킨 핵심적인 고승이었다.

승속이 휴휴암으로 몽산을 찾아 보설을 듣고 여러 선비들이 지견을 설파하였다. 토박이 출신의 하급관인은 그의 암자를 마련하고 강회를 주선하고 출판과 불사에 시주로서 비용을 담당하였다. 그를 위하여 휴휴암을 마련한 소헌거사 채공, 저술을 출간한 우매거사(友梅居士) 왕탄(王坦) 등은 두드러진 단월이었다. 소헌채공으로 줄여서 쓰이기도 하였던 채제령(蔡提令)은[17] 같은 인물로 추정되며, 그는 몽산에게 휴휴암의 건물과 토지를 제공하였고, 승속이 참여한 장기간의 수도와 불경의 연구에 기금을 부담하였다.

왕탄은 상주로(尙州路) 무석현(無錫縣) 주부(主簿), 또는 판부(判簿)로도 실린 인물이고 원이 송의 관료를 제거하고 지방관을 파견하여 통치하고 이들을 보좌하도록 유족한 토박이로 등용된 사례라 하겠다. 무석현주부, 계암(桂岩)[18] 판부 등으로 실린 예환(倪煥)도 왕탄과 같은 지역의 같은 신분이고, 왕탄의 부인이 예씨(倪氏)이므로 이들은 인척관계임이 확실하다. 그는 보설의 간행에 일부의 비용을 냈고, 사설의 간행비도 도맡았다. 왕집중(王執中)은 익도로(益都路)의 출신이었고, 보설의 간행의 비용을 내고 서문을 쓰기도 하였다. 왕탄과는 다른 인물이지만 친족일 가능성도 있다.

몽산은 절목수라는 호를 사용하면서 은거하였는데도 적지 않은 거사를 포함한 세속의 단월이 그를 도왔다. 이에 못지않게 여러 출가승이 휴휴암에서 불서의 간행과 불사에서 그를 도왔음이 확인된다. 다음은 그의 어록과 저술

---

17) 제령(提令)이란 직위와 관련된 신분을 나타낸다고 짐작된다. 이를 찾았으나 같은 용어를 확인하지 못하였다. 다만 1346년에 원의 기술자가 조성한 연복사종명(演福寺鍾銘)에 채공과 같은 지역에서 온 "江浙行中書省 實陽縣 赤松匠手 提領河德貴" 등이 실려 있다. 이로 보면 제령(提令)은 제령(提領)과 같으며 기술자집단의 우두머리일 가능성이 크다.
18) 계암(桂岩)이란 그가 살던 지명이고 예환은 계암거사(桂岩居士)라고 불렸다고 하겠다.

표 1 몽산의 계승자(출가승)

법명(호칭)	시기	활동	전거	비고
古原(上人)	미상	몽산에게서 교시받음	『법어약록』	
覺圓(상인)	미상	위와 같음	『법어약록』	
惟正(상인)	미상	위와 같음	『법어약록』	
聰(상인)	미상	위와 같음	『법어약록』	
吾靖(參學)	1287	직주도덕경과 보설의 편집		
祖立(참학)		보설의 편집	보설	
自覺(참학)		위와 같음	보설	
興聰(참학)	1290	위와 같음	보설	총상인과 같을 듯
鐵山紹瓊	1306	고려에 다녀감	고려국대장이안기	
孤舟濟(禪師)			속등존고	

이나 보설과 행실기에서 확인되는 출가승이다.

몽산은 말년에 고려의 고급 관인과 공주 그리고 고승에게서 방문을 받았다. 1290년 중춘(仲春)에 비롯된 조계종 사굴산문의 중흥도량인 수선사(修禪社)[19]에서 시작된 고려의 불교계의 방문은 국왕의 상갑(上甲)을 축하하는 보설을 요청하면서 본격화되었고, 1295년 절정에 도달하였다.[20] 가지산문(迦智山門)에서도 혼구(混丘)가 참여하였음이 주목된다.

통상인이 가져온 『육조단경』을 몽산덕이가 다시 감수하고 서문을 썼다. 만항은 몽산의 서문이 담긴 육조단경을 1298년에 고려로 가져와 2년 지나 수선사에서 이를 간행하였다. 이후 고려와 조선은 물론 오늘날까지 한국에는 덕이본 육조단경이 교과서이고 다른 이전의 단경은 사라질 정도로 유행

---

19) 보설의 본문에는 "고려국(高麗國) 전라도(全羅道) 수선사(修禪寺)"라 쓰였으므로 차이가 있으나 '사(社)'로 바로잡았다.

20) 이에 대해서는 본서 2장 Ⅲ절 참조.

하였다.[21]

1298년에는 휴휴암에서 멀리 고려의 삼척 두타산(頭陀山)에 거사로 은거하였던 이승휴에게 법어를 보냈고, 몽산은 이때까지 생존하였고 그가 68세였음은 확실하다. 이후에 그가 직접 참여한 활동은 확인되지 않는다. 몽산은 휴휴암에서 적어도 13년간 머물렀고 그곳에서 입적하였다고 짐작되지만 정확한 시기는 알 수 없다.

맺음말

몽산의 저술과 어록의 일부분이 한글을 창제한 직후에 언해되었고, 여러 점이 보물문화재로 지정되었다. 그의 저술은 생전부터 끊임없이 고려로 전래되고 간행되었다. 그의 저술이 불교의 교재인 사집과 사교과에 포함되지 않았으나 간화선의 전통이 주류로 유지된 한국불교계에서 그의 저술의 영향은 매우 컸다.

조선 후기부터 불교계는 전통을 체계적으로 확립하지 못하고 관습적인 실천으로 계승된 경향이 강하다. 이제나마 이를 바로 세우기 위하여 먼저 고려의 불교사를 개략적으로 조망하고 불교에서 성리학으로 사상계의 중심이 변화하는 조선 건국 이후에도 유일하게 살아남았던 조계종 사굴산문의 전통에 강한 영향을 주었던 몽산덕이를 살피고자 그의 저술과 생애를 살폈다.

몽산은 양자강 오늘날 남부 강서성에 속하는 서양에서 태어나 몽고와의 항전기에 촉(사천성)과 민(복건성)에서 활동하였음이 확인되었다. 그의 치열한 세속에서 삶과 생애의 중반인 33세에 출가하기까지의 불교에 관한 자료는

---

21) 朴相國, 앞의 글.
印鏡, 앞의 책.

남았으나 몽고에 치열하게 저항하였던 남송의 지식인으로 활동은 거의 침묵되었다. 그가 휴휴암에 은거함으로써 사상의 갈등을 극복하려는 저술로 승화시키고 사실적인 언급은 남지 않았다고 짐작된다.

그는 남송의 후예로서 임제종 양기파의 계승자였다. 그의 말년을 장식한 휴휴암에서 저술은 거의 고스란히 고려로 옮겨졌다. 말년에 그의 계승자와 후원자, 그리고 저술을 간행하고 가사와 영정을 모신 곳은 고려였다. 그의 어록의 일부를 언해한 서적이 문화재로 지정되면서도 그의 사상과 생애에 대한 종합적인 연구는 극히 적었다.

그는 몽고가 세력을 떨치고 고려도 강화도로 천도하기 직전인 1231년에 태어났으니 입적한 연대는 확실하지 않다. 1308년에 그의 수제자로 고려 출신인 철산소경이 고려에 다녀갔으나 몽산의 입적에 대한 소식은 전하지 않았다. 몽산이 이때까지 생존하였다고 보는 견해가 있으나, 1298년에 가까운 시기에 입적하였을 가능성이 크고 앞으로 자료가 발견되어 확인되기를 바랄 뿐이다.

1295년에 고려 승속 10여 명은 그가 머물렀던 휴휴암을 찾아서 충렬왕의 상갑을 축수하였다. 승속은 고려의 불교계의 고승과 공주 2명, 그리고 열전에 올라 있는 거물급 관인이었다. 우리나라에만 전하는 이러한 기록들은 좀 더 깊이 자료를 보태고 당시의 상황을 감안하여 우리에게만 전하는 동아시아의 침묵된 비밀을 되살릴 필요가 있다고 강조하고 싶다.

II. 어록과 저술

머리말

몽산의 어록과 저술의 일부는 한글이 창제된 초기에 번역되었고, 국어자료로 일찍 알려져 문화재로 지정되었다. 최근에 국내에서 문집의 초고(草藁)에 해당하는 사본과 간본의 저술이 나타났으며, 고려말에 배출된 두드러진 고승들도 그의 계승자와 직간접으로 긴밀한 유대를 맺고 있었음이 확인되었다.[1] 그의 사상형성에 영향을 끼친 시대배경과 사승(師僧), 그리고 문도의 활동을 정리하면서 그동안 논란이 계속된 조선초기 조계종의 계승과 법통에 대해서도 새로운 견해를 보충하고자 한다.

그의 저술로서 목판본 가운데 하나인 직주도덕경과 사설(四說)은 최근에야 알려졌으므로 이를 간단히 소개하고자 한다, 이 책은 서명조차 국내외에 전혀 수록되지 않았으나 조선중기에 간행된 고본(古本)이 국내에서 발견되

---

1) 南權熙「筆寫本『諸經撮要』에 수록된 蒙山德異와 高麗人物들과의 交流」,『圖書館學論輯』21, 1994.

許興植「蒙山德異의 行蹟과 年譜」,『韓國學報』71(一志社 1994).

었다. 직주도덕경은 최근 논문에서 간접적으로 언급되었으며,[2] 사설은 서문만이 직주도덕경의 서문과 함께 실렸으나, 최근에 훼손이 심하지만 전책이 발견되었으므로 형태와 내용에 대해서 깊이있는 이해가 필요하다고 하겠다.

몽산은 출가하기 전에 이미 교학서적을 폭넓게 섭렵하였다. 임제종은 선사상을 기반으로 교학을 겸수하는 전통이 강하였고, 몽산도 앞선 고승의 영향을 받았고 더욱 진전시켰다. 그의 교학은 온릉계환(溫陵戒環)의 영향이 뚜렷하고 고려 조계종 수선사의 전통과 상통하는 경향이 있다. 몽산과 고려 조계종과의 폭넓은 교류와 감화도 대혜종고 이래 간화선과 간경을 겸비한 고려의 수선사와 같은 맥락에서 주목될 소재이다.

몽산의 생애에서 세속의 시기와 출가 초기는 몽고와의 항전과 사상적 갈등이란 두 가지 과제에 깊이 매몰되었다. 그는 현실을 치열하게 살았던 지성으로서 사상의 근거가 되는 경전의 탐구와 이를 수행으로 실천하고 논쟁의 중심에 서기도 하였다. 그러나 전란의 소용돌이에서 불교식 상례와 제례와 이에 따른 재회(齋會)에서 시식(施食)은 삶과 죽음의 연속을 의미하였다. 죽은 자에 대한 추천과 살아있는 자들이 잿밥을 나누는 행동은 죽음을 삶으로 연장시키는 난세의 처절한 삶의 표현이었다. 그가 남긴 시식의문은 난세를 살았던 고승이 죽은 자를 매개로 산 자를 지속시킨 시대의 단편으로 해석하였다.

몽산의 간화선은 교학이나 염불과도 밀접하였고 전란에 헤매는 민중을 떠나서 이해하기 어렵다. 그는 앞선 시기의 온릉계환(溫陵戒環)보다 경전을 주석하기에는 어려운 시대에 살았다. 그는 주석보다 경전을 촬요하여 요점만 암기하였고, 여러 사상의 논쟁을 잠재우기 위한 거시적인 담론에 몰두하였다. 그나마 저술은 모두 휴휴암에 은둔한 다음에 가능하였다.

---

2) 南權熙, 앞의 글(1994).
　　許興植, 앞의 글(1995). 이 책은 천혜봉 교수께서 복사본을 필자에게 제공하셨으므로 이에 깊은 감사를 드린다.

몽산의 관점과 행동하는 시대상은 염불과 무관하기 어려웠다. 그가 전란에서 발생한 죽은 자나 그들의 유가족에게 베푼 구원의 손길이란 제의(祭儀)와 시식(施食), 그리고 염불이 대부분이었다. 염불은 의식의 일부였고 난세에서 삶의 방향과 염원을 담은 행동의 지침이었다. 적으나마 그가 남긴 저술에서 전사된 염불에 관한 사본을 정리하여 고려후기 불교사상과의 접목을 시도하였다. 몽산의 어록이나 저술은 일부가 간행되었을 뿐이고 전모를 파악하기 어렵다. 필자는 새로이 나타난 자료를 체계적으로 정리하고, 이미 알려진 그의 저술을 편집하기 앞서 이를 목록으로 소개하고 이를 교감하고 표점을 더하여 깊이있는 연구의 기초 작업으로 삼아야 하겠다. 그에 관한 자료는 법어나 어록에 해당하는 부분과 실천을 통한 교화와 사상을 반영하는 저술, 그리고 후대에 편집된 그에 관한 전기 등으로 나누어진다. 이를 체계적으로 정리하여 앞으로 이용하기에 편리한 전집으로 편집하는 기초를 마련하고자 한다.

몽산에 관한 자료는 그가 남긴 어록과 저술이 가장 중요하다. 불교사에서 그가 속한 종파와 계보, 그리고 생애에 대해서는 명과 청의 고승전(高僧傳)과 국내에서 전래하거나 새로 발견된 저술로 나뉜다. 최근에 나타난 행실기와 저술을 소개하고, 이미 알려진 어록에 대해서도 재검토하고 재구성할 필요가 있다. 그는 적지 않은 자신의 저술과 그가 간행한 불교서에 서문과 발문을 남겼으므로 이를 통하여 저술한 동기와 당시의 시대상황을 살필수 있다.

1. 간본의 어록과 『법어약록』

몽산덕이의 어록은 거의 알려지지 않았고 『법어약록』만이 국내에서 자주 간행되어 널리 유통되었다. 법어란 어록과 혼용하여 쓰이기도 하지만 엄격한 의미에서 일반어록보다 저술에 가까운 무게가 담겨 있다. 약록이란 초록과 상통하며, 각각의 작품을 손질하여 줄여서 옮겼다는 의미도 있고, 여러 작에서 대표작만 선록하였다는 뜻도 있다. 먼저 목차만 옮기면 다음과 같다.

① 시고원상인(示古原上人)―(간경도감판刊經都監版 몽산화상『법어약록』에 실림)
② 시각원상인(示覺圓上人)―(위와 같음)
③ 시유정상인(示惟正上人)―(위와 같음)
④ 시총상인(示聰上人)―(위와 같음)
⑤ 무자십절목(無字十節目)―(위와 같음)
⑥ 휴휴암주좌선문(休休庵主坐禪文)―(위와 같음)

이상 약록의 여섯 가지 제목에서 세 가지는 그의 제자를 교화한 대화의 내용이다. 대화자의 상대에 따라 수어(垂語)나 시중(示衆)이 있지만 여기서는 몽산의 문도와 일대일로 직접 나눈 수어이다. 다만 마지막 두 가지 작품은 시중에 해당하는 화두를 참구하는 방법과 참선의 마음가짐에 대하여 남긴 글이다. 앞의 세 가지도 중요하지만 뒤의 두 가지는 모든 수도자에게 요긴하므로 이에 대한 각각의 논문이 있을 정도이다.[3]

선승은 좌선을 특히 강조하지만 교학에서도 어느 정도 공존한다. 참선에서 마음가짐은『육조단경』에서도 언급되었지만 고려중기에 종색(宗賾)의 좌선의문은 고려의 고승비문에도 언급될 정도로 중요하였다. 몽산의 좌선의문은 한국불교에서 특히 중요시되었다.[4] 몽산의 무자십절목은 공민왕 19년의 공부선에서 나옹(懶翁)이 이를 활용하여 공부십절목으로 출제하였다. 고려의 사굴산문은 물론 불교계 전체의 승과에도 면면이 계승되었다고 하겠다.

---

3) 韓基斗「休休庵坐禪文 研究」,『韓國文化와 圓佛敎思想』文山金三龍博士華甲紀念(圓光
　　大學 校出版局 1985).
　印鏡「坐禪觀과 十節目」,『蒙山德異와 高麗後期 禪思想 研究』(불일출판사 2000).
4) 정성본『간화선의 이론과 실제』, 동국총서 11(동국대학교출판부 2005).

『법어약록』은 선록하였음이 틀림없지만 그마저 전문의 불필요한 부분을 생략하고 핵심을 담았을 가능성도 있다. 그의 어록(語錄)이라고 뚜렷이 명시된 책이름은 『송삼가어록(宋三家語錄)』에 포함된 몽산어록(蒙山語錄)이 있다. 이 책은 아직까지 학계에 소개되지 않았지만 성암고서박물관에서 유일본으로 소장하고 있다.[5] 성암고서박물관에 소장된 지금까지 알려진 책을 검토한 결과 1213년에 고려에서 초간시에 수록한 발문이 실려 있었다.

송삼가어록은 『대혜어록(大慧語錄)』과 『고봉어록(高峯語錄)』, 그리고 『몽산어록(蒙山語錄)』을 합친 서적을 말하였다. 대혜종고(大慧宗杲)만 1213년(금金 지령至寧 2년) 이전에 입적한 인물이고, 나머지의 어록을 남긴 고승은 태어나지도 않았거나 어록을 남길 나이가 아니었다. 이 책은 대혜어록의 다음에 고봉과 몽산의 어록을 넣고 대혜어록의 발문을 끝에 실어 간행하였음에 틀림없다. 대혜어록은 보조지눌(普照知訥)이 40세 때부터 지리산 상무주암(上無住庵)에서 읽고 깊은 감화를 받았고, 대혜의 사상은 지눌이 말년에 심취한 경절문(徑截門, 돈오돈수頓悟頓修)과 간화선에 결정적인 영향을 주었다. 지눌이 입적하자 계승자인 혜심(慧諶)이 이를 간행하고 간화선을 더욱 유행시켰다는 뚜렷한 증거가 남았다.

고봉어록은 현재 널리 유통되는 『고봉화상선요(高峯和尙禪要)』와 상통하지만 대체로 이보다 분량이 적다. 약간 추가된 부분도 있으므로 원에서 편집된 선요(禪要)와의 차이점을 밝히면서 철저한 교감이 필요하다. 고봉어록의 저자 고봉원묘(高峯原妙)는 임제종 양기파에서 대혜와 함께 뛰어난 인물이었고, 그의 선요는 조선시대의 불교계에서 교재로 쓰일 정도로 자주 간행되었으며, 같은 전통이 오늘날까지도 지속되고 있다.

필자는 성암문고 목록에서 이를 보고 혹시 약록보다 방대한 전문의 어록일까 기대하였으나, 분량이 일곱 편에 불과하고 내용도 그동안 국내에서 널

---

5) 釋宗眞 「淸虛休靜의 禪思想」, 『白蓮佛敎論集』 3(白蓮佛敎文化財團 1993).

리 유통된 그의 작품이란 한계를 벗어나지 않았다. 이를 목록만 뽑아서 순서대로 정리하고 흔한 유통본을 열거하면 다음과 같다.

① 몽산시중(蒙山示衆)—(사법어四法語에 세번째로 실린 법어)
② 시고원상인(示古原上人)—(간경도감판刊經都監版 몽산화상『법어약록』에 실림)
③ 시각원상인(示覺圓上人)—(위와 같음)
④ 시유정상인(示惟正上人)—(위와 같음)
⑤ 시총상인(示聰上人)—(위와 같음)
⑥ 무자십절목(無字十節目)—(위와 같음)
⑦ 휴휴암주좌선문(休休庵主坐禪文)—(위와 같음)

내용을 검토한 결과 송삼가어록에 포함된 몽산어록은 『사법어(四法語)』에서 「몽산시중(蒙山示衆)」을 뽑아 몽산화상법어약록의 첫머리에 추가한 한계를 크게 벗어나지 않았다. 송삼가어록은 원이나 명에서 같은 형태로 묶어 간행되었다는 근거는 없다. 이 책은 청허휴정(淸虛休靜)에 의하여 세 고승의 어록을 합본하여 간행한 서적일 가능성도 있다. 대혜와 고봉의 어록만 국내에서 유통되는 어록과 차이가 있으므로, 이 두 가지 서적이 송과 원에서 편집되어 국내로 들어온 일반적인 유통본보다 먼저 수입된 이본일 가능성이 있으므로 엄밀한 검토가 요청된다.

몽산의 어록이나 저술로 중국에서 발견된 고서는 극히 적다. 그의 어록은 그에 관한 저술 가운데서 가장 자주 간행된 『법어약록』과 그것의 언해본이 다수가 국내에서만 현존하고 있다. 그의 법어(法語)는 약록이라 불리는 서명에서 미루어보면 법어라 불리던 어록에서 일부만 선집하였을 가능성은 있으나 이것마저 단언하기 어렵다. 누구에 의하여 언제 선록되었다는 확증은 밝혀지지 않기 때문이다.[6] 오직 우리나라에서만 간행되었고 한글을 창제한 다

---

6) 1463년 刊經都監本, 1481년 간본으로 通文館所藏本, 1521년 楡岾寺版本.

음 멀지 않은 시기에 해당하는 세조시에 언해되었다.

어록보다 몽산화상법어약록(이하 약록)은 글자 그대로 몽산의 법어의 선록이지만 최고의 간본은 적어도 공민왕 초까지 올라간다. 1357년에 간행된 목판본으로 지공이 번역한 여러가지 불교서에 부록되었기 때문이다.[7] 초기의 『법어약록』에는 사법어에 부록된 보제존자(普濟尊者)의 법어는 실리지 않았다. 다만 당시에도 지공과 몽산의 저술이 합쳐서 간행될 정도로 고려의 선승들에게 긴밀하게 인식되었음이 주목된다. 약록에 실린 법어의 제목은 위의 삼가어록에 수록된 몽산어록에서 첫번째 법어인 몽산시중만 제외하면 수록된 열쇠까지 일치한다.

『법어약록』에는 고승의 법어 다섯 편이 수록되었고 끝에 그리고 보제존자가 각오(覺悟)에게 설법한 법어(法語)가 부록되었다. 보제존자는 나옹의 존호이고 각오는 그의 제자였다. 이는 몽산의 법어가 아니므로 직접 관계는 없지만 몽산이 나옹의 법손들에게 추앙되었다는 증거로서 선맥의 계승에서 중요한 의미가 내포되었다.

사법어는 몽산법어가 한 편만 수록되었지만 어느 서적보다 약록과 깊은 관계가 있다. 번역자와 번역된 시기와 유통된 횟수에도 상관성이 있지만 1517년에 간행된 고운사판(孤雲寺版)과 1525년에 간행된 심원사판(深源寺版)부터 몽산법어약록에 뒤이어 합간되었다. 또한 1535년 빙발암판(氷鉢庵版)과 1577년 송광사판(松廣寺版)의 내용은 거의 같으나, 사법어와 부록된 보제존자법어와 약록의 순서로 합책되었고, 순서를 바꾸었을 뿐이다.

몽산화상법어약록은 법어의 수록이 위주였다면 사법어는 몽산의 사상적 기원과 계승에 관련된 전등을 알리는 고승과 그들의 대표적 법어를 수록한 의미가 크다고 하겠다. 사법어의 목록만 정리하면 다음과 같다.

---

7) 許興植 『高麗로 옮긴 印度의 등불—指空禪賢』(一潮閣 1997) 93면.

① 환산정응선사시몽산법어(皖山正凝禪師示蒙山法語)

② 동산숭장주송자행각법어(東山崇藏主送子行脚法語)

③ 몽산화상시중(蒙山和尙示衆)

④ 고담화상법어(古潭和尙法語)

⑤ 시각오선인법어(示覺悟禪人法語) 보제존자(普濟尊者)

사법어에는 전등과 감화의 순서에 따라 환산정응(皖山正凝), 동산숭장(東山崇藏), 몽산덕이(蒙山德異), 고담화상(古潭和尙), 보제존자(普濟尊者)의 순서로 이들이 남긴 법어를 각각 한 편씩 모두 다섯 편의 법어가 실렸다. 사법어라 하였지만 실제로는 오법어(五法語)이므로 맨 끝의 보제존자의 법어는 『법어약록』에서와 마찬가지로 본래는 부록되었다. 서명에도 반영되지 않은 까닭은 최초의 고려판본에서 확인되었다.[8] 이는 약록이란 책이름으로 사법어와 합간되면서 순서가 바뀌더라도 항상 중간에 위치하게 마련이었던 점으로도 재확인되었다.

사법어는 몽산의 법어가 한 편만 수록되었지만 그의 사상적 계보를 의미하는 중요성이 있다. 환산이나 동산은 몽산에게 사승이고, 고담은 고려의 만항(萬恒, 1249~1319)으로 몽산을 찾아 받았던 호이고, 그는 수선사 출신의 국사로 혜감국사(慧鑑國師)로 추봉되었다. 보제존자는 나옹화상(1326~76)으로 모두 사굴산문을 대표하는 16국사에 포함되었다. 각오는 나옹화상의 계승자이며, 몽산이 사굴산문 수선사로 이어진 계승된 조계종의 법통을 알려주는 중요한 의미가 있다.

사법어는 부록된 한 편을 추가하지만 보제존자의 계승자에 의하여 정리되었음을 의미한다. 또한 늦어도 조선초의 조계종의 법맥을 반영하므로 한국불교사에서 중요시할 자료이다. 몽산의 어록과 사승과 문도의 어록에 실렸을 한 편씩의 법어가 뽑혔다는 중요한 의미가 있다. 더구나 국내에서 다른

---

8) 기림사본 불복장 자료 참조.

50

고승의 법어와 함께 불교계에서 자주 간행되었고, 교양서로 필독의 교재였으므로 사상사를 규명하기 위한 자료로서 가치가 있다.

이상의 법어에서 빠졌지만 그의 어록에 실렸을 법어나 대화나 서신이 단편적으로 수록된 서적은 적지 않다. 특히 국내의 고승과 거사의 문집이나 비문에서도 찾아진다. 고승의 사상을 대표하는 어록의 핵심을 모은 편저에서도 찾아지며, 몽산과 그의 사승과 문도의 행적이 실린 고승전에도 그와의 대화가 실려 있는 사례가 많다.

몽산이 이승휴에게 보낸 법어 두 편이 있고, 이는 고려에서 간행된 고본에 실렸으므로 더욱 가치가 있다. 이승휴는 사간(司諫)으로 자신의 건의가 받아들여지지 않으므로 고향에 돌아와 두타산에 은거하여 거사로서 지냈었다. 이때 몽산이 보낸 법어 두 편이 이승휴의 문집에 실려 있다.[9] 몽산과 이승휴와의 교류는 앞서 몽산을 찾았던 고려 출신의 승속이 다리를 놓았다고 생각되며, 이는 다시 살피도록 하겠다. 약록이 아닌 몽산법어가 남았다면 이것도 포함되었을 가능성이 크다고 하겠다.

몽산의 법어는 선승의 게송(偈頌)이나 법어를 수록한 저술에도 수록되었다. 송대에는 선승의 게송과 중요한 대화를 뽑아서 모은 어록이나, 이를 다시 선집한 편저가 유행하였고 국내에서도 같은 경향이 강화되었다. 고려에서 편저로 선문염송(禪門拈頌)이 있으며, 이와 상통하는 작품으로는 이보다 적은 분량이지만 고려말의 백운화상(白雲和尙) 경한(景閑)도 편저를 남겼다. 이 책은 내용보다 현존하는 세계 최고의 금속활자본으로 주목을 받은 백운화상직지심체요절(白雲和尙直指心體要節)이고, 끝부분 가까이 몽산의 어록 두 편이 실려 있다.[10] 이 법어는 지금까지 다른 자료에서 확인되지 않은 내용이므로 약록이 아닌 분량이 많은 법어가 고려에 전래되었고 경한의 편저

---

9) 『動安居士集』 雜著, 和尙所寄法語(『高麗名賢集』 1,590면).

10) 『白雲和尙抄錄佛祖直指心體要節』 卷 下(프랑스국립도서관 所藏本 國內影印本 참조).

어록과 저술 51

에 선록되었다는 증거의 하나라고 하겠다.

원·명·청에 이르러 편찬된 고승전에도 그가 사승이나 문도와의 대화와 게송이 실려 있다. 특히 1500년대 말에 활동하였던 주굉(袾宏)이 남긴 고승전인 『선관책진』에서부터 몽산의 대화가 실려 있다. 주굉은 고려의 고승에 관한 기록으로는 유일하게 보제존자의 법어를 수록하면서 조선에서 수집한 불서에서 인용하였음을 밝혔다.[11]

주굉은 질병과 투쟁하면서 수행하는 몽산의 모습을 앞선 시기에 완성된 고승전보다 세밀하고도 실감나게 수록하였다. 이로 보면 임진왜란중에 조선에 진입하였던 종군학자들이 나옹과 몽산을 비롯하여 남송말과 원대의 많은 자료가 원산지로 유출하였다고 하겠다. 이를 근거로 명말부터 청대에 이르는 시기에 저술된 그곳 임제종의 고승전에서 이용되었을 가능성이 크다.

임진왜란보다 약 40년 앞서서 조선의 사상계는 서원(書院)이 사액되기 시작하고 회암사(檜巖寺)와 소격서(昭格署)를 철폐시키면서 성리학의 우월성을 더욱 강화시키고 불교를 위시한 다른 사상을 탄압하여 위축시켰다. 성리학을 이념으로 심화시키고, 사상의 통일이란 측면에서 발전이라고도 하겠지만, 다른 사상에 대한 이론적인 흡수와 융합이 아니었다. 이 무렵 불교를 이단으로 몰아서 탄압함으로써 불교사상과 관련된 전통문화재와 전적도 사라졌다. 이러한 시기에 왜군의 침입과 명군의 진입으로 전쟁뿐 아니라 불교문화재의 약탈과 유출은 불을 보듯 하였다.

그동안 학계에서는 임난중에 왜군에게 약탈된 문화유산에 대해서만 깊은 관심을 두었다. 왜란의 장본인이 왜군이었고, 근대에 다시 일본이 침략하여 식민지화하고 약탈이 더욱 심했던 반감도 상승작용을 일으켰음에 틀림이 없

---

11) 袾宏 『禪關策進』 高麗普濟禪師答李相國書(『續佛敎大藏經』 4,713면) "評曰 此
語錄 萬曆丁酉福建許元眞東征 得之朝鮮者."
　　慧勤 『懶翁和尙語錄』 答李相國齊賢(『韓國佛敎全書』 6,725~26면). 두 자료를
대조하면 전자가 후자를 절요하였음이 확인된다.

다. 그러나 명에서 보낸 지원군의 주둔과 더불어 명으로 불교문화재의 유출도 심하였다. 특히 불교서는 명말의 불교계에 크게 활용되었고, 적어도 나옹어록과 몽산어록이 유출되었음에는 틀림이 없다. 이를 이용하여 선관책진 이후 명과 청의 선승전에서 몽산의 전기가 보완되었다고 하겠다.

간행된 약록이 아닌 법어와 어록이 원대와 고려에서 간행되었다는 뚜렷한 증거를 밝히기는 어렵다. 다만 다음에 언급할 우리나라에만 사본으로 전하는 몽산행실기와 함께 출현한 자료에는 고려의 승속과 교류한 법문경치의 서문이 실렸으므로 당시에 간행되었을 가능성이 더욱 확실하다. 앞으로 이에 깊은 관심을 가질 필요가 있다. 이 점은 그의 다른 사본과 저술을 살피면서 천착할 과제라 하겠다.

몽산덕이에 대해서는 명대(明代)에 저술된 고승전인 『오등엄통(五燈嚴統)』[12] 『오등회원속략(五燈會元續略)』[13] 『오등전서(五燈全書)』 『증집속전등록(增集續傳燈錄)』 등에 이미 수록되었다. 선종관계의 후기 고승전에 속하는 이런 선적(禪籍)에는 주로 그에게 영향을 주거나 그가 영향을 끼친 사제(師弟)의 계보와 수도과정에서 있었던 대화만 간략하게 실렸다. 오등전서에만 속연(俗緣)에 관해서 약간 자세하게 실렸을 뿐이다. 그의 문집이나 부도비가 전하지 않으므로 생애를 보충하기가 쉽지 않다.

다만 수도와 깨달음에 대한 기록은 위의 고승전보다 명말의 주굉이 편집한 선관책진에 가장 많은 분량이 실렸다. 이 책에는 몽산이 20세와 32세에도 출가하지 않았지만 수도에 열중하였던 사실이 실렸다. 그가 출가한 경위와 출가할 당시의 정확한 시기는 1264년 8월임이 확실하며, 이때 34세였다

---

12) 『五燈嚴統』 권 22, 鼓山凝禪師法嗣 蒙山異禪師. 몽산이 환산과 고섬형(孤蟾瑩), 허당 (虛堂)을 거쳐서 다시 환산에게 와서 득도하는 과정을 간략하게 서술하였다. 『오등회원 (五燈會元)』 권 56, 皖山凝禪師法嗣 蒙山異禪師 松江府澱山蒙山德異禪師 高安盧氏子.
13) 『五燈會元續略』 권 4, 鼓山凝禪師法嗣 蒙山異禪師. 오등엄통과 거의 같으나 깨달은 다음의 접화(接化)에 대해서 좀더 자세할 뿐이다.

는 그의 행적이 최근에 발견되었으므로 1231년에 출생하였음에 틀림이 없다.[14]

행적에는 그가 34세 때 경정 5년(景定五年, 1264년) 8월 강릉에서 낙발(落髮)하였다고 장소와 시기를 『선관책진』보다 더욱 정확하게 밝히고 있다. 다만 그의 몰년을 밝힐 만한 뚜렷한 자료는 아직도 나타나지 않았고, 사전에도 이를 수록하지 못하였다. 이를 확인하기 위해서는 좀더 많은 새로운 기록을 토대로 접근해야 할 과제의 하나이다.

2. 사본의 어록 초고와 행실기

간본(刊本)으로 남아 있는 어록의 일부나 편저에 그가 남긴 법어의 단편이 수록된 작품이 적지 않으나 이를 제외하고도 사본도 적지 않다. 사본에서 몽산의 생애를 보충하고 이를 토대로 연보를 만들 수 있는 중요한 자료로 『몽산행실기(蒙山行實記)』를 포함한 자료 23면을 들 수 있다.

이 사본은 불교의 경전을 요약한 제경촬요(諸經撮要)와 법문경치(法門景致) 등과 함께 발견되었고, 그밖에도 그가 머물렀던 주변의 시설물과 승속의 다비와 관련된 문집이나 어록과 상관성이 있는 작품이 포함되었다. 이 자료는 남권희 교수에 의하여 학계에 소개되었으며, 직주도덕경과 같은 곳에서 발견된 복장물의 일부로 추측하였다.[15] 내용은 그의 어록의 일부이므로 잠정적으로 『몽산화상어록초고(蒙山和尙語錄草稿)』라고 할 만하다.

---

14) 사전에는 1231년으로 정리되었거나 의문부호를 붙이고 있다. 이는 『선관책진』에서 32세의 활동이 실리고 2년 지나서 1264년에 출가하였다는 기록 때문이라 생각된다. 행실기에는 33세에 시련이 있었고 출가한 동기로 서술되었으나 『선관책진』에는 이보다 1년 지나 출가하였다는 해석이 가능하므로 34세 출가설을 뒷받침한다.

15) 南權熙「筆寫本『諸經撮要』에 수록된 蒙山德異와 高麗人物들과의 交流」,『圖書館學論輯』21, 1994.

몽산의 법어와 행장 등이 수록된 몽산어록이 있었다는 뚜렷한 근거는 없다. 그러나 『법어약록』이 현존하므로 적어도 본래 몽산에 관한 문집 자료는 현재의 약록(略錄)보다 많은 분량이 유통되었음에 틀림없다. 실제로 사본에 실린 「몽산화상시중(蒙山和尙示衆)」은 약록이나 사법어에 실린 시중(示衆) 과는 다른 내용이므로 이를 포함하였던 법어가 있었을 가능성이 크다고 짐 작된다.

원에서 몽산의 문도는 명대까지 계승된 계보가 없다. 이는 사법어에서 그 에게 영향을 받았던 각원(覺圓)과 고담(古潭) 등이 고려의 고승이고, 1290년 대의 보설에 실린 다른 인물도 고려 출신으로 그를 찾았던 고승일 가능성이 있다. 이는 사법어와 법어약록에 공통으로 부록된 보제존자 나옹과 그의 문 도인 각오상인(覺悟上人)을 특기하였고, 이는 나옹의 어록에 실려 현존한 다.[16]

법어를 어록이라고도 불렸을 가능성이 크다. 송삼가록(宋三家錄)에는 몽 산어록(蒙山語錄)이라 명시하였고, 그의 사승(師僧)과 나누었던 선문답이 주 로 실린 후기의 선종고승전에는 『법어약록』이나 송삼가록보다 훨씬 포괄적 인 내용이 포함되었기 때문이다. 현존하는 법어와 상관성이 짐작되는 내용 으로 대체로 간략하게 전기로 축소하였다고 추측되는 부분도 있지만 포함되 지 않은 내용도 실린 포괄성이 있다.

1562년 간행된 『장수멸죄타라니경(長壽滅罪陀羅尼經)』의 끝에는 몽산화 상의 「염불화두법(念佛話頭法)」과 「염불법어(念佛法語)」라는 제목으로 두 편의 산문이 필사되어 있다.[17] 이는 염불과 화두를 겸용하여 세속의 신도를 교화한 내용이며, 몽고와의 항전기를 살아가던 지식인들에게 신념을 심어주 는 교화가 담겼다고 짐작된다. 이 작품은 지금까지 발견된 다른 자료에서 확

---

16) 東國大學校佛敎全書編纂委員會 『韓國佛敎全書』(東國大出版部 1984) 6~727면. 示 覺悟禪人.

17) 이에 대한 자세한 서지는 제2장 Ⅱ절 참조.

인되지 않는 일문(佚文)이고 어록에 포함되었던 일부분에 해당한다고 하겠다.

이 자료는 글씨가 가늘고 정성들인 필사에도 불구하고 문자생활에는 익숙하지 않은 비구니(比丘尼)의 글씨체로 짐작된다. 이와 가장 가까운 자료로 성암고서박물관에 소장된 『송삼가록(宋三家錄)』의 끝에 필사되어 실려 있는 「몽산행적(蒙山行蹟)」을 들 수 있다. 이 자료는 목판본인 몽산어록의 끝에 필사되어 있으며, 몽산행실기보다 분량이 적다. 대체로 전자를 절요한 느낌이 있으나 필체는 앞의 두 가지와 상통한다.[18]

염불과 관련된 단편을 편집한 사본의 『염불직지(念佛直指)』에도 장수멸죄타라니경의 끝에 필사한 염불화두법과 염불법어가 선명하게 실렸다. 더욱 중요한 사실은 지금까지 알려지지 않았던 법어 두 편이 염불법어에 이어서 실려 있다. 하나는 몽산법어이고 이어서 시이도인법어(示二道人法語)이다. 후자는 염불법어와 마찬가지로 몽산이라 명시되지 않았지만 염불법어와 마찬가지로 몽산의 작품임이 확실하다.[19]

어록은 법어를 포함하여 방대한 분량으로 저술과 합쳐 편집되어 간행되었다고 짐작된다. 직주도덕경과 사설이 어록으로 판심에 밝혀있기 때문이다. 간본의 어에 수록되었을 그의 행장이 행적이나 행실기로 필사되어 전래되었다고 짐작된다. 어록이 편집되었더라도 간행되지 않았을 수 있다. 몽산어록은 고려에만 전래되고 간행본이 확인되지 않으므로 행실기와 행적으로 행장이 두 가지로 전사되어 나타날 수 있었다고 추측된다.

이는 지질과 필치를 바탕으로 작성 연대가 규명될 필요가 있으나, 우선 내용상 이를 중요시하여 이용하고자 한다. 이는 지금까지 알려진 원·명·청에 이르는 후기 고승전에 실린 몽산의 전기보다 자세하고 문집의 초고가

---

18) 다만 그가 지원초(至元初, 1241)에 14세였다고 하였으나, 이를 지원년간(至元年間)의 초기(初期)와 원의 초기(初期)라는 두 가지 해석이 가능하고, 후자이어야만 다른 기록과 상통한다.

19) 이 책의 소장자와 자세한 서지에 대해서는 제2장 Ⅱ절 참조.

되기에 알맞은 내용인 그의 저술과 활동이 실려 있다. 사본으로 전하는 그의 어록과 행장의 일부는 전집의 형태로 어록이나 전집을 만들려던 초고의 일부일 가능성이 크다고 하겠다.

3. 저술과 편저

법어나 어록으로 정리되었거나, 내용상 법어의 약록에 실렸을 작품을 제외한 그의 저술도 많다. 고승전을 제외하고 중국에서 그의 저술이나 어록을 보관한 사례는 거의 없다. 필자가 확인한 중국의 고서목록에는 극소수의 한국의 간본이 옮겨진 이외에, 그곳에서 간행된 몽산의 저술은 보설뿐이었다.

약록의 법어뿐 아니라 그가 남긴 저술이나 중요시한 불서의 간기(刊記)에서 그의 서발이 찾아지기도 한다. 국내에서 흔히 찾아지거나 희귀한 간본은 다음과 같이 적지 않다.

> 몽산화상육도보설(蒙山和尙六道普說, 언해본도 있음)
> 몽산화상보설(蒙山和尙普說, 중국 북경도서관 귀중본)
> 증수선교시식의문(增修禪教施食儀文, 동국대 도서관)
> 직주도덕경(直註道德經, 두 가지 인본이 발견됨)
> 사설(四說, 훼손이 심한 유일본이 현존함)

가장 널리 유통되는 그의 저술은 육도보설이다. 조선중기부터 간행된 언해본도 있으며 여러 차례 간행되었고 해외에도 유출되었다. 또한 이를 십법계설(十法界說)이나 수심결(修心訣)이란 다른 이름으로도 불렸지만 같은 내용이고, 연기론에 의한 윤회사상을 설법하여 일반의 교화용으로 쓰였다. 보설이란 불교식 제례를 수행하기 위하여 기일에 모인 추모자들에게 망자의 행적을 회상하고 업보에 따라서 응보의 원리가 적용된다는 설법의 내용이다.

그의 보설은 육도보설을 제외하고 아홉 편이 북경도서관에서 확인되었다. 보설이란 법회에서 대중에게 설법이고 이에 대한 후원자와 참석자, 그리고 기록자와 간행시의 시주자가 포함되므로 불경의 간행과 유사한 모습이다. 몽산의 보설은 그가 살았던 시기에 여러 차례 간행되었으며 명대에 이를 묶어서 다시 출간하였음이 확인되었고 전부가 아님이 확실하다.[20]

선교시식의문(禪敎施食儀文)은 종파를 막론하고 불교의식에 음식을 마련하고 이를 통하여 베풀어지는 의식의 내용과 절차를 밝힌 글이다. 시식은 본래 신도가 출가자에게 음식을 제공하는 행위에서 비롯되었다. 후에는 개인의 기일제나 국가의 수륙재와 같은 대규모의 의식 다음에 베풀어지는 반승(飯僧)과도 상관성이 있다. 전란이나 흉년의 시식은 불교를 통한 구난(救難)의 사회사업으로 중요한 부분이었다. 몽산의 시식의문(施食儀文)은 저술된 시기가 명시되지 않았고 본래의 의식을 더하거나 손질한 증수(增修)이므로 그가 창안하였다기보다 이전의 기록이나 전통을 보완한 사회를 구휼하는 차원으로 의식을 체계화하였다고 짐작된다.[21]

육도보설과 시식의문은 이론과 의식의 두 날개와 같지만 실제로는 관련성이 크다. 엄밀한 의미에서 실천적인 교화를 위한 실용성이 있는 저술이고, 세속의 교화와 실천에 관계가 깊다. 다시 말하면 승속의 신도에게 초보적인 신앙생활에 지침으로 사용하도록 배려된 교화용 저술이라고 할 수 있다. 몽산이 이 두 가지를 저술한 시기가 명시되어 있지 않다. 이는 그가 출가한 직후 몽고와의 항전한 시기에 비롯된 죽음과 진휼과 관련된 불교의 사회구제사업으로 지침서로 쓰였다고 짐작된다.

---

20) 본서 제2장 Ⅲ절.
21) 본서 제3장 Ⅰ절.

그의 대표적인 저술은 『직주도덕경』이다. 이는 최근 국내에서 발견되어 알려졌으나 내용에 대한 깊은 분석은 없었다. 서문에 의하면 그가 오랜 기간 심혈을 기울여 저술에 공을 들였던 만년의 작품임이 확인된다. 원대에도 몇 차례 있었던 유불도(儒佛道) 논쟁에서 불교가 도교로부터 승리할 수 있었던 이론적인 바탕이 되었으므로 앞으로 사상사에서 깊이있게 취급할 필요가 있는 중요한 저술이다. 직주도덕경은 서명에서 보듯이 선승이 도교의 중심 경전인 노자(老子)의 도덕경을 불교와 유교의 사상으로 해석하였다. 삼교일치(三敎一致)를 강조한 동아시아 사상사에서 중요한 저술이므로 이를 별도의 논문에서 전반적으로 접근하고자 한다.

사설(四說)은 직주도덕경에 서문이 포함된 판본이 유통되어 알려졌다. 직주도덕경이 불교에 대한 유교와 도교로부터 공격을 완화시키려는 목적으로 저술되었다면, 사설은 유교와 불교의 일치를 주역의 역설과 서경의 황극, 예기의 중용을 불교의 이론으로 풀이한 삼설(三說)이 바탕을 이루었다. 삼설에 교학이 선과 거시적인 차원에서 일치한다는 '무피차설(無彼此說)'을 합쳐서 사설(四說)로 간행하였음이 확인되었다.[22]

그와 긴밀한 교류가 있었던 고려의 혼구(混丘)에게 무극설(無極說)을 주었음이 확인되므로, 이에 대한 저술이 있었음에 틀림이 없다. 무극(無極)은 주역(周易)에서 태극(太極)의 기원이 되므로 역설과 상통할 가능성이 있다. 사설은 주역(周易), 그리고 상서(尙書)와 예기(禮記)에서 중요한 논설을 뽑아 사상의 공통점을 강조한 저술로 직주도덕경의 핵심사상인 삼교일리론(三敎一理論)의 기반이 되었으므로 직주도덕경의 맨머리에 서문을 실어서 간행하였다고 추측된다.

그는 다른 고승과 마찬가지로 자신의 저술과 함께 그의 사상적 성취를 기존의 불교서의 간행을 통하여 달성하려고 노력하였다. 그가 만년에 머물렀

---

22) 본서 제4장 II절 참조.

던 전산(澱山)이나 휴휴암은 목판 인쇄술이 발달한 곳이었으므로 교화를 통하여 신도를 지도하면서 적지 않은 기존의 저술을 간행하고 이에 대한 다음과 같은 서발을 남겼다.

> 불조삼경서(佛祖三經序)
> 육조대사법보단경서(六祖大師法寶壇經序), 몽산본(蒙山本) 육조단경(六祖壇經)

그는 불조삼경(佛祖三經)을 확정하고 서문을 썼다. 불조란 교조인 석가와 선종의 조사를 말하며, 세 가지를 편집하여 합책으로 삼경이라 불렀다. 삼경의 첫 번은 사십이장경(四十二章經)이고, 동아시아에서 가장 먼저 번역된 경전이라 전해지고 있으나 근래에는 신빙성이 의심되기도 하였다. 다음 불유교경(佛遺敎經)은 석가가 열반시에 유언으로 부탁한 경전으로 알려졌다. 마지막 위산경책(潙山警策)은 위앙종(潙仰宗)의 조사(祖師)인 위산영우(潙山靈祐)가 남긴 선승의 수행지침서다. 몽산이 서문을 남긴 『육조단경』은 이른바 몽산본으로 불리며 다른 본과 내용상 차이가 있으므로 주목되었다.[23]

몽산의 어록이나 법어가 고려에서 전체적으로 간행되었다고 단언하기는 어렵다. 몽산은 말기에 휴휴암에 은거하여 연구와 저술에만 열중하였고, 고려의 승속과 활발하였으나 원의 다른 지역 불교계와는 오히려 소원하였다. 그가 몽고와의 항전에서 좌절하면서 간화선에 대한 자신의 체험을 살린 저서와 삼교의 융합으로 원의 통일에 대응하는 새로운 시대의 사상적 대비에 몰두한 그의 생애와 관련이 크다고 생각된다.

---

23) 朴相國 「現存 古本을 통해 본 六祖大師法寶壇經의 流通」, 『書誌學研究』 4(1989).

맺음말

몽산의 법어와 저술은 오늘날 중국에서 유통되거나 현존하는 자료가 극히 적다. 고려 출신으로 그의 감화를 받았던 고승들이 귀국하거나 왕래하면서 그의 어록으로 편집될 자료가 고려로 옮겨왔다. 원에서 그의 계승자는 지속되지 않으므로, 그의 어록이나 법어가 정리되기도 어려웠다고 짐작된다.

고려로 옮긴 몽산의 어록과 법어는 약록이나 사법어 또는 다른 저술에 편집되어 간행되었으나, 종합적인 어록이나 법어집, 또는 저술을 포함한 전집이 보존되지 못하고 전래하다가 일부는 임진왜란 과정에 나옹의 어록과 함께 명으로도 유출되었고, 나머지가 근래에 국내에서 출현하였다.

몽산의 어록과 저술이 전집으로 간행되었을 가능성과 그 반론도 가능하다. 『몽산어록(蒙山語錄)』이란 서명으로 법어(法語)와 보설, 그리고 사설(四說)이 간행되었음은 확실하다. 이들 간본에는 어록이란 서명과 판심이 보이기 때문이다. 몽산의 여러 자료가 전집으로 정리된다면, 앞으로 발견되는 그에 관한 자료의 위상을 쉽고도 간편하게 이해할 수 있다.

몽산의 어록이나 저술, 그리고 편저를 간행한 고려의 고승은 거의 조계종에 속하고, 가지산문의 혼구가 있으나 나머지는 거의 수선사에 속하는 사굴산문이었다. 요암원명(了庵元明)과 혜감국사 만항은 휴휴암의 몽산과 교류하면서 몽산의 어록과 서문을 남긴 저술을 고려로 옮겨 간행하였다. 몽산과 교류한 고승은 후에 나옹화상과 각오에 이르는 고려말 조선초에 이르는 조계종에서 가장 중요한 법통을 이룩하였다.

Ⅲ. 고려 조계종과의 관계

머리말

10세기 초 당이 망한 다음 오대를 거쳐 고려와 송과 요의 3대 세력이 동아시아의 세발솥을 이루면서 세력균형을 유지하였다. 요(遼)를 대체한 동복아시아의 금(金)은 이전의 세력균형에 큰 변화를 주지 못하였으나, 13세기 동아시아의 초원지대에서 등장한 몽고는 주위의 여러 민족을 성공적으로 통합하면서 그 세력이 유럽까지 큰 변동을 일으켰다. 몽고가 세운 원은 동아시아의 전체를 재편하고 동서를 소통시키면서 세계사를 처음 쓴 큰 국가이었다.

원의 패권이 확립되기까지 동아시아는 대하(大夏)와 토번(吐蕃, 티베트)과 대리(大理), 교지(交趾)와 일본은 고려와 금과 남송의 세발솥을 에워싼 외곽의 잠재력을 가진 안정된 세력이었다. 남송과 고려는 몽고의 팽창을 저지하기 이대 전선을 형성하였고, 이에 대한 균형은 대하와 토번, 대리와 고려의 순서로 무너지면서 마지막 남송의 함락이 예고되었다. 고려와 토번은 결혼동맹과 제사(帝師)라는 구실로 원에 먼저 복속한 대하의 색목인, 금의 한인(漢人)보다 국가의 유지라는 대세를 확보하였다. 교지와 일본은 남송의 다음으로 정복의 대상으로 떠올랐으나 동맹관계로 살아남은 고려의 외교전으로 이상의 확대를 면하였다.

남송은 함락과 더불어 남인(南人)으로 몰락하고 유민의 정치참여는 원이 파견한 몽고인을 최상위의 지방관으로 다음은 색목인과 고려인, 그리고 한인의 다음으로 현지의 보조관의 낮은 관품을 벗어나지 못하였다. 다만 종교에 대한 원의 점령지역 통치정책은 관대하였고, 몽산에게도 회유의 손길을 뻗었다. 남송 핵심부를 관할하였던 백안(伯顔)은 그를 청량사(淸凉寺)의 주지를 맡으라고 제안하였다. 몽산은 이를 사양하였다고 행실기에 기록되었으나 실제로는 거절이었다. 이에 따른 체벌은 없었으나 존속시키는 방법은 사찰이 아닌 암자에서 점령지역의 피지배민으로 은둔하는 길뿐이었다.

몽산은 절목수(絶牧叟)라는 처절한 자호를 사용하면서 철저한 은둔을 표방하였다. 그는 남송의 불교계를 이끌던 임제종 양기파의 마지막 자존심을 지켰다. 그는 주위의 신도인 토박이들의 후원을 받으면서 휴휴암에서 저술과 교화에 열중하였으며, 이를 간행하고 승속과의 관계를 조금씩 넓혀갔다.

원의 제패가 확정된 1280년대부터 더욱 안정되고 교화의 명성은 널리 퍼졌다. 만년에 해당하는 1290년대에 이르러서 암자에 머무는 그의 활동범위는 크게 확대된 편은 아니었지만 고려의 승속이 활발하게 방문하는 변화가 있었다. 고려의 말기에 배출된 두드러진 고승들도 그의 계승자와 직간접으로 긴밀한 유대를 맺고 있었다. 그의 사상형성에 영향을 끼친 시대배경과 사승(師僧), 그리고 문도의 활동을 좀더 깊이 정리하면서 그동안 논란이 계속된 조선초기 조계종의 계승과 법통에 대해서도 새로운 견해를 보충하고자한다.

1. 고려 승속과의 교류

몽산과 고려승과의 연결은 그의 행실기에 의하면 남송이 몽고에 항복한 다음 14년 지난 1295년(충렬왕 21년) 겨울부터 시작되었다. 고려로부터 요암원명장로(了庵元明長老), 각원상인(覺圓上人), 각성상인(覺性上人), 묘부상인(妙孚上人) 등 도우(道友) 8명이 삼한(三韓, 高麗)에서 와서 함께 조용히 지냈다는 십송(十松)과 그 서문에서 찾아진다. 도우(道友)나 장로(長老), 또는 상인(上人)이란 고승이란 존칭으로도 쓰인 승려의 신분을 의미한다고 하겠다. 또한 8명 가운데 4명은 법명을 알 수 있지만 나머지 4명은 생략되어 있다.

위의 8명 가운데 중부상인(中孚上人) 등 4명은 다음해(1296년)에 여름에 고려로 돌아갔다고 한다. 미상의 4명 가운데 중부(中孚)란 법명을 가진 고려승이 포함되었고, 돌아간 고려승은 중부(中孚)를 포함한 법명이 알려지지 않은 3명이었다고 하겠다. 또한 겨울에는 만수상인(萬壽上人)이 고려의 승속 10명의 서신을 다시 몽산에게 전하고 가르침을 부탁하였다. 행실기에는 여러 차례 왕래된 서신의 내용을 요약하여 대화의 형식으로 압축시켜 실었으므로 이를 옮기면 다음과 같다.

겨울에 고려의 만수상인(萬壽上人)이 와서 말하기를 고려국(高麗國) 내원당 대선사(內院堂大禪師) 혼구(混丘), 정령원공주왕씨(靖寧院公主王氏) 묘지(妙智), 명순원공주왕씨(明順院公主王氏) 묘혜(妙惠), 전도원수상락공(前都元帥上洛公) 김방경(金方慶), 시중(侍中) 한강(韓康), 재상(宰相) 염승익(廉承益), 재상(宰相) 김흔(金昕), 재상(宰相) 이혼(李混), 상서(尙書) 박경(朴卿), 상서(尙書) 유거(柳裾) 등 여러분이 재삼 편지를 보내어 다음과 같이 가르침을 부탁했다.
고려 승속: "멀리서나마 휴휴장노가 계신 암자를 찾아서 수도가 높고 깊은 즐거움을 삼한에도 나누어주실 수 있습니까?"

몽산(蒙山): "만수상인이 문의한 요암장로(了庵長老)의 질의를 보았다. 그 날 밤에 문 앞에 열 그루의 소나무가 땅에서 솟아올랐는데 모습이 우람하고, 품격이 뛰어났으나 서로 달라서 사람들이 공경하도록 만들었다. 나는 그 까닭을 물었다.

중송(衆松): "얼마 전에 고려를 떠나서 요암(了庵)을 찾았고 휴휴주인을 만나게 되었습니다."

몽산: "이름들은 있소."

중송: "있지요, 신송(新松), 계송(戒松), 정송(定松), 혜송(惠松), 행송(行松), 원송(願松), 영송(靈松), 묘송(妙松), 지송(智松), 고송(古松)입니다."

몽산: "그대들이 휴휴암주인을 보고 싶다면 먼저 삼전어(三轉語)를 터득해야 들어올 수 있소."

중송: "거화(擧話)를 바랍니다."

몽산의 수어 첫째: "어제밤 유명이 동해를 마셔서 말려버렸는데 새우와 게, 물고기와 용은 어디서 몸을 가누고 목숨을 유지하겠는가?"

둘째: "물은 날아오를 수 없지만 색깔은 하늘까지 뻗쳐 있다. 마혜수라의 눈에 들어가서 마혜수라를 춤추기 때문에 전혀 볼 수 없지 않은가?"

셋째: "연호교(蓮湖橋)는 모든 이들에게 보이는데 눈 밝은 이들이 무엇 때문에 떨어지는가?"

중송: 대답하지 못했다.

몽산: "먼저 문밖에 있으라. 상인 4명은 지나면서 살펴보고 찬탄하여 마지 않는데 속인 6명은 지나가면서도 볼 수가 없구나."

중송(절하고): "듣건대 소나무 10주가 고려에서 와서 땅에서 솟아났는데 상인에게는 보이고 속인에게는 업장이 두꺼워서 눈이 있어도 보이지 않습니다. 화상께서는 자비로운 마음으로 보여주십시오."

몽산: "너희들은 진실로 믿을 만한 근기가 있다. 마땅히 송을 지어서 서문을 쓰고 각각 펼쳐 보이겠다. 바라건대 중송은 믿고 바른 눈을 활짝 뜨고 현묘함을 밝히 바라보라."

만수상인(萬壽上人)이 전하는 10명은 고려의 국사와 왕사의 다음으로 세 번째 지위의 승직(僧職)에 있었던 내원당(內願堂) 혼구(混丘)였고, 이밖에 공주(公主) 2인, 명인의 재상(宰相), 상서(尙書) 2명으로 승속을 망라한 상급의 직위에 있던 인물이었다. 이 10인은 대부분 『고려사』 열전에 입전되었고, 입전되지 않은 3인도 세가나 비문에 행적이 실려 있다.[1] 몽산은 이들에게 각각 '송(松)' 자를 붙인 게송을 주었다. 위의 10송과의 대화에 나타난 상징성과 현실성의 정도를 구분할 필요가 있다.

몽산은 위와 같이 십송(十松)의 법문경치(法門景致)를 서문으로 쓴 다음 10송(松)의 각각에 대해서도 4언(言)의 서(序)와 7언절구의 송(頌)을 남겼다. 이를 이어서 다음해 2월 2일에는 후서를 남겼고, 여기에 요암원명(了庵元明)이 제(題)를 붙였다. 이와같이 고려의 요암원명이 그곳에 머물면서 그보다 일년 늦게 찾아온 만수상인(萬壽上人)이 보내온 고려 승속 10인의 서신을 몽산에게 전달하였고, 몽산은 이들을 십송으로 간주하고 있었음을 알 수 있다. 다만 혼구(混丘)의 비문에는 몽산이 무극설(無極說)을 지어서 그에게 부쳤으므로 그가 '무극노인(無極老人)'으로 호를 사용하였다는 사실이 실려 있다.[2]

혼구는 조계종 가지산문(迦智山門)의 고승으로 보각국사(普覺國師) 일연(一然)의 상수제자(上首弟子)였다. 가지산의 혼구뿐 아니라 혼구와 거의 같은 시기를 살았던 사굴산문(闍崛山門)의 혜감국사(慧鑑國師) 만항(萬恒, 1269~1315)도 몽산과 간접적인 친교가 있었다.[3] 몽산은 만항(萬恒)이 보낸 문게(文偈)를 보고 감탄하면서 10수(首)의 게(偈)를 지어서 보내면서 고담(古潭)이란 호를 주었다. 또한 만항은 상인을 통하여 같은 시기인 1298년 몽산이 서문을 쓴 육조대사법보단경(六祖大師法寶壇經)을 구하였고, 2년 후에

---

1) 행적을 알 수 없는 인물은 박경(朴卿)뿐이고 유거(柳裾)는 유거(柳琚)로 실려 있다.
2) 許興植 「佛臺寺圓悟國師碑」, 『高麗佛敎史硏究』(一潮閣 1986).
3) 『益齋亂藁』 권 7, 慈氏山寶鑑國師妙應塔碑(『高麗名賢集』 2,294면).

이를 고려에서 간행하였음이 덕이본(德異本)이라 하는 『육조단경』의 중간본(重刊本)에 실린 간기에서 확인된다.[4] 이러한 교류는 1290년대에 이루어졌고 강남의 불교계와의 교류에 원명상인(元明上人)이 중요한 매개자였음을 알 수 있다.

사법어에는 고담화상법어가 실려 있다. 고담(古潭)이란 만항의 호로도 사용되었지만, 원말 같은 이름을 가진 강남의 고승도 고려에 왔던 사실이 확인된다. 강남에서 군웅이 할거하자 태고와 나옹도 돌아왔고 강남의 고담도 고려에 머물면서 태고와 나옹과도 법문을 겨루었던 고승이었다. 태고는 그를 높이 평가하였지만 나옹은 그를 견제한 흔적이 엿보인다. 사법어에 실린 설법자인 고담(古潭)이 강남승인가 만항(萬恒)인가는 단언하기 어렵지만 만항일 가능성이 크다. 수선사의 전통이 나옹으로 계승되고 있으므로 나옹이 각오에게 설법한 내용과 함께 사법어는 나옹법통이 조선시대에 건재하고 있다는 새로운 증거라고 하겠다.

원명과 함께 휴휴암을 떠나지 않고 수도하였던 고려 선승 4명에 대해 좀더 깊은 연구가 요구된다. 다만 이 가운데 각원상인(覺圓上人)은 몽산의 스승인 환산정응과 몽산의 법어를 1수씩 수록한 사법어에 몽산이 그에게 내린 1수의 법어가 실려 있을 정도로 비중이 큰 계승자였다. 사법어는 고려에서도 법보단경(法寶壇經), 원각경(圓覺經), 지공의 무생계법(無生戒法)과 함께 사경(寫經)으로 제작하여 귀중하게 취급한 유물이 남아 있으며,[5] 조선 세조시에 번역하였을 정도로 중요시되었다.

몽산에게 십송으로 불리던 승속이 고려의 불교에 남긴 흔적은 앞으로 적지 않게 발견되고 보충되리라 추측된다. 다만 계송(戒松)은 1315년 축숙왕이 내원당(內願堂)에 행차하였을 때 시를 짓도록 명을 받았던 승속 가운데

---

4) 朴相國 「現存 古本을 통해 본 六祖大師法寶壇經의 流通」, 『書誌學研究』 4, 1989.
5) 보물 738호로 지정되었고, 현재 호림박물관(湖林博物館)에서 소장하고 있다.

불교계의 인물로 지목되고 있다.[6] 고려의 승직(僧職)으로 국사(國師)와 왕사(王師) 다음의 지위가 내원당이므로 그는 제3위의 지위에 있었음을 알 수 있다.

놀랍게도 오늘날의 삼척에 가까운 두타산에서 은자로 살던 동안거사(動安居士) 이승휴에게 1297년 4월 12일 휴휴암에서 몽산이 보낸 법어(法語)가 『동안거사문집(動安居士文集)』에 실려 있다. 이승휴는 이를 받고 2백일 지난 다음 감사하는 답서를 쓰고 있음이 확인된다.[7] 12년 연상(年上)으로 구석진 두타산 용안당에서 거사로 지내던 이승휴와 휴휴암의 몽산과의 거리는 당시의 관점으로는 상상하기 어렵게 멀었다고 하겠다. 그들 사이에 법어와 서신이 왕래하였음은 고려 승속과 광범위하게 직간접으로 깊은 유대가 있었음을 짐작하게 한다.

고려는 군사적으로 몽고[元]에 굴복하고 정치적으로도 압제를 받았다. 몽고의 압력으로 복속된 고려와 남송의 수군(水軍)은 일본침략에 동원되었다. 그러나 한편 강남의 휴휴암과 고려의 두타산까지 연결된 불교인의 현실관은 상통하면서 오랜 기간 같은 감정이 깊이 잠재했을 가능성이 크다. 고려의 승속과 몽산과의 교류가 뚜렷하게 확인되는 시기는 남송의 잔재세력의 근거가 좌절할 무렵보다 7년 뒤의 일이다. 그가 남송이 망할 무렵에도 고려와의 교류가 있었지만 이를 기록에서 침묵시켰을 가능성도 있다.

남송이 몰락한 직후에 시기에 몽산은 청량사(淸凉寺)에 부임을 사양하고 은거하였다. 공교롭게도 같은 시기에 고려에서 열린 담선법회(談禪法會)가 원에 저항감을 강화시킨다는 의심을 샀던 사실이 있었다.[8] 본래 담선법회는 몽고와의 항전기간에 성행하였고 항전의식과도 무관하지 않았다.[9] 몽고와

---

6) 『高麗史』 권 34, 世家, 忠肅王 1년 3월 癸丑 "幸內願堂 次板上詩 命尹碩僧戒松 給大小臣僚生徒釋子和進.

7) 『動安居士集』 雜著, 和尙所寄法語(『高麗名賢集』 1590면).

8) 『高麗史』 권 28, 世家, 忠烈王 4년 3월 戊戌. 『高麗史』 권 104, 列傳, 金方慶.

저항기에 풍미했던 간화선을 대표하는 양기파의 몽산과 같은 특성을 지닌 고려의 조계종과는 서로의 묵계가 맞아 떨어졌다고 짐작된다.

2. 문도의 왕래와 저술의 간행

몽산의 몰년은 알 수 없지만 1200년대 말이나 1300년대 초까지 살았을 가능성이 있다. 혼구(混丘)와 만항(萬恒)보다 약간 후에 사굴산문의 원명국사(圓明國師) 충감(冲鑑, 1274~1338)은 강남을 돌아보고 그곳에 오랫동안 머무는 동안 몽산의 高弟인 철산소경(鐵山紹瓊)의 도행(道行)이 높다는 소문을 듣고 그를 받들고 고려로 왔다. 1300년 만항에 의하여 몽산이 서문을 쓴 법보단경이 고려에서 간행된 다음 8년 후였다. 철산은 3년간 충감의 보살핌을 받고 고려에 머물면서 승속에게 숭배를 받았다.[10]

철산은 고려에서 강화 보문사에 있던 대장경을 앙산(仰山)으로 옮겼다. 원의 주남서(周南瑞)가 편집한 『천하동문(天下同文)』에는 이 사실을 자세하게 전하고 있다.[11] 몽산과 철산은 고려와 매우 긴밀한 유대를 가진 고승이었고, 이들의 감화를 받거나 교류가 깊었던 양기파의 고승은 매우 광범하였다.

---

9) 李萬「談禪法會에 관한 硏究」,『韓國佛敎學』 10, 1985.

10) 許興植「高麗에 남긴 鐵山瓊의 行蹟」,『韓國學報』 39(一志社 1985).

11)『천하동문(天下同文)』은 원의 주남서(周南瑞)가 편집한 당대의 명문선집(名文選集)이다. 이는 흠정사고전서(欽定四庫全書, 1366~515면)에도 수록되었으나 선본(善本)은 명말(明末)에 원본을 필사한 사본이 있고, 일본의 정가당문고(靜嘉堂文庫)에도 이를 필사한 사본이 전한다. 필자는 사고전서본과 정가당문고본(靜嘉堂文庫本)을 대조한 결과 후자가 선본이지만 약간의 글자를 사고전서본으로 보완할 수 있었으나 지면상 생략하겠다. 명말 사본에 대한 해제는 다음 서적이 참조된다.

傅增湘『藏園羣書經眼錄』(中華書局 1983) 1488면. "天下同文集五十卷 元周南瑞輯 缺卷 十七 十八三十 三十一 三十四 三十五 四十一 存四十三卷 明末汲古閣影寫元刊本 十四行二十四字 卷內題前甲集 後題廬陵周南瑞敬輯."

12세기 초에 보조지눌이 간접으로나마 대혜종고(大慧宗杲)의 영향을 깊이 받았듯이, 12세기 말과 13세기 초의 조계종에서는 몽산덕이와 철산소경의 영향이 컸다. 약 반세기 지나 태고보우(太古普愚)와 나옹혜근(懶翁慧勤)을 위시한 고려말의 고승들은 다시 임제종 양기파의 석옥청공(石屋淸珙)과 평산처림(平山處林)을 만나 자신의 사상을 확인하고 계승자를 자처하였다. 석옥과 평산은 바로 몽산과 철산의 방계(傍係)였던 고봉원묘(高峯原妙)나 급암종신(及庵宗信)과도 밀접한 계보가 확인된다.

특히 설암조흠은 14세기 후반의 태고와 나옹으로 연결될 정도로 고려 조계종의 법통(法統)에 연결되었다. 몽산의 대표적 계승자인 철산소경은 고려에 다녀갔고, 고려의 조계종 수선사 계통과 유대가 깊었을 뿐 아니라, 철산이 고려 출신이라고 명시한 『증집속전등록(增集續傳燈錄)』을 주목할 필요가 있다. 이를 입증할 증거가 좀더 필요하지만, 고려의 선승으로 몽산을 찾아서 감화를 받고 휴휴암에 머물렀던 8명 가운데 한 사람일 가능성도 염두에 두고 앞으로 좀더 깊은 연구가 필요하다.

철산(鐵山)은 고려에 3년간 머무는 동안 적지 않은 흔적을 남겼다. 그는 왕실과 관인의 가족에게 보살계를 주었다. 권단(權㫜)은 강화로 천도한 시기에 지방의 호장으로 신분 상승한 신흥사대부의 후손이었으나 대를 이어 과거에 급제하였고, 그의 가문은 봉군(封君)이 9명이나 배출되었으며 귀족으로 접근하였다. 그의 아들은 권보로 사서집주를 간행할 정도로 성리학에도 접근하였으나 권단은 아들의 만류를 뿌리치고 철산을 따라 출가하였고 법명은 야운(野雲)이었다. 그가 남긴 자경서(自警序)는 몽산의 법어와 합철된 경우가 많을 뿐 아니라, 몽산의 좌선의를 참선의 요체로 제시하였다.12)

12) 『韓國佛敎全書』 권 6,766면. 野雲 自警序, "其五 除三更外 不許睡眼 曠劫障道 睡魔莫大 二六時中 惺惺起疑 而不昧四威儀內 密密廻光 而自看一生空過 萬劫追恨 無常利那 乃日日而驚怖 人命須臾 實時時而不保 若未透祖關 如何安睡眠 頌曰 睡蛇雲籠心月暗 行人到此盡迷程 箇中拈 起吹毛利 雲自無形月自明."

몽산의 친필과 인장이 모각된 범망경 보살계본은 1306년 그가 고려에 머물던 시기에 간행되었음을 보여준다.[13] 그는 선승이었지만 백장회해(百丈懷海)의 선원청규(禪苑淸規)가 아니고 법신사상에 토대를 둔 대승보살계(大乘菩薩戒)를 사용하였다는 점에서 주목된다. 그의 폭넓은 사상에 걸맞게 수계에서도 화엄사상의 수행방법을 수용했을 가능성이 있다. 이는 후에 지공의 무생계경(無生戒經)과 상통하는 맥락에서 주목된다.

1472년 가을에 지리산을 답사한 유학자의 기행문에도 영신사(靈神寺)의 법당에 몽산의 영정(影幀)이 봉안되고 있음을 전하고 있다.[14] 이 그림은 안평대군(安平大君)이 그리고 시와 글씨를 남겼다고 적고 있다. 안평대군은 그 이전의 초상화를 토대로 작품을 남겼음에 틀림이 없으며 조선초의 비중있는 예술가의 작품으로 남을 정도로 중요시되었음이 확인된다. 또한 조선후기의 인물이지만 중관해안(中觀海眼)은 우리나라 불교사를 통사적으로 약술한 여러 사지(寺志)에서 철산을 대서특필하였다. 이는 그의 사승인 몽산을 찾았던 고려의 십송(十松) 가운데 철산이 포함되었을 뿐 아니라, 나아가서 이들의 사상이 고려말은 물론 조선시대의 불교계에도 맥맥히 계승된 깊은 흔적을 남긴 중요한 단서를 암시한다고 추측된다.

몽산은 고려말의 불교계에서 가장 영향력이 컸던 태고(太古)와 나옹의 스승인 평산처림의 스승에 해당하는 설암조흠(雪巖祖欽)과도 깊은 관계가 있었으므로 조선시대에도 그의 저술이 자연스럽게 조사의 어록이나 저술로 사용되었을 가능성이 크다. 특히 나옹은 몽산이 만년을 보내면서 고려의 도속

더욱 재미있는 표현은 그가 몽산의 육도보설을 자주 인용하였고, 아울러 맹자와 논어와 중용 등 그의 아들이 중요시하여 간행한 사서(四書)의 구절을 조금씩 조합하여 구성한 다음 부분이 주목된다. "君不見 從上諸佛諸祖 盡是昔日 同我凡夫 彼旣丈夫 汝亦爾 但不爲也 非不能也 古曰道不遠人 人自遠矣 又云我欲仁 斯仁至矣 誠哉是言也."

13) 한국학 중앙연구원 장서각 소장본은 보물로 지정되었고, 그밖에도 구결(口訣)이 포함된 이본(異本)이 알려져 있다.

14) 『佔畢齋集』文集 권 2, 游頭流錄.

과 교류하였던 휴휴암을 찾아서 몽산의 유방(遺芳)을 흠모하였다. 또한 화엄
종승이었지만 선사상에 심취하였던 진각국사(眞覺國師) 천희(千凞)도 휴휴
암에서 방광(放光)하는 모습을 보았다는 사실이 그의 비문에 남았을 정도로
고려말까지도 휴휴암은 고려 고승의 선망과 향수가 어린 곳이었고 강남에
있던 정신적 고향의 하나였다.

조선시대에 그의 어록과 저술이 간행되고 일찍부터 언해되었음은 고려말
의 고승의 사상과 인맥이 연속된 증거의 하나라고 할 수 있다. 아직 몽산에
대한 연구는 자료를 정리하는 개척단계에 있으며, 앞으로 그의 사상을 좀더
깊이 연구하여 유불도의 사상적 논쟁에서 유가와 밀접한 관계를 가지면서
도가를 이론적으로 물리쳤던 원 이래 중원의 사상계를 이해하는 중요한 근
거가 되리라 기대할 수 있다.

몽고의 세력이 팽창하던 시기에 고려와 남송과의 교류가 매우 성하였음을
짐작할 수 있다. 요금원(遼金元)으로 이어진 북중국의 세력에 대하여 북송과
남송, 그리고 고려와 일본은 서해를 중심으로 원이 동아시아를 석권하기 직
전까지 긴밀한 교류를 통하여 외교와 무역은 물론 문화적 교류가 활발하였
음을 몽산의 어록이나 저술 등을 통하여 확인할 수 있다. 몽고에 연맹을 맺
기에 앞서 고려에서는 해로를 통한 동아시아의 긴밀했던 기록을 스스로 파
기하였으므로 후에 편찬된 고려사는 이 방면에 매우 소략하다고 추정된다.
몽산과의 교류는 원이 중국을 통일한 다음에 이루어졌지만 이전부터 긴밀한
교류의 연속으로 파악할 필요가 있다.

몽산의 저술과 편저는 그의 생전부터 고려에 유통되기 시작하였다. 그의
서문이 실린 『육조단경』은 덕이본이라고 할 정도로 특색을 가지면서 1300
년에 고려에서 간행된 이래 유통되었음이 확인된다. 그의 법어가 포함된 사
법어와 육도보설도 고려에서 유행하였다. 이 사법어들은 고려에서 이미 목
판본이 간행되었음이 지림사의 복장품에서 확인되었다. 육도보설이 고려에
서 간행된 뚜렷한 증거는 아직 나타나지 않으나 1357년에 조성된 사경에 포

함되었음이 확인되었다. 1432에 간행된 육도보설이 현존하는 가장 오래된 간본(刊本)이다.[15] 1432년에는 몽산화상법어약록의 언해가 간행되었고 사법어와 육도보설도 이어서 언해되었다.

그의 저술과 서문이 있는 선종서적이 언해와 간행이 15세기에 속출하고 있음은 세종과 세조시의 불교계에서 활동한 고승들이 바로 그의 사상적 영향을 받았던 고려말 고승의 계승자임을 의미한다. 세종시의 내불당(內佛堂)과 세조시의 간경도감(刊經都監)에서 지방의 고승과 연결하면서 활동한 고승은 그의 사상을 고스란히 이어가고 있었던 셈이다.

몽산의 어록을 발췌한 『법어약록』은 세조시에 신미(信眉)에 의하여 번역되었고, 여기에는 나옹이 문도인 각오에게 설법한 법어가 수록되어 있다. 이는 몽산과 나옹으로 이어지는 임제종의 계승관계를 제시한 뚜렷한 증거의 하나라 하겠다.[16] 또한 임난 후에 금강산을 유람하였던 신익성(申翊聖, 1588~1644)은 표훈사(表訓寺)에서 보았던 나옹의 사리에 이어서 몽산의 비단 가사(袈裟)에 대해서 나란히 열거하고 있다.[17] 가사의 다음에도 몽산과 관련된 유품으로 해석될 수 있는 동파라(銅叵羅)와 불자(拂子)가 열거되어 있다. 가사는 선종에서 계승의 가장 상징적인 징표로 쓰이므로 그의 계승자가 계속되었음을 의미한다. 이로 보아도 몽산에서 나옹으로 이어지는 법통의 개연성은 크다고 하겠다.

그의 저술로 지금까지 서명조차 알려지지 않았던 『직주도덕경』이 1526년(嘉靖 丁亥) 벽송야노(碧松野老)가 발문을 붙여 단속사(斷俗寺)에서 간행되었음이 최근 발견되어 확인된다. 이 책의 서문 앞에 수록된 그의 몽산사설서

---

15) 南權熙, 앞의 글.

16) 許興植 『韓國中世佛教史硏究』(일조각 1994) 407~408면.

17) 樂全堂集 권 7, 遊金剛山內外山諸記(한국문집총간 93, 270면). "寺中藏懶翁舍利珠靑色者 盛於水晶小皿 納之金盒 副以銀龕 匣之以銅鉢 綵袱百襲裏之 有袈裟三領 其一綺 其二似紗絹 而其端有蒙山和尙袈裟者 以制度寬豁 非如恒人所著也."

(蒙山四說序)는 그의 친필이 모각되었고, 이에 의하면 몽산은 도덕경을 직주하였을 뿐 아니라 『사설(四說)』을 지었음이 확인된다. 직주도덕경에 앞서 유통시켰으며 사설이란 역설(易說), 황극설(皇極說), 중용설(中庸說) 등 삼설(三說)이고 여기에 무피차설(無彼此說)이 첨가되었다. 한당유학에서 송의 성리학으로 전환되면서 이론 확립에 이용된 역경(易經), 서경(書經), 예기(禮記) 등의 핵심을 불교 이론으로 재해석하였던 셈이다. 이 가운데 역설은 그의 생전에 고려의 혼구(混丘)에게 전했던 무극설(無極說)도 관련이 있거나 역설을 보충한 새로운 논설일 가능성도 있다고 하겠다.

몽산의 사설과 직주도덕경은 중원의 전통사상인 도교와 유교의 근본 이론을 불교의 이론을 토대로 재해석하고 불교에 귀착시킨 사상서로서 주목된다. 동아시아에서 외래사상인 불교는 오랫동안 각각의 토양에서 토착화되고 기존의 유교나 도교와 갈등과 융섭을 거듭하였다. 직주도덕경은 이러한 사상적 소용돌이의 결과로 불교계에서 주석한 도교의 해석서로서 깊이 주목될 필요가 있다. 이와같은 이론서가 우리나라에서만 보전되고 불교가 약화되던 조선중기에도 이론서로 벽송지엄(碧松智嚴)에 의해서 간행되고 있음은 더욱 커다란 의의가 있다.

벽송지엄은 부용영관(芙蓉靈觀)을 거쳐 부휴선수(浮休善修)와 청허휴정(淸虛休靜)에 이르는 조선시대 선불교의 중흥을 이룬 계보와 상통하므로 법통으로도 뚜렷한 고승이다. 그가 몽산의 저술의 하나로 지금까지 알려지지 않은 직주도덕경을 간행하였음은 고려에서 조선으로 이어지는 선불교의 사상적 계승에도 몽산의 영향이 지속적으로 뼈대를 이루고 있었다는 증거로서도 주목된다.

3. 조계종 법통과의 관계

벽송지엄의 스승은 벽계정심(碧溪淨心)과 벽계정심(碧溪正心)으로 정리된 두 가지 기록이 병존하고 있다. 벽계정심(碧溪淨心)은 해동불조원류(海東佛祖源流)에서만 확인되며, 고려말에 활동하였다고 정리되어 있다. 휴정이 쓴 벽송지엄(1464~1534)의 행적에는 지엄이 1491년 이후 1508년 사이에 정심을 찾아 심인(西來密旨)을 받았으므로 고려말의 정심과는 전혀 무관하다. 고려말에 살았다면 지엄을 문도로 삼기는 불가능하다는 제안은 이미 있었다.[18]

정심(正心)은 각수(刻手)로 두 가지 자료에 실려 있다. 하나는 1440년에 간행된 함허득통어록의 간기이다. 각수 3명 가운데 맨 앞에 실려 있다.[19] 다음은 1434년에 간행된 고금운회거요(古今韻會擧要)에도 각수(刻手)로 실렸고 승계는 선사(禪師)이다.[20] 이들은 시대로나 기능상 같은 인물일 가능성이 크다. 그러나 선사의 승계를 받고 50년 이상 생존했어야 조건이 충족되므로 앞으로 15세기 말에 정심이 활동한 근거가 뒷받침될 필요가 있다. 아직도 의문점은 많지만 고려말의 정심보다는 세종시의 각수로 활동한 정심이 지엄의 스승에 가깝다고 하겠다. 정심은 기화(己和)의 제자라고 명시하지 않았으나 기화(1376~1433)의 어록을 간행한 각수이다. 당시의 선사라면 그의 문도일 가능성이 크고, 사제의 생존연대와 활동연대와도 일치한다.

기화의 행장에 의하면 그는 출가한 다음해인 1397년 회암사에서 법요를 묻고 이어서 유력하였다. 그는 유력과정에 득도승이 특기되지 않았지만 1420년 나옹의 영당(影堂)이 있었던 영감암(靈感庵)에 머물면서 꿈에 산승에게 기화라는 법명과 득통(得通)이란 호를 받았다고 특기하고 있다.[21] 왕사

---

18) 高橋亨 『李朝佛敎』(寶文館 1929).
　　金煐泰 「朝鮮禪家의 法統考」, 『佛敎學報』 22, 1985.
19) 『韓國佛敎全書』 7-252.
20) 文化體育部 文化財管理局 『動産文化財目錄』 92-93(指定篇 1984) 178면.

였던 자초의 감화를 강조하지 않고 나옹과 신승(神僧)을 연결시키면서 득통
기화(得通己和)란 호칭을 나타낸 점도 묘엄존자(妙嚴尊者) 자초(自超)를 배
제하려는 분위기와 상관성이 크다고 하겠다.

이는 태종이 자초를 고승으로 여기지 않고 수준 낮은 나그네로 혹평하였
던 사실과 무관하지 않다고 하겠다. 나옹의 의문스런 입적과 개국직후 혼수
(混修)의 뒤이은 불상사는 불교계에서 자초에 대한 혐오로 분위기가 바뀌었
을 가능성이 있다. 이러한 정황은 성현(成俔)이 용재총화(慵齋叢話)에서 나
옹과 혼수(混修)를 이어 만우(卍雨)로 연결시킨 조계종의 정통성과도 관련이
있다고 추측된다.[22]

기화와 지엄(智嚴)의 저술이 속속 발견되면서 그의 사상은 지눌과도 깊은
맥락이 있음이 확인되었고, 이는 조선시대의 불교의 강원교육에서 사용된
과정에도 깊게 이어졌다고 인정하지 않을 수 없었다. 그러나 통설화된 태고
법통설과 어긋나는 이러한 사상과의 차이점을 접목시키기 위하여 "조선시대
전법(傳法)의 이중구조"라는 논리를 창안하여 사상적으로는 지눌과 나옹을
잇는 "전법 계보"와 "법계는 순수한 임제종"이라는 이원적 논리를 내세운
논문도 있었다.[23]

이중구조란 지눌과 나옹으로 계승된 이론적인 사상체계를 깊이 인식하면
서도 기존의 태고법통설에서 벗어나기 어려웠다는 조계종 종헌과 종립재단
이 설립한 교육기관의 고충이란 이중구조의 한계를 나타내고 있음에 불과하
다. 이는 청허(清虛)의 소장문도(少壯門徒)에 의하여 제조된 태고법통설(太
古法統說)이 통설로 자리를 잡고 오늘날까지도 조계종에서 천명(闡明)되는

---

21) 『得通和尙語錄』 涵虛得通和尙行狀, "庚子秋季 入于江陵五臺山 誠備香羞 供養五臺
   諸聖 詣靈鑑菴 薦羞懶翁眞影 信宿其菴 夜夢有一神僧 從容謂師曰 卿名己和 厥號得通
   師拜受祗受."

22) 許興植 「14.5세기 曹溪宗의 繼承과 法統」, 『東方學志』 73, 1991.

23) 高翊晉 「碧松智嚴의 新資料와 法統問題」, 『佛敎學報』 22, 1985.

태고법통설과의 마찰을 피하기 위한 인위적 접목이 아닐 수 없다.

맺음말

우리나라의 불교는 육로와 해로로 연결된 대륙과 부단한 교류를 통하여 그 영향을 받았다. 원말명초에 해당하는 고려말에도 이는 마찬가지였고, 고려말에도 태고가 두드러진 고승이었다거나 원말 임제종의 영향을 깊이 받은 사실을 부정할 의도는 아니다. 그러나 태고보우(太古普愚)만이 임제종의 영향을 받은 유일한 고승도 아니고, 원말에만 임제종이 있었던 상황도 아니다. 태고와 거의 같은 무렵에 나옹도 임제종의 영향을 받았고, 태고보다 앞선 탄연과 지눌은 간접적으로 영향을 깊이 받았다.

가지산문의 무극(無極)은 직접 몽산과 깊은 교류가 있었고 사굴산의 만항은 고담(古潭)이란 호를 받으면서 서신의 교류가 있었다. 사굴산문의 원명국사 충감(冲鑑)은 몽산의 대표적 계승자인 철산소경(鐵山紹瓊)을 맞이하여 고려를 방문하도록 초치하였다. 몽산은 사굴산문은 물론 1270년대에 대등하게 등장한 가지산문과도 깊은 유대를 가졌다. 이 두 산문은 조계종을 대표하였으며, 특히 사굴산문에서 그의 숭앙은 계속되었음이 보제존자(普濟尊者)의 법어가 사법어와 『법어약록』에 공통으로 부록된 사실로서 확인된다.

그의 어록이 원에서 간행되지 못하였으나 고려와 조선에서는 단편적이나마 그의 『법어약록』과 저술이 끊임없이 간행되었다. 그의 법어와 저술이 고려에 전래되었으나, 원에서 그의 어록이 간행되지 못함으로써 『법어약록』이란 서명으로 포함되어 전하였다. 조선초에 이를 간행한 사굴산계통의 나옹의 문도들이 스승의 법어를 부록하여 정통성을 강조하였을 가능성이 크다.

몽산이 생존하였거나 입적하였더라도 멀지 않은 시기에 해당하는 1300년 고려에서는 몽산이 산삭(刪削)한 『육조단경』을 사굴산문의 만항에 의하여 간행되었다. 만항은 서문에서 몽산덕이는 "빼어난 식견을 갖추었고 조사의 정맥을 계승하였다"고 존경을 표시했다. 이러한 호평에도 불구하고 이후의 원과 명의 선종의 계보에서 그의 계승은 오래 지속되지 않았으나, 이와 반대로 고려말과 조선초에는 그의 저술의 간행과 함께 조계종 사굴산문의 계승에 뚜렷한 영향을 주었다.

명대의 대부분 시기에 몽산은 그가 떠나지 않았던 강남의 불교계에서 크게 주목되지 않았다. 그러나 임난중에 조선의 불교서가 유출되면서 명말의 주굉이 『선관책진』을 지은 이후로 그곳에서 간행된 선승전에도 몽산의 전기가 점차 풍부한 내용을 담게 되었다. 몽산의 전집이나 충실한 어록이 고려나 조선에서 간행되었을 가능성이 크고, 저술과 자료를 다량으로 보존하고 유지하였다고 하겠다. 근래에 발견되는 몽산에 관한 사본과 간본의 새로운 어록 자료와 저술은 불복장으로 깊이 간직되었던 자료가 부분만이 출현하는 사례라고 추측된다.

제2장

교화와 현실대응

제2장에서는 몽산의 선사상의 특징을 살렸다. 몽산은 선승이었고, 전쟁이 심한 시기를 살았으므로 단순성과 실천을 강조한 사상이 특징이다. 그는 몽고가 동아시아를 석권한 시기에 주지를 맡기려는 회유책을 거절하고, 휴휴암으로 은둔하여 저술에 힘썼다. 그는 남송의 임제종 양기파의 선사상을 유지하였다.

남송이 해체당한 초기에 철저한 은둔과 저술에만 힘썼으며 휴휴암을 만년에도 떠나지 않았다. 원의 전성기에 들어가자 원의 동맹한 고려와 활발한 교류를 통하여 자신의 저술과 사상을 고려의 불교계에 깊은 흔적을 남겼다. 고려의 불교와 해로를 통한 꾸준한 교류가 그의 사상의 형성에도 큰 기반이 되었다.

몽산이 불사에 사용한 시식의문과 세속인의 수양의 방편으로 권장한 염불화두, 승속을 모아 설법한 보설을 분석하였다. 이러한 저술은 그가 지역의 주민과 불교의 사회성을 밀착시킨 교화의 방편으로서 전란의 시련을 극복하고, 승속이 공존하는 장면을 보였다. 그는 불교를 통하여 원대 강남사회를 이끌어가는 간화선의 전형적인 모습을 나타내었다.

Ⅰ. 시식의문과 현실대응

머리말

음식이란 의복, 주택과 합쳐 생활에 필요한 3대 요건 가운데 하나이다. 여러 종교에서 기초적인 이 세 가지 요건을 결부시켜 신앙을 심화시키는 경향이 강하다. 불교의 가사(袈裟)와 가톨릭의 성의(聖衣)는 의복이 결부된 신앙이고, 사원과 성당은 제의공간과 관련된다. 또한 모든 종교는 음식을 이용하여 신앙생활을 심화시켰다.

종교와 음식을 관련시켜 다양한 방면으로 연구가 진행되었다. 종교별 음식의 선호와 혐오는 민족과 관련되거나 문화권의 형성에도 깊은 영향을 주었다. 힌두교와 쇠고기, 이슬람교와 돼지고기, 불교에서 육식을 피하려는 태도는 종교와 민족, 그리고 금기와 관련된 주제로서 많은 관심을 일으켰다. 이 글에서는 금기보다 음식을 활용한 불교신앙과의 관계를 주제로 삼고자한다. 금기란 특정 음식에 대한 소극적이고 방어적인 태도라면, 음식을 통한 신앙의 강화는 음식을 이용하여 신앙을 확대하고 이를 적극적으로 활용하려는 태도라고 하겠다.

불교에서도 음식을 통하여 신앙을 확대하려는 노력은 어느 종교보다 못지 않다. 식사를 공양(供養)이란 차원 높은 용어로 사용하고, 동물을 식품으로 사용하기를 금기하는 대신 주로 식물을 이용한 식품을 강조하고, 이마저 과용하거나 남용하지 않기를 요구하였다. 음식은 자제와 보시의 중요한 대상이고, 교화의 수단이었다.

시식은 글자 그대로 음식을 제공(보시)하는 행동이다. 일반인은 하루에 삼식으로 세 끼니이고, 형편과 노동에 따라 간식을 포함하여 그보다 많거나 한 끼나 두 끼, 또는 금식도 없지 않다. 출가자의 경우 끼니마다 경건한 발우공양이란 의식이 있지만, 불교가 국교였던 고려는 축제와 왕실의 기일과 국왕의 탄신일 등에 국가에서 승을 모아 음식을 대접하는 반승을 시행하였다.[1]

의식에서 식사는 제의에 이어지면서 더욱 중요시하였다. 영혼을 모시는 제의에서 음식과 관련시킨 의식은 불교뿐 아니라 다른 종교에서 공통으로 중요시하였다. 불교에서 제사는 재(齋)와 깊은 관련이 있고, 재는 경건한 자세를 음식과 깊이 관련시켰다.[2] 현행되는 대표적인 불교의식인 영산재(靈山齋)에서 식당작법이 일부분을 차지하고 선원청규에 실린 시식작법은 다양한 시식의문으로 흡수되었다.[3] 시식의문은 음식을 나누면서 신앙심을 높이는 행동이라고 하겠다.

시식의문은 식사를 번거롭게 하는 단점도 있지만, 본래의 목적은 음식의 고마움을 신앙심으로 연결하기 위한 배려였다. 음식은 가장 기초적인 구휼이며, 간단한 방법으로 사회통합을 이루는 수단이었고 신앙공동체의 요건이었다. 국가가 축제나 제의의 다음에 반승하고 절에서도 세속인에게 무료로

1) 李載昌 「麗代飯僧考」, 『佛教學報』 1(東國大 佛教文化研究院 1963).
2) 正覺(문상련) 「불교제례의 의미와 행법—施餓鬼會를 중심으로」, 『韓國佛教學』 31(한국불교학회 2002).
3) 文化財管理局 편 『靈山齋』(文化財管理局 1987).

식사를 제공하였다. 험난한 지형이나 나루터에 절을 세우거나 나그네를 보살피고 음식을 제공하였다.[4] 또한 무더운 도시의 거리에서 마실 물을 제공하거나 흉년에 죽을 끓여 궁민을 구휼하였다.[5] 이런 행사도 음식을 이용한 불교의 교화이고, 이론에 못지않게 신앙심을 강화시키는 계기가 되었다고 하겠다.

몽산의 저술에는 자주 상례나 제례와 관련된 항목이 있고, 시식(施食)에 대한 글이 실렸다. 근래에 수집하여 모아놓은 불교의식에 관한 자료집에도 몽산의 시식의문이 수록되었다.[6] 시식이란 글자 그대로 식사를 무료로 제공한다는 뜻이고, 시식의문이란 시식을 좀더 신앙의 차원으로 승화시킨 의식으로 사용한 기록이다. 몽산은 시식을 의식으로 승화시켜 신앙심을 심화시키고, 이에 참가하는 이들의 신앙심을 심화시켰음에 틀림이 없다.

시식은 불교에서 보편화된 교화의 수단이지만, 몽산의 어록에도 자주 나타났다. 그가 시식을 의식으로 강조하고 의문(儀文)을 남기는 등 각별한 관심을 가진 원인을 시대상과 관련지으면서 살피고자 한다. 불교학에서는 부처의 교훈이나 이론에 집중하지만, 역사학에서는 같은 사실일지라도 시대와 관련된 당시의 현실이 반영된 특성을 살피려는 경향이 강하다. 몽산의 경우에도 그가 살았던 시대의 고뇌와 그가 극복하려던 대상으로 시식을 살피고자 한다.

1. 본서의 구성

몽산의 시식의문(施食儀文)은 두 가지 자료가 전한다. 하나는 동국대학교

---

4) 金富軾 「惠陰寺新創記」, 『東文選』 권 64(太學社 1975).
5) 徐兢 『宣和奉使高麗圖經』, 권 23(梨花史學叢書 2 1970).
6) 朴世敏 編 『韓國佛敎儀禮資料叢書』 1(三聖庵 1993) 361~77면.

도서관에 소장되었고, 서명은 '증수선교시식의문(增修禪敎施食儀文)'이고, 여기서는 줄여서 시식의문 또는 이 책이라 하겠다. 이 책의 저자에 대하여 '서양사문몽산덕이수주(瑞陽沙門蒙山德異修註)'라고 밝혔다. 서양사문이란 그가 서양이란 지역에서 출생한 비구라는 뜻이고, 수주(修註)란 수행하여 얻은 확신을 좀더 주를 더하여 편집하였다는 의미이다. 이는 이미 앞선 고승들이나 수행한 기록을 토대로 수행으로 확인하여 정리하고, 이에 자신의 경험을 더욱 상세하게 덧붙인 저술이라 하겠다.

이 책은 끝에 간기가 없으므로 조성자와 시주, 각수 등을 알 수가 없다. 어미의 뿌리가 가늘게 상하로 내향하였고, 판심에 '시식(施食)'이라 표시하였다. 이는 '증수선교시식의문'을 줄여서 표현하였다. 어미의 모양은 성종시 동문선의 모습과 같으나 이를 좀더 다양하게 변형한 모습도 있다. 임난 이후 멀지 않은 시기의 판본으로 짐작되지만 앞으로 간기가 보존된 판본이 출현하여 정확한 간행연대가 확인되기를 기대한다.

이 책의 첫째 면 오른쪽 광곽 아래의 밖에 '광홍사(廣興寺)'란 글씨가 새겨져 있다. 광홍사는 경상북도 안동 하가산에 지금도 존속하는 사찰이다. 조선후기에도 존재하였고 많은 서적을 간행한 대찰이었다. 이 절의 문헌이 적지 않게 보존되었으므로 앞으로 이를 모아 사지(寺誌)의 편집이 가능할 정도이다. 이 책은 광홍사에서 간행되었다고 보아도 무리는 아니라고 하겠다.

이 책은 불교의 의식을 모아 4책으로 간행한 자료집에 포함되었고, 널리 보급되었다. 모두 합쳐 58면(29장)의 분량이고, 판심은 적어도 세 종으로 구분된다. 판심이 '시식(施食)'인 부분이 34면까지이고, 다음의 판심은 '영(迎)'으로 다시 시작하여 7장(14면)으로 끝나고, 다음에는 '구(救)'로 시작하여 5장(10면)으로 책의 전체와 함께 끝났다. 이는 각각 '영혼문(迎魂文)'과 '구병시식의문(救病施食儀文)'을 줄인 표현이라고 하겠다.

이 책은 모두 세 가지의 시식을 합쳐서 간행한 의문이라고 정의할 수 있다. 몽산의 선교시식의문(禪敎施食儀文)에 영혼문과 구병시식의문(救病施

食儀文)을 합쳐 증수(增修)하고, 의견을 첨가하여 주석을 더하였다는 표현이
라고 하겠다. 세 가지 의문을 합쳤다는 추정은 독립된 영혼문이 있으므로 가
능하다.

　독립된 책으로 간행된 영혼문은 현재까지 알려지기로는 규장각 도서로 보
존되었고, 책의 전체 이름은 '대찰사명일영혼시식의문(大刹四名日迎魂施食
儀文)'이다.[7] 동국대본의 시식문에 합쳐 간행된 영혼문은 모두 24면의 분량
이고, 규장각본은 16면으로 차이가 있다. 이 책은 광흥사본보다 생략된 부분
이 많을 뿐 아니라 증가된 부분도 있다. 이 책은 양산사에서 새긴 판본을 다
시 편집하였다고 하였으므로 광흥사본이 모본이 아님은 확실하다. 이 책에
는 "조선경내(朝鮮境內)"와 "인왕산하기경춘(仁王山下幾經春)"이라는 표현
으로 보아 몽산화상의 저술을 기초로 삼았다고 명시하였더라도[8] 후에 현실
에 맞도록 개작하였음이 확실하다.

　몽산이 시식의문은 이후 몽산의 시식의문에 기준이 되었지만, 조선의 현
실에 맞추어 적지 않게 변용되었음에 틀림이 없다. 시식의문은 20세기 전반
에 안진호(安震湖)가 편집한『석문의범』에서 많은 부분이 선록되었으나[9] 전
거를 밝히지 않았다.

　몽산이 정리한 시식의문은 그가 생존했던 시기에 간행된 자료는 적고, 가
장 오래된 광흥사본도 조선후기의 간본으로 추정된다. 이로 보면 현존하는
몽산의 시식의문이 후에 다른 자료와 혼합되거나 윤색되거나 산삭되었을 가
능성이 없지 않다. 현존하는 가장 오래된 이 분야의 자료는 지공이 번역하였

---

7) 1710년(숙종 36년) 동빈화상(東賓和尙)이 간행하여 목판을 가야산 해인사에 보관한 인
　본이 규장각도서 청구번호 11081로 소장되었다.

8) 此施食儀文 乃效則於蒙山和尙所製儀文 而重錄焉 豈容私意於其間哉 且前日所尙 楊山
　寺鋟梓板本 出於何人之手 而再三重疊 不近事儀 諸方禪德 皆目笑致 此笑具耶 以故余不
　揆鎖才 括取前代先哲所製儀 而重輯者 欲勉諸方有眼者之 誚訕 有何擬議哉 冀諸通人毋
　以人深誚焉.

9) 安震湖 編『釋門儀範』下(卍商會 1932) 49~88면.

84

고, 고려말에 처음 간행되고 조선초에 중간된 기림사의 불복장에서 발견된 간본의 시식의문이 있다.[10]

몽산은 지공보다 앞선 시기의 고승이었고 시식의문의 내용도 다르다. 몽산은 1200년대 말까지 생존하였을 가능성이 크고 지공은 1326년에 고려에 왔던 인도의 날란다대학 졸업생이었다. 몽산이 입적한 다음에 지공이 동아시아에 발자취를 남겼으므로 이들 사이의 직접 연관성은 없다. 그러나 몽산과 직접 교류하였거나 몽산의 수제자인 철산소경을 수행했던 원명국사 충감은 고려의 조계종과 깊은 관련이 확인되었다.

현존하는 지공의 시식의문은 몽산의 사법어와 합쳐 간행되었을 정도이다. 몽산의 수제자 철산소경은 고려의 회암사를 지나갔고, 지공은 회암사를 고려의 날란다대학으로 중창하기를 기원하였고, 지공의 수제자인 나옹은 이를 실현하였다. 나옹은 원의 연도 법원사에 있던 지공을 5년 동안 판수로 모셨을 뿐 아니라 몽산이 출가한 뒤에 만년을 보내면서 고려의 승속을 교화하였던 휴휴암을 찾았을 정도로 그곳과 고려와는 끈끈한 유대가 계속되었다.

몽산의 시식의문은 후대에 지공의 시식의문과 접목되었을 가능성이 크다. 이는 조선시대의 불교서에 몽산과 지공의 편저와 역서를 합쳐 간행하거나 합쳐서 제책된 경우가 적지 않을 정도이기 때문이다. 몽산과 지공관계의 자료는 불가분성을 가질 정도로 이후의 조선의 불교에서 이들의 영향은 서로 깊은 관련을 가지면서 오늘날의 불교의식에도 혼합된 현상이 예상되며, 이에 대한 깊은 연구가 진행되기를 기대한다.

불교에서 시식은 모든 의식에 상관성이 있지만 특히 반승과 불교식 제의에 깊은 관련이 있다고 하겠다. 이로 보면 현존하는 시식의문이 몽산으로 소급되지만 그가 시식의문을 처음으로 정리한 고승이라 주장하기는 어렵다. 오히려 몽고와의 항전과 원이 건립되는 과정에서 불가피하였던 전란에서 시

---

10) 허흥식 『고려로 옮긴 인도의 등불―指空禪賢』(일조각 1997).

식을 통하여 불교를 확고하게 지키던 몽산의 활동에 초점을 둘 필요가 있다
고 하겠다.

　몽산의 시식의문은 그가 살았던 지역에 있었던 원·명·청 등 여러 왕조
에서 정리된 사례가 없다. 몽산의 보설을 제외한 다른 자료가 거의 한국에
만 전래하는 현상과 깊은 관련이 있다. 몽산의 저술은 임진왜란에 종군하였
던 명군에 의하여 역수출되어 명말 주굉의『선관책진』에 이용된 사례가 확
인된다.

　시식과 의문은 불교에서 기원이 오래 되었을 가능성이 있다. 몽산보다 앞
서는 시식의문은 북송과 같은 시기에 서하의 금강법사(金剛法師) 부동(不
動)이 편집한 부동집(不動集)에서 인용하였다는 후대의 저술이 있다. 부동은
법사의 이름이고, 그는 서역인으로 유가오부(瑜伽五部)의 밀교를 서하(西夏)
에 전하고 호국인왕경을 애송하였으므로 서하의 국왕이 그를 위하여 호국인
왕사(護國仁王寺)를 사액하였다고 한다. 그의 저술이 사천의 몽산에서 저술
하였다는 견해가[11] 있을 정도이다.

　사천의 몽산과 서하의 하주(夏州)와는 거리상으로 차이가 있다. 사천에서
활동한 남송말기 몽산덕이가 부동집의 시식의문을 토대로 다시 편집하고 산
삭(刪削)을 더하여 사용하였을 가능성이 크다고 짐작된다. 시식의문은 서역
에서 서하로 전해진 밀교의 유가오부에서 발전하였고, 남송의 몽산덕이가
실천을 바탕으로 이를 현실에 맞도록 증수(增修)하였다고 하겠다.

2. 시식의문의 내용

　우리의 속담에 극히 고단(孤單)한 처지를 표현하여 "집도 절도 없다"고

---

11) 觀月興慈『重訂二課合解』(中華民國 瑞成書局 1959) 권 4, 10～11면, 권 5, 4～5면.

한다. 이는 집과 절이 지방관이나 국가보다도 가장 절실한 보호막이었음을 의미한다. 이를 현대어로 말하면 가정과 종교가 자신을 보호하는 역할을 하였다는 뜻이다. 이 속담이 조선후기를 거쳐 오늘날까지 쓰이므로 성리학이 조선시대에 풍미하였으나 양반 신분을 보장하였을 뿐이고, 사회기층을 보호하는 역할은 불교의 전통보다 크지 못하였다는 비판으로도 해석할 수 있다.

시식은 불교의 의식에 부처께 공양으로 올린 음식을 참석자와 중생에게 베푸는 행사를 말한다. 불교에서는 인간은 물론 모든 동물을 합쳐 중생이라 하고, 이들에게 먹이를 베풀거나 보호하는 상생을 선업(善業)으로 간주한다. 불교에서 시식은 제의를 수행한 다음에 베풀어지는 뒤풀이에 해당한다. 시식보다 앞서 수행되는 부처에게 먼저 공양하고, 부처의 뜻을 따라 출가한 승니와 세속의 신도가 시식에 참여한다고 해석된다.

시식은 크게 세 가지 계기에 베풀어진다. 하나는 국가 차원의 불교 제의에서 쓰였다. 팔관회와 연등회, 그리고 인왕회 등 3대 제전을 비롯하여 수많은 불교의례에는 장엄과 음악과 춤을 곁들인 공연에 이어 음식이 갖추어지고, 뒤풀이에 해당하는 과정에서 출가승과 세속의 신도들이 함께 음식을 공양하였다. 공양이란 현대어로 영양을 공급하는 삶의 중요한 행동이다.

시식은 여러 각도에서 정리될 소재이다. 우선 시식은 음식과 긴밀한 관계가 있으므로 이를 마련한 후원자와 사용자, 그리고 시식에 참여한 대중에 관한 연구가 필요하다. 이밖에도 장소와 의식의 순서도 중요한 대상이다. 후원자는 시주라고 말한다. 사용자는 사원이란 단체에서 공간을 제공하면서 집전하는 경우가 대부분이다. 시식에 참여한 대중이란 복전과 단월로서 출가승과 신도라고 한다.

시식의문에는 의식의 절차가 실렸으나 시기와 동기는 밝히지 않았다. 시식은 하루도 빼놓기 어려운 생존의 수단이라는 단순한 해석도 가능하다. 실제로 출가승이 일상으로 수행하는 부처에게 공양과 스스로의 참여, 그리고 신도에 베푸는 시식에도 언제나 일정한 절차와 합장이 수반된다. 일상의 공양에도 일용작법이란 서책이 있을 정도이다.

몽산의 시식의문은 적어도 세 가지 계기에 대한 작법이 실려 있다. 하나는 선교시식의문으로 여러 종파를 불문하고 널리 사용되었다는 의미라고 하겠다. 다음으로 영혼문은 '대찰사명일영혼시식의문(大刹四名日迎魂施食儀文)'의 줄인 표현으로 사계절의 명절에 절에서 수행하는 부처와 보살의 제의와 신도의 영가를 위하여 대행하는 제의에 대한 의식을 정리한 내용이라 하겠다. '구병시식의문(救病施食儀文)'은 임종에 도달한 환자를 위하여 간호(호스피스)와 같은 역할을 하는 의문에 해당한다.

시식의문은 불교식 제사와 깊은 관계가 있다. 제사란 상례의 다음으로 수행되며 상례보다 긴장감은 적지만 좀더 장기간 지속되는 특징이 있다. 구병시식의문이 임종에 이른 환자를 위한 마지막 가는 길을 인도하는 의식이라면 시식의문은 각 종파에서 수행하는 넓은 의미의 제의와 깊은 관계가 있다. 이에 비하여 영혼문은 기제사에 해당하는 제의와 깊은 관련이 있다고 하겠다. 몽산의 어록은 온전하게 전하지 않지만 현존하는 『법어약록』과 제경촬요에 부록된 사본에 의하면 죽음의 뒤이어 거화(擧火)와 기골(起骨), 산골(散骨)에 이르는 불교식 상례와 장례에 대한 기록이 망자의 성씨와 함께 구체적으로 수록된 사례가 많다. 또한 불교의 의례를 모은 자료집에는 이에 대한 기록이 적지 않게 수록되었다.

몽산은 신도의 상례와 장례를 주관하였고 이를 의문으로 정리하였다고 하겠다. 불교뿐 아니라 모든 종교는 성직자는 물론 신도의 상례와 장례, 그리고 제례에 깊은 관계를 맺고 있다. 몽산은 이에 대한 불교의례를 주관하였고, 이를 통하여 난세에 불교를 이용하여 신도와 유대를 강화하였다.

3. 시식과 세속과의 관계

영혼문은 혼령을 맞이하여 시식하는 의문이므로 넓은 의미의 시식의문에 속한다. 본래 시식문과 영혼문으로 나뉘어 있었으나 이를 합쳐서 간행하면서 시식의문에 통합되었다고 짐작된다. 시식이란 혼령을 맞이하여 음식을 베풀어 위로하고, 이를 참석한 대중이 나누어 들면서 부처와 권속에게 감사하고 혼령의 왕생극락을 기원하면서 끝마치는 절차를 말한다.

제사에서 음식을 차리고 영혼을 맞이하여 제사를 지낸다. 유교식 제사의 절차에도 음식에 시저를 몇 차례 옮기고 술을 바꾸어 따르고 영혼이 찾아와서 흠향할 기회를 제공하면서 잠시 제례를 쉬는 절차가 있다. 불교와 유교의 제의가 차이가 있더라도 기본의 정신은 교묘하게도 상통하는 일면이 있다. 제의란 보편적인 문화현상이고 이를 수행하는 의식은 여러 종교가 상통한다는 단적인 증거라고 하겠다.

시식은 불교의 제사에 뒤이은 뒤풀이이다. 영혼에 베푸는 제의에 무게를 두지만 실제로는 살아있는 후손이 추모를 통하여 단결을 강화하고, 제의를 마친 다음에 음식을 나누어 공양하는 행위이다. 국가에서 연등회와 팔관회 등 여러 제전을 불교와 연결시켜 수행하고 뒤풀이에는 승과 함께 일반 신도에게도 음식을 제공하였다. 이는 국가를 위한 감사와 단결을 확인하는 사회통합의 기능을 강화시켰다는 해석이 가능하다.

반승이 국가적 차원의 행사라면 시식은 제의에 참가하는 친족의 관계를 확인하는 행위라고 하겠다. 몽산이 시식의문을 중요시하여 정리한 이면에는 전란으로 와해되는 친족의 유대를 되돌리고 혈연을 강화하는 친족의 의례였다. 몽산이 정리한 시식의문은 국가가 후원한 축제와 관련된 시식은 적다는 특징이 있다. 이는 몽산이 주관한 불사가 지방의 신도와 관련된 불사에 국한되었거나, 원에 굴복한 다음 국가와 관련된 의문에 관한 자료는 스스로 파기하고 정리하지 않은 때문인지 좀더 깊이있게 규명할 과제이다.

몽산이 남긴 시식의문에는 죽음과 장례 그리고 불교식 제의에 관한 글이
특히 많다. 몽고와 항전이 심하였던 시기에 해당하는 참담한 시대상과 관련
이 깊었다. 몽고는 한족(漢族)과 장족(藏族)의 사이에 위치한 신강과 대리를
연결하는 차마고도(茶馬古道)를 먼저 점령하고, 이를 거점으로 사천과 남송
의 수도를 차례로 공략하였다.

몽산의 생애에서 사천은 항전과 출가의 분수령을 이룬 중요한 지점이었
다. 그가 출가한 시기는 34세였고, 강릉은 사천에서 삼협의 동쪽으로 물러난
위치에 있었다. 그는 전란의 재해를 극복하기 위한 상례와 제례에 따른 시식
을 통하여 삶에서 죽음으로의 이행에 대한 공포를 줄이고, 불교와 세속과의
관계를 강화하는 계기로 삼았다고 하겠다.

시식의문은 남송이 몽고와 항전하전 시기에 증수되었다고 짐작된다. 이
의문은 몽산의 이론적인 저술이기보다 전란의 재해를 극복하는 수단으로 죽
은 자를 위하면서 살아있는 자들이 제의를 다시 합치고 불교의 교화를 심화
하는 기능이 있었다고 하겠다. 죽음과 제의 그리고 살아있는 자들이 다시 뭉
치고 공양을 나누면서 치열하게 살아가는 모습을 몽산의 시식의문에서 확인
하였다고 하겠다.

맺음말

종교에서 의식주는 세속인과 다름없이 중요하다. 음식은 인간이 절실하게
요구하는 물질이고, 재해는 이를 차단시키는 작용을 한다. 전쟁의 승리자에
관한 전승을 노래한 기록은 많으나, 피해자의 고통은 많이 남기지 않는다.
몽산의 시식의문은 전쟁의 피해자인 전사자와 죽어가는 전상자를 어루만지
는 불교의 상례와 제의가 깊게 배어 있는 기록이다.

몽산이 남긴 선교시식의문에 영혼시식의문과 구병시식의문이 합쳐 수록

되었다. 이 의문은 몽산의 저술이라기보다 전승되던 의문을 시대에 맞게 증수(增修)하고 수주(修註)하였다고 밝혔듯이 관습처럼 사용되던 의문을 다시 정리한 기록이다. 이 책의 기원은 멀리 인도에서 기원하였을 가능성이 있으며, 이는 몽산보다 뒤에 인도에서 옮긴 지공의 시식의문에서 짐작된다.

시식의문은 서하(西夏)의 호국인왕사(護國仁王寺) 금강법사(金剛法師) 부동(不動)의 저술도 있다. 이보다 후에 사천(泗川)의 몽산이 있고 촉에서 활동한 몽산덕이와 혼동하여 몽산감로법사(蒙山甘露法師) 부동(不動)으로 수록하기도 하였다. 몽산은 최초의 저술자가 아니지만 전래하던 시식의문을 증수하여 보급한 고승임에는 틀림이 없고, 그가 휴휴암에 은둔하기 전 이를 편집하여 사용하였을 가능성이 크다.

몽산의 시식의문은 죽음을 불교의 의례로 승화시키는 기능이 있었다. 살아있는 자를 모으고 활기를 주는 시식 본래의 역할을 살리고, 전쟁의 피해를 회복시켰다. 전쟁이란 삼계화택(三界火宅)의 잔혹한 재난에서 피해자를 추천하면서 치열하게 살아간 몽산의 진면목을 보여주는 시대성이 있다고 하겠다.

시식의문에는 국왕과 왕비를 위시하여 관리와 필부필부는 물론 이름을 남기지 못한 전사자에 이르기까지 대상으로 삼고 있다. 몽산은 몽고와 항전으로 사망한 전사자를 포함한 위령제를 주관한 불교의 집전자였을 가능성이 있다. 구병시식은 전상자의 임종을 관리한 의식을 정리한 의문이라면 선교시식의문은 이보다 광범위한 승속을 망라한 대상의 상례와 제례, 그리고 국가의 안녕을 기원하는 의식을 통하여 신앙심을 고양시킨 자료라 짐작된다.

II. 염불과 화두의 접목

머리말

몽산은 몽고와의 항전기에 출생하여 34세에 출가하였다. 불교에서 어린 나이에 출가하는 동진출가(童眞出家)도 있지만 15세 이상 20세 이전의 사례가 가장 많다. 그의 행적이나 행실기에는 출가를 전후한 시기에 치열했던 몽고와 항전에 대해 밝히지 않았으나 고통을 극복하면서 출가하여 수도하기로 결심한 이면에는 몽고와 항전기간에 겪었던 고통스런 생활이 반영되었다고 짐작된다.

사본으로 전하는 행실기에 실려 전하는 염불에 대한 몽산의 관점이 있다. 염불화두(念佛話頭)는 인본 불교서의 끝에 사본으로 전하는 두 편이 있다. 또한 『염불직지』라는 필사본의 자료집에 전하는 차례만 바뀐 두 편이 실려 있다. 이를 대조하면서 판독하여 전문을 소개하고자 한다. 자료 두 편은 모두 염불화두를 강조하면서 수행을 강조하였고, 신도의 실천적인 염불과 선승의 수양방법인 화두(話頭)를 이용하여 수행하도록 권하였다. 필자가 알기로는 염불과 화두를 일치시킨 초기의 주장에 속하므로 이를 분석하여 조계종의 사상적 전통에 끼친 그의 영향의 일면을 부각시키고자 한다.

염불은 역경을 살아가는 세속의 신도에게 호소력이 있다. 실제로 현존하는 염불화두도 몽산이 거사에게 권유한 세속성이 확인된다. 후대의 사본으로 전하고 있으므로 이에 대한 자료의 출처를 소개하면서 염불화두가 세속인의 실천과 수행을 강조한 시대상과 관련이 있음을 밝히고자 한다.

1. 자료의 출처와 전문

몽산의 행실기와 함께 현존하는 그의 어록에는 여섯 가지 염송과 효용에 대한 다음과 같은 내용이 실려 있다. 비록 분량이 적고 세 글자의 판독이 어렵지만 전체를 옮기면 다음과 같다.

여섯 가지 염송
부처를 외우면 자비로워져 모든 중생의 고통이 뽑히고
불법을 외우면 양약과 같아서 삼독을 제거시키고
스님을 외우면 복을 심어 공양에 보답하며
계율을 외우면 잘못을 막아내어 죄악에서 벗어나고
남을 염려하면 빈궁해도 필요한 바를 베풀어주며
생명을 중히 여기면 안양을 얻어 사바세계를 벗어나리

六念頌
念佛慈悲拔衆苦
念法良藥除三毒
念僧福田應供養
念戒防非除罪惡

念他貧窮惠所須
念生安養捨閻浮

위에서 '염(念)'이란 좁게는 마음속에 담아두거나 외우거나 염려한다는 다
양한 의미가 포함되었다. 일반적으로 정토종이나 화엄종에서 염불이란 아미
타불과 관세음보살을 염송함을 말하지만 몽산의 육념은 정토사상의 염불보
다 다양하다. 삼보에 대한 염송과 계율이나 남과 자신에 대한 배려를 의미하
는 다양성이 있다. 그가 출가하여 수행은 삼보와 계율, 그리고 자타(自他)에
대한 배려를 의미하였다. 부처와 보살의 염송을 통한 타력적인 구원이나 정
토의 염원이 아니라 자성(自性)의 청정을 찾고 이웃을 위한 자신과의 투쟁이
었다.

비록 위의 육념송은 짧은 내용이지만 염송의 대상이 삼보와 이웃에 대한
자신의 수행이 담긴 승속을 포함한 의미가 컸다. 육념이란 염불을 우선으로
계율과 이웃과 자신에 대한 사회성이 반영된 넓은 대상이 특징이다. 다음에
소개하는 염불화두 두 편이 그의 사상이 담긴 작품으로 짐작되었지만 판본
이 아니므로 확신하기가 어려웠다.

이는 염불을 화두로 삼도록 권유한 몽산덕이의 염불화두법과 염불법어이
다. 사본이므로 필자는 혹시 저자가 잘못 쓰이거나 가탁하였는지 염려되므
로 이를 선뜻 소개하기가 어려웠다. 몽산행실기를 비롯하여 몽산의 다른 작
품이 조선중기에 다량으로 존재하였음이 확인되고 육념송과도 사상 면에서
상통하므로 이에 용기를 갖고 그의 작품으로 소개하고자 한다.

이 작품은 한국학중앙연구원에서 소장하고 있는 불설장수멸죄호제동자타
라니경(佛說長壽滅罪護諸童子陀羅尼經, 이하 장수동자경이라 줄임)[1]의 끝에

---

1) 이 책은 "가정사십일년임술(嘉靖四十一年壬戌, 1562년 명종 17년) 팔월일고덕산구중
   사간판(八月日高德山俱衆寺刊板)"이란 간기가 쓰였고, "만력삼십삼년을사(萬曆三十三年
   乙巳, 1605년) 사월일(四月日) 인경대시주인빈김씨(印經大施主仁嬪金氏) 보체수명장(保

필사되어 있다. 이를 포함한 불경의 간기나 인경발문(印經跋文)으로 보아 임진왜란 뒤에 필사되었음에 틀림없다. 글씨체는 몽산행실기 등 어록의 초고와 거의 같으므로 상관성에 대해 면밀히 검토할 필요가 있다. 글자 사이에 약체구결(略體口訣)이 실려 있으므로 해석과 띄어쓰기에 도움이 되었다.

몽산에 관한 책을 탈고하고 검토할 무렵 『염불직지』라는 책의 사본에 장수동자경에 실린 내용과 거의 같은 자료를 얻었다.[2] 이 사본은 달필로 염불과 관련된 여러 고승의 어록을 뽑아 썼다. 장수동자경의 끝에 실은 내용의 불확실하거나 빠진 글자를 보충할 선본이었으며 몽산화상이란 작자의 이름이 두 가지 작품에 모두 들어 있을 뿐 아니라 지금까지 알려지지 않은 염불 두 편과 관련된 법어도 실려 있었다. 다만 책을 필사한 인물과 시기가 수록되지 못하였으므로 아쉬움이 남는다. 두 가지 자료에서 몽산과 관련된 자료의 제목만 열거하여 대조하면 다음과 같다.

표2

『염불직지』	장수동자경 사본
1. 蒙山和尚念佛話頭法	1. 蒙山和尚示徐氏居士念佛法語
2. 示徐氏居士念佛法語	2. 念佛話頭法
3. 蒙山和尚法語	
4. 示不二道人默禪子法語	

이상과 같이 두 사본의 자료는 차례는 바뀌었으나 제목이 거의 같다. 다만 같은 부류의 자료일 경우 앞의 자료에만 몽산화상이란 설법한 주인공을

體壽命長)"이란 인경발문이 필사로 쓰였으며 다음에 앞의 발문과 다른 필치로 쓰였다. 본래 종로학원을 경영하여 이득을 고전적의 구입과 보존에 힘썼던 윤석창장장본(尹錫昌藏本)이었다가 한국학중앙연구원에서 구입한 책이다.
2) 2007년 5월 17일 김민영 선생이 이를 복사하여 주었다. 사본의 염불직지에 실린 이 자료는 수준 높은 달필로 쓰였고, 구결도 붙였으므로 판독과 이해에 도움이 되었다.

밝혔다. 또한 『염불직지』에는 그의 법어가 두 편이 더 실렸으며, 이는 처음 알려지므로 가치가 있다. 장수동자경의 사본을 토대로 전문을 해석하여 옮기면 다음과 같다(한자로 쓴 원문과 새로운 자료인 염불직지로 고친 글자를 각주에 실었다).

　몽산화상의 염불화두법; 나무아미타불을 염송하는 시간을 가리지 말라. 사위의(四威儀)만 갖추고 혀뿌리를 움직이지 말고 마음을 맑게 하라. 염불하는 자신을 때때로 점검하면서 다음과 같이 생각하여보라. "이 몸은 가상에 불과하여 오래지 않아 죽어서 마침내 무너지리니 나는 어디로 돌아가는가." 이와 같이 힘쓰기에 날과 달이 쌓이면 이 몸이 흩어지지 않고 곧바로 서방의 아미타불 앞에 이르러 자신의 천만 가지 아름다운 모습을 되찾아 빛내리라. 용맹정진하여 중단하지 않으면 자연스럽게 집에 돌아갈 때가 오리니 소홀하지 말라.3)

　몽산은 염불화두를 "자신이 가상이고 죽어질 목숨이고 어디로 돌아가는가"라는 화두를 가지고, 염불하는 시간에 구애되지 않아야 하고, 혀로 입안에서 만드는 발성(發聲)이 아니라 배로부터 올라오는 복성(腹聲)을 요구하였다. 복성이란 마음에서 나오는 염원이고 그러면, 두 가지가 이루어진다. 하나는 서방에 이르러 아미타불을 친견할 수 있고, 자신이 온갖 정체를 되찾는다고 하였다. 둘째로 자기 집으로 돌아가는 날이 있다고 하였다. 완성된 자신과 고향집은 누구나 염원하는 두 가지 목표이다.

　깨달은 자만이 영원한 휴식이 있다는 평범한 의미로 해석할 수도 있지만,

---

3) 원문은 몽산전집 부록에 실렸다. 글자의 차이가 거의 없으나 『염불직지』본에는 작은 글씨로 "차상이법어(此上二法語) 서방무이로(西方無異路) 권중초출(卷中抄出)"이라 하여 『서방무이로』란 책에서 인용하였다고 밝혔다. 김민영 선생도 이를 확인하기 위하여 『서방무이로』를 구입하여 대조한 결과 실리지 않았음을 확인하였다고 밝히면서 희귀본 『서방무이로』를 필자에게 보여주었다.

이보다 전란으로 "떠나온 고향집을 그리며, 자신을 찾아서 돌아가기"를 바라는 심각한 현실의 염원이 담겨 있다고 하겠다. 화두에는 자신을 완성시키려는 '반조자간(返照自看)'이 있고, 염불에는 심각한 현실을 벗어나 안식처로 복귀하려는 '도가시절(到家時節)'의 염원이 있다. 몽산의 염불화두란 이 두 가지가 떨어지지 않은 자신의 내면이고 당시의 승속이 염원하던 현실이었다고 하겠다.

다음은 몽산이 서씨 성을 가진 거사에게 준 염불법어이다. 분량은 위의 염불화두법보다 훨씬 길고, 대화체이므로 당시의 구어가 그대로 담겨 있기 때문에 오히려 옮기기가 쉽지 않다. 『염불직지』에 실린 자료는 이미 소개한 장수동자경의 사본과 비교하면 앞의 염불화두법보다 훨씬 차이있는 글자가 많다. 심지어 문맥이 미상하였던 부분도 염불직지에 의하여 의미가 통하므로 이를 선본으로 삼아 현대어로 옮기면 다음과 같다.

세상의 어디를 보나 불타는 집뿐이고 빠져나갈 수가 없습니다. 신통한 방법이 있어야 겨우 벗어날 수가 있을 터입니다. 확신을 다하여 "삶이란 어디서 왔다가, 죽음이란 어디로 가는가"를 쉬지 않고 점검하면서 염불을 참구하면, 삶과 죽음에 대한 의심이 생기고 더욱 커져서 마음에 덩어리가 생기겠지요.

마침내 나의 마음을 보면 나의 본성임을 깨닫게 되며, 마음에 틈이 생기지 않도록 나무아미타불을 염불하면서 자신을 돌아보면 수십번씩 좋은 결과가 있겠지요. 다시 말하면 본성이 나의 본성이므로 언제고 생활에서 간절하게 염불하여 오래 지나면 갑자기 나의 마음임을 깨닫게 되겠습니다.

본성이 아미타불이니 삼세제불의 실체를 환연히 깨닫게 되고, 서씨에게도 성심이 한결 같으면 언제나 마음이 청정하므로 가는 곳마다 극락세계이겠지요. 겨우 본심이 곧 정토임을 알고 앞으로 사바세계가 끝나더라도 몸은 서쪽의 정토에 다시 태어나 보배스런 연꽃에 앉아 중품의 보리를 수기로 받으십니다. 서씨거사는 이를 깊이 확신하고[4] 기대를 가지고 참구하십시오. 백련참에도

---

4) 장수동자경에 실린 사본에는 "적신참구(寂信參究) 종오기기(從悟期記)"가 염불직지에

"살아가는 가운데 감각에서 본성의 아미타불을 깨닫고 정토에 이른다"는 말씀이 있음을 아시겠지요.

아미타불은 인도 말이고 영원하다는 뜻이고, 아주 밝은 본성을 말합니다. 본성은 영원하며 남녀의 성별도 없고, 누구나 가지고 있습니다. 사바세계가 종이로 만든 꽃과 같음을 깨닫는다면 세간의 노고를 떨어버리고 정성으로 염불하고 성실하게 참구하여 본성을 밝혀야 할 뿐입니다.[5]

몽산은 자신의 염불법어를 풀어서 서씨거사에게 들려주었을 뿐이고 내용상 큰 차이는 없다. "자신이 어디서 왔다가 어디로 가는가"를 화두로 삼아 모든 부처와 아미타불을 자신의 본성에서 찾도록 염불화두를 권유하였다. 서씨의 충성과 본성은 일치하며 청정한 본심이 진심이고 이를 깨달으면 수기를 받는 다는 확신을 주었다.

전란으로 처참한 현실세계에서 서씨는 충성을 다해야 하는 무장(武將)이나 관인이었을 가능성이 있다. 초개와 같은 삶과 죽음을 겪어야 하는 전장에서 세속인에게 몽산은 본성이 영원하고 청정하다는 확신을 설법하면서 고통과 찰나의 시련을 벗어나 본성에서 영원을 찾도록 염불화두로 인도하였다고 하겠다.

위와 같이 몽산은 서씨거사에게 아미타불만을 염송하도록 권하고 극락세계가 따로 있지 않다는 유심정토(唯心淨土)를 강조하였다. 자성(自性)이 진성(眞性)이며 영원불변이고 차별상이 아님을 강조하였다. 미타정토를 유심정토에서 찾도록 권유한 몽산의 염불화두는 몽고와의 항전이란 가혹한 현실에서 염불을 화두로 삼아 극복하도록 권유하였다고 짐작된다.

몽산의 염불화두를 염불과 화두라 두 가지로 나열하기보다 화두에 부수된 염불, 화두에 필요한 염불, 간화선에서 이루어지는 정토라는 뜻으로 풀이된

는 "여법참구(如法參究) 이오위기(以悟爲期)"로 차이가 있으나 절충하여 해석하였다.
5) 원문은 본서 5장 몽산덕이전집(蒙山德異全集)에 실렸다.

다. 이번에 발견된 염불직지에 포함된 경위와도 상통하는 용어로서 직지에 이르는 방편으로서 염불이라 하겠다. 몽산의 법어 두 편이 염불직지에 실린 까닭도 간화선에 이르는 염불이란 뜻이라 하겠다. 몽산은 간화선의 필수요 건인 화두가 염불과 불가분의 접목관계라는 해석이 가능하다.

몽산의 염불은 타력에 의한 구원을 강조한 정토사상을 자력의 선사상과 일치시켰다. 육념상에서 제시되었듯이 염불을 삼보(三寶)와 계율을 포함한 삼학(三學)과 자신과 이웃으로 확대한 수행자의 일상을 중요시한 현실성이 강한 선사상과 접목되었다고 하겠다. 그의 전기인 행실기와 확대된 염불사상이 미타정토에 국한되지 않은 삼보와 삼학과 이웃으로 확대된 현실적인 의미가 크다는 특징이 있다. 그의 행실기와 함께 사본으로 발견된 제경촬요도 육념송에서 제시된 염법(念法)에 충실하기 위하여 불경을 요약하여 수행 방법으로 삼기 위해 이룩된 작업의 결과였다고 짐작된다.

2. 염불화두의 효용성

염불과 화두는 같은 시기에 기원하였다고 보기 어렵다. 염불은 화두보다 먼저 정토사상에서 유행하였고, 정토사상은 정토종으로 학파에서 종파로 발전한 시기도 있었다. 후에 염불은 아미타신앙이나 보현신앙을 뒷받침하면서 천태종에서 강하게 계승하였다. 염불은 불경의 암송(暗誦)과 음악적인 가요에서 기원하였고 단순하지만 반복하는 속성이 있다.

염불은 실천을 강조한 정토사상의 산물이라면, 화두는 간화선이 강조되는 시기에 임제종(臨濟宗)에서 발전시킨 참선의 수단으로 사용되었다. 정토사상은 남북조(南北朝)의 남조(南朝)에서 발전하였고 임제종의 화두는 대혜종고 이후에 남송의 간화선에서 발전시켰으므로 기원은 염불보다 훨씬 늦다. 염불은 음성으로 반복하므로 무속적인 음악과 무아경의 체험(Ecstacy)이 강조된다. 이는 험난한 시대를 극복하는 과정에서 논리성보다 실천이 강조되는 시기에 유행하게 마련이었다.

고대에도 염불은 정토사상과 함께 성행한 흔적이『삼국유사』에서 찾아지며 시대의 시련과 이를 극복하려는 집단적인 염원이 서려 있다. 고려에서 염불은 무신집권과 몽고 침입기간에 천태종의 만덕산(萬德山) 백련사(白蓮社)에서 보현신앙을 강조하면서 염불을 이용한 정토사상이 유행하였다. 같은 시기에 조계종의 송광산(松廣山) 수선사(修禪社)에서는 정혜(定慧)와 문수신앙이 강조되었으므로 백련사(白蓮社)보다 염불사상이 상대적으로 약하였을 가능성이 크지만, 세속의 신도를 포섭하기에는 좌선이나 화두만으로 한계를 느꼈을 가능성도 있다.

염불요문(念佛要門)이 지눌의 저술과 관련이 있느냐 없느냐를 둘러싸고 쟁점이 되었다. 최근에는 "관련 없다"는 의견이 제시되고,[6] 이를 수긍하는 방향으로 모아지고 있으나, 시대의 여건으로는 수선결사(修禪結社)에서 수용하였을 가능성도 없지 않다. 고려에서 염불이 유행한 시기는 광종시로 거슬러 올라간다. 당시에 법안종을 수용한 선승들은 정토사상과 함께 염불을 강조하였고, 이들이 중기에 천태종 형성의 기반이 되었으므로 천태종과 염불은 밀접한 관련이 있게 마련이었다. 법안종의 영향을 받은 계승자들이 주로 천태종에 흡수되었지만, 흡수되지 않고 복귀한 선승도 있었으므로[7] 지눌의 저술에도 영명연수(永明延壽) 등 법안종(法眼宗) 고승의 영향이 매우 컸다.[8]

---

6) 高翊晉「普照禪派의 淨土思想 受容」,『佛敎學報』23(佛敎學會 1986).

7) 許興植「高麗前期 佛敎界와 天台宗의 形成過程」,『韓國學報』11(一志社 1978).

8) 宗眞「普照知訥의 禪思想에 대한 再照明」,『伽山李智冠 스님 華甲紀念 韓國佛敎文化思想史』1992.
　위의 글에서 전거를 밝히지 않은 부분은 지눌의 창조적 관점으로 여겼으나, 적지 않은 선적(禪籍)에 근거하고 있으며, 이 가운데 영명연수(永明延壽)의 저술이 특히 자주 이용되었음을 밝혔다. 저술에서 전거를 밝히지 않고 자신의 견해처럼 무의식중에 저술된 부분이란 전거를 제시한 내용보다 보편화된 인식이므로 중요성이 있다. 연수(延壽)의 영향

고려후기 불교계의 양대 산맥이었던 수선결사(修禪結社)와 백련결사(白蓮結社)는 넓은 의미에서 같은 선종에 속하였으며, 후기의 결사를 이끌었던 조사와 계승자도 협조와 교류가 없지 않았다.[9] 이보다 후에 몽산이 염불과 화두를 일치시켰다는 두 가지 작품의 의미는 중요하다. 몽산은 고려의 조계종 수선사에 속한 지눌의 계승자와 교류가 활발하였으나 천태종 백련사와의 관계는 입증되지 않는다. 지눌이 염불을 지속시켰다면 몽산의 염불화두(念佛話頭)는 지속되던 불씨에 기름을 부었을 가능성이 있다.

조선중기에 불교의 종파는 거의 소멸되고 조계종의 후신인 선종만이 남으면서 불교계는 종파가 없던 시기로 19세기까지 계속되었다. 조선후기의 불교계는 종파가 없어진 대신, 조선초까지 계속된 각 종파의 특성이 고려후기 조계종의 통합적 요소를 기반으로 갈등 없이 더욱 확대되었다. 이러한 시기에 몽산의 염불은 불교의 실천과 수행에 긴요한 요소로 자리를 잡았다고 하겠다. 같은 시기 명말청초의 불교계에서도 같은 경향이 강화되지만 한국의 불교계는 참선보다 염불에 의한 승속의 유대와 수행이 어느 시기보다 보편화되었다고 하겠다.

3. 고려 조계종의 염불 수용

참선은 조용함을 기본으로 개인적인 수행의 속성이 강하다면, 염불은 행동적이고 음성과 관련이 크다. 염불은 육성(肉聲)이 조화된 무속적인 무아경과도 상관성이 있으나 내용은 단순하며 사변적이기보다는 실천적인 특성은

을 밝힌 위의 연구는 지눌 연구의 새로운 돌파구를 열었다고 하겠다.

9) 만덕산(萬德山) 백련결사(白蓮結社)의 개조(開祖)인 원묘국사(圓妙國師) 요세(了世)가 보조지눌의 잠시 결사에 참여하였거나, 조계종의 탁연이 남송의 연경사(延慶寺)에서 법언(法言)의 저술을 진정국사 천책에게 전하여 연결시켰던 사실로도 확인된다.

참선과 상통한다고 하겠다.

한국의 현존 불교는 참선과 간경과 염불의 삼자를 연결시키면서 명상과 교학 그리고 실천을 접목시켰다. 이 세 가지 요소는 굳이 기원을 거슬러 올라간다면 명상은 신라말 선승에서 기원하고, 교학은 삼국의 후기에서, 그리고 염불은 신라의 아미타신앙과 고려초의 법안종 선승, 그리고 고려후기 천태종과 몽산 이후의 조계종으로 잡을 수 있다. 다만 몽산에게서 조계종과 접목되고 있음은 확실하지만 보조국사 지눌까지 소급한다는 주장도 있으므로 쟁점이 완전히 사라졌다고 보기는 어렵다.

좌선과 염불 그리고 간경(看經)은 승속을 막론하고 불교 신도에게 보편적으로 중요시되는 요소이다. 굳이 이를 대상으로 삼는 다수의 승속과 연결시킨다면, 좌선은 선원에서, 간경은 강원에서, 염불은 험난한 시대를 극복하려는 거사를 포함한 재가신도(在家信徒)에게 효용성이 크다고 하겠다. 몽산의 염불화두는 강원의 교재인 사집(四集)이나 사교(四敎)에는 물론 몽산의 전기가 실린 후기의 여러 고승전에도 배제되었다. 오로지 국내의 사본으로만 남았던 사실도 음미할 대상이다.

몽산의 염불화두는 '삼계화택(三界火宅)'으로 묘사된 전란의 소용돌이에서 준 법어라는 사실이 주목된다. 서씨거사(徐氏居士)란 구체적인 이름과 그가 활동한 장소를 알 수 없지만, 재가신도를 교화한 대상에서도 중요성이 있다. 염불이 출가한 고승보다 신앙심이 높은 세속인을 교화의 대상으로 삼았다는 속성과 맞아떨어진다.

몽산은 말년에 휴휴암에서 절목수(絶牧叟)란 자호(自號)를 내걸고 세속과 접촉을 끊으면서 좌선과 저술에만 전념하였으므로, 그의 염불법어는 몽산이 세속과 관계가 깊었던 출가 초기의 작품으로 짐작된다. 그가 만년에 십송(十松)을 위시한 고려의 승속이나 이승휴와 직간접으로 교류한 사실이 확인되지만 그곳의 속인과의 관계는 오히려 축소되었다.[10] 만년의 사상과 저술은 생산지에 남겨지지 못하고 고려로 옮겨졌다. 그의 염불법어는 휴휴암에 머

물기에 앞서 몽고와 항전하는 기간에 세속인을 교화한 흔적이라고 결론지을
수 있다.

맺음말

몽산의 염불화두는 인빈김씨(仁嬪金氏)가 인성(印成)한 불서에 필사되었
다는 사실도 의미심장하다. 인성발문에 뒤이어 사본으로 실린 염불화두는
장수멸죄동자다라니경(長壽滅罪童子陁羅尼經)에 실려 있다. 이 불경은 불
우한 세속인을 상대로 교화하던 대상과 관련이 깊다. 인빈김씨는 알려진 바
와 같이 선조의 계비(繼妃)로써 광해군시에 핍박받은 정원대군(원종元宗으로
추증됨, 인조仁祖의 부父, 이름은 부玶)의 생모이다. 이를 소장한 장서각의 불서
란 궁중의 깊숙한 곳에서 비빈이 애용했던 유물이 많으므로 이 책이 보관된
경위가 심상하지 않다.

정통을 위협받는 국왕일수록 왕위계승권이 있는 왕족을 가혹하게 제거하
는 속성이 있었다. 인빈김씨는 절멸의 위기에서 목숨을 유지하려고 장수멸
죄동자다라니경을 위안삼아 하루하루를 강풍 앞에 촛불과 같은 위기를 넘겼
다고 하겠다. 간경(看經)으로는 너무나 참기 어려운 고통을 그녀는 다라니를
외우다 못해 염불화두로써 망각하면서 무의식에서 안식을 찾았을 가능성이
있다.

이 사본의 글씨는 문인의 달필이 아니다. 글씨는 많이 알았지만 서체가

---

10) 불교와 가톨릭은 세속과의 유대를 멀리하려는 출세간의 속성이 강한 특성이 있다. 그
러나 출세간을 강조하는 종교일지라도 적어도 그 종교의 성직자를 세간에서 공급받는다
는 역설이 성립된다. 몽산이 절목수를 외쳤던 까닭은 그가 출가한 직후에도 세간과 유대
를 가지며 항몽에 앞장선 경력을 은폐하거나 협력한 세속인의 피해를 줄이려는 현실적
인 수단이었다는 의심도 없지 않다. 그가 소헌채공을 비롯한 세속의 도움이 없었다면 은
둔하기조차 어려웠다는 역설이 성립된다.

서투른 여성의 글씨체이다. 궁녀나 인빈김씨가 직접 썼을 가능성도 있으므로 앞으로 이러한 서체를 모아 주의 깊게 필적을 감정할 필요가 있다고 하겠다.[11]

염불과 참선을 일치시키는 사상은 앞서 법안종에서 기원하였으므로 이들과 교류가 깊었던 고려 광종시의 선승이 수용하였을 가능성이 크다. 고려에서도 후에 천태종의 기반이 되었던 광종 이후의 선승들은 영명연수(永明延壽)를 비롯한 법안종의 고승에게서 감화를 받았다. 염불요문(念佛要門)이 지눌의 저술인가 의심되지만 세속의 신도를 포함하는 정혜결사문에는 지눌이 염불의 효용을 나타냈으므로 전적으로 부정하기도 어렵다.[12] 염불이란 험난한 시기에 재가 신도를 포섭하는 수단으로 사용되는 속성이 강하였다. 몽산이 몽고와의 항전기간을 보내면서 세속 신도와의 유대를 강화하기 위하여 간화선의 화두로도 한계를 느끼고 염불을 화두로 간화선에 접목시켰을 가능성이 있다.

필자는 몽산의 염불화두를 세속의 교화를 위해서 염불과 간화선을 접목시킨 작품으로 파악하였다. 그는 말년에 고려의 승속과 교류하면서 보조지눌이 간행을 도왔던 『육조단경』을 위시한 다른 저술도 읽었을 가능성이 있다. 몽산덕이본의 육조단경과 염불화두가 고려의 사상계와의 교류에 의한 산물인지 아니면 그의 독창적인 사상이었을까 깊이있게 연구할 중요한 소재라고 하겠다.

몽산본 육조단경은 간화선이 풍미한 이후의 사상을 반영하지만 동아시아의 다른 지역에서 유행하던 기존의 단경과는 다른 지눌이 인용한 법보기단경(法寶記壇經)이 반영되었다는 견해가 제시되었다.[13] 몽산이 조계종에 계

---

11) 필자는 몽산의 염불화두와 몽산행실기의 필체가 닮았다는 사실이 관심의 대상이지만 본래 서예에 식견이 없으므로 이 방면의 전문가가 감식할 필요가 있다.

12) 李鍾益 「普照著述의 書誌學的 解題」, 『普照思想』 3(普照思想研究院 1989).

13) 印鏡 「普照 引用文을 통해서 본 法寶記壇經의 性格」, 『普照思想』 11(普照思想研究

승시킨 염불화두와 천태종에서 계승된 염불이 한국의 불교계에서 주류를 이어온 대한불교조계종의 현실과 맥락을 이해하기 위해서 주목할 과제이다.

院 1998).

III. 보설과 그 특성

머리말

몽산덕이는 남송이 몰락한 다음 양자강 동남 중오(中吳)의 휴휴암에서 저술과 교화로 생애의 후반을 보냈다. 그는 덕이(德異)란 법명보다 몽산이란 호가 널리 사용되었다. 그는 임제종(臨濟宗) 양기파(楊岐派)에 속하며, 그의 법어와 보설은 일부가 일찍부터 알려졌으나 최근에도 생애를 보충할 자료가 추가되었다.

그의 『법어약록』과 육도보설이 오래전부터 자주 간행되었고,[1] 좀더 자세한 생애에 대해서는 사본으로 전하는 행실기(行實記)와 행적(行跡)이 최근에 알려졌다. 그의 사상을 보여주는 저술로는 경전의 요점을 요약한 제경촬요의 사본이 있고,[2] 최근에 소개된 간본으로 직주도덕경 등이 손꼽힌다.

---

1) 이에 대한 영인본은 매우 많으며 논문과 해제의 아홉 편 목록은 다음에 수록되었다. 洪允杓 『國語史文獻資料硏究 近代篇 1』(太學社 1993).

2) 南權熙「筆寫本 『諸經撮要』에 수록된 蒙山德異와 高麗人物들과의 交流」, 『圖書館學論

이 글에서는 어록과 저술의 중간 형태인 몽산의 보설을 종합하여 분석하고, 그의 생애와 사상을 보완하고자 한다. 보설은 선원(禪院)에서 제정된 여러 청규(淸規)와 후기 선승전에서 자주 언급되었다. 대표적인 몽산의 보설은 육도보설이고, 이는 우리나라에서 여러 차례 간행하였고 일찍이 언해되었을 정도로 유행하였다.[3] 보설은 출가한 대중을 모아놓고 불법을 평이하게 해석하여 집단적으로 교화하는 수단으로 시작되었고, 속인을 포함한 청중을 널리 교화하기 위한 방편으로 발전하였다고 하겠다.

보설은 보청(普請)과도 관련이 있다. 보청은 선종사원에서 집단의 협력이나 행사를 준비하기 위하여 필요하였던 동원과 교화의 수단이었다. 보설이란 보청에서 발전하여 대중을 모아놓고 설법한 내용을 모은 형태라고 하겠다. 보설의 형태는 불경을 근거로 들면서 현실을 선사상에 연결시키려는 현실성이 담겨 있다.

보청이나 보설은 모두 선종이 불교계를 주도하면서 더이상 사제의 인가나 소수의 접견으로 교화하던 과거와는 달리 대중을 모은 집회를 이용하여 협력이나 교화가 이루어졌다는 불교계와 사회의 변화를 반영하였다. 선종의 규모가 확대되고 대중이 대규모로 집단화한 사원의 변화를 반영하는 사회현상으로 주목할 수 있다. 법어(法語)가 높은 수준의 고승에게 설법한 이론을 담은 저술이라면 보설은 승속을 포함한 집단을 대상으로 삼았으므로 사회성과 보편성이 크다고 하겠다.

우리나라 선승의 생활상을 보여주는 어록은 신라말이나 고려전기의 사례가 전하지 않는다. 다만 조당집(祖堂集)이나 경덕전등록(景德傳燈錄), 그리고 선승의 비문에 단편적인 대화가 실려 있다. 현존하는 우리나라의 단행본 어록은 보조국사 지눌의 법어와 진각국사(眞覺國師) 혜심(慧諶)의 어록(語

集』 21(韓國圖書館協會 1994).

3) 南權熙 「蒙山和尚六道普說 諺解本의 書誌的 考察」, 『어문논총』 25(경북어문학회 1991).

錄)이 비교적 초기에 해당하는 사례이다. 보조법어는 어록이기보다 논문이나 저술에 가까우며, 일반적인 선승의 전형적인 현존 어록은 진각국사어록(眞覺國師語錄)부터라고 하겠다. 이후 적지 않은 어록이 현존하고, 고려말의 두 봉우리를 이루었던 태고(太古)와 나옹도 각각 어록을 남겼다. 이 가운데 나옹의 어록에는 승속에게 설법한 보설이 적지 않게 수록되었다.

나옹어록의 보설보다 앞선 대표적인 보설은 몽산의 육도보설이다. 몽산의 보설은 나옹어록에도 적지 않은 영향을 주었을 정도로 내용상 상통하는 부분이 많다. 몽산의 법어와 육도보설이 자주 간행되었던 현상도 나옹의 법손이 이후의 불교계에 주도하였던 사실과 관계가 있다고 짐작된다. 몽산의 저술과 사상이 고려말과 조선의 조계종에 깊은 영향을 주었으므로[4] 그의 사상은 좀더 다양하게 접근할 필요가 있다. 이 글에서는 보설이란 부문으로 초점을 좁혀 선종사의 변화와 연결을 지우면서 사회사에서 의미를 부각시키고자 한다.

1. 보설의 개념과 현존 사례

선승의 어록에는 게(偈), 송(頌), 소참(小參), 수어(垂語), 착어(着語) 등이 실리지만 개인적인 깨달음과 관련있는 스승과 제자와의 대화, 고승과 속인과의 소규모 모임으로 시행되는 교화의 계기와 관련성이 크다. 이와 달리 후기 선승전에는 시중(示衆)이나 보청과 보설이 자주 수록되었다. 소수가 아니라 다수의 대중을 모아놓고 베풀었던 행사에서 설법하였음을 의미하고, 이는 선종이 불교계를 주도하면서 고승이 상대하는 청중의 확대를 의미하였다.

직지인심(直指人心)이나 면대인가(面對認可)라는 개인적이고 소규모였던

---

4) 본서 제3장 Ⅲ절.

선종의 공간은 점차 불교계를 주도할수록 대중의 규모도 커지고 이에 부응하여 사원의 시설과 공간도 확장하였다. 교종이 번영할 때의 강회와 유사한 대규모의 집단화가 대혜종고 이후 자주 나타났다. 남송에서 선종의 한 갈래였던 임제종 양기파의 간화선이 풍미하였고, 원대의 양자강 동남지역을 중심으로 남송이 망한 다음에도 선종의 전통은 계속되었다.

앞서 염불을 수용한 오대(五代) 오월(吳越)의 법안종(法眼宗)에서도 집단의 규모가 전보다 강화된 느낌을 주었다. 묵조선(默照禪)보다 간화선이 풍미한 대혜종고(大慧宗杲) 이후 남송부터 원대에 이르는 선종계는 사원과 승단의 규모가 교종의 전성기인 회창폐불 이전의 번영에 접근하였다. 보설은 간화선을 바탕으로 불교계를 주도한 선종의 산물이라 정의할 수 있다.

신라말에 선승이 국사로 책봉되고, 이들은 수많은 문도를 거느렸던 예가 있었다. 이들이 머물렀던 현존하는 절터도 규모가 작지 않은 사례가 확인된다. 그러나 선종사원의 규모는 고려후기에 이르러 운문사(雲門寺)나 인각사(麟角寺)처럼 넓은 공간을 확보하고 구산문도회(九山門都會)라는 용어가 자주 보이듯이 총림으로 규모가 더욱 비대화하였다고 하겠다. 마치 오늘날의 조계종 사찰이 강원과 선원, 그리고 율원을 갖추고 수련장과 교육기관으로 종합대학교처럼 총림이 증가하는 현상과도 상통한다.

오늘날 총림은 기존의 사원으로는 공간이 비좁아 현대의 굴착장비를 사용하여 산줄기를 평지로 바꾸면서 도회소를 만드는 공사가 곳곳에서 진행되었다. 총림의 대규모 공사는 세속의 도시발달과도 어깨를 나란히 하고, 다른 종교건물의 신축과도 상통한다. 보조국사가 간화선을 강조한 이래 고려의 불교계는 조계종 중심으로 확대하였고, 그 전통은 지공의 무심선(無心禪)으로 다소 열기가 가라앉았으나, 오늘날에는 간화선이 무심선을 잠재우고 다른 종교와 경쟁하면서 날로 대규모로 변화하고 있다.

조계종이 고려후기의 불교계를 주도할수록 작지만 견고하고 개인을 상대로 내심의 깨달음을 강조하던 사상도 변화하였다. 규모가 크고 화려하며 수

많은 승속이 집결하는 도회소로 나날이 변화하는 오늘의 현실처럼 고려말의 선종사원은 시설의 규모도 커지고 고승이 집결하는 집회의 규모도 대형화하였다. 이러한 환경에서 대규모의 집회와 이를 정리하여 수록한 어록이 탄생하고 보설이 유행하는 광장이 마련되었다고 하겠다.

보설의 주제도 기존의 선승들이 면대로 주고받던 내용과도 차이가 있었다. 보설에서 몽산은 교종에서 다루었던 연기설이나 보살사상을 강조하였고, 교학경전의 요점을 평이하게 설명하고 구어로 풀이하여 대중에게 전달하였다. 선종사의 전반에서 강조하였던 참선과 개인의 깨달음이나 선종의 특수성보다 선교일치를 강조하였다. 더 나아가 교학은 물론 유교나 도교의 이론을 불교로 회통시키려는 삼교일치론으로 발전하였다. 몽산의 직주도덕경이나 여여거사의 삼교어록이 개인의 창작이지만[5] 보설에서 언급한 내용과 상통하고, 보설이 유행하던 시대의 분위기와 직접 관계가 있음을 밝히고자 한다.

대표적 보설을 남긴 몽산의 행적은 후기 선승전에 전한다. 이를 제외하면 국내와는 달리 몽산이 일생을 떠나지 않았던 대륙에서 전하는 자료를 찾기 어려웠다. 우리나라에서 수많은 자료가 추가되었고, 그의 영정이 영신사(靈神寺)[6]에 가사가 표훈사(表訓寺)에 전하였을 정도였다.[7] 이러한 상황과 달리 대륙에서 그가 남긴 어록이나 저술이 보기 어려운 까닭을 우선 풀어야 할 과제였다. 이에 대해서 몽산의 대표적 계승자인 철산소경(鐵山紹瓊)이 고려 출신이라는 견해가 있고,[8] 그가 1306년 고려에 3년 동안 머물면서 승속의 우악스런 환영을 받았던 사실과 관련된다고 하겠다.[9] 몽산은 벽지에 은

---

5) 許興植「三敎語錄의 書誌와 思想的 特性」,『書誌學報』22(書誌學報 1998).

6)『佔畢齋集』文集 권 2, 游頭流錄

7)『樂全堂集』권 7, 遊金剛山內外山諸記(한국문집총간 93,270면). "寺中藏懶翁舍利珠靑色者 盛於水晶小皿 納之金盒 副以銀龕 匣之以銅鉢 綵袱百襲裹之 有袈裟三領 其一綺 其二似紗綃 而其端有蒙山和尙袈裟者 以制度寬豁 非如恒人所著也."

8) 明 文琇『增集續傳燈錄』권 4, 鼓山皖山凝禪師法嗣 蒙山異禪師.

거하였던 이승휴와도 서신을 주고받을 정도로 교류가 활발하였음이 보완되었다.[10]

최근에 1290년부터 많은 고려의 고승과 고관과 왕족이 휴휴암에 있던 말년의 몽산을 찾았던 사실이 확인됨으로써[11] 몽산과 고려와의 관계는 더욱 긴밀한 증거가 보강되었다. 또한 몽산의 직주도덕경은 남송의 사상적 갈등에서 삼교일치론의 근거로서 거의 같은 지역의 여여거사가 지은 삼교어록과 상통하는 저술이었고 이 두 가지 서적이 국내에서 간행되었음은 한국사상사는 물론 동아시아 사상논쟁에서 주목할 가치가 있다고 하겠다.[12]

그동안 몽산의 보설은 많은 편수가 알려지지 않았다. 우리에게 가장 널리 알려진 몽산의 보설은 '몽산화상육도보설(蒙山和尙六道普說)'뿐이었다. 한문본은 조선초기에 이미 여러 차례 간행하였고 한글창제 후에 번역되었으므로 널리 보급되었다. 몽산화상육도보설은 여러 도서관에서 소장하였고 한문본과 번역본을 포함하여 다양한 판종이 여러 곳에 소장되었다.[13] 몽산화상십법계설(蒙山和尙十法界說)이라 소개된 서목(書目)도 있다.[14]

육보보설은 십법계와 육도윤회(六道輪廻)로 설명되는 전생담(前生談)이나 화엄경의 연기설을 바탕으로 삼은 업보설이라 하겠다. 십법계란 이승의 삶

---

9) 許興植 「高麗에 남긴 鐵山瓊의 行蹟」, 『韓國學報』 39(一志社 1985).
10) 閔泳珪 「蒙山德異와 高麗佛敎」, 『六祖檀經의 世界』(民族社 1989).
   『動安居士集』 雜著, 和尙所寄法語(『高麗名賢集』 1,590면).
11) 南權熙 「筆寫本 『諸經撮要』에 수록된 蒙山德異와 高麗人物들과의 交流」, 『圖書館學論輯』 21, 1994.
   許興植 「蒙山德異의 行蹟과 年譜」, 『韓國學報』 71(一志社 1994).
12) 許興植 「蒙山德異의 直註道德經과 그 思想」, 『정신문화연구』 61(한국정신문화연구원 1995).
   許興植 「三敎語錄의 書誌와 思想的 特性」, 『書誌學報』 22(書誌學報 1998).
13) 南權熙 「蒙山和尙六道普說 諺解本의 書誌的 考察」, 『어문논총』 25(경북어문학회 1991).
14) 高麗大學校圖書館 古籍 善本目錄.

에 대한 열 가지의 경지를 말하며, 해탈한 경지인 사성(四聖)과 윤회를 되풀
이하는 육범(六凡)의 단계로 나뉜다. 육도란 이승의 삶에서 지은 열 가지 업
보에서 낮은 육범의 경지에 머문 중생은 저승에서 여섯 단계의 윤회를 거쳐
인간으로 태어나 다시 업보에 따라 윤회하거나, 더 높은 곳을 향하여 해탈한
다는 이론이다. 초기 교학의 주제였던 전생담이나 화엄사상에서 강조한 연
기설을 선종에서 대중의 교화로 활용한 몽산이 남긴 모범 설법집의 하나라
고 하겠다.

　몽산의 직주도적경은 국내에서만 발견되었으나 상통하는 사상사의 자료
인 여여거사의 삼교어록은 국내와 중국에서 각각 일부만 발견되었다.[15] 몽
산의 보설은 국내에서 육도보설만 유통되었으나, 이와 다른 몽산화상보설이
북경도서관에 소장되었다. 북경도서관본 보설은 전질이 아니고 일부이므로
전체의 보설에 육도보설이 포함되었을 가능성이 없지 않으나 전체 항목을
소개한 다음에 다시 살피도록 하겠다.

　북경도서관에 소장본 몽산화상보설은 필자가 1998년 10월 『여여거사삼
교어록(如如居士三敎語錄)』과 함께 이를 열람하였으나, 일부분이었고,[16] 나
머지 부분은 다른 곳에서 찾지 못하였다. 충렬왕대의 임제종 수용에 관한 논
문에서 이 자료의 목록과 구성에 대해서 간략하게 소개되었다.[17] 몽산보설
은 『여여거사삼교어록』과 마찬가지로 영본(零本)의 고본(孤本)이고, 이 책의
앞부분에 실렸으리라 짐작되는 서문과 보설 네 편은 현존하지 않는다. 현존
하는 부분은 보설의 다섯번째부터 열세번째까지 아홉 편만 실렸고,[18] 나머

---

15) 許興植 「三敎語錄의 書誌와 思想的 特性」, 『書誌學報』 22(書誌學報 1998). 『北京圖
　　書館古籍目錄』 1,618면에도 명대의 각본(刻本)임을 다음과 같이 명시하였다. 『如如居士
　　三敎語錄』 明刻本 2冊 10行 20字 黑口四周雙邊 存8卷 丁集4卷 己集4卷.
16) 『北京圖書館古籍目錄』 1,615면.
　　蒙山和尙普說 4卷 元釋吾靖等輯 明抄本 1冊 9行 18字 黑格黑口四周雙邊
17) 姜好善 「충렬·충선왕대 臨濟宗 수용과 고려불교의 변화」, 『韓國史論』 46(서울대 국
　　사학과 2001).

지 부분도 분량이나 제목조차 알 수 없다.

몽산의 보설은 국내에 널리 알려진 육도보설과 북경도서관의 고본에 실린 보설 아홉 편을 합치면 열 편이 전부이다. 이밖에도 고본의 앞에 실렸을 네 편과 후반부에 실렸을 보설의 전모를 알기 어려우므로 그의 보설에 대해서 전체적인 분석은 불가능하다. 또한 사본으로 국내에만 전하는 그의 자료에서도 더 많은 보설이 있었다고 추측되지만, 이 논문에서는 육도보설과 북경도서관 고본에 실린 보설을 합쳐 주된 분석대상으로 삼겠다.

북경도서관본 몽산화상보설의 전반적인 규모를 보여주는 서문과 목록이 실렸을 앞부분과 간기가 실렸을 끝부분이 현존하지 않으므로 이 책의 전모를 파악하기에는 한계가 있다. 다만 선승전을 제외하면 그가 남긴 저술이나 어록의 일부가 우리나라에서 간본과 사본으로 알려졌으나 북경도서관본의 몽산보설은 영본(零本)의 고본(孤本)이더라도 어록이나 저술의 일부이고, 보설이 원대와 명대에 간행되었다는 보기 드문 증거만으로도 중요한 의미가 있다.

영본이며 동시에 고본인 몽산화상보설에는 국내에서 널리 알려진 몽산화상육도보설을 포함하지 않았다. 육도보설이 현존하지 않는 몽산화상보설의 앞부분에 포함되었을 가능성은 충분하다. 또한 육도보설의 분량은 이번에 알려진 보설과 비교하면 장문에 속하지만 한 편의 분량과 상통한다.

고본 몽산화상보설의 목록과 설법한 시기, 편집자와 간행비용을 시주한 인물 등을 정리하여 간단하게 표로 만들면 다음과 같다.

이상과 같이 보설 아홉 편을 실었다. 이 책은 중국에서 보존하는 간본으로 유일하게 확인된 몽산의 저술로도 의미가 크다. 이 보설은 형태상의 접근에서 한 발짝 더 나아가 내용을 다양하게 접근하여 좁게는 몽산의 생애를

---

18) 姜好善의 앞의 글에서는 북경도서관본에 모두 보설 열 편이 실렸다고 하였으나 필자가 원문을 조사한 결과 아홉 편이었다.

표 3 북경도서관본 몽산보설의 제목과 설법시기와 간행시주

차례	판심(版心)과 제목		분량	편집	간행	시주(施主)
1	日	(前略) 王主簿請普說	1-14	吾靖, 祖立	아래와 같음	
2	月	休休庵結長期普說	14-25	위와 같음	아래와 같음	
3	盈	倪主簿請爲先朝奉對靈普說	26-36	위와 같음	王坦 倪煥	
4	昃	休休庵解長期普說	36-44	自覺	아래와 같음	
5		蔡提令宅命僧道看法華經請普說	45-50	위와 같음	아래와 같음	
6		瑞州大隱庵僧俗請開堂就座普說	50-56	위와 같음	施氏	
7		(前略)表懺看誦華嚴經普說	56-66	興聰	아래와 같음	
8		(前略)了庵明長老請(中略)普說	66-76	위와 같음	不顯名	
9		(前略)普提會勸發普提心普說	77-95	自覺	王執中	

보완하고, 넓게는 당시 사회와 불교계와의 관계와 변화를 살피는 소재로 사용하고자 한다. 몽산화상보설이란 설법한 주인공을 밝힌 셈이고 이를 설주(說主)라고 하겠다. 설법한 장소는 휴휴암이고 보설을 듣고 문자로 수록한 편집자는 모두 참학(參學)으로 몽산의 가르침을 받은 문도였다. 참학은 설법을 들은 출가자인 셈인데, 청중은 이밖에도 속인인 일반 세속의 신도도 포함되었다.

보설에는 편집자 이외에 간행에 소요되는 비용을 도왔던 단월(檀越)인 시주가 수록되었으므로 이를 분석하면 휴휴암을 중심으로 몽산의 활동이 입체적으로 보강된다. 영본이므로 아쉬움은 있으나 간행비를 도왔던 시주자와 설법한 시기, 그리고 몇몇 보설을 묶어 간행한 사실을 끝부분에 실었으므로 자료의 신빙성을 높인다.

끝부분의 간기를 통하여 몽산은 몇편의 관련된 보설이 끝날 때마다 각각 간행하였다고 짐작된다. 처음 각각의 보설이 간행된 시기는 몽산이 활동한

시기와 맞물려 있으며, 현존본은 이를 다시 일관된 형태로 모아서 후대에 이루어진 판각으로 짐작된다. 앞으로 이 책은 형태상으로도 좀더 깊이있게 실사할 필요가 있고, 지질(紙質)과 판본상의 특징을 분석하여 간행된 시기가 밝혀지리라 짐작된다. 필자는 어미(魚尾)의 모양이나 글씨와 판형으로 미루어 서목에 실린 대로 명대라는 견해를 따르고자 한다. 보설 몇 편씩을 묶고 끝에 발문처럼 수록하여 휴휴암에서 처음 간행되었으나 이를 9행 18자로 일정하게 다시 묶어 간행하면서 본래의 서문과 발문으로 축약하여 보설의 편자와 간행을 도왔던 시주자를 처음 간행본의 끝마다 간추려서 수록하였다고 보고자 한다.

보설 아홉 편에서 첫째부터 다섯째 편까지 다섯 편에 각각 천자문의 다섯번째부터 아홉번째 글자인 '일월영측진(日月盈昃辰)'이 판심에 쓰였으나 다음에는 이를 생략하였다. 이를 단순한 편집상의 실수이거나, 아니면 천자문의 진자(辰字)까지는 저본을 그대로 새겼을 가능성도 있다. 이 책에는 본래 '천지현황(天地玄黃)'으로 표시된 보설 네 권이 앞에 실렸고, 현존하는 부분은 그 다음부터라고 하겠다. 나머지 전체의 간기가 없으므로 현존하는 부분은『여여거사삼교어록』과 마찬가지로 중간 부분만 전하지만 전체의 규모는 삼교어록과 달리 파악하기가 어렵다.

2. 보설에 나타난 사상적 특성

북경도서관에만 현존하는 몽산화상보설 아홉 편은 설법에 이용한 경전이나 시주자와 편자, 그리고 설법시기와 간행시기 등에서 형태상 공통점도 있지만 내용상 차이가 적지 않다. 먼저 영본의 고본으로 북경도서관에 전하는 몽산화상보설을 하나하나 분석하도록 하겠다. 몽산화상보설이란 그가 남긴 보설집이라는 의미로 쓰였다고 하겠다.

첫번째 실린 "상주무석현왕주부청보설(常州無錫縣王主簿請普說)"은 둘째의 "휴휴암(休休庵) 장기보설(長期普說)"과 셋째의 "무석현(無錫縣) 예주부청위선조봉대령보설(倪主簿請爲先朝奉對靈普說)"과 넷째의 "휴휴암(休休庵) 해장기보설(解長期普說)"이 한 묶음으로 실려 있다. 보설 네 편의 앞부분과 뒷부분에 각각 다음과 같은 한 권의 책이었던 흔적을 보여준다.

앞부분: 蒙山和尙普說
　　　　參學　吾靖　祖立編
본문 제목　常州無錫縣王主簿請普說, 본문 생략
　　　　　休休庵　結長期普說, 본문 생략
　　　　　無錫縣　倪主簿請爲先朝奉對靈普說, 본문 생략
　　　　　休休庵　解長期普說, 본문 생략
뒷부분: 蒙山和尙普說
　　　　伏承
　　　　常州路無錫縣居判簿友梅王居士坦
　　　　桂岩判簿倪煥　等施財刊前項普說
　　　　結般若勝緣者至元丁亥中和節吾靖題

위와 같이 네 편 보설의 설주는 물론 몽산이고, 이를 듣고 글자로 정착시킨 인물은 오정(吾靖)과 조립(祖立)이다. 오정과 조립은 참학이라 표시하였듯이 몽산에게 직접 배웠던 제자이다. 이 인물들에 대해서는 전하는 자료가 적다. 다만 오정은 직주도덕경을 정리하여 간행하였으므로 몽산의 제자 가운데도 가장 가까이서 여러 차례 도왔을 가능성이 크다.

보설을 요청한 시주는 본문 제목에서도 밝혀지듯이 왕주부(王主簿)와 예주부(倪主簿)이고 이들의 이름은 왕탄(王坦)과 예환(倪煥)이었다. 왕탄은 우매거사(友梅居士)라는 호로 불리듯이 독실한 재가신도였고 세속의 관직은 상주로무석현(常州路無錫縣)의 주부(主簿)였다. 주부는 끝부분에 실렸듯이 판부(判簿)라고도 했다. 판부란 상주로판관을 보좌하는 주부라는 의미로 해석된다. 왕단과 예환은 무석현의 주부이며 동시에 무석현에 살고 있었다고 하겠다. 예환은 본문제목과는 달리 계암판부(桂岩判簿)라 실렸듯이 계암판부에서 무석현판부로 직책을 바꾸었을 가능성이 있다.

주부나 판부는 지역의 재지세력에서 선발되고 중앙에서 보임시키거나 파견된 지방관이나 감독관을 보좌하는 지방의 낮은 보좌관으로 토착세력일 가능성이 크다. 왕단과 예환은 같은 지역에서 지방관을 보좌한 낮은 관인이었음에 틀림이 없다. 간과하기 어려운 사실은 왕탄의 부인이 예씨였음이 확인되므로[19] 예환은 왕탄의 아주 가까운 처족이었을 가능성이 크다.

왕탄과 오정은 직주도덕경의 간행에도 직접 관련하였다. 직주도덕경은 1276년 몽산이 휴휴암에 정착한 이래 7년 지난 1285년에 간행하였다. 왕탄의 직위와 시주한 사실은 보설과 상통한다. 다만 직주도덕경을 간행한 시기는 보설보다 2년 앞섰다.

본문의 첫째 보설은 왕탄의 요청으로 설법하였고,[20] 셋째 보설은 예환의 요청에 의하였다. 보설 장소는 휴휴암이었고 선근기(善根器)의 부모를 추천하고 자신의 복업이 강화되기를 바랐던 동기가 실려 있다.[21] 보설의 주된 요지는 금강반야파라밀경(金剛般若波羅密經)이었다. 이 경전은 육조혜능의 소의 경전이고 이후 남종선에서 반야사상을 요약하여 육백반야경(六百般若經)의 핵심을 뽑아 만든 경전으로 자주 언급되었다. 인간의 본심종자(本心種子)와 불성(佛性)의 일치를 인식하여 해탈하자는 염원이 반영된 경전이라 하겠다.

셋째 보설은 예환이 72세를 일기를 생애를 마친 부친 조봉대부의 장례를

---

19) 5장 友梅居士 同室倪氏 多生以來 供養三寶 植衆德本, 6장 判簿儒人倪氏, 12장 友梅判簿 及儒人倪氏 若求懺罪 山僧只爲高聲一喝 友梅夫婦 忽然正眼豁開.

20) 今此會中 友梅判簿 竹所提擧 桂岩判簿 泊諸省元 及諸新恩賢士 太安人 安人 及諸貴眷賢前諸位 禪師諸位居士諸位 善友 各各 供養諸佛.

21) 今者普提種子 忽爾發生 友梅判簿 因見山僧普說 便同九峰朱提幹 石磵王提幹 特訪山僧於吳中休休庵 間及此道 如何進步 山僧觀其根器不凡.

계기로 시주하여 천도하였던 의식의 뒤에 베풀었다. 첫째의 보설과 상통하며 돌아간 부친의 천도와 깊은 관계가 있었다. 이는 예환이 부친의 장례를 뜻깊게 마무리하려는 기념법회였다고 하겠다.

둘째와 넷째 보설은 120일간의 장기 결제를 시작하고 이를 끝내는 기념 보설이었다. 이 보설 네 편의 끝에도 '결반야승연(結般若勝緣)'이라 표현하였듯이 반야경(般若經)을 설법에서 보설의 주제로 삼았고, 참가자와 장기결제의 비용은 왕탄과 예환의 부모를 추천하거나 장례를 휴휴암에서 집행하고, 이를 계기로 받은 시주를 기금으로 삼았다고 하겠다. 이를 기반으로 반야경의 연속 보설을 묶어 간행하였다고 풀이된다. 이를 간행한 시기는 1287년 중화절이므로 몽산이 보설하였던 시기는 이보다 앞설 가능성이 있다.

보설 네 편은 중심 경전인 반야경을 근거로 역대 선사들의 일화를 이용하여 풀이하였다. 이밖에도 유교와 도교의 사상도 원용하여 평이하게 해석하고 승속을 널리 교화하고자 배려한 특색이 있다. 위의 보설 네 편은 제례와 장례에 참여한 세속인이 제공한 기금을 바탕으로 장기간 경전의 이해를 심화하려는 자발적 강론의 기록이라 하겠다.

다음은 다섯째와 여섯째의 보설 두 편을 묶어 실었고 앞의 형태와 비슷한 형태로 편집자가 시주자를 밝힌 발문을 다음과 같이 남겼다.

앞부분: 蒙山和尙普說
      參學 自覺 編
본문 제목: 蔡提令宅命僧道看法華經請普說(본문 생략)
      瑞州大隱庵僧俗請開堂就座普說(본문 생략)
뒷부분: 蒙山和尙普說
      伏承
      捨庵檀樾儒人施氏施財刊此普
      說二篇普結勝緣所期進道無魔修行

有序普提心而不退般若智而早明者
至元二十六年己丑歲淸明節自覺題

　위 보설 두 편은 채제령의 명령으로 승인과 도인이 법화경(法華經)을 읽고(간경하고) 몽산에게 보설을 청하여 설법한 결과이다. 채제령은 휴휴암을 마련한 단월이고, 시씨는 그의 부인으로 짐작된다. 시씨는 채제령이 죽자 자신이 살던 집까지 암자의 확장을 위하여 시주하였다고 짐작된다. 몽산은 서주(瑞州) 대은암(大隱庵)에서 개당기념의 보설도 맡았으며 대은암도 채씨나 시씨의 복전으로 상관성이 있었다고 짐작된다.[22)]

　지원 26년 기축은 1289년(원세조 26년 고려 충렬왕 15년)이고, 봄철인 청명절에 간행하였다. 편자는 참학인 자각(自覺)이 서문을 썼으나 그에 관한 다른 활동은 확인되지 않는다. 위의 보설 두 편은 같은 형태로 모아 간행하는 과정에 발문이나 간기처럼 끝부분에 간략하게 옮겼다고 하겠다.

　설법의 근간으로 삼은 중심 경전은 법화경이었다. 법화경은 석가가 말년 가까운 시기에 설법하였다고 천태오시설(天台五時說)에서 주장이었고, 자력(自力)으로 자각(自覺)을 중요시하는 다른 경전과는 달리 신이성과 구원과 실천을 강조한 특징이 있으므로 기독교의 신약성경과도 상통하는 사상을 느끼게 한다.[23)] 지식보다는 실천을 중시하며 보현보살과 정토사상을 강조하여 현실에서 벗어나 초월적인 이적을 인정하거나 염불과 아미타신앙과도 연결되면서 법안종이나 천태종의 중심 경전으로 등장하였다.

　다음은 여섯째와 일곱째와 여덟째 보설을 묶어 실었고, 앞의 형태와 비슷

---

22) 휴휴암을 처음에는 대은암(大隱庵)이라 했다고 한다. 몽산행실기에 의하면 "미기단월소헌채공시암(未機檀越素軒蔡公施庵) 이거지(以居之) 편왈휴휴(扁曰休休) 별호절목(別號絶牧) 방이대은언(方以大隱焉)"이라 하였기 때문이다. 소헌채공(素軒蔡公)과 채제령(蔡提領)은 같은 인물이라고 짐작된다.

23) 이러한 법화경의 특성을 강조하고 예수의 생애를 불교에서 영향을 받았다는 주장을 표명한 견해도 있다.

하게 편집자와 시주자를 밝힌 발문을 다음과 같이 남겼다.

> 앞부분: 蒙山和尙普說
> 　　　參學 興聰 編
> 본문 제목: 至元己丑冬節表懺看誦華嚴經普說(본문 생략)
> 　　　元貞二年丙申四月旦日高麗國全羅道修禪寺了庵明長老請
> 　　　祝贊駙馬高麗國王丙申上甲普說(본문 생략)
> 뒷부분: 蒙山和尙普說
> 　　　至元二十七年庚寅歲仲春不顯名
> 　　　施主鈔刊此普說結普提因緣

위의 보설 두 편은 화엄경(華嚴經)이 보설의 중심 경전으로 등장하였고, 고려의 수선사승 요암원명이 부마고려국왕의 회갑을 축하하기 위하여 보설을 베풀었다. 보조지눌이 중창한 이래 조계종 사굴산문의 중심 도량으로 떠올랐던 수선사(修禪社)가 수선사(修禪寺)로 기록된 사실도 주목된다. 이 보설 두 편을 합쳐 간행한 사실은 시주자와 함께 중시할 필요가 있다.

시주자는 이름을 밝히지 않았으나, 시주한 시기는 1290년 중춘(仲春)이었다. 이 시기에 고려에서 고승 8명이 먼저 왔고, 다음해에 그 가운데 이름을 밝혀지는 넷이 돌아갔음이 몽산행실기에서 확인된다. 이어서 열 사람으로 구성된 고려의 고관과 고승이 휴휴암을 방문하였고, 몽산은 이들을 십송(十松)으로 상징화하여 찬양하였음이 역시 사본의 십송경치로 남아 있다.

1290년에 이곳에 와서 5년 뒤 고려의 국왕을 축수하는 불사를 베풀기 위하여 미리 시주하였다고 해석하면 지나친 상상일까? 이때 시주한 기금은 이보다 반년 미만 앞선 겨울철 화엄경을 주제로 베풀었던 몽산의 보설에도 의미있게 소급하여 쓰였다. 화엄경이란 미세한 만상과 광대한 존재의 차별성을 없애고 원융과 통일의 일체감을 강화시키므로 왕조 초기의 왕권을 안정시키는 기능도 있었다.

화엄경에서 뽑아낸 설법의 내용은 원세조의 통일과 고려와의 통혼을 통한 연합을 축하하는 의미도 있었다고 하겠다. 몽산은 선승이면서 화엄경의 효능을 보설로 활용하여 원의 통일과 고려국왕의 방문, 남송지역의 불교사상을 대표하는 자신의 자부심을 일치시켰다고 짐작된다. 화엄경이야말로 광대한 지역의 통일과 이에 포함된 다양한 요소를 더욱 의미 깊게 결속시키기에 알맞은 속성이 간파된다고 하겠다.

고려국왕의 상갑을 축찬(祝讚)하는 불사가 1296년에 휴휴암에서 베풀어지고 고려와 휴휴암과는 공간을 극복하여 가까이 접근하면서 이승휴와의 서신왕래도 배편을 이용하여 가능하였다. 고려의 동남을 잇는 수선사의 요암원명과 동남의 모퉁이에 있는 두타산의 이승휴를 연결시키는 뱃길은 남송의 연경사(延慶寺)와 만덕산(萬德山) 백련사(白蓮社)를 연결하는 교통로의 연속이었다고도 하겠다.

1290년에 고려와 휴휴암을 연결시킨 고승이었던 요암원명장로의 생애를 자세하게 밝혀놓은 자료가 없다. 다만 최근에 사본으로 모습을 보인 제경촬요에 부록된 몽산행실기와 십문경치(十門景致)에 그의 활동이 유일하게 실려 있다. 원명은 원의 패권이 굳어지면서 고려와 유대가 개선된 시기에 활동하였으며, 이를 극복하기 위한 관인과 고승의 외교활동은 때로는 톱니처럼 맞물리기도 하였다. 요암원명은 톱니의 중요한 축으로 작용하였다고 하겠다.

몽산과 그의 제자인 홍총(興聰)은 1290년에 받은 시주를 이보다 앞선 시기의 화엄경보설과 5년 뒤에 고려 국왕을 위한 보설을 간행하기 위한 기금으로 사용하였다. 시주한 기금이 앞선 시기의 보설을 간행하기 위하여 소급하여 쓰인 예로도 드물지만, 5년이란 기간이 지나기까지 이를 지속하여 유지하면서 고려의 국왕을 위한 보설에서 사용되었음은 시주자가 고려 출신이었음을 확증시킨다고 하겠다.

위에 실린 보설 두 편은 화엄경을 중심 경전으로 사용하였다는 사실로도

특색이 있다. 이와 함께 천자문으로 보설의 번호를 부여했던 앞선 보설과는
달리 이를 표시하지 않았다는 형태상의 특성이 있다.

　마지막으로 아홉번째 보설 한 편만 실었고, 앞의 형태와 유사하게 편집자
와 시주자를 밝힌 간행 발문을 다음과 같이 남겼다.

　　앞부분: 蒙山和尙普說
　　　　　參學 自覺 編
　　본문 제목: 至元戊子仲夏平江府休休庵創建普提會勸發普提心普說
　　뒷부분: 蒙山和尙勸發普提心普說
　　　　　益都路依本分人王執中施財刊此
　　　　　普說結緣伏願見者聞者皆發普提心
　　　　　同登
　　　　　普提岸者
　　　　　至元戊子仲秋王執中 謹願

　위의 보설은 한 편이고 이를 간행한 시기는 1288년 중추절이었다. 이 보
설은 앞의 보설과는 달리 경전을 토대로 설법하지 않고 보살사상을 강조한
특성이 있다. 그는 3개월 앞서 휴휴암에서 보리회를 열고 보리심을 발휘하
도록 승속을 고무시켰다. 간행비용의 시주자는 왕집중(王執中)이었다. 왕집
중의 생애와 몽산과의 관계. 그리고 앞선 세속인과의 관계 등은 더이상 밝힐
자료가 없다.

　이 보설은 앞서 나온 몽산의 문도인 자각(自覺)이 정리하였으나 간행에
대해서 제(題)를 쓴 인물은 모두 출가자였으나 이 보설만은 유일하게 세속인
인 왕집중이 썼으므로 차이가 있다. 또한 앞선 보설은 대체로 연대순으로 수
록되었으며, 이 보설은 다시 앞선 시기라는 차례에는 차이가 있다. 그 까닭
은 정확하지 않다. 다만 앞선 보설이 경전을 주제로 설법된 보설이라면 이는

보살사상을 강조한 내용이라는 특색이 있다.

몽산화상육도보설(蒙山和尙六道普說)은 서지학이나 국어학에서 자주 언급되었으나 불교사에서 깊이있게 분석되지 못하였다. 자료의 분석은 수사(搜査)와 같은 사실의 확인이 뒷받침되어야 하며,[24] 여러 방면으로 사실이 검증될 필요가 있고, 나아가 자료의 기원과 후대에 끼친 영향까지 보충되고, 가능하다면 현재의 관심사와도 연결되어야 한다. 육도보설에 대해서 사료로서 분석은 거의 없었다.

육도보설의 설주는 몽산이고 처음 간행한 시기와 시주자, 그리고 장소는 북경도서관본에 실린 보설과 달리 명시되지 않았다. 다만 설법한 시기에 대해서는 본문의 중간에서 1281년(辛巳年)에 화엄경을 읽고 육도에 떨어진 업장(業障)을 참회하고 벗어나 초탈하려고 설법하였다고 하였다.[25] 1278년 휴휴암에 정착한 지 3년 뒤로 그가 남긴 보설로는 초기에 해당한다.

육도보설이 간행된 시기를 정확하게 알기 어려우나 화엄경을 중심 경전으로 반야사상을 포함한 선사의 이론을 접목하여 설법하였다고 하겠다. 설법한 시기는 휴휴암에 정착한 초기에 해당하며 북경도서관본의 아홉 편보다 앞선다. 북경도서관의 보설에서 보살사상을 토대로 설법한 마지막 편만이 설법한 시기를 순서대로 수록하지 않았고, 이보다 앞에 실린 경전을 토대로 설법한 다른 보설은 모두 연대순으로 실렸으므로 화엄경의 연기설을 토대로

---

24) 자료의 분석에도 자백에 의존하는 고문수사와 다름없이 근거가 미약한 주장도 없지 않다. 이미 이루어진 연구성과를 철저하게 활용하여 연결시키거나 도서목록을 이용하여 인접자료를 이용하지 않고, 서명이나 찬자에 대해서 충분한 검토가 없는 경우도 있다. 심지어 자신의 논지를 강조하기 위하여 반대되는 견해에서 이용한 자료를 고의로 검토하지 않은 논문도 있다.

25) 由是山僧 立志卓庵 發平等願 行平等行 於辛巳年許 看華嚴經一百部 全爲一切 僧道 同會同盟 及六道中諸佛子 懺滌罪愆 增崇福慧 代爲汝等 結般若勝緣 所祈各各悟明妙道 超脫苦趣 圓明種智 續佛慧命 是以今者預於六月二十九日 同本菴僧道 祝白三寶證明 看 誦大方廣佛華嚴經 及諸品經呪 爲諸佛子 消滅前生 種種不善業障 莊嚴 無上佛果菩提.

설법한 육도보설은 북경도서관본의 앞부분에 실렸었다고 추측된다.

몽산의 육도보설은 일찍이 고려에 전래하여 간행되었을 가능성이 있다. 몽산행실기에는 "고려에서 사신을 보내어 도(道)를 물었고, 정령(靜寧)과 명순(明順)의 두 공주와 대신과 명사가 정성들여 글을 보냈으며 몽산의 보설과 초상화를 간행하여 스승으로 섬겼다"고 하였다.[26] 또한 몽산이 서문을 요암원명이 발문을 첨가하여 간행한 십문경치에는 육도보설의 내용과 상통하는 사성(四聖)과 육범(六凡)을 구분하여 설명하였다.[27] 이로 보면 늦어도 육도보설은 고려에 1290년에 알려졌을 가능성이 크다.

몽산이 장년기까지 보냈던 남송말은 국가로는 국권을 상실하던 불행한 시기였다. 사상사로는 전국시대나 남북조시대처럼 다양하게 여러 사상이 일제히 꽃피는 백화제방(百花齊放)과 방불하였던 활기찬 시기였다. 사상의 활발한 논쟁은 통치력을 약화시키고 난맥상을 보였던 불행한 시기로도 보이지만, 이를 홍역처럼 극복한 다음에 위대한 통치권과 사상이 자리잡는다는 긍정론도 성립될 수 있다.

몽산이 힘을 기울였던 불교 중심의 삼교일치론은 원의 대통일과 시기상 일치하였고, 사상의 갈등을 완화시키는 기반을 이루었다는 가설도 가능하다. 원에서도 사상의 논쟁이 전혀 없지는 않았다. 특히 도교와 유교와 불교 등 삼교가 서로 우위를 차지하려고 궁중에서 토론이 벌어질 정도로 심각한 경우도 없지 않았다. 대체로 불교와 유교의 제휴로 도교를 약화시키는 종말로 끝났고, 도교는 위축되었다.[28] 이 틈에 성리학의 실용적 특성을 인정받아 활용되었고, 궁중의 종교생활에 라마교가 깊이 침투하였다. 서양의 야리가온교(也里可溫敎, 기독교)와 회교(回敎)까지 망라하여 현대에도 지속되는 여러 사상과 종교를 원대에는 무리 없이 포용하였다. 21세기 벽두에 서 있는 오늘

---

26) 高麗遣使問道 及靜寧明順兩公主 大臣名士 皆函願誠 槧普說繪像 而師事之.

27) 予曰 且居門外 四聖往來觀瞻 莫不讚嘆 六凡往來悉不能見.

28) 陳桓 『陳桓學術論文集』(中華書局 1980).

날 종교간의 편협성을 극복하고 종교간의 조정과 공존과 화합의 분위기가 원대에 오히려 앞섰다는 해석도 가능하다.[29]

현존 보설에 의하면 몽산은 경전의 요지를 요약하고 이를 유교와 도교와 상통하는 특성을 찾아낸 다음 조사들의 어록에서 공통점을 찾아 회통시켜서 이해를 넓히고 평이하게 전개시켰다.

보설에는 당시의 구어(口語)가 많이 수록되었다. 앞으로 남송에서 원초에 이르는 양자강 동남유역의 언어자료로도 가치가 있다. 또한 설법하는 몽산의 행동이 간주(間註)처럼 작은 글씨로 실렸다. 두 가지 예만 들면 "불자를 치켜세우고 말씀하시기를 (수기불자운竪起拂子云)"이라든가, "한참 만에 일갈을 하시기를 (양구갈일갈운良久喝一喝云)" 등이 그것이다. 이는 연극의 대본을 읽듯이 실감을 강화시킨다.

보설의 서술 기록방법은 편자와 설법한 시기, 설법을 들은 청중과 목적, 시주자와의 관계 등이 실려 있다. 보설은 불경이나 이를 설법한 집회의 기록과도 상통하는 형태이다. 불경에는 설주와 설법한 장소, 설법을 준비한 후원

---

29) 새로운 21세기는 사회주의의 붕괴와 경제의 호황으로 세기말에 등장하는 종말론을 잠재우고 산뜻하게 출발하였다. 고조된 분위기를 비웃듯이 새로운 밀레니엄 첫해의 마지막 몇 달을 남기고 일어난 폭력은 종교간의 뿌리 깊은 갈등이 민족문제와 복합적으로 얽힌 비극의 서막처럼 펼쳤다.

원과 구소련은 정치와 경제의 실책과 와해에도 불구하고 종교적으로 갈등과 폭력은 초래하지 않았다. 원의 기반을 이룬 몽고족은 제의와 실천을 계승한 민속종교는 있었으나 이론을 바탕으로 발달한 고등종교는 없었으므로 이론은 매우 약하였다. 사회주의도 종교를 철저하게 배척한 토대에서 출발하였기 때문에 사회주의 성립과정은 곧 종교간의 갈등이 발생할 소지마저 분쇄시키고 무종교를 기반으로 출발하였다는 해석이 가능하다. 원과 구소련의 종교정책은 기반이 약하다는 공통점이 있으며, 이 점이 구소련의 종교에 대한 대응도 원의 종교정책을 계승한 측면과 상통하며 이를 부각시킬 필요가 있다. 종교사의 연구는 아니지만 제정러시아로부터 계승된 구소련의 통치원리는 모스코공국에서 킵차크 칸국까지 거슬러 올라가 기원을 찾아보려고 시도한 다음 저술에서 거시적인 관점을 음미할 필요가 있다. Chales J. Halperin, *Russia and the Golden Horde -The Mongol Impact on Medival Russian History* (Indiana UP 1987).

자, 참석자, 그리고 설법내용이 실려 있고, 끝에는 경(經)을 호지(護持)하도록 당부하고 청중의 찬송, 그리고 이를 듣고 돌아가는 모습까지 설화처럼 실린 예가 많다. 다만 불경은 편자나 설법한 시기가[30] 본래 없으며, 후대의 번역과 간행기록이 실린 예가 증가하였다.

보설은 불경보다 분량이 짧은 경우가 많고, 청중의 수요에 차이가 있지만 상통하는 부분도 여러모로 지적될 수 있다. 간행을 위한 시주는 후원자와 상통하며 설법한 시기와 간행한 시기가 명시됨으로써 현실성이 강하다면, 불경은 설법한 시기를 명시하지 않은 설화에 가까운 특징이 있다.

보설의 또다른 특징은 편자가 수강하고 속기한 내용을 문장으로 다듬어 정리하였지만 설법 중에 설주의 표정이나 행동, 설법의 장면을 사실적으로 묘사한 부분을 삽입시켜 실감나게 한다. 또한 당시의 구어(口語)를 그대로 옮겼으므로 초기의 선어록이나 돈황(燉煌)에서 발견된 변문(變文)처럼 당시 구어의 연구자료로 가치가 크다.

보설의 순서는 거의 세 단계를 거쳤다. 먼저 불경을 인용하여 근거를 삼고, 다음으로 이를 선승의 어록과 연결시키고, 마지막으로 현실의 관계를 제시하는 순서로 설법을 진행하였다. 이를 합쳐 본론으로 삼고 각 편 보설 첫머리에 제목과 편집자가 실려 있으며, 끝에는 보설을 마련한 집회의 시주와 간행의 담당자가 실려 있다. 불경에도 제목과 번역자 참석자와 시주 그리고 설법의 내용이 실린 형태와도 상통한다.

보설은 당시의 구어와 현실성이 강하게 반영되었다. 설법의 담당자인 몽산을 대입하면 불경의 형식과 조사와 현실성을 연결시키려는 보설의 전형이 엿보인다. 설주인 몽산의 일방적 설법이지만 청중의 사이에 설주의 행동을 보조하는 간주가 작은 글씨로 묘사되어 장면의 사실성도 고조시켰다. 내용

---

30) 불경은 본래 구술로 전승되었으나 3차 결집부터 문자로 정착되었으며, 후대의 구술자와 본래 설법한 시기는 밝힌 사례가 거의 없고 약간 유추될 뿐이다. 다만 시주자와 참석자, 그리고 설법한 장소는 의외로 자세하게 불경의 서두에 밝힌 사례가 많다.

은 속강(俗講)의 변문과 상통하며 산문의 설법이 고조되면 운문이 간단히 포함되는 부분도 있다.[31]

몽산의 보설은 반야경과 화엄경, 그리고 법화경 등 대승경전의 요지를 설법한 경우가 많으며, 경전의 요점과 실천적인 보살신앙, 그리고 조사들의 실천적인 참선과 수도와도 관련시킨 특성이 있었다. 선을 중심으로 경전을 연결시키고 심지어 유교와 도교를 회통시키는 삼교일치로 귀결되고 사상의 갈등을 극복하고 원처럼 전무후무한 광대한 영토를 포함한 통일의 시대를 뒷받침하는 사상의 방향을 제시하였다고 하겠다.

다양한 사상과 종교의 차이를 극복하고 회통시키려는 노력은 다른 사상과의 유대를 강화시킨 대신 불교의 특성을 약화시키는 결과를 초래하였다. 이론적인 차별성과 특성만이 그 사상의 존재 의미를 부여한다는 또다른 과제를 제시한다. 국제화 시대에 자신의 개성을 지니지 못하고 문화를 상실한 민족은 세계화의 홍수에 밀려 자신의 존재마저 상실하는 결과를 초래하는 경우와 상통한다고 하겠다.

3. 나옹의 보설과 관계

고려말의 선승은 고려의 전통적인 불교사상을 계승하더라도 원의 불교계로부터 영향을 받은 다층의 복합성을 나타낸 사상가가 많았다. 원의 사상계는 오늘날 세계의 종교사상과 마찬가지로 다양성이 있었으나, 현재의 상황에 비하여 야리가온교(也里可溫敎)로 표현된 기독교의 영향이 약한 차이가

---

31) 이를 속강(俗講), 변문(變文)이라고도 하며 돈황에서 발견된 고문서에서도 확인되며 고조된 분위기를 운문으로 종결한 부분이 포함된 경우가 많다. 周紹良 『敦煌變文論文集』 2책(明文書局 1982). 보설에서도 이를 연결시킨 설명이 가능하지만 운문의 정도는 극히 적다.

있다.

고려는 중원과 왕래와 교류가 어느 시대보다 활발하였고, 그만큼 국제적으로 개방된 시기였다. 서역인이나 회교도의 왕래도 잦았으므로 회교와 기독교도 소개되었을 가능성이 크지만, 오늘날에 비교하기 어려울 정도로 미약하였을 가능성은 있다. 다만 동아시아에 자리잡은 불교의 여러 갈래와 도교와 성리학과의 교류가 활발하였다.

원의 불교계는 남송의 불교계를 이어서 양자장 유역에는 임제종의 양기파가 가장 번성하였고, 천태종이 그 다음이었다. 화엄종은 요와 금에서 번영하였고,[32] 원이 통일한 다음에도 북방에서 그 기반이 강하였다. 남선북교(南禪北敎)라 구분될 정도로 대륙 불교계는 지역적 특색이 존재하였고, 이는 고려에서도 약간이나마 상통하는 경향이 있었다.[33]

원의 불교계에 가장 두드러진 변화는 왕실을 통한 라마교의 약진이었다. 라마교는 화엄사상에 기반을 둔 밀교사상이었고, 토번(吐蕃, 티베트)에서 관음신앙과 자연신앙을 불교에 접목시킨 불교의 한 갈래였다. 고려에서 4대 종파 가운데 교종이었던 화엄종과 유가종(瑜伽宗)은 고려후기에 종세를 강화시키기 위하여 원의 라마교와 제휴한 경향이 강하였다. 선교절충적인 천태종이 묘련사를 중심으로 원의 제실원찰이 발전하였던 사실로 보면 라마교와 무관하지 않았을 가능성이 크다.

고려에서 조계종은 원의 라마교와는 거리를 두었지만 임제종과는 뿌리 깊은 유대가 있었다. 고려의 조계종과 임제종과는 사상의 기원으로나 지역경

---

32) 竺沙雅章 『宋元佛教文化史研究』(汲古書院 2000).

33) 이 점은 필자가 강조하여 주장하는 견해이다. 참선이나 이를 강조하는 선종이란 민족성이나 사상과도 관련시켜 기원과 전개를 설명할 수 있겠지만, 알기 쉽게 말하면 기후를 포함한 자연풍토와 상응하는 특성이 있다고 보고자 한다. 거칠게나마 다음에서 이를 제시하였다.

「義天의 思想과 試鍊」, 『정신문화연구』 53(한국정신문화연구원 1994).
『高麗로 옮긴 印度의 등불─指空禪賢』(一潮閣 1997).

제의 기반으로도 북방보다 남방이라는 상관성이 많았다. 몽산과 교류하였던 고려의 고승들은 거의 조계종 출신이었다. 휴휴암과 다리를 놓았던 요암원명과 보감국사 혼구(混丘)도 모두 조계종 출신이었다.

원명은 수선사의 고승으로 사굴산문 출신이고, 혼구는 가지산문에 속하였으나 고려후기에 구산문도회가 자주 열릴 정도로 산문간의 경쟁은 크지 않은 때도 많았다. 몽산의 제자인 철산소경을 고려로 초청하고 3년간 그를 보좌하였던 원명충감은 요원과 같은 수선사 출신이었다. 몽산과 고려불교계의 교류는 고려 조계종에 활력을 불어넣었다.

몽산의 제자를 지나 법손에 이르면 고려의 공민왕이 집권한 시기였다. 신돈이란 속인으로 널리 알려진 편조는 태고화상으로 알려진 조계종의 보우와 갈등이 심각하였다. 신돈은 화엄종 고승이었고 통치의 실권을 장악하고 같은 종파의 천희(千熙)를 국사로 책봉하고 왕사였던 태고를 핍박하여 강남의 세력과 내통한다는 죄목으로 금고(禁錮)시켰다.[34]

태고가 강남의 반독립적 세력이었던 장사성(張士誠)과 실제로 결탁하였다는 뚜렷한 증거는 찾기 어려우나, 강남에 유행한 임제종과 긴밀하였으므로 개연성과 심증을 부정하기는 어렵다. 신돈과 태고의 갈등은 명의 등장과 연도(燕都)의 함락으로 대륙의 정세가 급변하면서 이를 타개하기 위하여 종파를 망라하여 실시한 공부선이 반전의 분기점이었다. 공부선을 주맹한 나옹은 사굴산문 출신으로 신돈의 몰락하고 그가 부상하면서 실시되었다.

나옹은 왕사로 태고보다 먼저 입적하였고, 국사로 가봉(加封)되었던 태고보다 낮았으나, 그의 도력과 불교계의 영향력은 그의 문도 이후의 불교계를 주도하였다. 태고와 나옹은 국내의 조계종을 계승하고 원에서 임제종의 법맥을 이었다는 공통점도 있지만 차이점도 적지 않았다. 지금까지 알려진 태고의 문도가 이후의 불교계를 주도하였다는 통설과 달리 나옹의 문도가 주

---

34) 이는 태고화상(太古和尙)의 비문과 행장(行狀)에서 확인된다.

도하였다는 필자의 견해와는 차이가 있다.[35]

　나옹은 태고와는 달리 몽산과 교류가 많았던 사굴산문의 계승자였고, 한편 태고와는 교류가 없었던 지공의 법맥도 계승하였다. 지공과 사굴산문의 연결은 자초(自超)와도 관계되고, 혼수(混修)와 상총(尙聰), 그리고 만우(卍雨)는 나옹의 문도였다. 나옹은 10년간 원에 체류하는 동안 몽산이 떠나지 않고 30년간 교화와 도력을 폈던 휴휴암을 찾았을 정도였다.[36]

　나옹이 휴휴암에서 만난 인물과 찾은 동기에 대해서는 뚜렷하게 실려지 않았다. 나옹은 사굴산문의 출신으로 같은 산문의 선배 고승들이 이곳을 중심으로 빈번한 교류를 통하여 영향을 받았던 유서 깊은 지역을 답사하여 확인하고 몽산의 유품이나 저술을 확보하려는 목적이었을 가능성이 있다. 조계종승은 아니지만 화엄종승 천희(千熙)도 이곳에서 만봉시울(萬峯時蔚)을 찾고 휴휴암에서 방광하는 장관을 목격하였다고 비문에 실렸을 정도로, 이곳은 고려 불교계에 널리 알려진 명소였다는 증거라고 하겠다.

　나옹의 어록에는 국내의 다른 고승과는 달리 보설이 다수 실려 있다. 나옹의 보설은 몽산이 역설하였던 보설과도 설법의 동기와 내용까지 상통하므로 이를 정리하면 표4와 같다.

　이상과 같이 보설 여덟 편이 실려 있다. 승의공주를 추천하는 수륙재를 개시한 보설과 다음에 실린 회향(廻向)도 결국 보설이므로 한 편을 추가시킬 수 있다. 보설의 동기는 입내보설과 금강산의 보설, 정단(正旦)의 세심보설(洗心普說), 왕사책봉 보설 등 네 편을 제외하면 나머지 네 편이 국왕과 왕비를 추천하는 내용이고 한 편은 조상서의 돌아간 부모를 위한 보설이다.

　상제례를 위한 보설은 거의 몽산의 육도보설과 상관성이 있는 십법계에 해당하는 사성과 육범에 대한 설명이고 육도의 윤회를 벗어나 해탈을 기원

---

35) 許興植 「14.5세기 曹溪宗의 繼承과 法統」, 『東方學志』 73(延世大學校 國學研究院 1991).

36) 이는 나옹화상행장(懶翁和尙行狀)에서 확인된다.

130

표4 나옹어록의 보설과 설법 동기와 내용

보설 제목	소재[37]	설법 동기와 내용
入內普說	6-714 상	국왕과 국가의 제도(濟度)와 사성육범(四聖六凡)의 해탈
自恣日趙尙書請普說	6-714 중~716 상	조상서(趙尙書)의 선망(先亡)을 추천함
普說	6-715~16 상	금강산에서 사중에게 임제종지(臨濟宗旨)를 알림
國行水陸齋起始六道普說	6-718 상~720 중하	승의공주(承懿公主)를 추천(追薦)하고 초도(超度)를 시작함[38]
廻向(普說)	6-718 중하	승의공주를 추천(追薦)하고 기원을 마침
正旦普說	6-719 상~720 상	1364년 말 새해를 앞두고 세심(洗心)을 강조함
長興寺願堂主請六道普說	6-720 하~21 상	승의공주와 이씨의 영가(靈駕)를 추천함
王師封崇日普說	6-722 하~723 상	신해(1371년) 8월 26일 왕사책봉 보설
六道普說	6-723 중하	각경(覺瓊, 공민왕)의 영혼을 천도함[39]

하는 내용으로 공통점이 있다. 몽산의 보설에서도 상제례와 관련된 보설이
포함되었지만 나옹의 보설보다 그 비율이 높지 않았다. 또한 나옹의 보설은
몽산의 육도보설의 십법계에 관한 윤회사상의 언급이 많다.

나옹이 설주로 올라 있는 보설 아홉 편은 대체로 몽산의 보설보다 간단하
고 단문(短文)이 많다. 또한 몽산은 주로 경전을 활용하여 보설을 출발하였
으나 나옹은 조사와 임제종지에서 크게 벗어나지 않았고, 특히 몽산의 보설

---

37) 『韓國佛敎全書』 6(東國大出版部 1984).
38) 36세를 살았던 공민왕비 노국대장공주(魯國大長公主)를 추천하는 불교의식에서 베푼 설법.
39) 공민왕의 법명이 각경(覺瓊)이므로 그의 선가(仙駕)는 1374년(공민왕 23년) 9월에 설법한 보설이라 하겠다.

로서 우리나라에 널리 알려졌던 육도보설의 요점과 상통하는 내용이 많다.

이로 보면 나옹은 몽산의 다른 보설에 대한 지식이 적었거나, 나옹의 제자로서 보설을 기록한 문도인 각연(覺連)이 구전을 충실하게 옮기지 못했는지 의문이 생긴다. 두 가지 가능성을 염두에 둔다 하더라도 나옹이 몽산보다 다양한 경전에 해박한 고승이 아니고, 선승으로 범주를 벗어나지 않았으므로 거추장스런 언설을 잘라버리고 간략하게 요점을 나타내는 선사상에 철저하였다는 해석도 가능하다. 나옹은 선시(禪詩)도 풋내 나는 싱그러운 특징이 강하듯이 그의 보설에서 교학에 대한 이론을 군더더기로 첨가시킬 지식도 부족했지만 이를 첨가시킬 필요도 느끼지 않았을 가능성이 크다고 하겠다.

몽산과 나옹의 차이점은 두 고승의 개성있는 특색이지만 필자로서 섣불리 어느 고승의 경지가 도력이 높다고 어설프게 평가할 능력은 없다. 교학은 물론 도교와 유학에 이르는 삼교일치론의 이론적인 토대는 몽산이 좀더 우월하였음에 틀림이 없으나, 선사상과 수행에만 몰두한 나옹이 선불교의 바람직한 방향이 아니라고 단정하기는 어렵다. 때로는 여러 이론의 융합을 통한 확산이 새로운 활력을 불어넣기도 하지만, 단순한 통합은 자신의 방향에 대한 개성을 포기하고 특성을 상실한 나약한 모습으로 나타나기 때문이다.

나옹은 몽산보다 중요한 사찰의 주지를 맡고 왕실의 상제례에 깊이 관여하였다. 또한 승과를 주관하고 왕사의 지위에 올랐을 정도로 세속과 국가와 불교계의 전체에 깊은 영향을 주었으므로 그가 참여한 불사와 보설은 규모로나 대상에서 중요성이 있었다. 몽산은 개인이 마련한 암자를 떠나지 않고 그곳을 기반으로 보설을 펼쳤다. 외형으로는 몽산의 보설이 초라하게 평가되겠으나, 내용상 좀더 폭넓고 충실하며 자발적인 교화가 나옹보다 돋보인다. 우리나라의 불교계에서는 이를 후대에도 높이 평가하였고 오늘날에도 깊이 음미할 필요가 있다고 하겠다.

사상의 전환기에 기존과 새로운 사상과 공통점이 강하다고 강조한다면, 갈등을 피하려는 화해와 공존을 모색한 긍정적인 속성도 있다. 한편 기존의 사상이 특성을 상실하고 새로운 이론의 우월함을 인정하는 과정에 불과하다는 약점도 있다고 보일 수 있다. 조선전기의 불교계에서 성리학과 일치를 강조한 이론이 많았으나 성리학계에서는 불교와 다른 사상임을 내세웠다.

맺음말

몽산은 참선과 교학에 뛰어난 고승이었고, 많은 어록과 저술을 남겼다. 그의 생애는 국내에서 최근에 발견된 사본의 행실기와 행적으로 보완되었고, 그의 저술로 사본과 간본이 보충되었다. 그의 어록은 『법어약록』이 널리 알려졌으나 법어의 원형을 보완할 자료가 여러 형태로 발견되었다.

몽산은 남송말과 원초의 선승으로서 참선과 조사의 화두를 참구하는 수행은 물론 교학에 대해서도 해박한 지식을 겸비하였다. 그는 유교와 도교의 이론까지 불교의 이론에 접목시키면서 교화와 저술에 힘썼다. 보설은 그의 감화를 받았던 문도가 수록한 어록의 일부분으로서 당시 선불교와 사상계의 변화와 방향을 반영하였다.

몽산의 보설로 육도보설이 널리 알려졌으며, 1287년부터 말년에 가까운 1297년까지 설법한 다른 보설 아홉 편이 명대의 판본으로 북경도서관에 전래하였다. 육도보설을 포함하여 현존하는 보설 열 편을 분석한 결과 몽산은 휴휴암을 중심으로 부근 지역의 단월에게 후원을 받았고, 1290년부터 고려의 조계종과 유대를 가졌음이 재확인되었다.

몽산은 반야경, 화엄경, 법화경 등 경전을 보설의 논리적 근거로 활용하였고, 연기설과 보살사상을 강조하였다. 그는 조사의 화두와 참선이란 간화선의 본령에도 충실하였지만 교학의 근본인 경전을 중요시하였다. 또한 유교와 도교의 이론을 원용하여 불교의 이론과 공통점을 강조하여 교화하면서 불교의 영향력을 확대시켰다.

몽산의 저술은 고려의 불교계에 영향을 주었으며 특히 그가 속한 임제종과 사상이 상통하는 고려의 조계종에 깊은 영향을 주었다. 보설만을 대상으로 보더라도 그의 감화는 그보다 1세기 뒤에 활동한 고려의 조계종승 나옹에게 깊은 흔적을 남겼다. 나옹의 어록에는 몽산의 보설에서 발견되는 유사한 형태의 불사에서 나옹의 어록을 활용한 사실이 자주 확인되고, 특히 보설은 상관성이 많았다.

나옹의 보설은 몽산의 보설보다 교학 경전을 이용한 내용이 적으나 육도보설에 깊은 영향을 받았음이 확인되었다. 또한 나옹은 몽산보다 선승으로써 단순성이 강하였고, 보설도 간략하고 선사상에 충실한 특성이 있었다. 나옹은 교학에 대한 폭넓은 섭렵이 보이지 않고, 선승으로서 일관된 생애를 보냈음이 보설에서도 그대로 반영되었다.

고려후기의 불교계는 조계종이 4대 종파에서 항상 우위를 견지하였고, 특히 사굴산문(闍崛山門)의 수선사(修禪社)가 그 기반이 되었다. 수선사의 요암원명과 원명국사 충감은 몽산이나 몽산의 문도와 깊은 유대를 유지하였고, 가지산문(迦智山門)의 혼구(混丘)도 몽산과 교류가 활발하였다. 고려말에 가지산문의 태고와 사굴산문의 나옹이 조계종의 두 봉우리를 이루었다.

태고는 나옹보다 먼저 출생하여 그보다 늦게 입적하였고, 먼저 왕사의 지위에 올랐으며, 선승으로서 교학에도 폭넓은 수련을 쌓았다. 이들은 국내에서 조계종의 기반을 흡수하고 원에 들어가 태고는 석옥청공(石屋淸珙)을 나옹은 평산처림을 계승하였으며, 이들은 모두 임제종 양기파의 고승으로 몽산과도 법통상 가까웠다. 석옥은 평산보다 원의 불교계에서 명성이 높았으나 은둔하여 수도에 힘썼으므로 몽산과도 상통하는 특성이 있었다.

태고의 영향력은 공민왕 초기에 고려의 불교계에 단연 돋보였으나 화엄종의 편조가 부각되면서 위축되었다. 나옹은 공민왕 19년 불교계를 망라한 승과인 공부선을 주관하면서 조계종이 주도권을 되찾았고, 그가 입적한 뒤에도 그의 문도는 불교계에 두각을 나타냈다. 나옹은 나이와 경력이 태고보다 적으나 그의 문도의 영향력은 이후 불교계를 주도하였다.

　나옹과 그의 문도가 융성한 까닭은 평산처럼의 법맥보다 사굴산문의 기반과 지공과 몽산의 사상을 계승하였기 때문이라고 짐작된다. 보설은 몽산과 나옹의 관계를 보여주는 설법의 한 형태로서 주목된다. 고려말 조선초의 불교계는 물론 오늘날까지 주도적 종파인 대한불교조계종의 기원과 전개를 제대로 이해하기 위해서도 몽산과 나옹과의 관계는 새롭게 조망할 필요가 있다고 하겠다.

제3장

선종과 교종의 통합사상

  제3장에서는 몽산이 다양한 경전을 요약하여 선사상에 활용하였음을 밝혔다. 그는 선사상의 정점을 이루는 육조단경을 활용하여 조사의 계승을 강조하던 앞선 판본을 멀리하고 여래선의 경향이 강한 이본을 선본으로 확정하였다. 몽산본 육조단경은 지눌과 그의 계승자가 수선사에서 간행하였던 판본일 가능성이 있다고 제안하였다.

  사본만 전하는 제경촬요는 몽산의 초기 저술임을 밝혔다. 그가 주장한 선교일치사상이 제경촬요에서 강하게 반영되었고, 그보다 앞선 시기의 온릉계환(溫陵戒環)의 사상을 강하게 계승하였다고 입증하였다. 몽산이 확정한 불조삼경(佛祖三經)은 경전에서 선사상을 찾으려는 선교일치의 사상과 임제종의 법맥과 거리가 있는 위앙종(潙仰宗) 고승 위산영우(潙山靈祐)의 저술을 삼경의 하나로 수용하면서 포용성과 아울러 전환한 과단성을 드러냈다.

  몽산은 불교경전에서 선사상을 확인한 선교절충의 특성이 강하였다. 임제종 양기파의 안정된 기반에서 교학을 표용한 그의 사상은 조사선의 고집스런 집착에서 벗어나 여래선의 경지로 진입하는 고학과 절충한 선교일치의 방향을 강하게 나타냈다.

I. 몽산본 『육조단경』의 기원과 특성

머리말

고려의 선종은 일찍부터 조계종으로도 불렀다. 조계란 육조혜능(六祖惠能)이 조계산 보림사(寶林寺)를 중심으로 활동하였으므로, 조계종이란 혜능을 조사로 삼는 남종선을 말한다. 앞서 초조달마(初祖達摩)로부터 교학보다 참선을 중요시하는 여러 계승자가 나타났다. 달마는 경전을 적게 사용하였을 뿐이고 도외시하지 않았으며, 앞선 시대 동아시아의 고승이 중요시한 경전과 다른 능가경(楞伽經)을 활용하였다.

육조혜능이 활동한 시기에 선종의 고승은 수효로나 내용으로 다양하게 발전하였다. 혜능의 시대는 당의 중반기를 지났고, 정치적 중심지인 황하의 중원은 통치와 사상적 주도를 상실하고 남쪽의 양자강유역과 남아시아와 교역이 활발하였던 광동만에서 새로운 사상가가 속출하였다. 혜능의 어록이며 전기인 육조대사법보단경(六祖大師法寶壇經, 이하 단경)의 성립은 남종선의 확립과 고려 조계종의 기원과 맞물려 있었다.

남종선의 창시자 혜능은 경전을 되도록 멀리하였고 분량이 적은 금강경

(金剛經)을 중하게 여겼다. 제자 법해(法海)가 그의 전기와 언행을 담은 단경은 조사의 어록으로 드물게 선종의 우위가 확립된 후대에 경이란 영광스런 호칭을 얻었다. 단경은 혜능에 관한 대표적인 저술이고, 이를 제외하고 후대에 세운 그의 비문이 있으며, 그가 직접 남긴 저술은 없다. 단경도 여러 종류가 있고 차이가 적지 않으며, 끊임없는 가감이 있었음을 반영한다.

몽산덕이가 서문을 남긴 단경(이하 몽산본)[1]은 임제종의 주도권이 확립된 시기에 출현하였다. 이 책의 중요성은 단경으로 하나의 사례가 추가된다는 서지상의 의미를 넘어서 선종사에서 새로운 단계로 진입하는 시대를 의미하였다. 몽산본의 유행은 남종선 가운데 간화선이 풍미하면서, 조사선이 약화하고 임제종을 중심으로 다원적인 선사상의 포용을 의미하였다.

몽산본의 한계도 없지 않다. 고려말기를 거쳐 조선에서 유행하였고, 몽산이 살았던 강남이나 황하유역의 중원, 그리고 일본에도 간행되거나 이용된 기록이 없다. 몽산본과 다른 본을 대조하고 특성에 대하여 천착하려는 노력은 선종사에서 비교적 늦게야 주목되었다.[2] 이 글에서는 한국에서만 유통된 원인과 이러한 현상이 일어난 동아시아 불교계에서 몽산본의 기원과 고려의 선사상에 대하여 접근하고자 한다.

---

1) 일반적으로 몽산화상을 줄여 몽산이라 말하면서 그가 서문을 쓰고 간행하고 고려에서 중간하여 널리 유통되고, 다수가 현존하는 육조법보단경을 흔히 덕이본이라 한다. 선적 가운에 백미인 『육조단경』의 서문에서 몽산은 "고균비구(古筠比丘) 덕이서(德異序)"라고 찬자를 밝혔다. 중요한 경전에 대한 편자의 가장 낮은 자세를 보이는 표현이라 하겠다. 지금까지 법명인 덕이나 고균비구보다 몽산이라 널리 알려졌고 자주 썼으므로 여기서도 '덕이본' 대신 '몽산본'이라 사용하였음을 밝히며 다른 특별한 의미는 없다.

2) 駒澤大學禪宗史研究會 『慧能研究』(大修館書店 1978).
  印鏡 「德異本 '六祖壇經'의 思想的 性格」, 『蒙山德異와 高麗後期 禪思想 研究』(불일출판사 2000).

138

1. 몽산본 단경의 기원

몽산본은 최후에 확정된 단경이고 고려와 조선에만 유포되었다는 두 가지 특징이 있다. 이 책은 1290년에 몽산이 서문을 썼고, 1300년 칠석에 고려에서 처음 간행되었다. 이후에도 여러 차례 사본과 간행이 유행하였다. 간행과정에서 오자와 탈자도 있지만 이보다 고의로 수정하였다는 추론도 가능하다.

몽산이 모본으로 사용한 단경은 통상인(通上人)이 가져왔다고 서문에서 밝혔으나, 통상인의 완전한 법명과 그가 어디서 언제 가져왔다는 설명이 없다.[3] 몽산본 단경을 처음 고려에서 간행한 고려의 만항은 몽산이 이를 상인(商人)을 통하여 1298년 봄에 보내왔다고 하였다.[4] 비록 고승이 아닌 상인을 통하여 가져 왔지만 몽산이 "널리 유통시키려고 부탁하였고, 만항도 이를 얻은 경사가 적지 않았다"[5]는 표현으로 보더라도, 받고 주는 이들 사이에 서신과 함께 깊은 이해가 담겨 있었음에 틀림이 없다.

만항은 이를 강화 선원사(禪源寺)에서 간행하였다. 그는 모본을 사본이 아닌 판본이고 중간하였다고 분명하게 밝혔다.[6] 선원사는 강화로 천도한 시기에 중요 사찰로 송광산 수선사와 긴밀한 관계가 있었고, 이 사원의 주지는 수선사 출신의 고승이 전담하였던 전통이 천영(天英)과 만항으로 이어지고 있음이 확인된다. 강도(江都)에서 개경으로 환도한 30년 뒤에도 선원사의 중요성이 계속되고 있다는 증거로도 의미가 있다.

---

3) 통상인에 대한 기록은 제경촬요에 부록된 몽산행실기에 이어서 몽산의 어록에 해당하는 부분에 통상좌(通上座)의 병거(秉炬)와 산골(散骨)이 보이며, 이로 보면 몽산보다 앞서 입적하였고, 몽산이 그의 화장을 집전(執典)하였음이 확실하다.

4) 越大德二年春 附商寄來.

5) 囑以流通法施之願 予亦不淺得之慶.

6) 旣板以壽 其傳使城外之乳 (중략) 幸逢乃重鏤 庶流布於無窮也.

몽산이 1290년 서문을 써서 단경을 간행한 계기는 무엇보다 선본을 얻었기 때문이라고 밝혔다. 통산인이 가져온 선본이었고, 이는 젊었을 때 보았던 일부의 고본이었다고 술회하였다. 그가 1290년에 서문을 쓰면서 30여 년 전에 보았던 선본의 고본을 얻었다고 하였으므로 그가 출가하기 전 20대에 보았음이 확실하다.

몽산은 단경의 여러 이본(異本)을 읽었지만 이에 만족하지 못하였으나, 다만 통상인이 가져온 단경에 만족하고 서문을 지었다. 그가 간행을 서둘렀다면 몽산이 선본의 간행에 고심이 적었다는 해석이 가능하다. 다만 통상인이 가져온 단경의 출처와 가져온 시기, 그리고 이를 간행하기까지 소요한 기간에 대한 설명이 없으며 이에 대한 천착이 필요하다.

몽산은 휴휴암에서 절목수라고 자처한 초기에 세속의 신도인 단월과의 유대를 강화하였을 뿐 고승이나 유교와 도교의 고수들 간의 교류는 오히려 제한하였다고 짐작된다. 그가 휴휴암에서 생활을 보여주는 보설이나 행실기에도 토박이 출신의 낮은 관인이나 단월과의 설법은 많지만 고승이나 유자와 도사들과의 교유는 찾기 어렵다. 출가 직후의 민(閩)에 있을 때에 불교와 도교를 비난하는 유자인 조사(朝士)들과 교유가 있었으나 중오(中吳)의 휴휴암에서는 유자와의 대화를 찾기 어렵다

몽산이 1286년 직주도덕경을 간행하기까지 그가 관여한 불사와 간행에 시주는 모두 휴휴암에서 멀지 않은 토박이 남인인 남송의 후예였다고 짐작된다. 사설(四說)을 간행하기 직전 1288년에 역설(易說)을 보고 경조(京兆)에서 찾아왔던 평직거사(平直居士) 상공(常公)은 휴휴암에 머문 이후 행적에서 등장하는 드물게 먼 곳의 인사였다고 짐작된다. 다음 해에 보설에 등장하는 고려국 전라도 수선사 출신 요암원명이야말로 절목수가 아닌 몽산으로 고려의 고승과 폭넓게 교류하는 계기를 열었다고 하겠다.

몽산의 말기에 해당하는 1289년부터 교류에 등장하는 인물에는 요암원명, 그리고 1295년 겨울에 고려에서 왔던 상인 8명은 요암원명, 각원(覺圓), 각

성(覺性), 묘부(妙孚) 등 8명이었고, 다음해 여름에 중부(中孚)를 포함한 4명이 돌아갔다고 하였다. 8명 가운데 5명은 이름이 밝혀진 셈이고, 3명만 미상이다. 요암원명은 이보다 6년 전에도 왔었고, 다음해에 몽산은 통상인이 가져온 고본의 단경에 서문을 남겼으므로, 통상인은 요암원명과 함께 고려 수선사의 고승일 가능성이 크다.

몽산본 단경은 몽산에 의하여 서문을 완성한 1290년 칠석(七夕)으로부터 판각이 완성되기까지 소요한 기간은 확실하지 않으나 8년 뒤에 선원사의 만항에게 전하고 있음을 보면 판각이 완성된 시기는 그보다 크게 앞서지 않았을 가능성도 있다. 상인이 만항에게 전하기 2년 앞서 고려의 10명을 의인화한 십송이 몽산을 찾았고 이들과의 대화를 십문경치(十門景致)로 정리하고 몽산의 서문과 요암원명이 발문을 남겼던 사실로 보아, 몽산의 서문이 담긴 단경을 상인을 시켜 만항에게 보냈던 주관자가 바로 요암원명이고, 남아 있던 고려의 고승 4인이었을 가능성이 크다.

선원사는 수선사가 지눌의 계승자에 의하여 강화에 있었던 최우의 원찰이 되었을 정도도 실권자인 무신집권자와 긴밀한 후원을 받았던 사원이었다. 천영에서 만항에 이르기까지 수선사 출신의 고승들에 의하여 주지가 계승되었다는 사실을 감안한다면 만년의 몽산이 요암원명을 비롯한 수선사와의 긴밀한 관계를 짐작하기 어렵지 않다.

요암원명의 요청으로 고려국왕의 상갑(上甲)을 위한 법회에서 설법한 보설의 간행에 시주한 흥총(興聰)은 8인 가운데 1296년에 고려로 돌아가고 남았던 4명이나 십송에 포함된 고승일 가능성이 크다. 몽산이 총상인(聰上人)에게 베푼 법어는 각원상인(覺圓上人)에게 내린 법어와 함께 『법어약록』에 전하고 있다. 몽산의 법어는 고려 고승과의 유대를 강화한 결과의 흔적이란 분위기가 강하다.

몽산의 말년에 이를수록 고려의 승속과 긴밀하였고, 그의 대표적 계승자는 철산소경(鐵山紹瓊)이었다. 철산은 1306년 고려의 왕실에서 설법하고 수계를 주었을 정도로 우대를 받고 강화의 선원사에 있던 대장경을 앙산(仰山)으로 옮겼다.[7] 몽산의 주위에 있던 토박이 남인들은 말년에 소외되고, 고려 승속과의 교류가 긴밀하면서 그의 저술과 어록이 고려로 옮겨지고, 현지에는 오히려 사라졌을 가능성이 크다. 몽산이 서문을 남긴 단경이 불조삼경과 마찬가지로 현지에 전하지 않은 원인도 몽산의 말년에 고려의 승속과의 긴밀한 관계에서 풀이된다.

2. 보조지눌의 간행본일 가능성

몽산본 단경은 몽산이 서문을 남겼고, 고려말부터 조선시대까지 자주 간행되었다. 몽산본은 1290년 서문을 써서 1298년 고려에 전해진 사이에 휴휴암에서 간행된 초간본이 있었다고 짐작되지만, 어디에도 현존하지 않는다.

1289년부터 수선사 출신 요암원명의 활동은 보설과 법문경치의 간행에서 두드러진다. 또한 몽산의 서문이 담긴 단경을 간행한 만항은 수선사의 계승을 대표하던 당대의 고승이었다. 몽산은 통상인이 가져온 단경에 서문을 더하였지만 본문에 어느 정도 산삭을 더 하였는가 의문이 남는다. 지금까지 몽산본에 관심을 가진 일본의 학자들이 몽산본과 최고의 고본으로 꼽히는 돈황(燉煌)본이나 일본에서 유행한 혜흔(惠昕)본 간의 차이를 지적하면서 이를 모두 몽산의 작업으로 돌렸다. 단경의 교감은 물론 이를 통한 선사상의 변화를 설명하려는 최근의 시도에 이르기까지,[8] 그리고 여러번 국내에서 간행된 몽산본에 대한 철저한 대조도 점차 고조되고 있다.[9]

몽산본이 원과 명을 거쳐 현지에서 현존하지 않는 이유는 고려와 조선을

---

7) 許興植「1306년 高麗國大藏移安記」,『高麗佛敎史硏究』(一潮閣 1986).
8) 印鏡『蒙山德異와 高麗後期 禪思想 硏究』, 302~19면.
9) 孟東燮「德異本 '六祖壇經'硏究」,『禪學硏究』81(2003).

거치면서 여러 차례 간행되고 유통된 사실과도 상관성이 있다. 저술이나 사상을 계승하려면 몇가지 조건이 필요하다. 하나는 실려 있는 사상과 내용이 이를 수용하는 사회의 사상과 상통하거나 새로운 가치를 부여하는 구심점이 되어야 한다. 다음으로 이에 관한 중요성을 계속 인식하는 계승자가 있어야 한다.

몽산이 만년에 교류하거나 그를 둘러싼 계승자들이 고려인에 편중되었을 가능성이 크다. 1289년 이후 고려 출신 승속과 교류하였고, 그의 대표적 계승자가 철산소경이었다. 소경은 고려 출신일 뿐 아니라 고려에 3년간 머물면서 고려의 불교계에 깊은 흔적을 남겼으므로 몽산이 서문을 남긴 경전과 그의 여러 저술이 현지에서 전하지 않고 고려말과 조선을 거쳐 현재까지 여러 차례 우리나라에서만 간행된 기원에 영향을 주었다고 하겠다.

수선사의 대표적 계승자였던 만항은 몽산본 단경을 받고 2년 만에 간행하였을 정도로 매우 흡족하였던 셈이다. 실제로 몽산본이 간행되고 지눌이 간행하였던 단경을 대치하였을 정도라면 몇가지 추론이 가능하다. 하나는 몽산이 수정한 부분도 전혀 어색하지 않았다는 추측이다. 다른 하나는 몽산이 서문만 썼을 뿐이고, 되도록 원형을 유지하였다는 새로운 해석도 가능하다. 다만 몽산에게 실제로 지눌이 간행한 단경을 통상인이 전해주었을 가능성을 염두에 두고 고본을 철저하게 입증할 필요가 있다.

객관적으로 인정받은 단경의 최고본은 돈황본이지만, 이를 몰랐던 몽산은 지눌본을 고본으로 간주하였을 가능성이 크다. 몽산본의 초간본에 의하면 몽산보다 앞선 이들이 간행하면서 남긴 서문이 전혀 없다. 통상인이 전한 고본은 앞선 간행자의 서문을 제거한 고본인가, 아니면 몽산이 앞선 서문을 제외하고 고의로 자기의 서문만 넣어 간행하였을 두 가지 가능성이 공존한다. 이를 단언하기 어렵지만 몽산이 고의로 제외하였을 가능성은 적다. 몽산은 불조삼경의 서문을 남기면서 위산경책의 선행한 연구를 밝혔기 때문이다. 통상인이 앞선 서문을 제외한 단경을 고본으로 보이기 위하여 제외하였을 가능성이 있다.

지눌본은 전문이 현존하지 않지만 몽산본에 지눌의 서문만 포함된 단경은 1574년(선조 7년) 전라도 운제현 대웅산 안심응제원(安心應濟院) 판본부터이다.[10] 이 책은 지눌이 1207년 12월에 서문을 쓰고, 1256년 청명에 수선사 수선사 출신 5대 국사였던 원오국사(圓悟國師) 회당안기서(晦堂安基書)를 포함하여 간행하였다. 원오국사는 법명이 천영(天英, 1215~1286)으로도 알려졌고 몽산이 휴휴암에 왕성하게 활동할 무렵 입적하였다.

현존하는 단경은 돈황본, 혜흔본, 그리고 몽산본의 세 가지가 대표적이다. 이 세 가지 단경의 순서는 완성된 순서와 일치하며, 돈황본이 745년, 혜흔본이 967년, 몽산본은 1290년이지만, 이보다 앞서 1059년에 계숭(契嵩)에 의하여 편집된 판본이 몽산본의 저본이 되었으리라 추측되고 있다. 몽산본이 가장 늦음에 틀림이 없지만 1059년 이후 1290년에 이르는 사이에 첨삭이 더해졌을 가능성도 없지 않다.

세 가지 단경에 대한 원문의 대조와 차이점의 규명은 다각도로 시도되었다. 혜능의 전기에서 홍인(弘仁)에게서 전법에 대한 배려가 혜흔본을 거쳐 몽산본에 이를수록 강화되지만 단경을 기록한 법해에 대한 내용이 점차 간략하게 변한다는 사실이 지적되었다.[11] 돈황본의 단경은 남종선의 확립에 초점을 두었고, 혜흔본에서 몽산본에 이를수록 단경의 계승에 관한 관심은 약화된 대신 육조의 계승자에 대한 해석이 바뀌었다는 간행자의 의도가 반영되었다.

단경의 법문편은 금강경을 소의 경전으로 삼았다는 공통점이 있다. 다만 혜흔본은 화엄경에서 강조한 자성(自性)의 성기(性起)를 첨가하였다. 몽산본은 혜흔본의 성기사상을 강조하였지만 돈황본에서 나타난 단경에 의존하도

---

10) 이 점은 孟東燮, 앞의 글에서도 힘주어 강조하였다.
11) 印鏡 『蒙山德異와 高麗後期 禪思想 硏究』, 102~104면.

144

록 강하게 요구한 부분이 삭제되었다. 돈황본이 남종선의 독립성을 강조하지만 혜혼본이나 덕이본에 이를수록 사상의 폭이 넓어지고, 단경의 계승에 대한 긴장감이 약화된다는 변화가 있다. 이는 남종선의 위상이 확고하게 강화되면서 계승에 대한 위협에서 자유로웠음을 반영한다.

단경의 문답편은 더욱 변화가 심하다고 지적되었다. 혜능이 문답한 대화의 상대자는 시대가 지날수록 증가하였으며, 몽산본에 이를수록 계승자를 증가시켰지만 특정의 계승자를 두둔한 흔적은 오히려 약화되었다. 돈황본은 하택신회(荷澤神會)를 적통으로 강조하였고, 혜혼본은 선교절충이 강한 법안종 계열이었으므로 하택신회에 대한 비판이 없으나 덕이본은 임제종 황룡파의 각범혜홍(覺範惠洪)의 영향을 받아 신회를 방계로 임제의현(臨濟義玄)을 적통으로 삼았고, 이는 지눌의 『법집별행록절요병입사기(法集別行錄節要幷入私記)』와도 상통한다. 몽산본은 지눌의 손을 거친 법보단경이었을 가능성이 더욱 커진다고 지적되었다.[12]

몽산본의 저본이 지눌과 천영이 간행한 단경임은 다른 본에 없는 새로운 사실이 끝부분에 추가되었다. 육조의 육신소상에서 중요한 부분을 신라로 옮겼다는 설화와 관련된 내용이다.[13] 몽산본에는 육조의 정상을 절취하였던 사건이 있었다는 기록이 포함되었다. 이 부분은 성공적으로 육조의 단경도 신라로 이동하였고, 고려에 유통되었다는 주장을 보강시키는 의도로 끼어 놓은 내용이라고 해석된다.

고려 선승의 저술로는 보조지눌이 돋보이고 이보다 앞서 부도비와 문집에서 확인된 선승의 전기는 단편적이지만 중요하다. 원응국사 학일(學一)과 각범혜홍(覺範惠洪)의 의견일치나 대감국사(大鑑國師) 탄연(坦然)과 그의 스

---

12) 印鏡 『蒙山德異와 高麗後期 禪思想 研究』, 306~308면.
13) 鄭茂煥 「『禪宗六祖慧能大師頂相東來緣起』考」, 『印度佛敎學硏究』 36-1, 1987.
    全寶三 「六祖頂相의 東來說과 그 信仰史的 意義」, 金知見 編 『六祖壇經의 世界』 大韓傳統佛敎硏究院(民族社 1989).

승 혜조국사(慧照國師) 담진(曇眞)과 이자현(李資玄)의 능엄경(楞嚴經)의 이해는 임제종 황룡파에서 양기파로 대혜종고로 이동하였음을 의미한다. 이로부터 남송의 선종계의 변화는 보조지눌에 이르러 고려에도 정착되었음에 틀림이 없다.[14]

몽산본은 혜흔본과 다르고 이보다 1세기 후에 임제종으로 이어지는 설숭본이 보조지눌에 의하여 당시 선종계의 변화를 반영한 특성이 있다고 보는 견해가 일반화되었다. 시기상으로나 임제종의 대혜어록에 심취했던 지눌이었음을 감안한다면, 지눌이 설숭본을 이용하였을 개연성은 크다.[15] 몽산본은 지눌본이라 불러도 좋을 만큼 설숭에서 지눌에 이르는 동아시아 선종의 사상변화를 담은 중요한 문화유산이라고 하겠다. 보조지눌과 원오국사 천영에 의하여 몇차례 간행된 단경은 서문만 전하고 전문이 현존하지 않으므로 몽산본에서 어느 정도 산삭이 더해졌다고 밝혀내기 어렵다.

통상인이 몽산에게 전한 단경이 휴휴암에서 간행되고, 이를 다시 무역상을 통하여 만항에게 전해져 2년 만에 간행된 과정에 소요된 기간도 간과하기 어려운 중요성이 있다. 간행한 기간이 짧을수록 몽산의 가감이 적었다고 짐작되기 때문이다. 지눌과 천영이 남긴 서문이 앞선 모본에 대한 산삭의 정도를 가늠할 내용이 포함되었음을 살펴야 할 과제이다.

만항은 몽산본을 간행하면서 고려에는 여러 단경이 전해졌다고 밝혔다. 그는 "단경이 소략하거나 틀린 부분이 많아서 바르지 않지만 지혜가 밝은 안목과 해박한 지식과 통찰력이 없으면 이를 평가하기 어렵고, 진실을 믿고 따르기가 어렵다"고 하였다. 해박한 지식과 통찰력을 가진 고승이란 몽산을 가리킨다. 이로 보면 몽산은 여러 본 가운데 선본을 선택하였다는 뜻이고 이를 여러 이본을 합쳐 절충하였다고 해석하기는 어렵다.

---

14) 許興植「禪宗의 復興과 看話禪의 展開」,『高麗佛敎史硏究』.

15) 그러나 설숭본이 세 권이고, 몽산본은 단권이라는 사실이 문제로 남는다.

만항은 안목이 높으며 여러 고승의 정맥을 이었다고 몽산을 추켜세웠다. 통상인이 전한 이본을 그의 서문에서 고본으로 인정하였음을 만항이 만족하였다는 뜻이다. 몽산은 고려 가지산문의 혼구와도 긴밀한 유대를 가졌지만, 지눌본을 단경의 표준본으로 인정하고, 이보다 사굴산 수선사와 가장 긴밀하게 유대를 강화하였다고 하겠다.

당시에 유행하던 다른 단경에 비하여 몽산은 완전한 고본으로 받아들였음을 반영한다. 몽산이 통상인에게 받은 단경과 만항이 흠모하였던 몽산의 서문은 지눌과 천영본 단경을 공인한 셈이나 다름이 없었다. 다만 지눌과 천영이 남긴 단경의 서발만 전하고 고본의 전문이 전하지 못하므로 세밀한 공통점을 찾기에는 논증이 필요하다.

몽산본은 지눌본과 천영본을 크게 고쳤다고 보기 어렵다. 크게 고쳤다면 고려에서 몽산본의 간행과 유포가 지눌의 법손에 의하여 신속하게 이루어지기 어렵기 때문이다. 송과 원의 지식인들은 고려에 전하는 고본을 이용하고도 이를 밝히기에 인색한 경향이 강하였다. 고려본 맹자를 중요시하여 이를 제자백가에서 경전으로 승격시킨 송의 성리학자들도 이를 밝히지 않고 '어떤 외국본'이라고 얼버무렸기 때문이다.[16]

몽산은 통상인이 고려 출신이라고 말하지 않았다. 지눌본 단경은 혜숭본과 달리 단권일 가능성이 크다. 이는 돈황본과 같다. 지눌과 천영이 간행한 단경은 고본을 가탁한 판본이고 통상인도 서문과 간기를 배제한 고본을 지참하였고, 몽산은 이를 얻고도 지눌과 천영이 간행하였다고 나타내기를 주저하였거나 몰랐을 가능성이 크다. 침묵만이 문화유산을 지키지 못한 자신들의 과오를 조금이라도 감춰준다고 믿었다고 하겠다.

---

16) 許興植 『高麗科學制度史研究』(一潮閣 1981) 122면.

3. 고려본의 확산과 한계

몽산본 단경은 1300년에 고려에서 간행된 이래 고려를 거쳐 조선에서 현존본이 계승되었다. 이는 한반도를 떠나 다른 지역에서 몽산본이 간행된 일이 없고, 지난 세기 후반부터 늦게야 몽산본이 주목되었을 뿐이다. 이는 몽산본의 확산에 한계가 있으며, 이보다 앞서 이루어진 지눌과 천영에 의하여 간행된 단경도 마찬가지이다.

몽산본과 지눌본의 특성은 상통하며, 이는 곧 고려본의 장점이며 동시에 단점인 한계라고도 하겠다. 지눌의 생전에 간행되고 그의 행적이 담긴 수선사중창기(修禪社重創記)에는 지눌의 스승이 대선사(大禪師) 종휘(宗暉)라고 명시되었다. 후에 그의 문도들은 그와 직접 만나지도 않은 남송의 대혜종고를 스승처럼 감화를 강조하면서 '학무상사(學無常師) 유도지종(惟道之從)'을 외쳤다. 수선사의 중흥조라면 사승에 얽매이지 않는 독창적인 고승임을 강조할 필요가 있는 문도들의 입김이 강화되었다는 해석이 가능하다.

스승이나 소속은 현대어로 혈연과 지연처럼 운명적인 인과관계를 강조하는 속성과 관련이 있다. 이는 자연적인 결속력을 이용하는 장점은 있으나, 이를 극복하고 확대하려면 발목을 잡은 장애가 된다. 몽산의 경우에도 지눌과 마찬가지로 사승과 독창성은 공통으로 작용하였다고 하겠다. 현지에서 통용되지 않은 이본을 고본으로 인정하여 간행하였으나, 통용되지 않았다면 현지에서 배척받았다는 증거이다.

불조삼경과 마찬가지로 몽산본 단경이 현지에서 오래 유통되지 못하고 고려에서만 유통되었고, 이러한 지역성이 계속되었다는 현상은 두 가지 해석이 가능하다. 하나는 이를 수용한 당시에 고려의 보편성과 국제성이 몽산의 현지보다 강하였다는 긍정적인 해석이다. 몽산이 전반기를 살았던 남송보다 후반기를 보냈던 원은 광활한 지역을 소통시킨 대제국이지만, 공간이 넓을수록 지역적 특성을 극복하지 못한 한계가 오히려 남았다는 해석이 가

148

능하다.

몽산의 행동과 사상의 기반은 좁은 남송의 지속이었지만, 사상적 기반은 오히려 포용성이 크다고 하겠다. 그가 후반기에 원의 회유를 물리치고 휴휴암에 정착한 다음에도 입적하기까지 그의 사상은 출발한 선불교에서 교학을 아우르는 임제종의 간화선을 더욱 확장시켰다. 그가 교학경전에서 선종의 기원을 찾았고,[17] 임제종이 아닌 위앙종의 위산경책을 합쳐 삼경(三經)으로 간주하거나 이본을 정본으로 간주하고 다양한 육조의 후예 조사들을 인정하였다. 이러한 단경을 인정한 사상은 파격적인 포용성이라고 하겠다.

고려는 무신집권 이후 내부의 정변과 사회적 갈등을 극복하면서 불교계의 사상적인 향상이 시도되었다, 이론보다 실천, 분파성보다 이를 극복하려는 지눌의 노력은 고려의 정치와 사회적 현실에 의하여 시련을 받았더라도 이를 지양하려는 지눌과 그 계승자에 의하여 지속되었고 수선사는 중요한 구심점의 하나였다.

고려는 원과의 항전을 끝내기 위하여 왕실의 통혼을 제시하고 극적인 외교의 전환으로 반전시키면서 이를 돌파하였다. 남송에서 원으로 바뀌는 왕조의 전환기를 몽산은 남송의 후예인 남인이란 한계를 고스란히 이어 받으면서 은둔하였다. 그의 절목수란 자호와 은둔 초기의 저술에만 몰두한 한계에도 불구하고, 그의 사상은 원의 외형적 확장과 맞먹는 남인도에서 전래한 불교의 대통합을 이루고, 동아시아의 유교와 도교를 불교의 논리에 귀착시키려는 사상이 더욱 확대하고 진전하였다.[18]

몽산은 자신의 한계를 뛰어넘는 사상의 통합을 완성하였으면서도 그를 키워낸 현지에서는 오히려 지속성을 가지지 못하였다. 몽산본 단경과 불조삼경이 고려로 옮겨 유지된 현상은 비록 동아시아의 좁은 공간이지만 고려의

---

17) 본서 3장.
18) 본서 4장.

사상계가 스스로의 통합을 기반으로 건강하게 유지하였고, 몽산의 사상을 수용할 능력을 확보하였을 정도로 내부의 통합도 단단하였음을 의미한다. 이는 적어도 몽산본 단경을 수용한 고려의 조계종이 지눌을 거쳐 수선사의 계승자인 만항으로 이어진 기반이 있었기 때문에 가능하였다고 하겠다.

몽산의 폭넓은 체험과 사상은 그가 은둔하면서 남긴 저술의 기반이 되었고, 이를 수용할 만한 고려의 현실과 합치면서 계승이 가능하였다고 하겠다. 현지에서 사라진 몽산의 사상과 저술이 고려와 조선에서 꽃피었지만, 이를 확산시키지 못하고 국내에만 유지된 불교의 한계에 대한 해석도 두 가지가 가능하다. 하나는 오늘날 한국불교가 계승하고 고수하였을 뿐이고, 이를 다른 지역으로 널리 확신시키지 못한 한계가 있다는 부정론이 가능하고, 한편 이를 기반으로 도전을 피하고 일반성과 보편성에 기여하는 도약을 위한 기반이 유지되었다는 긍정적 해석도 가능하다.

사상이란 이를 수용하고 유지하는 능력도 중요하지만, 이를 기반으로 다시 변용하고 능력을 확대시키면서 새로운 현실에 대응하는 처방으로 사용되어야 한다는 또다른 변용을 요구한다. 지눌의 단경이 천영의 반복된 간행을 거쳐 몽산이 확인하고 유지한 과정은 한국불교의 중요한 특징이라고 하겠다. 다만 이를 고려와 조선에서만 계승하여 간행하였고 동아시아의 다른 지역에 파급되지 못했다는 한계도 있다.

맺음말

불교가 주도적인 사상이었던 고려시대에 몽산은 고려의 사상계에 적지 않은 영향을 주었다. 몽산은 남송에서 몽고와 치열하게 항전하던 사회에서 시련을 극복하기 위하여 출가하였고, 몽고의 후신 원에 의하여 함락된 다음에 은둔하면서 자신의 사상적 외연을 확대하였다. 그가 말년에 서문을 남겨 간행한 『육조단경』은 고려로 전해져 조선을 거치면서 계속 간행되고 사본도 증가하였다.

조선중기에 지눌본의 서문과 합쳐 간행되기 시작한 몽산본은 현존하지 않는 지눌본과 상관성이 크다는 개연성을 강화시켜준다. 몽산본은 단경의 최후 본이고, 담긴 사상도 위앙종의 선교를 절충하거나 임제종이 간화선 확립과 상관성이 크다. 신라말 육조의 정상(頂相)을 옮겼다는 전설과 관련된 내용을 암시하고 있으며, 몽산이 서문을 남긴 불조삼경과도 상통하였고 고려의 조계종은 선종의 여러 분파를 극복한 사상적인 포용성이 강하였다.

불조삼경과 함께 고려말기에서 조선에 이르기까지 간행되었지만 동아시아의 다른 지역에서 간행되거나 유통된 증거는 없다. 이는 몽산본 단경과 불조삼경을 수용하고 이를 계승한 한국불교의 전통과 특성을 이해하기 위하여 여러가지 가능성을 내포하였다. 몽산본 단경이 어느 정도 몽산에 의하여 손질되었는가. 문제는 몽산이 사용한 모본이 어디에서 왔고 이전에 알려진 다른 본과 어느 정도 차이가 있는가에 대한 면밀한 검토가 이루어지기를 기대한다.

몽산본 단경을 수용한 다음에 지눌본이 소멸하였다는 가설보다, 두 가지가 거의 일치할 정도로 공통점이 있었으리라 추정하였다. 1289년 이래 몽산은 고려 출신의 승속에 휩싸여 활동을 전개하였고, 단경의 서문도 같은 맥락으로 파악하였다. 몽산본은 보조지눌을 추총한 모든 선승들이 인정한 고려 조계종의 통합과 법통의 확립에도 기여하였다고 해석하였다.

II. 제경촬요(諸經撮要)의 교학사상

머리말

몽산의 저술이 국내에서 간본과 사본으로 꾸준히 발견되었고, 그 가운데 제경촬요는 이름 그대로 불교 경전의 요점을 발췌한 사본이다. 이 책의 후반부에는 몽산의 행적에 속하는 몽산행실기와 고려의 승속과 교류한 사실을 알려주는 법문경치(法門景致)가 실렸고 이에 대하여 집중적으로 주목을 받았다.[1] 지금까지 제경촬요의 후반부만 검토되었고, 핵심인 전반부에 대하여는 부분적으로 결손이 있고 내용의 연결이 확실하지 않으므로 몽산의 저술이라고 단정하기 어려운 의문이 남았다.

몽산은 임제종에 속한 선승이고 임제종의 특성은 간화선이었다. 임제종은 5가(家)의 남종선 가운데서 가장 폭넓게 선교일치를 주장할 정도로 교학에도 관심을 기울였고, 법안종(法眼宗)이 천태학(天台學)과 접목하여 법화사상

---

1) 南權熙「筆寫本『諸經撮要』에 수록된 蒙山德異와 高麗人物들과의 交流」,『圖書館學論輯』21(1994).
　　許興植「蒙山德異의 行蹟과 年譜」,『韓國學報』71(一志社 1994).

이나 화엄사상을 강조하고 각각의 소의경전인 법화경과 화엄경을 중요시하면서 염불을 수용하였던 사실과도 일맥상통하지만, 몽산의 경우는 교학과 염불은 물론 유교와 도교의 이론에 대해서도 깊이 연구하여 저술을 남겼다.

간화선은 불교사상사의 시대구분에서 중요할 정도로 분수령을 이루었다. 이는 무상(無相)과 무심(無心)을 중요시한 초기 선종의 소극성을 떨치고, 무념(無念)과 무주(無住)를 내세우고 현실에 적극적 관심을 강조한 특성이 있었다. 북송에서 남송으로 바뀌던 수난의 시기에 대혜종고(大慧宗杲)에 의하여 정착된 간화선은 불교사상을 통하여 한족(漢族)의 자긍심을 지키려던 현실성이 담겨 있었다. 간화선은 선사상에 토대를 두었지만 교학은 물론 유교나 도교와 같은 전통사상마저 융섭하기를 주저하지 않았다.

간화선은 인맥상으로 대혜종고에 이르러 확립되었고, 육왕개심(育王介諶)을 거쳐 온릉계환(溫陵戒環)에 이르면서 다양한 교학경전으로 관심을 넓혔다. 불립문자(不立文字)와 직지인심(直指人心)을 내세우며 의도적으로 교학과의 차별성을 강조하던 초기의 남종선과는 판이하게 달라졌다. 대혜종고로부터 육왕개심과 온릉계환에 이르는 3대를 포함하여 전성기를 거쳤고, 1세기를 지난 이후에 몽산덕이에 의하여 다시 새로운 전환기를 맞았다.

계환이나 몽산이 강조한 선교의 융합은 초기의 선사들이 중요시한 금강경(金剛經)은 물론 반야경(般若經), 원각경(圓覺經), 능엄경(楞嚴經), 법화경(法華經), 화엄경(華嚴經)에 이르는 중당(中唐) 종파불교에서 의존한 경전을 포괄하였다. 간화선은 화두(話頭)를 이용한 참선을 수양과 깨달음의 수단으로 삼았으나 한편 다양한 교학경전의 핵심을 파악하여 화두로 이용하였다. 몽산은 참선과 간경(看經), 그리고 유교와 도교의 경전을 탐구하면서 고승과 깊은 관계를 맺고, 한편 유가(儒家)와 도가(道家)와도 논쟁을 피하지 않았으며 그들의 이론을 포용하였다.

몽산덕이가 남긴 사설(四說)과 직주도덕경은 그의 사상적 다양성의 응집이고, 사상적 갈등에서 융합으로 화합의 방향을 제시한 또다른 시기로 진입을 예고하였다. 몽산은 선종사에서 갈등의 시기를 극복하고 선교를 널리 포용하면서 유교와 도교에도 관심을 기울여 광범위한 특성을 포섭하였다.[2] 그는 간화선을 바탕으로 경전과 천태종의 염불은 물론 유교와 도교의 경전까지 저술의 대상으로 확대시킨 사상가였다. 그는 생애에서 출가를 전후한 중반기에는 앞선 시기에 교학을 섭렵한 경험을 살려 제경촬요를 저술하였고, 교학의 핵심은 온릉계환(溫陵戒環)과 연결이 밀접한 사상가였음을 밝히고자 한다.

몽산의 저술이고 간본으로 현존하는 보설이나 직주도덕경에는 그의 교학에 대한 폭넓은 탐구와 이를 응용한 사상적 다양성이 반영되었다. 또한 제경촬요의 후반부에 실린 몽산행실기에도 반야심경서문(般若心經序文)이 포함되었다. 반야심경은 육조혜능 이래 남종선에서 중요시하였으므로 이를 특별히 강조할 필요는 없다. 반야심경 이외에도 화엄경을 써서 여러 곳에 보내고 계환이 남긴 여러 경해(經解)에 대한 서문을 남긴 단편적인 글들이 사본으로 남았으므로 그의 교학에 대한 범위가 폭넓었음을 짐작하기는 어렵지 않다

제경촬요가 사본이고 내용의 순서와 내용이 책이름과 다른 부분도 포함되었으며, 사본의 모본이 산일된 다음에 단간(斷簡)을 옮겼다고 의심되는 부분도 없지 않았다. 사본으로 남긴 자료로는 몽산과 직접 관계가 없는 단편이 끼어들었을 염려도 배제하기 어렵다. 제경촬요의 전부를 복사본으로 구하고 몽산과의 관계 여부를 규명하기로 계획을 세웠지만 오랜 기간이 지나도록 아직도 이에 대한 견해를 뚜렷하게 밝히기가 어려웠다.

먼저 제경촬요가 몽산의 사상과 깊은 관련이 있는 그의 유품을 전사한 사본임을 밝히고자 한다. 몽산과 마찬가지로 양자강 동남쪽에서 활동하였으며 한국에만 많은 자료가 전하는 온릉계환과의 사상적인 관계가 밀접하고, 몽

---

2) 본서 4장.
許興植「如如居士의 三敎語錄」, 『書誌學報』 21(書誌學會 1999).

산의 보설과 연결시켜보면 그의 사상과 직접 관련이 깊다는 확신을 가지기에 이르렀다. 이를 확대하여 그의 교학사상은 한국의 조계종에서 계승한 교학의 전통에 영향을 주었음에도 불구하고, 이후의 불교계에서 필수교재로 수용되지 않은 특성이 있음을 규명하고자 한다.

1. 본서의 항목과 구성

몽산은 많은 불경을 읽고 이를 요약하였다. 모든 종교에서 성직자는 자신이 속한 종교의 경전을 주로 탐독하게 마련이고, 이를 소화하고 주석하여 부풀리거나 반대로 요점을 절요하여 단순화시키는 상반된 태도를 가지는 경우가 많다. 몽산은 전자보다 후자인 요약에 힘썼다. 그의 생애 전반기는 몽고와의 항전이 치열했던 시대였으므로 차분한 분위기를 맛보기 어려웠다. 전쟁의 소용돌이에서 사색보다 행동이 요구되는 13세기 후반의 동아시아에서는 살아남기 위해서도 주석보다 실천의 지표로 삼는 요약이 불가피한 상황이었다고 하겠다.

몽산은 선승이었지만 불서를 많이 읽고 요약하였다. 간화선을 현실과 연결시켜 불교사상을 주도하던 고승으로서 어쩌면 간경(看經)과 요약은 불가피한 생활의 일부였다고 하겠다. 간화선이란 참선에서 교학경전은 물론이고 현실과 관련된 다른 종교의 이론까지도 흡수하는 특성이 있었다. 간화선에 몰두한 선승들이 「제경촬요」라는 서명으로 불서를 다양하게 요약하고 간행하였을 가능성도 배제하기는 어렵다. 사본으로 전하는 현존 사본에 의하면 요약뿐 아니라 문자와 부채 살 모양의 직선을 이용하여 불경을 포함하여 논소(論疏)도 과석(科釋)한 사례가 적지 않다.

경전의 요약과 과석(科釋)은 고승으로 자신이 속한 종교의 경전을 이해하거나 이를 실천의 지표로 삼기 위하여 불가피한 과정이라 하겠다. 행실기에 의하면 몽산은 20세부터 3백 함(函)의 불경을 읽었으므로 일찍부터 간화선에서 경전을 폭넓게 수련하였던 전통과 크게 어긋나지 않는다고 하겠다. 제경촬요가 사본으로 전하고 있고, 경전의 과석과 요약은 같은 이름의 다른 사본도 있으므로 이 책을 소장하고 처음 소개한 남권희 교수도 이를 선뜻 몽산의 저술로 간주하기가 어렵다고 조심스럽게 접근하였다.[3]

제경촬요는 사본이고 서문이나 발문도 없고 체계있는 저술도 아니다. 후반부에 몽산행실기를 위시한 몽산의 일대기와 그의 행적에 관한 내용이 없

표5 제경촬요의 전반부의 항목과 내용

번호	제목	위치와 분량	내용 요약
	제경촬요 표지		5침안(針眼)의 표지 우측 표지 좌상단에서 종서로 약간 흘림체로 썼음
	본각(도) 표지 내면		시각과 불각을 대비하여 이원적으로 대비시킴
1	원각강요	(1~2)	원각경의 내용을 5언 12행으로 과석하고 이를 요약함
2	능엄강요	(3~16)	능엄경의 내용을 권별로 또는 요점에 따라 요약함
3	화엄품목	(16~21)	화엄경 39품을 과석한 도해
4	법화경품목	(22~27)	법화경 28품을 과석하고 요점을 밝힘
5	십근본번뇌	(28~30)	근기를 둔근과 이근으로 나누고 각각 5근의 차이점과 본각의 삼각을 밝힘
6	묘법연화경요해서주	(31~33)	계환의 법화경요해에 대한 대의를 요약함
7	석가불총계연광집제	(33~34)	석가의 일대기를 7언 24행으로 나타낸 게송을 옮김
8	화엄례징관술	(35~38)	징관(澄觀)의 화엄경 요점을 뽑아 실음
9	대방광불화엄경[용수 보살약찬게]	(38~43)	용수(龍樹)의 화엄경약찬게를 옮겨 놓음
10	대승묘법연화경[보장 보살약찬게]	(43~48)	보장(寶藏)의 법화경 약찬게를 옮겨 놓음
11	원불설교	(48~50)	석가의 생애와 설법을 요약하여 7언 22행으로 나타냄

---

3) 南權熙, 앞의 글.

었더라면, 그가 남긴 저술이라 직접 관련시켜 접근하기조차 어렵다. 필자는 제경촬요를 소개하고 내용상 온릉계환으로 이어지는 간화선의 전통이 경전의 폭넓은 이해로 몽산에 이르고 있음을 추정하고자 한다.

제경촬요는 전체가 96면이고, 표지의 내면에 쓰인 부분을 합치면 98면이다. 이 사본은 크게 전반부에 해당하는 50면이 제경촬요의 핵심에 해당하고, 나머지 후반부에 해당하는 51면부터 몽산행실기를 비롯하여 몽산이 출가 후에 산거(山居)하면서 불사(佛事)나 고려의 승속을 접화(接化)한 내용이 수록되었다. 전반부와 후반부에 수도하면서 깨달음에 이르는 과정이나 경전에서 얻은 주제에 대한 견해를 약간씩 첨가한 부분도 있으므로 체계와 다른 다소 산만한 부분도 섞여 있다. 전체의 구성을 분석하면서 체계를 세우고 또한 체제상 문제점을 음미하기 위하여 전체의 차례와 면수를 정리하면 표1과 같다.

이상과 같이 제경촬요는 겉표지의 서명과 내표지에 본각(本覺)에 이르는 길에 대한 설명이 있고, 본문에는 65개 항목이 있다. 중복되거나 제목이 없이 추가된 부분도 있으므로 5개 미만의 항목은 견해에 따라서 증감이 예상된다. 위의 항목에도 연관성이 있거나 상관성이 적은 다른 부분도 있으나 전반적으로 몇가지 체계를 지적할 수 있다.

서제(書題)인 제경촬요란 불경의 핵심을 뽑아 실었다는 뜻이다. 불서는 경률론(經律論)의 삼장(三藏)과 소초(疏抄)로 나뉘므로 엄격한 의미에서 불경이란 삼장만을 뜻하거나 그 가운데서도 경만을 의미하는 좁은 의미로도 쓰였다. 제경촬요에는 경을 중심으로 삼았지만 모든 불경을 대상으로 삼았다고 말하기 어려우나, 당시에 중요시한 경전은 거의 포괄하여 취급하였으며, 엄격한 의미에서 논소(論疏)에 해당하는 불서도 포함되었다.

이 책의 표지 이면에는 깨달음[本覺]에 대한 발단(發端, 始覺)과 장애(障碍, 불각不覺)를 대비시킨 간단한 도표로부터 시작하였다. 불교의 근본 수행이 본각을 스스로 되찾자는 목적에 두고 있음을 명시하였다. 이 부분을 제경촬요의 서론에 해당한다고 하겠다. 몽산의 깨달음에 대한 상반된 방향을 나

표 6 깨달음(本覺)의 발단(發端)과 장애(障礙)

始覺	不覺
각심초기(覺心初起) 이미세념(離微細念)	업(業, 업상業相─법신혜法身慧 무명팔식无明八識)
심자재지(心自在地)	전(轉, 전상轉相─전상轉相 정행칠식定行七識)
색자재지(色自在地)	현(現, 현상現相)
법무성고상공상공(法無性故常空常空)	지(智, 지상智相─입태入胎 법집구생法執俱生)
이아집(離我執)[4]	상(相, 상속相續─주태住胎 명색교名色交 법집분별法執分別)
순성수육파라밀(順性修六波羅蜜)	집(執, 집취집취執取─출태出胎 아집구생촉我執俱生觸)
대보제심(大菩提心)	계(計, 계명계명計名─아집분별수我執分別受)
학수오행(學修五行)	기(起, 기업기업起業─애취유愛取有)
각찰역념(覺察亦念)	업(業, 업보業報─생노生老)
점수(漸修)	
각돈오기(覺頓悟起)	

타낸 표로 제시하면 표6과 같다.

　이상과 같은 깨달음과 장애의 구분은 수행의 이론적 근거를 대비시킨 불교의 인식론이고 대승기신론의 잔재라 하겠다. 깨달음의 발단과 심념과 색상의 아집을 벗어나 이타의 수행과 점수와 돈오의 경지에 이르는 단계를 설정하였다. 깨달음의 장애는 업상에서 비롯하여 업보에 이르며, 아집과 분별과 소유, 그리고 타산을 들었다.

　이상은 간단한 단어를 경구로 삼아 심오한 이론의 단계를 모아놓은 비망록에 불과하지만 제경찰요 전체의 차례와 서문의 의미도 포함되었다고 하겠다. 몽고와의 항전기란 분망한 상황에서 안정된 참선보다 실천이 요구되던 시대의 산물이었다. 그가 휴휴암에 정착하기 전에 사용하였던 휴대용 유품에서 나온 기록일 가능성이 있다. 제경찰요는 현재 정리된 순서와 일치하지 않은 부분이 있지만 전반적으로 시대별로 수록하였을 가능성이 있다. 후반

---

4) 글자가 약간 더 있으나 훼손되어 확실하지 않다.

표 7 제경촬요의 후반부의 항목[5]

() 안의 글자는 필자의 자의로 명칭을 추가한 항목임

번호[6]	제목	위치와 분량	번호	제목	위치와 분량
12 1	蒙山行實記	51~55	13 2	徑山碣石巖	55
14 3	能仁䴋盖羅漢閣	55~56	15 4	鍾	56
16 5	魚	56	17 6	鼓	56~57
18 7	潮侍者鎖龕	57	19 8	監火行者祖聞秉炬	57
20 9	書狀行者祖永秉炬	57~58	21 10	住淨人秉炬	58
22 11	瑀上座秉炬	58	23 12	題目 未詳	59
24 13	休休庵銘	59~61	25 14	註般若心經序	61~62
26 15	英叟	62	27 16	絶翁	62~63
28 17	布袋和尙	63	29 18	齡侍者起龕	63
30 19	傳上座秉炬	64	31 20	思書記秉炬	64
32 21	尊湯	64	33 22	成副寺起骨	64
34 23	隆上座秉炬	65	35 24	通上座秉炬	65
36 25	通上座撒骨	65	37 26	霽上座秉炬	66
38 27	方龍圖宣敎起棺	66~67	39 28	五家宗旨頌	67~68
40 29	又來求索再成五頌	68~69	41 30	方路分刺血書華	69
42 31	法門景致	69~72	43 32	蒙山德異十松 序	72
44 33	新松	72~73	45 34	戒松	73
46 35	定松	73~74	47 36	慧松	74
48 37	行松	74	49 38	願松	75
50 39	靈松	76	51 40	妙松	77
52 41	智松	77~78	53 42	古松	78~79
54 43	後序	79~80	55 44	伏覩	81~81
56 45	出山相	81	57 46	折蘆達麽	81
58 47	泛蘆達麽	81~82	59 48	又	82
60 49	又	82	61 50	六念頌	82
62 51	達麽大師歸寂	83~87	63 52	妙法蓮華經解	88
64 53	法體	88~94	65 54	大機大用殺活	96

5) 후반부 몽산행실기 이하 항목과 내용은 앞의 글 南權熙(1994), 許興植(1994)에서 소개하여 생략한다. 앞 번호는 전반부를 포함한 일련번호와 새로운 번호를 함께 표시하였다.
6) 왼쪽 번호는 전반부를 포함한 일련번호이고, 오른쪽은 후반부만 새로 번호를 시작하였다.

부의 항목과 위치와 분량을 정리하면 표7과 같다.

이상과 같이 후반부는 분량이 전반부보다 적으나 항목은 많다. 전반부와 마찬가지로 완전한 서책의 형태로 면수를 표시한 사본이 아니고, 부분적으로 결장도 있으므로 불복장의 자료에서 현재의 사본으로 임의로 정리하였으며, 내용상 연결되는 부분도 많지만 결손된 부분이 있고, 의문이 남는 부분도 있다.

순서대로 내용을 다시 과석한다면 몽산의 행적을 적은 행실기, 몽산이 산사에 머물면서 불사와 소감을 적은 산거록(山居錄), 고려인을 접화한 시말을 기록한 법문경치(法門景致), 교조(敎祖)와 조사(祖師)의 위업을 기린 조사찬(祖師讚), 그리고 자신의 선수행의 결심을 정리한 수심결(修心訣) 등의 순서로 의미를 부여하고 다시 정리가 가능하다. 몽산 행실기와 법문경치에 대한 부분은 그의 생애와 고려 승속과의 교류를 밝힌 앞선 논문에서 이용되었다. 후반부는 그의 교학사상과는 관계가 적으나 산거록은 보설과 연결시킬 부분과 교학사상과 관련 되는 내용이 전반부보다 적지만 주의 깊게 이용할 가치가 있다.

제경촬요의 핵심은 50면까지의 전반부이고 제1항부터 11항목이 여기에 해당된다. 나머지 후반부는 항목으로 훨씬 많은 제12번 항목인 몽산행실기부터 제65번 '대기대용살활(大機大用殺活)'까지가 이에 해당한다. 전반부에는 주로 불경에 대한 요약이고 후반부는 몽산의 행적과 그가 관여한 불사와 머물던 사원의 시설이나 환경에 대한 느낌을 적은 산거록(山居錄)이 실렸다. 그러나 전반부에도 불경의 촬요 외에 석가의 일대기와 조사의 행적을 칭송한 조사찬(祖師讚)이나 본각에 대한 소견과 저자가 애용한 타인의 약찬게(略讚偈)도 실려 있다. 후반부에도 전반부와 상관성이 있는 불경의 요약이나 서문 등이 적으나마 싣고 있으므로 산만한 느낌을 주거나 연결이 의문시되는 부분도 있다.

두 군데(2면과 16면)에 제목도 없이 빈 공간에 '제경수습방편(諸經修習方

便)'이란 항목으로 총괄하였으며 표지의 내면에 실린 요약된 내용과 상통한다. 이 부분은 주로 본각(本覺)에 이르기 위해서 여러 경전(諸經)이 어떠한 방편으로 쓰이는가를 내표지에 요약한 경전과 연결시켜 다시 요약하였다고 하겠다. 이를 간단하게 정리하였으며 전부를 옮기면 다음과 같다.

표8 제경수습방편(諸經修習方便)

대품(大品, 반야경般若經)	무소득(無所得)
화엄경(華嚴經)	이상(離相)
금강경(金剛經)	무주(無住)
원각경(圓覺經)	정념이환(正念離幻)
선문(禪門)	무념(無念)

대품(大品)이란 27권의 대품반야경(大品般若經)이고 90품을 의미하며, 이를 항목으로 과석한 부분은 없다. 화엄경, 금강경, 원각경은 경전에 속하고 특히 금강경은 선종에서도 중심 경전으로 육조혜능이 중요시하였고 내용의 핵심은 반야사상이었다. 원각경은 당대(唐代)에 교종에서 선종으로 다리를 놓았을 정도로 공통으로 중요시하였으나, 송대와 고려중기에는 능엄경에 밀릴 정도로 이전보다 관심에서 멀어졌다. 원대와 고려말에 다시 부각되었고 조선 세조시에도 이를 기초로 원각사를 세우고 원각경의 변상(變相)에 따라 부조한 13층 탑을 조성하였다.[7] 선문(禪門)은 선종(禪宗)이나 참선(參禪)을 의미하며 이 자체가 경전이라고 보기는 어렵다. 여기에도 선사다운 저자의 배려가 포함되어 있음은 물론이다.

제경촬요에는 위에 열거한 네 가지 경전 외에도 능엄경과 법화경을 들 수 있다. 원각경강요에 이어 두번째로 실린 능엄경강요는 능엄경을 중요시한 선

---

7) 禹貞相 「圓覺寺塔婆의 思想的 硏究」, 『朝鮮前期佛敎思想硏究』(東國大學校出版部 1985).

종의 전통이 강하게 반영되었다는 증거이다. 능엄경강요는 13면을 차지하여 단일한 항목으로는 가장 방대한 분량을 할애하였을 정도로 중요시하였다.

법화경은 과석한 품목(4면)과 계환(戒環)의 요해서주(要解序注, 6면)에서 요점을 축약하였고, 약찬게(略撰偈, 10면)를 그대로 옮겼다. 법화경에 대한 관심은 몽산행실기를 비롯한 후반부에 실린 묘법연화경해(63면)에도 반영되었다. 법화경이란 회삼귀일(會三歸一)의 화합과 이적(異蹟)을 강조하였고, 자각을 강조하는 반야경과는 달리 구원사상이 강하므로 난세를 위한 경전으로 희망을 부여하는 특징이 있었다. 몽고와의 항전기에 몽산이 다양한 지식인을 고취하면서 난관을 극복하기 위하여 법화경에 기대가 컸다는 근거로 짐작된다.

제경촬요에는 화엄경에 대한 각별한 배려가 반영되었다. 이를 과석한 화엄품목(華嚴品目, 4면)과 징관(澄觀)의 화엄소(華嚴疏, 8면)와 보장(寶藏)의 약찬게(略讚偈, 12면)로 모두 합쳐 15면 분량이다. 이밖에 행실기 이하의 부록에도 혈서로 화엄경을 써서 제로(諸路)에 보내면서 전승을 축원한 글(43면)도 확인된다. 화엄경은 '일즉다다즉일(一卽多多卽一)'의 사상을 바탕으로 지방민에 이르기까지 전 국민의 호응을 받으면서 몽고를 막아내어 남송을 지키려는 염원을 응집시키려던 시도가 담겨 있다고 하겠다.

전반부에도 적으나마 교학 경전과 거리가 있는 석가의 일대기(7면)와 설법을 요약한 내용(11면)도 들어 있다. 또한 이근(利根)과 둔근(鈍根)에 따른 육도보설과 상통하는 십근본번뇌(十根本煩惱, 5면)도 실려 있으며, 이는 표지의 이면(裏面)에 실린 본각(本覺)을 시각(始覺)과 불각(不覺)으로 대비시킨 도표와 상관성이 있거나, 이를 보완하는 내용이다. 선사(禪師)인 저자가 화엄경과 원각경에서 취지를 발췌하여 업보설을 나타낸 육도보설을 지었으며, 이는 수련의 목표와 교화의 방향을 제시한 설법이라 하겠다.

후반부는 몽산행실기부터 끝까지로 분량은 전반부보다 약간 적지만, 항목의 수효는 몇배나 많으며, 이는 짧은 글이 주로 실렸기 때문이다. 여기에 실린 내용을 몇가지로 체계가 찾아진다. 먼저 중심인 주제를 내세우고 몇 항목씩 덩어리로 묶어 파악하는 방법으로 접근하고자 한다.

첫째, 몽산행실기로 이는 분량과 내용이 독립된 항목으로 설정할 수 있다. 이 글은 몽산의 생애를 밝힌 행장에 가까우며 그의 생애와 고려 승속과의 관계에 대하여 사실을 밝힌 근거로서 가장 주목을 받았다. 이는 송삼가록(宋三家錄)에 사본으로 부록된 몽산행적(蒙山行跡)과 상통한다. 몽산행적은 행실기를 보충하거나 확인시키지만, 불확실한 부분도 있고 대체로 행실기보다 간단한 편이다. 몽산의 전기는 명대에 지은 선승전에 실려 있으며, 명말의 주굉이 지은 『선관책진』에는 예외로 그가 출가 직전에 질병을 극복하며 수행한 사실이 자세하게 추가되었다. 선관책진은 임진왜란의 파병에 종군했던 인물에 의하여 명으로 역수출된 조선의 자료에서 인용하였으리라 추측되었다.[8]

행실기에 의하면 몽산은 휴휴암에 정착한 다음에 은둔하여 탐구하면서 저술에 열중하였다. 고려에 사신과 승속이 그를 찾아와 접견한 사실을 간략하게 언급하면서 '차후(此後)'로 서술하기를 미룬다는 세주(細注)로 끝을 맺었다. 행실기는 몽산의 행장을 끝맺지 못한 미완성 작품이고 그의 몰년(沒年)이나 임종(臨終)에 대해 단편의 소식도 전하지 않으며, 모든 선승전(禪僧傳)에도 이에 대해서 침묵하였다. 다만 고려의 승속이 그를 찾았고 이후에 이루어진 교류에 대해서는 제44항 법문경치(法門景致)부터 제58항 복도(伏覩)에 이르는 14항과 13면에 걸친 분량이며 내용상 체계가 뚜렷하다.

법문경치부터 복도까지는 독립된 서적의 형태를 갖추었을 정도로 일관성이 있다. 우선 몽산은 1297년의 중춘 2월 1일에 쓴 자서(自序)를 첫머리에 올렸고, 십송에 이어서 또한 몽산이 다음해 2월 2일에 쓴 후서(後序)가 실렸다. 복도(伏覩)란 앞에 나온 몽산의 서문, 십송과 후서를 보고 고려의 요암

---

8) 許興植 「蒙山德異와 曹溪宗 法統」, 『南豊鉉敎授華甲紀念論文集』 71(一志社 1994).

원명이 이를 간행하겠다는 서원(誓願)이고, 발문과 같으며, 후서와 멀지 않은 시기에 작성되었다고 하겠다. 법문경치는 휴휴암에 문의한 고려의 10인을 10송(松)으로 찬양한 시말을 몽산이 말년에 적어놓은 작품으로 짐작된다. 이는 단행본으로 간행할 서적으로 삼아 옮겼거나, 후에 인본을 사본으로 옮겼을 가능성이 있다.

몽산행실기의 끝에 고려 승속과의 교류를 차후에 쓰겠다고 밝힌 글은 바로 법문경치에 실린 십송에 관한 글을 의미한다. 다만 그 사이에 실린 글과 전체의 체계를 규명할 과제가 남았다. 제43항부터 제38항까지는 사암에서 생활을 즐기거나(13~17면) 승속의 상장례(喪葬禮)를 집행한 법문이 많다. 또한 신도(信徒)나 도려(道侶)를 격려하는 시(詩, 26, 29면)도 있다. 이 부분은 몽산의 산거록(山居錄)이며, 문집에 포함될 내용이다. 이 가운데 주반야심경서(注般若心經序, 25면)는 묘법연화경해(妙法蓮華經解, 63면)와 상통하며 후반부에 실리기보다 전반부에 밀집된 경전의 촬요에 가깝다. 포대화상(布袋和尙, 28면)은 불서나 고승에 대한 흠모를 적은 간단한 글이며 조사찬에 해당한다.

행실기와 법문경치의 사이에 실린 글이 어느 시기에 지었는가는 체제에도 중요한 관련이 있다고 생각된다. 이 가운데 휴휴암명(休休庵銘, 24면)은 그가 휴휴암에 있으면서 서원한 좌우명을 의미하며, 휴휴암에 정착한 이후의 작품임은 확실하다. 휴휴암에서 그는 세속과 관계를 줄이고 철저한 은거를 목표로 절목수(絶牧叟)라 자호하였으므로 고독한 생활에서도 자신을 빈틈없이 관리하면서 시간을 쪼개어 앞서 많은 사상가와 교류한 경험을 살려 저술에 힘썼다고 하겠다. 휴휴암에서 철저한 수도와 저술은 휴휴암명과 함께 『법어약록』에 실린 휴휴암좌선문(休休庵座禪文)이 참조된다.

몽산이 휴휴암에 정착한 시기는 1277년 여름부터였고, 이 무렵 남송의 잔존 세력마저 거의 근절되었다. 그는 남송의 중심부가 몽고의 수중에 떨어질 무렵에 출가하였고, 잔존세력이 근절되면서 은둔할 정도로 그의 생활은 현실의 처절한 좌절과 함께 자신과의 투쟁으로 출가를 택하였다고 짐작된다.

그가 청량사(清凉寺)의 주지를 맡으라는 원의 당국자로부터 권유를 사양하고, 굳이 은거를 택한 까닭도 치열한 항몽에서 갑자기 바꾸기 어려웠던 자신의 태도와 관련이 크다고 짐작된다.

고려에서 고승 8명이 그를 찾았던 시기는 1295이었다. 그는 65세였고 생애의 말년에 가까워지는 원로였다. 다음해에 고려의 승속 10명이 그와 교류가 있었고, 그는 이를 십송에 비유한 법문경치(法門景致)를 남겼다. 몽산행실기와 법문경치로 몽산의 일대기를 나누어 실으면서 전산과 휴휴암에서 남긴 작품을 그 사이에 실었음을 알 수 있다.

제경촬요의 후반부 중간에 실린 휴휴암명은 몽산의 작품이 대체로 시대순으로 실렸음을 반영한다고 짐작된다. 몽산행실기에는 몽산의 행적을 1296년까지 수록하고 이후 법문경치로 대치하는 편집방식을 사용하였다. 출가한 다음 민(閩)의 전산(澱山)에서 자신의 생활과 불사를 실었으므로 휴휴암명의 이후는 휴휴암에 정착한 다음의 작품일 가능성이 크다. 오가종지송(五家宗旨頌, 39면)이나 이를 다시 강조한 재성오송(再成五頌, 40면)은 자신의 수선을 위한 좌우명으로 수선결(修禪訣)이라고 할 수 있다. 혈서화엄경(41면) 등은 그가 선승으로 역할을 반성하거나 현실에 호응하면서 보낸 산거록(山居錄)과 상관성이 있으리라 짐작된다.

법문경치의 다음은 석가와 달마(達摩) 등 교조(教祖)와 조사(祖師)에 대한 찬송이고 이는 전반부의 7과 11처럼 조사찬에 해당한다. 후반부의 끝에는 간화선에 대한 본질과 특성을 법체(法體)와 활구(活句)로 강조한 사상적인 특성이 반영되었으며 현실적인 불사라기보다는 수선을 위한 좌우명으로 39와 40과 상통한다. 그가 참선을 통한 응결된 경험의 산물이었다.

이상과 같이 제경촬요의 전반부는 불서나 선종의 종지를 나타냈으며, 후반부는 행장이 실렸고, 승속과 대화하거나 불사와 관련이 깊은 작품이다. 그러나 전반부에도 사상에 대한 자신의 견해를 적은 작품이 있고, 후반부에도 적으나마 불경을 요약하거나 조사찬과 상통하는 작품도 들어 있으므로 전반부와 구분하기가 애매한 내용도 있다. 또한 후반부에는 연결이 불확실한 부분(64면 끝)에는 탈장(脫張)도 예상된다.

사본이고 부분적 훼손으로 내용이 연결되지 않는 부분이 있기 때문에 전체의 편집에 어려움이 있다. 전반부와 후반부의 내용상 섞인 부분을 지금까지의 검토를 토대로 중간항목을 설정하고 이미 제시된 미세항목을 묶어서 순서를 정리하면 다음과 같다.

표9 사본 제경촬요의 재편집 시도

[ ]는 필자가 임의로 부여한 중간 항목

중간 항목	미세 항목	내용의 공통점
제경촬요(諸經撮要)	1~4, 6~10, 25.63	간화선에서 중요시한 교종 종파의 경전
수선결[修禪訣]	24, 39~40	선승으로서 참선의 지표로 삼은 좌우명
조사찬[祖師讚]	5.11, 14, 56~60, 62	부처나 조사의 업적을 찬미
산거록[山居錄]	15~23, 26~38, 41	몽산이 주관한 불사와 주변경관에 대한 소감의 기록
몽산행실기	12	몽산의 세속과 출가 후 휴휴암에 정착하기까지의 일대기
법문경치(法門景致)	42~55	휴휴암에서 접화한 고려의 승속과의 교류와 이를 간행하기 위한 서발(序跋)

이상과 같이 여섯 항목으로 나눌 수 있고, 이는 몽산어록의 초고라고 할수 있다. 다만 시중(示衆), 법어(法語), 보설이나 좀더 잡문의 저술은 빠졌다. 그가 경전을 요약하거나 좌우명으로 삼았던 참선의 목표, 그리고 조사찬은 휴휴암에 정착하기 전의 기록일 가능성도 있다. 산거록은 그가 산사에 머물면서 불사와 일과를 담담하게 나타내었으므로 휴휴암에서 남긴 글이 아닐까한다.

제경촬요의 전반부와 후반부가 차이가 있더라도 후반부에는 몽산행실기와 휴휴암명, 그리고 법문경치에 나타난 고려의 승속과의 교류와 몽산이 남긴 서와 후서는 몽산의 작품임이 뚜렷하므로 나머지 작품도 몽산이 남겼다는 확신을 준다. 임제종 양기파를 계승한 몽산이 오가종지송이나 법화경, 그리고 석가와 달마, 포대화상 등 교조와 조사에 대한 숭앙과 반야심경이나 화엄경, 법화경에 대한 이해를 넓히거나 이를 간행하려는 노력을 예외적인 활동으로 보기는 어렵다.

전반부에서 과석(科釋)하거나 요약한 여러 경전의 이해가 집중적으로 표현되었다면 후반부에는 이보다 소략하나 경전에 관한 이해와 상통성이 크다. 특히 몽산은 출가하기 전에 광범위하게 경전을 섭렵하였고 출가한 34세 전후에는 몽고와의 항전이란 시대의 시련을 극복하기 위하여 경전을 요약하여 이론과 실천의 지표로 삼으면서 현실에 깊이 관여하였다고 추측된다. 제경촬요에 수록된 경전의 요약은 사색보다는 행동이 요구되는 시대를 치열하게 살아가려는 실천적 지식인이 사용한 실용성이 큰 지침서였을 가능성이 크다.

몽산행실기와 법문경치는 그가 휴휴암에서 만년에 해당하는 시기에 남긴 글이고, 특히 법문경치는 자서와 그의 제자인 송광산 수선사 출신의 요암원명의 발문이 실린 서책의 형태를 완벽하게 갖춘 사본이다. 위와 같은 여섯 가지 중항목은 대체로 그가 이를 남긴 시기도 같은 순서일 가능성이 있다. 그의 임종과 임종게가 포함된 끝부분이 현존하지 않는 사실이 아쉬우며 이러한 자료가 나타나기를 기대한다.

현존하는 사본의 표지에 제경촬요라 하였지만 이는 몽산의 법어와 보설, 그리고 다른 저술을 제외한 그의 어록의 일부분이라 하겠다. 제경촬요는 그의 어록이었던 일부의 편명이고, 사본으로 남은 현존하는 부분의 전체를 포괄하는 제목으로 사용하기는 부적절하다. 본래 여러 중항목을 묶은 사본이나 간본의 첫째 항목을 서제로 사용하였으나 이 논문에서 이를 답습하였다. 앞으로 이 자료들을 종합하여 간행할 시기에 바로잡을 과제라고 하겠다.

제경촬요는 언제 사본으로 남겼는가 규명되지 못하였다. 후반부에 실린 법문경치에 의하면 고려의 송광산 수선사의 요암원명이 간행을 시도하였다.[9] 이를 성취하였다는 확증은 사본(寫本)이 아닌 인본(印本)이 발견되어야 입증되겠지만 몽산이 직접 제공하거나 몽산의 문도가 고려에서 간행하기를 기대하고 이를 제공하였음에 틀림없다. 후반부의 몽산행실기와 법문경치, 그리고 그 사이에 실린 몽산의 작품은 그를 찾았던 고려의 고승에 의하여 고려로 옮겨지고, 이후 철산소경(鐵山紹瓊)에 이르기까지 몽산의 만년에 활동한 문도는 거의 고려의 고승이었다. 이들이 활발하게 몽산의 유품을 고려로 옮겼고, 이를 간행하려 시도하였을 가능성이 크다.

몽산의 전집이 고려에서 간행되지 못했더라도 많은 저술과 어록의 일부와 행장의 일부가 고려에서 간행되거나 시도되었다. 제경촬요는 몽산의 유품 가운데 경전에 대한 그의 필사본을 다시 옮기고, 행실기를 합쳤다고 하겠다. 제경촬요의 전반부와 후반부인 몽산행실기의 필체가 다르며, 이는 적어도 후반부는 후대의 필사본일 가능성이 있다. 몽산의 유품은 제경촬요를 포함한 문헌자료뿐 아니라 금강산 표훈사(表訓寺)에는 몽산의 가사(袈裟)와 동파라(銅叵羅)와 불자(拂子)[10]가, 지리산 영신사(靈神寺)에는 그의 초상화가[11] 전했을 정도였다. 그의 유품인 문헌자료가 모두 고려와 조선에서 간행하려던 잡박한 초고이거나, 간본을 토대로 후대에 필사하였으나 이를 수습하는 과정에서 순서가 바뀐 자료가 포함되었고, 제경촬요도 그 가운데 하나일 가능성이 크다.

제경촬요의 후반부는 제경촬요의 부록이거나 행실기와 법문경치를 토대로 그의 행장과 시문을 모아놓은 문집의 일부인가 의문이 남는다. 몽산의 행

---

9) 요암원명이 송광사의 고승임은 북경도서관에 소장된 보설에 의하여 확인하였다.
10) 『樂全堂集』 권 7, 遊金剛山內外山諸記(韓國文集叢刊 93, 民族文化推進會, 270면).
　　"寺中藏懶翁舍利珠 靑色者 盛於水晶小皿 納之金盒 副以銀龕 匣之以銅鉢 綵袱百襲裏之 有袈裟三領 其一綺 其二似紗絹 而其端有蒙山和尙袈裟者 以制度寬豁 非如恒人所著也."
11) 『佔畢齋集』 文集 권 2, 游頭流錄.

적이 집중적으로 실려 있으나 몰년(沒年)과 임종(臨終)에 대한 내용이 전하지 못하였다. 고승의 일대기나 행장이라면 임종에 대한 기록이 반드시 포함되게 마련이기 때문에 더욱 아쉽다. 몰년이나 임종에 대한 내용이 없다면 그가 생존한 어느 시기까지 활동을 수록한 행록(行錄)에 불과하다. 행장(行狀)이라 불리지 못하고 행실기로 실린 까닭도 이 때문이라 파악된다.

그가 법문경치의 후서를 쓴 시기는 1298년 2월 2일이었다. 같은 해 4월 12일 두타산에 있던 이승휴에게 보낸 법어가 도착되었다.[12] 같은 해인 1298년 만항(萬恒)에 의하여 몽산본(蒙山本)『육조단경』이 고려로 전래되었고, 2년 뒤에 간행되었으나[13] 이 책에도 몽산의 임종에 대한 기록은 없다. 몽산의 수제자이며 고려 출신으로 알려진 철산소경은 1306년부터 3년 동안 고려에 머물면서 대장경을 앙산(仰山)으로 옮겼다. 이에 대한 민지(閔漬)의 기문에도 몽산의 생존에 대한 기록은 없다. 몽산이 1308년 철산이 돌아갈 때까지 생존하였으리라는 추측도 있으나[14] 근거를 제시한 주장은 아니다.

몽산은 1298년 68세였고 적어도 그해 4월까지는 생존하였다. 그를 찾았던 고려 출신의 제자가 고려로 돌아가 활동하였고, 그의 저술과 생애에 대한 다양한 자료가 대부분 한국에서 보존되었고 근래까지도 꾸준히 발견되었으나 그가 입적한 연대나 임종에 대한 기록이 없음은 그 자체가 앞으로 규명할 대상이 아닐 수 없다.

---

12) 閔泳珪 「蒙山德異와 高麗佛教」, 『六祖檀經의 世界』(民族社 1989).

13) 朴相國 「現存 古本을 통해 본 六祖大師法寶壇經의 流通」, 『書誌學研究』 4(書誌學會 1989).
　　印鏡 「普照 引用文을 통해서 본 法寶記壇經의 性格」, 『普照思想』 11(普照思想研究所 1998).

14) 印鏡, 위와 같은 글.

2. 온릉계환(溫陵戒環)의 교학을 계승

몽산은 임제종 양기파(楊岐派)에 속한 선승이지만 경소(經疏)와 약찬게(略讚偈)에 이르기까지 교학을 광범위하게 섭렵하였다. 또한 유가와 도가의 논객들과도 논쟁을 서슴지 않았다. 이들을 설득하여 불교를 이해시키고, 현실의 직면한 과제를 극복하기 위하여 협력을 구하였다고 짐작된다. 그는 34세의 늦은 나이로 출가하였지만 불교에 대한 이해와 관심은 일찍부터 비롯되었고 재가신도인 지식인으로서 그리고 외숙(外叔)을 도운 막료(幕僚)로서 행동적인 지식인이었음이 행실기에서 확인되었다.

그는 몽고와 항전이 치열한 시기의 막바지에 출가하였고, 출가 동기도 현실의 좌절을 극복하려는 수단이었거나 전란에서 자신이 생존하기 위한 절박한 현실성이 담겨 있다고 생각된다. 그가 출가를 전후한 시기에 앞서 금에 대하여 주전론자(主戰論者)였던 대혜종고(大慧宗杲)와 같은 현실인식을 가지고 몽고와의 항전을 독려하였을 가능성이 크다. 몽고에 의하여 남송이 잔존세력마저 몰락하던 1277년 몽산은 휴휴암에 은거하고 절목수(絶牧叟)를 자처하였다. 몽고와 항전하던 현실에 초연하겠다는 의미보다 포기하겠다는 선언이었다.

몽산은 휴휴암에 은거한 시기부터 단월을 천도하는 의식에서 자주 보설을 남겼다. 국내에서 현존하는 육도보설과 일부만이 현존하는 보설 아홉 편을 합쳐 모두 보설 열 편이 현존한다. 보설에서 몽산은 경전의 요지를 평이하게 강론하는 교화의 방법을 자주 사용하였고,[15] 이때 사용한 경전은 제경촬요에 언급된 경전과 상통한다. 이를 정리하여 비교하면 표10과 같다.

이상과 같이 보설에서 능엄경과 원각경만이 직접 언급되지 않았다. 현존

---

15) 許興植 「蒙山德異의 普說과 懶翁普說과의 관계」, 『書誌學報』 26(韓國書誌學會 2002).

표10 제경촬요의 대상 경전과 보설의 근거로 사용한 경전의 비교

제경촬요의 경전	본문의 소재( )	보설의 근거로 사용한 경전	소재
대반야경		대반야경	북경도서관 본 제1.2.3.4 보설
화엄경	(3. 5. 6. 8. 9. 10. 41)	화엄경	북경도서관본 제7.8보설, 육도보설
법화경	(4.11.63)	법화경	북경도서관 본 제5.6보설
금강경	(25)	금강경	북경도서관 본 제1보설
원각경	(10)	원각경	
(간화선)	(39. 40. 57. 58. 62. 65)	(간화선)	북경도서관 본 제8보설
능엄경	(2)		

하는 몽산보설은 전부가 아니므로 경전과의 관계를 파악하기에는 한계가 있다. 이 두 가지 경전만을 제외하고 거의 언급되었으며, 제경촬요에서 언급한 경전과 거의 일치한다는 개연성이 있다. 또한 반야경과 금강경, 그리고 반야심경은 대품반야의 다른 명칭이거나 이를 요약하여 축소화한 표현에 불과하고 사상은 상통하는 특성이 있다.

남송 초기의 온릉계환(溫陵戒環)은 몽산처럼 그가 머물던 지역보다 우리나라에 더욱 널리 알려진 고승이다. 계환은 여러모로 몽산과 상통하는 고승이었다. 몽산이 만년에 정착한 오늘날의 강소성(江蘇省)에서, 계환은 복건성(福建省)에서 몽산보다 150년 정도 앞서 능엄경, 법화경, 화엄경에 대한 깊은 연구를 통하여 각각 요해(要解)한 주석서를 남겼다. 그의 행적이 남아 있지 않아서 몽산보다도 알려지지 않았고, 남송의 선승을 모은 전기에서 정리하지 못하였으나 고려후기의 능엄경은 계환의 요해가 일색일 정도로 이 책을 저본으로 자주 간행되었고, 그의 계보가 1270년대의 고승인 고려승 보환(普幻)의 저술에서 간단하나마 유일하게 확인된다.

『수릉엄경요해(首楞嚴經要解)』가 고려후기에 널리 유행되고 이에 대한

고려인의 주석서가 많았을 듯싶으나 오직 『수릉엄경환해산보기(首楞嚴經環解刪補記)』가 현존한다.[16] 이를 남긴 보환(普幻)은 고종말부터 충렬왕시까지 저술활동을 남긴 인물이었다. 그는 당시의 유력한 고승인 일연과 경지대선사(鏡智大禪師) 등과 교류하면서 능엄경을 연구하고, 『능엄경신과(楞嚴經新科)』 두 권, 『수릉엄경환해산보기』 두 권을 저술하였다. 현재 유통되는 이 책은 바로 계환의 『수릉엄경계환해(首楞嚴經戒環解)』 10권을 간추리고 보충한 저술이다. 원과 명의 승사(僧史)로는 밝힐 수 없지만, 능엄경산보기의 발문에 의하면 계환은 육왕개심(育王介諶)을 계승한 제자임이 확실하다.[17]

육왕개심은 주지하다시피 임제종 양기방회(楊岐方會)를 계승한 고승이었다. 개심과 교류하였던 고려의 고승은 대감국사(大鑑國師) 탄연(坦然)이었다. 탄연의 비문에 "종파로 헤아려 보면 대사(탄연)는 임제의현(臨濟義玄)의 9대손이라"는 표현도 임제종의 조사로부터 개심까지 8대이고 탄연이 그의 제자로 계산된 결과이다.[18] 탄연은 개심과의 유대가 긴밀하였지만 그밖에 교류한 도응(道膺), 응수(膺壽), 행밀(行密), 계환(戒環), 자앙(慈仰) 등이 있었고, 이들은 모두 이름 높은 선승이었다는 점이 명시되어 있다. 그러나 이 고승 5명이 어떤 행적을 남기고 어느 고승을 계승한 인물인지 현존하는 선승전으로는 밝혀지지 않는다.

계환은 국내에 전하는 능엄경환해산보기에 의하여 육왕개심의 계승자임이 확실하고 대감국사비에 실린 나머지 고승 4명도 개심의 문도였다고 간주

---

16) 東國大 佛敎文化硏究所 編 『韓國佛敎撰述文獻總錄』(東國大出版部 1976).
　　『韓國佛敎叢書』 2(普蓮閣 1972). 1461년 판본이 있다고 하지만 아직 접할 기회가 없었다. 다만 근래에 개운(開雲)이란 화상(和尙)이 계환해(戒環解)와 경문(經文)을 합치고 윤색(潤色)한 저술이 활자본으로 간행된 적이 있다. 『正本首楞嚴經環解刪補記』 上 下 (大田回想社 1967).
17) 『韓國佛敎叢書』 2(東國大出版部 1976) 1면. "溫陵環師育王介諶之. 高弟" 3면. 育王諶公之門人也.
18) 이에 대해서는 『禪學大辭典』 下(大修館書店 1963) 10면을 참조할 것.

해도 무리는 아니라 하겠다. 계환은 선승이었지만 제경(諸經)에도 충실하여 능엄경요해 10권,『묘법연화경요해(妙法蓮華經要解)』20권 화엄경요해 등을 저술한 인물이었다.[19] 그가 지은『수능엄경요해』는 고려후기부터 조선시대까지 여러 차례 간행되었고, 세조시에도 국문으로 번역되었으며 후에 새긴 판본이 현존하고 있을 정도이다.[20] 고려중기에 이자현(李資玄)을 비롯하여 그의 문인인 탄연과 고려후기의 원진국사(圓眞國師) 승형(承逈) 등 조계종에서 능엄경을 중요시한 전통은 계환의 저술에 깊은 받았던 사실과 상관성이 크다.[21]

능엄경은 계환(戒環)이 해석한 바와 같이 10권 가운데 제3권은 세계기시(世界起始)로서 주역의 태극설(太極說), 중생기시(衆生起始)와 업계기시(業戒起始)는 성리학의 인성론과 연결될 수 있다. 몽산의 직주도덕경과 사설은 계환의 저술이 뒷받침이 되었음에 틀림이 없다. 몽산의 경전에 대한 촬요인 요약에 불과하고 계환의 해석과 과석에 비하여 심도는 떨어지지만, 이를 이용한 폭넓은 안목은 계환보다 앞서고 있음은 사설(四說)과 직주도덕경으로 확신할 수 있다.

강소와 복건의 명주(明州)와 천주(泉州)는 통치의 중심인 중원이 전란에 휘말릴수록 오대(五代) 이래 교역이 활발하였으며 배후에 있던 사원은 개방적인 사상을 형성하였다. 오대에 선사상을 토대로 천태학을 절충한 영명연수(永明延壽)가 주도한 법안종(法眼宗)이 오월(吳越)에서 성하였다. 남송 초부터 간화선을 강조한 임제종 양기파는 교학을 광범하게 활용하면서 사상적 절충이 뛰어나고 현실성이 강하였다. 임제종의 양기파는 전성기의 법안종과

---

19) 小野玄妙 編 『佛書解說大辭典』10(大同出版社 1938) 382면.
   高翊晋「法華經 戒環解의 盛行來歷考」,『佛教學報』12(1975).
20) 국립도서관에도 소장된 판본이 있다. 청구번호 한 21~416.
21) 許興植「高麗中期 禪宗의 復興과 看話禪의 展開」,『奎章閣』6(서울대학교 奎章閣 1982).
   『高麗佛教史硏究』(一潮閣 1986).

시대가 크게 차이 있지만 대혜종고 이래 법안종이 번성한 지역과 연계하여 온릉계환과 몽산덕이는 12세기와 13세기의 후반에 각각 두각을 나타내고 고려의 조계종과 긴밀한 관계가 있다고 하겠다.

남송말 원초에 양자강 동남의 몽산덕이는 1세기 전의 온릉계환와 마찬가지로 고려에서만 저술과 인맥의 계승이 뚜렷하게 규명되는 특이한 고승이었다. 남송 동남의 해로를 통한 교역과 이를 뒷받침하는 배후에서 이룩한 사상의 진취성을 불교계에서 확보하였음을 의미한다. 대륙의 정치적 중심인 황하유역에서 중앙집권이 안정을 찾고 강화되면, 정치적 우월성이 동남지역의 진취성을 억압하면서 사상과 교역을 통제하게 마련이었다.

한국의 불교사상은 대륙의 영향을 받았지만 모든 사상을 전수하거나 답습하지 않았고, 특정한 사상이나 지역과 교류가 활발하였다. 법안종의 영명연수나 임제종 양기파의 계환과 몽산을 통하여 확인되듯이 뒤에 본고장에서 주목을 받지 못하고 단절된 계통이라도 이들의 사상을 고려에서 선택하여 보존하였다. 중앙집권의 중심에서 통치의 비호를 받았던 주도적인 사상가보다 양자강 동남에서 선진적이었던 소수 사상가들의 저술과 인맥을 중요시하였다는 고려 불교계의 사상적인 특성을 확인할 수 있다.

동아시아의 동남은 해상교역이 활발하여 화북 중심의 중앙집권이 흔들리는 혼란기이더라도 안정과 활기를 찾으면서 번영하였다. 10세기 전반의 법안종과 12세기 후반과 13세기에 임제종 양기파는 전성기를 유지하면서 개방적인 사상과 포용성을 보였다. 이 지역은 해상교통이 발달하여 교역과 함께 다양한 사상을 포용하고 발전시킬 수 있는 여건이 황하하류보다 우월하였다. 여기에 해상로를 통하여 고려와 일본,[22] 그리고 동남아시아로 팽창하

---

22) 원이 남중국을 석권하기 직전에 남송과 고려와 일본의 유대는 지금까지 알려진 사서의 기록보다 생동감있게 전개되었을 가능성이 크다. 필자가 정리하여 소개한 진정국사(眞靜國師) 호산록(湖山錄)에서도 확인하였다. 원의 지배 아래 시기에도 동아시아의 무역을 반영하는 근거로는 최근에 발견된 신안과 완도의 부근에서 발견된 해저유물에서도

던 이슬람 해상세력과 접촉하면서 폭넓은 사상을 고려에서 꽃피웠다고 하겠다.

3. 조계종에 끼친 교학사상

종파의 이론적 통합은 간화선의 속성이었다. 이를 달리 표현하면 교학불교의 전통이 당말 회창폐불 이후에 회복하기 어려울 정도로 몰락하였으며, 이는 황하유역을 석권한 요와 금보다 남부에서 심하였다. 선과 선종의 기원을 동아시아에 두는 견해가 유력하였으나 필자는 남전불교로 소급시켜야 한다고 제안을 하였다.[23] 교종과 대립하면서 종단을 발전시킨 곳은 동아시아이지만 선수행의 특성은 남전불교에서 뚜렷하게 입증되기 때문이다.

오늘날 한국의 불교계는 다양한 종파가 있지만 그 가운데서 대한불교조계종은 종세로나 전통의 계승으로도 불교계를 대표한다. 조계종의 기원은 당으로 유학하였던 신라말 고승으로 거슬러 올라간다. 처음에는 교학만이 성했던 한반도의 삼국에서 차츰 교학에서 당의 선종으로 입문하여 선승의 자질을 닦아 귀국한 다음에 국내에서 한동안 소외되고 세력을 형성하지 못하였으나, 844년 회창폐불(會昌廢佛)을 계기로 귀국한 선승들은 급속하게 신라의 변두리에서 산문을 개창하고 국사로 책봉되면서 두각을 나타내었다.

최치원은 봉암사(鳳巖寺) 진경대사비문(眞鏡大師碑文)에서 14산문(山門)을 열거하였고, 고려초까지 선종 산문은 활발하게 확장되었다. 고려초에는 3대 종파의 확립과 함께 산문은 단일한 종파로서 선종이나 조계종이라고 했다. 동아시아의 세력을 주도했던 당의 쇠망과 분열기가 계속되면서 고려는

확인된다.

23) 許興植 『高麗로 옮긴 印度의 등불—指空禪賢』(一潮閣 1997).

대륙보다 먼저 통일국가를 완성하였고, 대외 교류는 해로를 통한 대륙의 동남과 가장 긴밀하였다. 혼란이 가중된 황하유역에는 법화원(法化院)을 설치하였던 산동반도와도 교류가 소원해지고 5가(家)로 분립의 경향이 강하였던 남종선에서 법안종이 번영한 오월과 교류하면서 선교 절충적 경향이 강한 특성을 수용하였다.[24]

송의 건국과 함께 조동종(曹洞宗)이 성행하였지만 선교절충적인 천태사상과 가깝던 법안종과의 교류에 비하면 활발하지 못하였으므로 묵조선의 영향은 적었다. 고려의 견문을 남긴 서긍(徐兢)은 고려에 법안종의 영향이 그가 방문하였던 고려 인종 초에도 강하게 남아 있음을 특기하였을 정도였다.[25] 고려전기의 불교계는 건국초기에 비하여 화엄종과 유가종세가 약진하였고 조계종도 교학을 절충한 경향이 우세하였다. 대각국사 의천을 추종하였던 선승들은 참선과 삼관(三觀)을 절충하여 천태종을 확립시켰으므로 조계종세는 더욱 위축되었다.

고려중기에 원응국사(圓應國師) 학일(學一)과 혜조국사(慧照國師) 담진(曇眞), 그리고 대감국사(大鑑國師) 탄연(坦然)은 현종 이후 조계종의 침묵을 깨고 국사와 왕사에 올라 중흥의 기반을 무신집권 전에 마련하였다. 특히 대감국사 탄연은 간화선을 수행의 방편으로 삼았던 대혜종고의 계승자 육왕개심와 교류하였고 최씨집권 초 보조국사 지눌은 영명연수의 저술을 자신의 사상처럼 밝히지 않고 인용하였을 정도였다. 지눌은 수선결사보다 앞선 시기에 지리산 상무주암(上無住庵)에서 대혜종고(大慧宗杲)의 서장(書狀)을 읽고 간화선에서 깊은 감화를 받고 새로운 전기를 마련하였다.

대혜종고의 계승자인 육왕개심은 계승관계이지만 생몰이나 활동연대에는 큰 차이가 없었다. 이들은 북송이 몰락하고 남송이 건국되는 시기에 주전파

---

24) 許興植「高麗前期 佛敎界와 天台宗의 形成過程」,『韓國學報』11(一志社 1978).
25) 徐兢『宣和奉使高麗圖經』, 권 20, 釋氏 梨花史學叢書 2(梨花大學校出版部 1970) 183면.

로서 현실에 깊이 관여하였다. 또한 이들은 활동무대가 대륙의 동남으로 오늘날의 복건성에서 강소성에 이르는 지역이었다. 육왕개심을 이은 온릉계환의 생애에 대해서는 물론 생몰연대마저 뚜렷하지 않으나 고려인이 남긴 저술에 의하면 그가 활동하였던 사원은 같은 동남지역이었고 1세기 후의 몽산이 머물렀던 전산(澱山)이나 중오(中吳)의 휴휴암과도 상통한다.

양자강 동남지역은 해상무역이 활발하지만 통치의 중심지는 아니었다. 통치의 중심지에서 보면 상업의 융성으로 사상의 다양성과 확대된 안목은 오히려 거추장스런 존재였다. 개봉(開封)에 도읍하였던 북송의 소식(蘇軾)은 동남지역에 지방관으로 부임하여 법안종 이래 활발한 이 지역과 고려 불교계의 교류와 개방성을 못마땅하게 여기고 여러 차례 금서와 금수정책(禁輸政策)을 상소하였을 정도였다.[26]

북송의 멸망과 남송의 건국은 이 지역 사상계의 중요성이 되살아나고 이곳에 기반을 두었던 임제종 양기파의 활동은 두드러졌다. 탄연에서 지눌과 그의 문도에 이르기까지 직간접으로 교류는 이전의 북송시에 비하여 활발하였다. 몽산이 이 지역에 정착하면서 고려의 만수상인(萬壽上人)과 통상인(通上人)은 고려의 승속과 몽산과의 교류를 강화시키거나 두 지역의 불교서를 전해주어 교정하거나 간행하여 유통시키는 매개자의 역할을 하였다.

계환과 몽산의 저술이나 생애에 관한 자료는 한국에만 주로 전하고 있다. 이는 이들이 활동하던 지역과의 무역이나 사상의 교류가 활발하였다는 증거로서 주목된다. 정치의 중심지인 황하유역의 영향력이 강화될수록 동남지역의 사상가의 활동은 위축되었다. 이들과 상관성이 컸던 고려에서 그들의 저술이나 생애에 대한 자료를 충실하게 보존시켰으며 사상이나 인맥의 계승까지도 이를 통하여 뚜렷하게 추적되는 현상이라 하겠다.

---

26) 『宋史』 卷 338, 列傳 蘇軾과 그의 문집. 소식(蘇軾)은 고려 사신의 관객(館客)으로 구서(求書)를 상서했던 자(者)를 탄핵하여 좌천시킨 일도 있었다. 『宋史』 卷 346, 列傳 陳軒.

황하유역은 통치 중심이지만 이들은 군사력과 관료조직으로서 전국을 장악하는 특성이 있었다. 황하유역의 군사력이란 기병에 기반을 둔 육군이었다. 이와 달리 양자강유역은 수군에 기반을 두었다. 관료란 전국에서 과거로 선발하여 폭이 넓다 하더라도 왕조가 안정될수록 통치중심지의 관료로 세습성이 강해지면서 원심분리의 원리처럼 중앙집권화를 담당시키게 마련이었다.

중앙집권화의 특성은 상업과 개방성을 위축시키고, 농업경제를 강조한 전국적인 조세에 의존한 통제와 폐쇄성의 경제체제를 기반으로 삼는 경향이 있었다. 개방성과 다양성이 강한 동남의 불교계는 황하유역의 통치력이 강화되고 안정될수록 위축되면서 기반을 상실하고 이들과 교류하였던 고려의 불교계에만 이들의 흔적이 남게 마련이었다고 하겠다.

고려의 불교계는 대륙에 비하여 다양성은 적었다 하더라도, 중원이 혼란기에 있거나 다원화된 세력이 형성될수록 대륙의 개방성이 큰 어느 한 지역과의 교류만이 활발하였다. 고려초부터 원말까지 대륙의 동남은 고려와 무역과 사상의 교류가 가장 활발한 지역이었다. 법안종의 영향이 고려에서 오랜 기간 강하게 존속하였거나 남송 초와 원초의 계환과 몽산의 저술은 그들이 살았던 지역보다 우리나라에서 좀더 잘 보존된 경위도 활발한 교류와 사상적 다양성을 가진 지역적 특성의 상관성과 관련이 크다고 하겠다.

조선초의 불교계는 조계종, 천태종, 화엄종, 자은종(慈恩宗, 유가종瑜伽宗)의 순서로 종세가 우세하였다. 이는 고려중기 이래 4대 종파가 큰 변화 없이 지속하였음을 의미하며, 여기에 군소 종파를 합치면 모두 12종파였다. 태종시에 이를 7종으로 통합하였고, 중앙과 각도를 합쳐 36 대사(大寺)와 252 자복사(資福寺)를 설정하여 불교계를 축소시키고 통제하였다. 세종시에는 이를 다시 선교양종으로 더욱 단순화하였으며, 선종은 조계종과 천태종을 통합하였으나 조계종의 기반을 강하게 계승하였다. 교종은 화엄종과 자은종을 축으로 통합되었으나 화엄종이 좀더 우세하였다.

태종과 세종시의 불교계에 대해서는 국가의 통제라는 차원의 통폐합과 불교계 내부의 이론적 특성의 약화라는 양면에서 살필 필요가 있다. 고려후기와 조선초에 4대 종파를 제외하고도 군소 종파가 많았다 하더라도 이미 고려의 불교계는 대각국사 의천이 활동하던 고려전기까지를 제외하면 이론적인 발달보다는 실천적인 종파성이 강하였고, 국가의 불교와 관련된 제전이나 사원의 전통에서 종파별 특성이 계승되었다. 간화선이 풍미한 이래 선종 중심에서 교학이나 심지어 유교와 도교를 융섭하는 경향이 강하였고, 몽산의 사상에서 이러한 경향은 가장 뚜렷하였다.[27]

조선전기에 종파로는 선종과 교종으로 양분되었으나 선종에서 경전을 융섭하는 경향은 앞서 고려초 법안종에 유학한 선승이나 중기에 임제종과 교류한 선종에서 나타났다. 계환이나 몽산은 법화경은 물론 화엄경을 중요시하였으므로 천태종이나 화엄종의 이론적 기반이었던 소의경전을 선과 접목시켰다. 고려와 조선에서 천태종은 넓은 의미의 선종에 속하였고 이론이나 인맥상으로 조계종과 밀접하였다. 계환과 몽산에 이르면 이론상으로 화엄사상에 근접하였고, 이보다 앞서 보조지눌도 화엄론절요(華嚴論節要)와 원돈성불론(圓頓成佛論)을 지었을 정도로 화엄사상을 선사상과 접목시키려고 시도하였으나 법신사상은 약하였다. 지공은 삼학에서 화엄사상의 법신을 강조하여 이후의 불교계에서 법신사상을 강하게 수용하였고, 이에 따라 원각경과 범망경의 영향이 크다고 짐작된다.

맺음말

북송과 남송은 선종 중심의 불교였고 이를 좀더 세밀히 말한다면 북송에서는 조동종(曹洞宗)의 묵조선(默照禪)이 주도한 반면 남송에서는 임제종

---

27) 許興植 『高麗佛敎史硏究』(一潮閣 1986).

(臨濟宗)의 간화선이 주도하였다. 고려에서는 오대(五代) 오월(吳越)의 법안종(法眼宗)이 조계종과 긴밀하였으나 대감국사(大鑑國師) 탄연(坦然)과 보조국사 지눌 이래 임제종으로 경도되었다. 북송에서 남송으로 전환하는 시기에는 임제종 양기파(楊岐派)와의 간접적인 교류가 주목되지만 남송에서 원으로 바뀌는 시기에는 직접적인 교류가 더욱 활발하였다. 몽산덕이는 선사상으로는 양기파의 조사를 직접 계승하였고, 그와 교류한 다른 고승도 주로 양기파의 계보에 속하였다.

몽산의 교학사상은 양기파의 고승인 온릉계환의 저술을 요약하여 활용하였음이 그의 제경촬요에서 뚜렷하게 입증된다. 몽산이 중요시한 교학은 계환과 직접 연결되며, 이는 조선전기의 교학경전의 번역이나 간행에서도 그대로 반영되었다. 또한 승려의 교육과정에서 중요시한 경전과도 일치한다. 승려의 교양과 불서의 간행은 불가피한 상관성이 있으며, 이는 수요와 공급의 원리와도 일치하는 상식이라 하겠다.

몽산의 제경촬요는 현존하는 사본의 첫째 부분일 뿐이고 내용은 그가 남긴 경전의 요약과 휴휴암에 정착한 이후의 불사와 산거록, 조사찬, 그리고 자신의 일대기를 적은 행실기와 고려의 승속을 접화한 법문경치에 이르기까지 여섯 분야로 구분되었다. 다만 지금까지 알려진 『법어약록』이나 보설, 그리고 다른 저술이나 제외된 어록의 일부였다. 다만 그의 입적에 대한 내용이 빠진 아쉬움이 있으며, 제경촬요란 첫부분의 저술 명칭이고 전체의 서명으로는 적당하지 않으므로 앞으로 이를 바로잡을 필요가 있다.

몽산의 사상적 바탕은 교학보다 간화선이므로 그의 법어(法語)가 고려말부터 조계종에 영향을 주었음에 틀림없다. 실제로 그의 보설과 법어는 고려말의 사경으로도 남아 있으며, 조선초에 여러 차례 간행되었고 이후의 국문역경에도 그대로 나타났다. 그가 중요시한 경전은 곧 온릉계환이 재해석하거나 과석(科釋)한 경전과 일치하고, 직접 온릉계환의 경전요해를 활용한 부분이 많다.

계환의 경전요해는 조선초에 자주 간행되었고, 불교의 교육과정에서 교재로 활용되었다. 선종이 주도한 조선의 불교계에서 교학경전을 겸수하는 경향은 임제종과 교류가 활발하였던 대감국사 탄연이나 보조국사 지눌로 거슬러 올라가지만 좀더 직접적인 계기는 계환의 요해를 답습한 몽산덕이의 영향이라고 하겠다. 몽산이 남긴 보설과 법어를 제외하고도 많은 저술이 간행되거나 사본으로 조선에도 전하였고, 그를 흠모한 유품이 곳곳에 숭앙되고 있음에도 불구하고, 그의 법어나 보설이 불교교육의 필수교과로 지정되지 못한 사실은 설명되지 않았다. 몽산보다 앞선 대혜종고(大慧宗杲)의 서장(書狀)이나 후대의 인물인 고봉원묘(高峯原妙)의 선요(禪要)가 사집(四集)에 포함되었고, 계환이 요해한 여러 교학 경전은 대교과(大敎科)의 교재이었던 사실과는 다르다.

몽산의 보설과 법어가 선승의 필수적인 교양서이고 제경촬요와 행실기가 사본으로 전해질 정도로 그의 영향력이 컸던 고려말과 조선전기의 현실과는 달리, 이것이 불교교육의 교재로서 자리매김을 하지 못한 까닭에 대하여 의문을 가진 논문은 찾기 어렵다. 필자는 몽산의 사설과 직주도덕경이 성리학계로부터 마지막 대결을 이루었던 중종시에 간행된 사실을 확인하면서, 줄곧 몽산은 조선의 불교계에서도 성리학계의 불교계에 대한 비판을 약화시키는 바람막이의 이론서였음을 직감하기가 어렵지 않았다.

함허기화(涵虛己和)의 현정론(顯正論)이나 저자 미상의 유석질의론(儒釋質疑論)에 대한 이론적인 뿌리가 몽산의 직주도덕경이나 사설(四說)에 두고 있음을 알 수 있다. 몽산과 거의 같은 시기에 같은 지역에서 활동한 여여거사 안병(顔丙)의 삼교어록은 동아시아 사상사에서 주목되는 저술이고, 이를 이용한 고려말의 운곡(耘谷) 원천석(元天錫)이나 조선의 고승들의 이론배경을 규명하기 위해서도[28] 몽산의 저술에 나타난 삼교통합의 이론은 철저하게

---

28) 許興植「三敎語錄의 書誌와 思想的 特性」,『書誌學報』22(書誌學會 1998).

규명할 과제라 하겠다.

필자는 몽산과 함께 지공의 사상과 선맥은 나옹혜근을 거쳐 조선전기 불교계의 주도적 선맥(禪脈)으로 계승된다는 체계를 제시하였다. 나옹의 법통은 환암혼수(幻庵混修), 그리고 천봉만우(千峰卍愚)를 거쳐 신미(信眉)와 수미(守眉)에 이르는 조선전기 고승의 개연적인 계승을 가능하게 하고, 지공의 저술과 삼학(三學)은 선교의 융합의 사상으로 몽산의 선교절충의 사상과 조화를 이루었다.

불교계의 이론적 통합이 조계종을 중심으로 확고하게 자리잡았으나 지공의 저술은 몽산의 저술보다 다양성과 간행횟수는 적으나 그의 대표작인 선요록(禪要錄)은 적지 않게 유통되었다. 지공은 사리와 유물이 전해져 여러 곳에 설치된 부도와 함께 널리 숭앙되고 있었다. 몽산과 지공의 사상과 저술은 불교통합의 이론적인 기반을 이루었음에도 이들의 저술이 불교교육의 교재로 올라 있지 않는 사실도 설명되어야 할 과제로 남게 되었다.

몽산과 지공은 원의 불교계에서 주류를 이루지 못하고 고려인에 의하여 계승된 고승이라는 한계가 있었다. 원을 부정하고 건국한 명의 불교계에서 임제종 양기파의 평산처림이나 석옥청공, 그리고 고봉원묘의 계승자는 존속하였으나, 고려 출신의 고승이 주도적인 계승자를 이루었던 몽산과 지공에 대해서는 명의 불교계에서도 주목하지 못하였다. 몽산과 지공은 한국불교사에만 법맥이 남았고, 현지에서는 계승자가 단절되었으며 불교사에서 사라져 갔다. 조선전기 불교계는 명대 초기의 현실과는 차이가 크고, 같은 시기 조선초의 상황과 다른 한계가 작용하였다고 보고자 한다. 이는 한국불교의 자주적이고 자발적인 자리매김을 위해서도 깊이 연구할 주제라고 제안을 하고 싶다.

III. 불조삼경의 불교사상

머리말

종교나 예술에서 복고의 경향은 자주 되풀이되지만 똑같은 재생은 없었고 끊임없이 변형과 발전이 거듭되었다. 개혁이나 혁신도 과거의 경험을 전형으로 삼지 않으면 나침반이 없는 항해와 같다. 불교에서 부처의 말씀이나 실천에 새로운 의미를 부여하면서 새로운 방향을 제시하는 사회운동을 주도하는 고승들이 끊임없이 나타났다.

중세에서 근대로 예술의 변화는 문예부흥이었다. 그리스의 신화를 소재로 삼으면서 중세의 신에 예속된 인간에서 인간을 중심으로 신을 다시 해석하려는 운동이 일어났다. 서예에서도 자주 나타나는 집자비는 서예의 기본에 되돌아가려는 복고적인 혁신이었듯이 몽산도 석가와 조사의 기본정신에 복귀하고자 대장경과 조사의 저술에서 선별하여 불조삼경을 엮었다.

석가는 다른 세계종교의 교조보다 오래 살았고 생애에 대해서도 비교적 잘 알려졌다. 왕자였으므로 가장 부귀하였고, 청소년기에는 운동경기에서 우승하였을 정도로 건강하였다. 왕위도 버렸고 때로는 건강을 돌보지 않고 수도하였지만, 타고난 건강으로 당시로는 드물게 오래 살고 아주 많은 어록을 남겼다. 석가의 어록은 그대로 경전이었고, 암송되다가 1백년 뒤부터 기록되기 시작하여 결집이란 과정을 거쳐 방대한 경전을 이루었다.

몽산은 석가의 사십이장경(四十二章經)와 불유교경(佛遺敎經), 위산(潙山)의 경책(警策)을 뽑아 서문을 쓰고 이를 불조삼경이라 하였다. 몽산은 제 경촬요나 보설에서 확인되듯이 경전을 자주 이용하였으나, 불조삼경에 대한 언급은 적다. 그가 불조삼경을 편집하고 서문을 남긴 의도에 대하여 살핀 논문은 없다. 불조삼경은 『법어약록』과 마찬가지로 국내에서 보물로 지정되었지만 오래된 목판본으로서 가치를 인정했을 뿐이다.

몽산이 서문을 남긴 불조삼경이란 이름의 합책은 우리나라에만 전하였다. 고서로서뿐 아니라 사상사에서도 이를 전하고 성행시킨 한국불교사의 일면을 이해하기 위해서도 이를 편집하고 서문을 남긴 몽산의 의도와 사상사에서 의미를 살필 필요가 있다고 하겠다.

불조삼경에는 석가의 설법이 아닌 선승의 어록이 셋 가운데 하나가 포함되었다. 선승의 어록을 경이라고 하는 예도 드물고, 몽산이 속한 임제종의 고승이 아닌 위앙종 승이 지은 경책(警策)이란 사실도 주목된다. 몽산이 삼경이라 불렀던 세 가지 경전을 통하여 선교의 일치에 접근한 사상을 살피고자 한다.

1. 불조삼경의 구성

불조삼경이란 글자 그대로 부처와 조사의 대표적인 저술 세 가지를 모은 경전을 말한다. 여기서 부처는 석가를 말하고, 조사는 선종에서 모범인 고승을 의미하였다. 부처의 어록은 곧 경전으로 다수이고 다량이다. 조사의 어록은 그대로 어록이라고 하지만 좀더 내용에 따라 경책(警策), 시중(示衆), 보설, 수어(垂語), 법어(法語) 등으로도 분류가 다양하다.

삼경 가운데 두 가지만 석가의 경전이고, 하나는 조사의 어록에 가까운 위산(潙山)의 경책(警策)이다. 위산의 경책을 경이라 말한 고승은 몽산이 유일하다고 하겠다. 조사의 어록을 경이라 높여 부르는 사례는 육조혜능의 법보단경이 선행한 사례이고, 교학에 비하면 극히 드물다. 위산은 위앙종(潙仰宗)의 고승으로 법명은 영우(靈祐)이고 백장회해(百丈懷海)의 법맥을 이었지만 일반적으로 널리 알려진 고승이다. 그는 스승처럼 엄격한 선승의 행동지침을 경구로 짓고 지켰다. 몽산이 그를 높이 추켜세운 셈이므로, 몽산의 사상을 제대로 이해하기 이에 대하여 빠뜨리기 어려운 중요한 대상이다.

불조삼경에 뽑은 석가의 경전은 사십이장경(四十二章經)과 불유교경(佛遺敎經)이다. 이 두 가지 경전은 몇가지 특징이 있다. 분량이 단권으로 극히 적고, 개인의 수양에 관련된 내용이 많아 선승에게도 호감을 준다. 다음으로 사십이장경은 동아시아에 가장 먼저 전래하였다고 알려져 있고, 불유교경은 석가가 열반에 들기 직전에 설법하였다는 경전이다. 이 두 가지 경전은 불교의 시작과 끝을 상징한다. 경전 가운데 내용이 간단하고 명료하므로 실천적인 선승에게 번잡한 주석보다 어울리는 공통점이 있다.

불조삼경의 세 가지는 각각 일찍부터 알려졌지만 이를 묶어 삼경이라 이름을 붙이고 합책을 만들면서 서문을 남기기는 몽산이 처음이다. 서문을 붙여 간행한 경위는 몽산의 사상이 익어가는 과정을 살피기 위하여 적절한 대상이다. 또한 불조삼경이 고려말부터 우리나라에만 전한다는 사실은 몽산본 『육조단경』과 함께 한국 선불교의 전통을 이해하기 위하여 그 자체가 중요한 주제이다.

사십이장경은 가섭마등(伽葉摩騰)과 축법란(竺法蘭)이 동아시아의 후한 명제(재위 58~75년)에 가장 먼저 전래한 경전이다. 정확한 연대에 대해서도 이설이 있지만, 67년이 가장 우세하다. 중앙아시아의 사막을 가로 질러 이 경전을 싣고 온 백마가 죽자 이를 추념하여 백마사를 낙양에 건립하였다는 설화가 전할 정도로 불교의 두렷한 전래의 상징이었다. 42항목의 짧막한 지침서이고 아함경에 속하는 내용이 많다.

아함경은 대반야경(大般若經)의 다음으로 분량이 많지만 소승경전이라 불리는 개인의 완성과 관련된 상좌부 불교의 요소가 강하다. 사십이장경은 아함경에서 주로 뽑았으므로 깨달음에 장애가 되는 고(苦)와 애욕(愛慾), 무상과 무아 등 개인의 수양에 필요한 내용이 많다. 그밖에 자비와 인욕, 보시와 참회 등 보살사상과 접목되는 북전불교의 요소도 포함되었다.

불유교경은 부처가 열반하기 직전 최후에 설법한 경전으로 전해졌다. 속인의 임종과 상통하는 부처의 열반에 가까워서 부탁의 말씀이고 유언의 의미가 있었다. 경전의 이름도 다양하고,[1] 이와 상통하는 경전으로 열반경과 논소도 많다.[2] 대각국사 의천도 이 경전에 관심을 기울여 강론하였으며, 유언답게 간결하고도 간절한 특징이 있다.[3]

5세기 초에 구마라집(鳩摩羅什, 344~413)이 번역하였으나 한역 이외에 범어, 팔리어, 티베트어 등 다른 언어로 남아 있지 않다. 내용은 계율을 잘 지키고, 심신을 잘 다스려 깨달음을 얻고 고뇌에서 벗어나도록 부탁하였다. 북전과 남전 불교의 차이를 줄이고 자기 수행을 강조한 선사상과도 상통하는 특징이 있다.

위산경책(潙山警策)은 위산영우의 저술이다. 그는 복주(福州) 출생으로 시호는 대원선사(大圓禪師)이고 오늘날 호남성(湖南省) 영향현(寧鄕縣)에 있는 위산(潙山)에서 7년 동안 수도하여 위산이라는 법호를 얻었다. 15세에 출가하여 한산(寒山)과 습득(拾得)을 만났으며, 백장회해를 계승하였다. 위

---

1) 좀더 길고 완전한 명칭은 『佛垂般涅槃略說敎誡經)이고, 『佛臨般涅槃略說敎誡經』, 『佛臨般涅槃經』이라고 한다.

2) 『佛垂般涅槃略說敎誡經補註』 1권(수천 註, 요동 補)당 태종의 어주(御註) 1권, 지원(智圓)의 疏 2권, 科 1권, 정원(淨源)의 論疏節要 1권, 廣宣抄 1권, 節要科 1권 등 주소(註疏)가 많다.

3) 『大覺國師文集』 卷 3, 講遺敎經 發辭遺敎經 罷講辭

산영우는 위앙종의 조사로서 선종 오가에서 위앙종은 크게 떨치지 못하였으나 고려와 관련이 깊었다. 조당집에서 확인되듯이 고려초의 오관산(五冠山) 순지(順之)를 위시한 위앙종의 기록이 매우 풍부하다. 또한 순지보다 후대의 정각국사(靜覺國師) 지겸(志謙, 1145~1229)은 종문원상집(宗門圓相集)을 남겼을 정도로 위앙종의 저술과 관심이 고려에서 건강하게 지속하였음이 확실하다. 경책은 원대의 저술인 치문(緇門)에도 수록되었다.

몽산은 위산경책을 『육조단경』과 함께 중요시한 고승으로 주목받을 만하다. 위산 경책에 대한 주석과 관심이 송에서 없지 않았지만 고려처럼 종문원상집이 간행될 정도로 전통이 강하였다고는 보기 어렵다. 몽산이 위산경책을 삼경으로 합쳐서 서문을 남겼으며, 선사상의 포용성은 임제종위주의 편협한 남송의 전통이라기보다 고려 조계종의 전통과 상통하였고, 이 때문에 불조삼경이 고려에서 환영을 받고 계승되었다고 강조하고 싶다.

고려국가가 있던 시기의 동아시아의 여러 나라의 불교는 공통점도 있었지만 차이점도 컸다. 대체로 회창폐불 이래 교종보다 선종의 우위가 확실하였으나 고려 불교계는 다양한 특성을 가진 선종과 교종의 여러 종파간 선의의 경쟁을 벌였다. 남선북교(南禪北敎)라고 할 정도로 송과 요는 선종과 교종의 차이가 현저하였다. 남송과 금에서는 더욱 현저하였고, 고려에서도 상통하는 경향이 없지 않았지만, 중원보다 종파가 안정된 국가의 기반에서 발전하였다. 고려는 3대 종파에서 중기에 천태종이 등장하여 4대 종파였고, 이에 군소 종파가 변동기에 확장되었으나 4대 종파의 골격은 조선초까지 변함이 없었다.[4]

고려의 선종은 일찍부터 조계종이라고도 했으며, 남종선의 5가와 관련된 분파가 골고루 수용한 14산문이 번영하였으나 산문의 구분이 모호한 통합성이 강화되었다. 고려중기에 선종의 5산문이 천태종의 기반이 되면서 나머지

---

4) 허흥식 『고려불교사연구』(일조각 1986).

9산문은 이에 자극을 받아 그들의 기반과 단결을 촉구하는 경향이 강하였다.

고려초의 선종에서 분파의 경향은 약화하였으나 당 말기부터 오대에 번성한 조동종과 법안종의 사상을 도입한 산문이 많았고, 위앙종도 다음으로 우세하였으며 임제종과 운문종(雲門宗)은 가장 약하였다. 위산경책을 삼경으로 우대한 배경에는 몽산이 생존한 시기에 임제종의 우월성에 대한 자신감에서 포용성을 발휘하는 여유를 나타내었다. 몽산의 선구적인 견해를 수용할 만큼 고려 조계종에서 위앙종의 강한 기반이 유지되었고, 이들 사이에 전통이 접목된 현상이라고 하겠다.

몽산이 서문을 남긴 불조삼경은 고려말에 이미 여러 차례 간행되었고 조선에서도 복간되고 현존하지만 원과 명청에서 간행되거나 보존된 사례가 없다. 이는 보설을 제외하고 몽산의 저술이 현존하는 경향과 상통한다. 몽산이 서문을 남긴『육조단경』과 어록, 그리고 여러 저술이 고려와 조선을 거쳐 한국에만 전하는 사실과 상통하므로 이 자체가 중요한 연구대상이다.

위산영우가 출생한 오늘날의 복건성인 복주나 그가 교화한 위산이 있는 호남성은 모두 양자강하류의 남쪽에 위치하였고, 법안종이 성행한 지역과 상통하였다. 위산은 비록 험한 산속이었으나 강남에 속하는 이 지역과 고려의 초기부터 해상을 통한 교역과 사상의 교류가 활발하였음이 확인된다.

위산의 경책은 선종이 다양하게 발전하였던 당 말기의 상황을 거슬러 올라가 대립보다 포용하면서 이를 인정하는 임제선의 여유를 한층 격상시켰다고 하겠다. 고려후기 4대 종파와 군소 종파의 경쟁을 지나 가장 우세한 조계종에서 위앙종의 조사가 남긴 경책을 삼경의 하나로 수용하였다. 이와 달리 몽산의 불조삼경은 그가 살던 현지에는 남아 있지 않은 까닭은 몽산본『육조단경』과 마찬가지로 그의 계승자가 그곳에는 단절되고, 그의 폭넓은 사상도 그곳에서 외면당하였기 때문이라 하겠다.

2. 남전과 북전의 극복

불조삼경의 분량은 적지만 포용하는 의미는 광대하다. 사십이장경은 초기에 전래된 경전이고 아함경과 상통할 정도로 소승경전의 특징이 강하다. 보살사상은 미약하고 개인의 수양과 해탈에 중점을 두고 있으며, 선사상과 상통하는 요소가 강하다. 선이란 단순성과 원초성을 강조하고, 집단보다 개인의 완성에 초점을 두었으므로 남전불교와 상통한다.[5] 사십이장경이 실제로 불전결집의 초기부터 존재하였다고 보기도 어렵고 전래하는 과정에 대한 기록도 의문점이 많다.

불교경전은 방대한 대품반야나 아함경을 제외하면, 이를 부분적으로 발췌하여 특정한 경향을 강조한 경전이 많다. 대장경에 포함된 경전이라도 초기의 팔리어나 범자로 정리된 경전이 남아 있지 않고, 경전에서 특수한 목적으로 발췌하여 이룩된 경전은 위경은 아니지만 초기 경전이라고 간주하기 어렵다. 석가가 입적한 다음 1세기 후부터 문자로 정착된 3차 결집을 훨씬 지나 이룩된 경전은 대체로 특정한 경향을 강조하기 위하여 편집된 경우가 많다.

사십이장경은 동아시아에 일찍이 전래된 경전임을 인정하더라도 이미 문자로 정착된 3차 결집을 지난 오랜 시기에 완성되었으므로 이 경전이 초기 경전이라고 단정하기가 어렵다. 선종이 동아시아에서 형성된 사상이나 종파라고 주장하던 초기 동아시아 불교학자의 주장에도 문제가 있다. 달마에서 혜능에 이르기까지 선불교에서 사용한 능가경이나 금강경은 이들이 편집한

---

5) 20세기 전반기에 활동한 일본의 스즈끼 다이세츠나 중화민국의 오경웅은 동아시아의 선불교를 탐구하여 서양세계에 소개하고 정착시킨 선구적인 인물이었다. 두 분은 선이 황하와 양자강을 중심으로 기원하고 꽃핀 다음 동아시아의 다른 지역으로 확산되었다고 설명하였다. 이와 달리 선불교가 남전의 상좌부불교에서 기원하였다는 새로운 견해를 필자의 다음 저술에서 시도하였다. 허홍식 『고려로 옮긴 인도의 등불—지공선현』(일조각 1997).

경전이 아님이 확실하고, 이들이 사용한 경전을 토대로 이 경전이 유행하는 다른 곳에서도 선불교가 있었기 때문이다.

달마가 출생하고 동아시아에 처음 도착한 지역과 민족은 물론 언어와 문화도 달랐다. 문자보다 실천, 그리고 경전의 주석보다 참선이 이런 지역에서 환영을 받았다. 실제로 달마가 도착한 곳은 남북조시대의 남조였고, 분열의 시기였으므로 강력한 중앙집권보다 지역의 특성이 강하였다. 달마의 출생지는 인도의 동남부인 향지국이고 그가 도착한 곳은 오늘날의 광동성이었다. 육조혜능이 활동할 때까지도 갈로족으로 취급받을 정도로 언어의 소통조차 불가능한 광동(廣東)지역이었다.

사십이장경은 개인의 수양을 강조한 선사상과 상통하며 이는 선종과 교종의 미분화된 특성이 강하다. 선불교의 전성기에 이르러 교학을 배척하던 시기보다 여유가 생기면서 선교가 미분화된 내용이 초기 경전으로 부각되었고, 이에 사십이장경이 주목되었다고 하겠다. 사십이장경은 선승이 바라던 단순히고도 개인의 수양과 관련된 내용이 실렸다.

불유교경도 석가의 열반에 이르러 설법한 경전으로 간주되고 분량이 적다. 선과 상통하는 선교의 미분화된 상태의 경전으로 선종에서 부각된 경전이다. 임제종이 선종의 우위를 확보하면서 선교를 절충하는 여유가 생기고, 이에 유교경이 원초작인 경전으로 부각되었다. 두 가지는 천태종의 교상판석(敎相判釋)에서 중요시한 법화경과 열반경을 대체하면서 선종의 우월성을 확립시키는 사상의 시대상을 반영한다고 하겠다.

3. 선종과 교종의 통합사상

선과 교의 분리와 결합은 시대상의 변화와 상관성이 크며 시계추의 이동처럼 반복되었다. 이는 이론과 실천이 손바닥의 양면처럼 상반되지만 분리하기 어려운 불가분성과 관련이 있었다. 석가의 설법에 집착하는 이론보다 수양하는 자세와 자기완성을 위하여 노력하는 실천은 선종이 등장하던 시기에 강조하였지만 실제로는 하나의 본체에서 비롯된 양면성에 불과하였다.

이론을 위한 주석이나 대장경의 완성은 분명하게 교학에 속하지만 달성한 다음에는 이론보다 실천을 강조하는 상반성이 나타났다. 고려에서 이론의 확립에는 대각국사 의천만큼 여건과 자질과 노력을 갖춘 고승이 드물었다. 그러나 그가 입적한 뒤에 그의 계승자는 몰락하고 고려의 불교계는 선승이 주도하는 분위기로 반전되었다. 신라의 원효는 많은 경전을 해석한 이론가란 일면과 무애행의 실천가란 양면성이 있었으며, 시대에 따라 원효의 초점이 달리 부각되었다.

참선과 교학도 공간에 따라 달리 강조되는 경향이 있었으며 시대에 따라 일면이 강조되었다. 회창폐불은 경전을 강조하는 교종과 참선을 강조하는 선종의 분기점이 되었다. 불교계의 변화에 통치자의 태도가 변화를 가속시켰다는 이론이 성립되는 사례라고 하겠다. 선종에서도 경전을 철저히 배제하는 경향의 시대가 있고, 이와 달리 경전에서 수양이나 실천을 강조한 부분을 발췌한 경전을 중요시하면서 선교절충을 강조하는 경향이 강한 때도 있었다.

선종이 확립되던 초기에는 교종과의 차이를 선명하게 드러내기 위하여 교종과의 차별을 강조한 남종선과 더 유연한 절충적인 북종선이 있었다. 그러나 당시의 대세는 차별을 강조한 남종선의 우위로 판가름이 났다. 남종선이 풍미하면서 경전은 물론 염불을 수용한 법안종도 있었고, 경전을 축약한 도상을 사용하는 위앙종도 성행하였으나, 이를 부정한 조동종이 뒤이어 선두주자로 떠올랐다. 조동종은 묵조선을 내세웠으나, 이에 반발하면서 화두와 현실을 연결시킨 간화선을 내세운 임제종이 남송으로 바뀌는 시기에 대혜종고에게 기선을 제압당하였다.

임제종의 우위가 확립되면서 교학과의 절충이 다시 강하게 살아났다. 불조삼경은 임제종에서 조사선보다 여래선을 강조한 단적인 사례라는 해석이 가능하다. 세 가지 가운데 두 가지는 석가의 설법이지만 개인의 수양과 깨달음에 이르는 간단한 분량의 실천을 강조한 경전이었다. 위산경책은 임제종과 상관성이 없는 위앙종의 조사가 남긴 실천의 지침서였다. 이는 직접 전수한 조사를 석가와 일치시키는 조사선과는 달랐다.

선승의 어록을 경으로 취급한 사례는 앞서도 없지 않았다. 육조법보단경이 조사의 어록을 경전으로 취급한 대표적인 사례였다. 그러나 단경은 그의 직계 제자나 법손에 의하여 경으로 승격되었다. 위산경책을 삼경으로 취급한 몽산과 이에 같은 의견을 가진 선사들은 위산영우를 이은 직계제자의 계승자도 아니었다.

이보다 앞서 후대의 법손에 의하여 선대의 조사어록을 삼가록이나 사가록으로 추켜세우는 경향이 없지 않았으나 이는 직계조사의 어록을 단경으로 취급한 의도와 상통한다. 직계의 조사가 아닌 다른 조사의 경책을 석가의 경전과 대등하게 취급한 불조삼경의 지정과 비교하면 큰 차이가 있다. 선교의 경계를 벗어나, 불교가 좀더 객관적으로 어록을 이해하고 수용하는 관용과 여유에 도달하였다는 혁명적인 발상이었다고 하겠다.

선종의 확립은 조사의 어록을 석가의 교화와 동등하게 취급하는 조사선과 상관성이 크다. 삼처전심(三處傳心)의 설화에서 짐작되듯이 경전에서 선종의 요소를 찾으려는 불조삼경의 취지는 직계의 조사에 얽매이던 조사선에서 해방을 의미하고, 여래선으로 다가선 선종의 탈바꿈이었다. 여기에 임제종이 아닌 위앙종 조사의 경책을 경으로 승격시킨 불조삼경의 방향은 원대의 불교가 종파 사이의 장벽을 허물고 모든 불교의 사상을 소통시켰다는 위대한 선언이라고 평가하고 싶다.

맺음말

때때로 경계(境界)란 방치되는 공간을 의미하지만, 인접한 분야에 대한 관심으로 확대되면 초점으로 떠올라 주목을 받기도 한다. 경계(境界)란 관심의 초점인 경계(警戒)를 받을 때에는 관심의 초점에서 멀리 떨어지는 소외라는 현상과 상반된 의미를 가질 경우도 많다.

학문의 대상에서도 경계의 지역이 새로운 초점으로 등장하여 화려한 대상으로 회자되면서 유행을 타는 경우도 있다. 몽산이 서문을 남긴 불조삼경은 세 가지 책을 하나로 묶은 경전이고 우리나라에서 보물문화재로 지정되었다. 목판으로 조성된 고서라는 의미를 제외하고 이에 담겨진 사상이나 동아시아에서 오직 우리나라에만 간행되고 전하였다는 사실은 간과하였다.

불조삼경 각각의 내용에 대해서는 동아시아에서 일찍부터 주목되었다. 사십이장경은 한자를 제외한 다른 언어로 조성된 경전이 없으므로 아함경을 중심으로 여러 경전에서 실천에 필요한 42장의 경구를 모아서 후대에 편집된 경전일 가능성이 있다. 동아시아에 일찍 번역된 경전으로 주목받았으며 개인의 수행과 완성을 강조하였고 선종에서 교학과의 일치를 주장하던 시대에 부각되는 사상이 포함된 특성이 있다.

불유교경은 석가가 열반에 이르러 수양과 실천을 부탁한 경전으로 법화경과 열반경을 대신하여 천태종의 소의경전을 대신한 간단한 실천의 지침서로 사십이장경과도 상통한다.

위산경책은 위산영우가 출가자를 위하여 계율을 대신한 간단한 지침서이다. 조사의 어록과 저술이 경론으로 인정받은 사례는 적으나마 앞서도 존재하였지만, 직계의 조사가 아닌 다른 분파의 저술을 경으로 인정한 사례는 거의 없었다. 몽산은 위앙종 조사인 영우의 경책을 불조삼경에 포함시킨 새로운 사례로서 주목된다. 몽산은 자신이 속한 임제종 양기파의 여유로운 우위를 바탕으로 위앙종 조사의 경책을 포용하면서 폭넓은 선사상을 보였다는 유일한 사례로서 주목되는 대상이다.

몽산의 불조삼경은 임제종의 주도가 확고해진 시기에 초기의 선종으로 복귀하면서 통합적인 요소를 확보한 여유를 보였다. 또한 교학은 물론 선종과 교종의 경계에 머물렀던 천태종의 절충적인 사상을 포용한 실천을 제시하였다. 몽산의 불조삼경은 전산화에서도 빗겨난 소외된 경전이다. 전산화에서 자주 빗어지는 국수주의와 세계주의의 경계에 머물고 있다는 사실을 확인하였다. 필자는 이를 입력하면서 경계에서 머물고 있는 한국불교의 특성이 규명될 대상으로 부각시켰다.

몽산의 불조삼경은 화엄경이나 반야경, 법화경, 그리고 『육조단경』보다 크게 주목되지 못하였다. 몽산조차 그의 다른 저술에서 불조삼경에 대한 언급은 화엄경이나 반야경보다 적다. 몽산은 불조삼경이 선교를 포용하는 경전이지만 일반에게 교화의 수단보다 자신이 선별하여 수행의 지침서로 사용하였을 가능성이 크다. 그는 불조삼경이 출가자의 고답적 이상에 접근하는 경전이라고 간주하였다. 승속을 포함한 일반에게 이를 강요하지 않았다고 추정된다.

제4장

삼교의 일치론

　제4장에는 몽산의 삼교일치론을 강조한 저술을 소개하고 분석하였다. 몽산은 도교의 중심 경전인 도덕경을 불교의 사상으로 풀이하고 새로운 유학인 성리학의 이론을 잠재우려고 하였다. 그는 유교의 경전인 주역과 상서와 중용에서 중요한 주제를 골라 불교와 도교의 사상으로 비교하여 상통한다고 주장한 사설(四說)을 남겼다.

　몽산은 당이 망한 다음 원에 이르는 시기의 분열을 극복하여 사상의 통일을 이루려고 시도하였다. 그의 삼교일치론은 대혜종교를 계승한 온릉계환과 그보다 50년 앞선 시기의 여여거사(如如居士) 안병(顔丙)의 저술에서 연원하였다. 안병과 몽산의 삼교일치에 관한 저술은 16세기 중반 조선에서 불교에서 성리학으로 사상의 기반이 전환되던 시기에 마지막으로 불교를 지탱하기 위한 이론서로 간행되었음이 확인되었다.

　동아시아에서 자생하였던 유교와 도교는 중원의 패권을 강화한 화이론의 핵심이었다. 화이론은 동아시아를 황하유역에 수도를 둔 패자의 우월성에 귀속시키는 특성이 있었으나, 한편 동아시아를 벗어나 세계종교로 발전하지 못한 한계도 있었다. 몽산은 세계종교인 불교를 통하여 유교와 불교를 포용하고 사상의 보편성을 강조하였다. 동아시아 사상의 한계를 극복하기 위한 이론서를 간행하고 보존한 고려와 조선 고승의 노력과 식견을 고스란히 전하는 유일본이 한국에만 전래하므로 놀랍다고 하겠다.

I. 직주도덕경의 저술 동기와 특성

머리말

몽산은 말년에 고려의 승속과 교류가 활발하였고, 그의 수제자인 철산소경(鐵山紹瓊)은 고려에 3년간 머물면서 고려의 대장경을 강남의 앙산(仰山)으로 옮겼을 정도였다.[1] 그의 저술과 사상은 오늘날까지 지속된 조계종에도 깊은 영향을 주었고, 조선후기에 이르기까지 한국불교사에서 깊이 기억되었다.[2] 또한 그에 대한 사본의 행실기와 간본의 직주도덕경이 새로 발견되었다. 이를 계기로 이미 알려진 어록에 대해서 주목하고, 그의 생애와 사상을 소개하였으나 보충할 근거가 증가되었다.[3]

---

1) 許興植「高麗에 남긴 鐵山瓊의 行蹟」,『韓國學報』39(一志社 1985).
2) 閔泳珪「蒙山德異와 高麗佛敎」,『六祖壇經의 世界』(民族社 1989).
3) 許興植「蒙山의 著述과 生涯」,『書誌學報』15(韓國書誌學會 1995).
   許興植「蒙山德異와 曹溪宗의 法統」,『素谷 南豊鉉先生回甲紀念論叢』(同刊行委員會 1995).

그의 저술이고 목판본으로 전존하는 직주도덕경을 집중적으로 소개하고자 한다. 이 책은 서명조차 알려져 있지 않으나 조선중기에 간행된 고본이 국내에서 발견되었다. 이 책은 처음 복사본을 통하여 연구하였으나 최근에 원본을 확인하였다. 복사본을 주신 천혜봉 박사와 원본을 소장한 김민영 선생께 감사한다. 이를 이용하여 사상사에서 차지하는 본서의 중요성을 언급하려 한다. 이 책은 앞선 논문에서 간접적으로 간단히 언급되었으나[4] 서지와 내용에 대해서 깊이있는 소개가 필요하다. 이 책에 대하여 논문을 발표한 다음 같은 판본이지만 다른 인본을 다시 구하였다.

이 책은 도교의 중심 경전인 노자의 도덕경을 선승이 해석한 사상적 특성이 있다. 몽산은 불교와 도교를 유자에게 이해시키기 위하여 이를 썼다. 필자의 좁은 식견으로 동아시아의 다양한 사상이 응축된 이 책을 이해하고 저자의 깊은 사상을 소개하기는 어렵지만, 앞으로 이에 대한 동학의 진전된 연구에 징검다리가 된다면 다행이겠다.

1. 형태와 저술 동기

몽산이 직주도덕경이란 저술을 남겼다는 사실조차 알려지지 않았다. 이에 대한 발견 경위와 보고서가 없다가 남권희 교수가 처음 언급하였다.[5] 필사본 몽산행실기와 같은 곳에서 발견된 불복장 자료일 가능성이 크다고 전해들었으나, 이에 대해서는 소장자를 처음 소개할 당시에는 알지 못하였다. 표지를 제외하고 원문은 57장이고, 세로와 가로는 27.5×16.5cm이다. 내곽(內廓)의 세로와 가로는 20.0×14.6cm이고 행간(行間)의 계선(界線)이 있다.

---

4) 南權熙, 앞의 글(1994).

　　許興植, 앞의 글(1995).

5) 南權熙, 같은 글.

방책장(方冊裝)으로 사설(四說)의 서문이 포함되었고,[6] 명본산인(明本山人) 유립(游立)과 몽산의 자서(自序)가 찬자의 글씨를 그대로 모각하여 실려 있다. 직주도덕경에 대한 몽산의 자서는 모각이 아니고 행 사이의 선이 없지만 본문에는 선이 있으며, 18장 이후에는 선이 없고 글씨는 같다. 판심은 좁은 편이고 상하내향(上下內向)의 흑어미(黑魚尾)에는 좁고도 긴 뿌리가 길게 달려 있으므로 초간본 동문선(東文選)의 어미(魚尾)와 상통한다. 또한 본래 이용자가 간단한 약체구결(略體口訣)을 곳곳에 붙였다. 끝에는 벽송지엄(碧松智嚴)의 친필을 모각한 발문을 실었으며, 차례와 각 분량은 다음과 같다.

표11 직주도덕경의 형태와 분량

차례	찬자	분량	판심(版心)
直註道德經序[7]	明本山人游立	1전~3전	道德經序
四說序[8]	蒙山德異	4전~5후	四說序
直註道德經序	古筠釋絶牧叟德異述	6전~7후	道德經序
直註道德經, 本文	古筠釋絶牧叟德異註	8전 56후	道德
初刊記	吾靖 題	56후	
刊記	碧松堂埜老跋	57전후	

이상과 같이 이 책에는 직주도덕경과 직접 관계가 없는 사설서(四說序)가 포함되어 있다. 필자가 조사한 복사본에는 몽산의 사설(四說) 가운데 중용설(中庸說)로 보이는 2면이 본문의 끝에 불완전하나마 마지막 겉장으로 쓰이

---

6) 필자는 앞선 논문에서 사설(四說)이 아닌 서설(西說)로 소개하였으나, 사설의 본문은 없고 서문에 이체자(異體字)로 말미암아 달리 판독하였다. 판심(版心)에 분명하게 사설서(四說序)라 확인되므로 고쳐 쓰도록 하겠다. 사설이란 태극설(太極說), 황극설(皇極說), 중용설(中庸說)과 무피차설(無彼此說)을 가리킨다.
7) 본문에는 제목이 없으나 필자가 붙였다.
8) 위와 같다.

고 있으므로 같은 시기에 사설의 본문도 간행되었다고 추정되었다. 사설은
서문과 본문에 결자(缺字)인 부분은 목판에 새기지 않고 검게 남겨 있으며
직주도덕경과 다른 점이다.

몽산이 이 책을 저술한 동기와 과정은 명본산인(明本山人) 유립(游立)의
서문과 몽산의 자서(自敍)에서 찾아진다. 먼저 1287년 중양일(重陽日, 9월 9
일)에 명본산인이 쓴 서문의 전문에서 핵심이 되는 부분만 옮기면 다음과
같다.

몽산화상께서 민(閩)에 머물면서 유자(儒者)를 만났는데 불교와 도교를 비
방하였다. 내용을 들어 본 결과 상대의 사상에 대해서 알지 못하였다. 상대를
알지 못하고 경솔하게 주장한다면, 상대의 사상과 천도(天道)를 알만 하겠는
가. 이에 삼교(三敎)의 문도가 성인의 마음을 알지 못하고 멋대로 담장을 쌓으
면서 억지로 가장 올바른 견해로 삼으려고 한다. 이에 삼교의 가르침을 들어내
어 올바른 길을 찾도록 돕고 틀린 견해를 물리치려 한다.

비로소 사해(四海)가 원에 의하여 통일되었고, 옛날의 성인(聖人)과 지금의
성인이 마음이 다르지 않고 유교나 불교가 본래 다른 길이 아니었음을 알겠다.
도란 한 가지만 있지도 않았다. 도란 마음이며 마음은 두 가지가 아니다. 유교,
불교, 도교라고 달리 불리지만 모두 억지로 이름을 붙였을 뿐이다. 혹시 그렇
지 않다고 생각되면 몽산의 이 역어(譯語, 직주도덕경直註道德經)에 분명하게
밝혀져 있다.[9]

9) 전문을 포함하여 모두 실으면 다음과 같다.

天下無二道 聖人無二心 成人憫迷方之人 逐末而失道也 立言垂訓 以爲司南之車 引而
指歸本道 達本道矣 然後以之修身則身修 以之齊家則家齊 以之治國則國治 以之平天下
則天下平 無所施而不可

蒙山絶牧叟 寓閩逢儒者 誹釋老 廳其語脉 未及釋老之門 輕議釋老之室 則其家性與天
道 可知矣 於是念三敎門人 不達聖人之心 私爲町畦 疆屬天下之道 將三敎聖訓 敷暢厥旨
歸 除邊見.

猶如今日 山河大地 一統歸元 飜譯萬邦之言 一以貫之 則從前疆封邊見 皆是妄立 始知
四海元同一家 如是則前聖後聖 本無二心 曰儒曰釋 初無二道 道無一道 道卽是心 心無二

명본산인은 원의 지방관으로 원이 남송을 통일한 시기에 성행한 유불도 사상가들의 융화를 바랐고, 이에 몽산의 저술에 깊은 기대를 나타냈다고 하겠다. 몽산의 직주도덕경은 유자(儒者)에 대한 불교와 도교의 답변이었음을 알 수 있지만, 그가 만난 유자의 구체적인 이름과 시기는 위의 글에서 밝히지 않았으나 저술의 동기에 대해서는 어느 정도 자세히 밝혀져 있다.

몽산이 남긴 자서(自敍)에도 같은 동기가 실려 있지만 조사(朝士) 2인이라 했을 뿐 이들의 이름은 실리지 않았다. 다만 직주도덕경을 착수한 시기와 완성하기까지 소요된 기간에 대한 단서를 찾을 수 있다. 자서의 전반부를 생략하고 중요한 부분을 옮기면 다음과 같다.

송의 함순년간(咸淳年間, 1265~1274) 몇 년 동안 민(閩)에 머물렀다. 벼슬하는 두 선비가 석가와 노자를 심하게 비판했다. 내가 그에게 권하기를 "자세히 도덕경을 살피고, 화날 때나 쉴 때에 화엄경을 읽고 고승들의 어록을 가까이 해보아도 석가와 노자가 과연 옳지 않음이 있으면 그들에게 잘못이 있다고 할 수 있겠지요"라고 했다. 두 선비가 곧바로 도덕경을 구하여 몇 장을 읽자 내가 그들에게 "잘못이 있습니까?"라고 물었다. 그들이 반성하고 "선승께서는 잘 지적하셨습니다. 도를 찾기를 이와같이 해야겠지요. 다른 벗들에게도 알려서 석가와 노자가 보통 인물보다 아주 뛰어난 점이 있음을 말하겠소"라고 똑같이 말했다. 두 선비는 이후에 불교와 도교를 탐구하기로 다짐하였다.

나는 세속에서 벗어나 출가한 이후 13년인 1277년 가을에는 전산에 머물렀고, 1278년 청량사에 주지로 부임하기를 사양하고 조용히 지내기를 즐기면서 암자를 갖추고 휴휴라고 불렀다. 틈이 나면 도덕경을 주석하였고 세속의 요청에도 응하지 않고 벗을 부르지도 않았다. 어진 인물을 주목하여 널리 덕을 넓히고 옛날의 기풍을 회복하기를 바랐다. 어떤 이는 "달마가 서쪽에서 와서 견

心及乎心道 俱忘復是何物 若也究得徹去 方悟天下國家 由斯而建立 山河大地 由斯而發生 到這裏 儒也釋也道也 皆強名爾 其或未然 蒙山譯語 甚明 各順鄕談具眼 至元丁亥重陽 中順大夫 廣東道 宣尉副使 明本山人 游立序.

성을 내세우고 문자를 중히 여기지 않았으니 경을 주석하고 서문을 쓰는 일은 지해(知解)를 도입하지 않았느냐" 했다. 나는 이를 반대하기를 "알아주는 이가 있어서 삼교의 성인을 오늘날 볼 수 있으니 그대는 보이지 않소. 생물이나 무생물을 막론하고 너른 세상에 이러한 도리를 선양하면 그대는 듣지 않겠소"라고 대답했다.

보고 들으면서 깊이 꿰뚫어서 바른 길로 발걸음을 내딛기를 바라면서, 지원 을유년(1285년) 해제일(解除日)에 몽산덕이 씀.[10]

위에서 보듯이 그가 이 책에 착수한 시기는 남송이 원에 의하여 정복되기 전이고, 그가 출가하기 직후로 민(閩)에 머물던 시기부터 비롯되었다. 그러나 휴휴암에 머물기 전까지는 석가와 노자를 비판하는 유자를 설득시키기 위한 탐색의 단계였고, 이를 토대로 집필은 휴휴암에 머물렀던 1278년부터였다. 그가 서문을 쓴 1285년에 완성되었다고 보면, 적어도 5년간의 집필과 그보다 앞선 13년간의 독서가 뒷받침된 생애의 중반기의 지식과 사상을 담은 심혈을 기울인 작품이라고 말할 수 있다.

이 책은 몽산이 직주를 마치고 서문까지 쓴 다음 2년 뒤에 우매거사(友梅居士) 왕탄(王坦)의 경제적 지원으로 간행되었다.[11] 이 책이 우리나라에 전해진 시기는 알려져 있지 않다. 몽산의 생존시에 고려 승속의 왕래가 잦았으

---

10) 宋咸淳間 數載留閩 有二朝士 力怪釋老 余勉之曰 詳看老子 怒惑息時 點檢華嚴 却與本色衲僧說話 釋老果有未善 明指其非 罪之可也 二公遽取老子 閱數章 余問之曰 有過否 二公有省 同聲曰 禪家善指人 見道如此 當告諸友朋 釋老大有過人處 二公由是誓徹此道 賤迹出전 十有三年 丁丑秋 颺下灊山拘柄 戊寅春 不赴淸凉 請樂寂寥 於具庵曰休休 閑中日 求註此一經 行無緣慈 作不請友 願諸仁者 擧目洞徹 廣弘至德 挽回古風 惑曰達磨西來 直指見性 不立文字 註經述敍 流入知解矣 山僧謝之曰 幸遇子期 三敎聖人 面目現在 公見否 草木瓦礫 鱗甲羽毛 浩浩地 宣揚此道 公聞否 見聞俱徹 正好進步 至元乙酉解制日敍.

11) 蒙山和尙 別號絶牧叟 直註道德經一卷 伏承常州路 無錫縣居 判簿友梅王居士坦 施財鋟梓 于吳中休休庵 結殊勝緣者 至元丁亥歲 菖節日 吾靖題.

므로 그의 생전에 전해졌거나, 그의 수제자인 철산(鐵山)이 1306년 고려에 다녀갔으므로 이때 전래하였을 가능성도 있다.

이 책이 고려나 조선초기에 간행되었을 가능성도 있으나 근거는 남아 있지 않다. 다만 현존하는 유일본에 의하면 1527년 벽송지엄(碧松智嚴)이 쓴 발문을 통하여 단속사(斷俗寺)에서 간행되었음이 다음과 같이 확인된다.

도덕경의 주석은 모두 고금의 참된 신선의 비결이다. 이를 가지면 못과 가시를 빼어버리고, 둥지를 벗어나 머리를 트이게 하고, 모양을 바로잡을 수 있게 할 만하다. 쉬지 않고 이를 연구하면 누구나 도를 이루겠고, 부처의 높은 기풍을 드날릴 수 있으며, 만고에 논쟁을 잠재울 수 있다. 대개 몽산화상은 몸소 조사의 심인을 전하였고, 노자는 또한 가섭보살이니 도교가 무엇인가하면 곧 심인과 같다고 하겠다. 규밀대와 단향령 사이에 있는 벽송당야노(碧松堂埜老)가 발문을 쓴다. 가정 정해 일 목판은 지리산 단속사에 둠.[12] 일선 석안 영준이 기금을 모았다.

실제로 몽산은 직주도덕경에서 화엄경을 중요시한 부분도 있지만 선종에서 중요시하는 반야심경을 토대로 유교와 도교와의 사상적 일치를 강조하였음을 나타냈다. 몽산은 민에서 유자들로부터 불교와 도교에 대한 공격을 물리치기 위하여 화엄경과 도교의 노자를 읽도록 권하였다.

직주도덕경은 같은 시기에 조성된 같은 목판본의 두 가지 인본이 유통되었다. 하나는 김민영 선생의 소장 원본으로 천혜봉 박사가 제공한 복사본을

---

12) 道德註說 並是古今眞儒之秘訣 能與人 去釘拔楔 脫籠頭卸角駄 差有眷眷服膺者 孰不成道乎 則皆扇覺皇之玄風 灌執熱於萬古 盖絶牧叟親傳心印之祖 老子亦是迦葉菩薩 且道怎生是心印 絓密臺前 後檀馨嶺外中 碧松堂埜老跋
　嘉靖丁亥日板留智異山斷俗寺
　　　募緣 一禪
　　　　　釋安
　　　　　靈俊

202

토대로 처음 논문을 발표하였다. 이후 경주의 서예가 이상택 선생의 소장본이었던 인본의 복사본을 구하였다. 두 가지가 인쇄된 시기에 대해서는 앞으로 후자의 원본을 찾아 실사하여 밝혀지기를 기대한다.

후자는 도덕경 원문의 중요한 부분과 몽산이 직주한 부분에서 중요한 내용에 비점(批點)을 더하였다. 다만 전자에 포함된 사설의 서문이 제외되고, 조선의 간행에 발문을 남긴 벽송야노를 먹칠하여 지운 특징이 있다. 또한 주란(周欄)의 상단에 주희(朱熹)의 저술에서 관련되는 내용을 적지 않게 인용하여 비교하였다. 이는 후자를 이용하여 조선의 성리학자가 깊이 연구하였던 수택본임이 확실하므로 더욱 가치가 있다.

김민영 선생 소장본은 실사를 해본 결과 가필이 적지만 구결이 포함되었으므로 간행한 다음 이용하였음이 확실하다. 책이 산화된 정도가 이용되더라도 멀지 않은 시기에 불복장으로 사용되었음에 틀림이 없다. 인본의 두 책이 출현한 경위에 대해서는 앞으로 깊이 연구할 과제로 남겨 둔다.

2. 저술 동기와 중간

직주도덕경에 반영된 몽산의 사상은 사설과도 깊은 관련이 있다. 몽산의 생애를 알려주는 행실기와 남송말의 사상적 갈등을 몽산의 행적과 저술에서 비교적 자세하게 전하고 있다. 어느 경우나 남송의 멸망을 사상적 갈등에서 원인을 찾으려는 느낌을 주고 있다.

지금까지 남송의 멸망에 대한 관심은 군사력에서 찾았다. 금에 쫓겨 남천하면서 건국하던 당시부터 육전에 열세였던 군사력에 원인을 돌리는 경향이 강하였다. 몽고에 의한 남송의 멸망도 같은 궤도에서 군사력의 열세에 있다고 간단히 취급하지만, 기껏 천착하여 남송 내부의 대외정책에 나타난 주전파(主戰派)와 화전파(和戰派)의 혼선을 언급한 정도이다.

몽산의 직주도덕경서에는 남송말의 사상적 갈등이 강하게 서술되어 있다. 행실기에도 남송이 원에 굴복하기 직전에 촉에서 머물면서 다양한 지식인들과 논쟁이 있었음을 밝히고 있다. 그가 촉에서 교류한 다방면의 지식인이란 당시 항전을 이끌어간 관인이고, 몽산은 이들과 지식인과 접촉이 많았음을 나타내고 아울러 이들의 분열과 갈등을 의미한다. 행실기에는 그가 출가한 후의 사상적 성취에 초점을 두고 현실에 초연한 인간상을 강조한 나머지 몽고에 저항하던 시기에 그가 극복하기 어려웠던 사상적 반목을 은폐하였을 가능성이 크다.

그가 출가하기 직전까지 질병과의 투쟁과 수행을 통한 시련도 그가 겪었던 현실과 관련된다. 그가 출가한 까닭도 몽고와 지금의 사천인 촉에서 삼협(三峽)으로 밀려난 투쟁에서 좌절한 시기와 일치한다. 업무수행에 장애를 극복하기 어려웠던 한계를 벗어나 궁극적인 해결책을 사상적 갈등과 관련시키고 이를 극복하려던 방편의 하나였다고 추정된다.

관인(官人) 지망생인 유자(儒者)나 은자(隱者)로서 거사(居士)와 불승(佛僧)에 이르기까지 모든 지식인을 망라하여 교류하면서 사천지역(泗川地域)의 현실문제에 관여하였다. 그는 1264년 출가한 다음 1274년까지 민(閩)에서 만나 토론을 벌인 조사(朝土)란 성리학을 닦은 유학자였으리라 추측된다. 그가 출가를 통하여 몽고와의 항전이란 현실성을 벗어났다고 단언하기 어렵다. 사상적인 갈등에는 오히려 강하게 부딪쳤고, 몽고(원)에 의하여 남송이 멸망한 시기부터 휴휴암에 은둔하여 착수한 직주도덕경은 원의 회유에도 참여하지 않고 그가 추구한 사상적 갈등의 극복에 몰입하였다는 해석이 가능하다.

그가 저술한 직주도덕경은 원의 세계화 정책에 걸맞게 이에 편승하였는가, 아니면 남송이 패망한 원인을 사상적인 갈등에서 빚어진 국론과 국력의 분열로 파악하고 이를 극복하려던 염원의 실현에 두었는가의 해석상 차이가 생길 수 있다. 유립(游立)의 서문에서는 분명히 원의 통일에 부응한 사상적

204

귀일(歸一)이 뒷받침이 강조되었고, 몽산의 직주도덕경이 취지에 맞는다는 의견이었다. 몽산의 자서(自敍)에서는 출가 후에 만난 조사(朝士)와의 사상적 논쟁을 마무리지으려고 은둔하였다. 연구에 대한 당위성을 부여하는 의미가 강하다.

중년을 지나 만년에 이른 몽산은 격동의 시대에 이룩하지 못한 현실적인 욕망이 원의 통일로 좌절되면서 사상의 갈등 등을 극복하려고 저술로 관심을 돌렸다는 해석이 가능하다. 그가 도교의 경전을 불교사상으로 일치점을 강조한 이면에는 성리학에서 공격을 무산시키고, 이들에게 성인의 취지가 합치되고 있음을 강조하려는 의도가 반영되었다. 대체로 원의 중반기에 도교의 공격에 대해서 불교와 유교가 공동대처하는 경향이었으나[13] 이보다 앞선 원초까지는 불교와 도교가 유교에 대항했다는 새로운 사실로서 직주도덕경의 중요성이 있다고 하겠다.

3. 삼교일치론의 현실성

직주도덕경은 도교의 경전에 대한 선승의 불교적 해석이다. 도교와 불교 간의 이론적 일치성을 강조하였으므로 도불융합(道佛融合)의 대표적 이론서의 하나로 손꼽힐 수 있다. 이 책이 현지에서 자취를 감추고 우리나라에서만 보존된 까닭에도 주목할 필요가 있다.

원대 중반부터 도교의 주도권이 강화되면서 불교와 유교는 협력하여 도교에 대항할 새로운 변화도 있었다. 직주도덕경은 몽산의 사설과 연결되며 성리학까지 포함한 임제종 양기파에 속한 몽산이 불교를 중심으로 전개한 폭넓은 사상으로 다시 주목될 필요가 있다. 동아시아에서 기원한 도교와 유교

---

13) 陳桓 『陳桓學術論文集』(中華書局 1980).

의 요점을 불교사상을 통하여 재해석하고 동질성을 강조하였지만, 원명을 거치는 동안 본고장에서는 서명마저 사라졌다. 이를 보존하고 다시 복간한 조선중기의 벽송야노는 150년을 뛰어넘는 시간을 극복하고 이에 대한 깊은 이해와 동감을 나타냈으며, 이를 복간할 정도로 절실했던 조선전기의 현실성을 다시 밝혀내는 작업은 오늘날의 또다른 과제라고 하겠다.

우리나라에서 불교와 도교의 갈등은 고구려 말기에 보일 뿐이고, 고려와 조선의 어느 시기에도 강하게 대립된 사례는 다시 나타나지 않았다. 불교의 우위가 유지된 고려시기라고 해서 도교가 불교에 의하여 배척되지 않았다. 조선에 이르러 성리학이 사상의 주도적 위치로 등장하고 불교를 배척하면서 도교도 비판의 대상이 되었다. 특히 중기에 이르러 불교는 물론 왕실의 도교와 관련된 마지막 시설이었던 소격서가 조광조(趙光祖)를 중심한 성리학에 심화된 사림에 의하여 혁파되었다.

벽송야노는 도교의 이론과 제휴하여 성리학으로부터 불교에 대한 공격을 공동으로 대처하였을 가능성이 있다. 이는 몽산이 선승의 바탕에서 도교의 이론과 일치를 강조한 직주도덕경을 지어 유학자의 공격을 무산시켰던 몽산과 상통한다. 조선중기에 직주도덕경이 다시 주목된 까닭도 핍박받는 불교와 도교의 공통된 자구책에서 비롯되었고, 이 때문에 중간되었다고 추측된다.

몽산은 도덕경을 직주하면서 몇가지 초점을 두었다고 추정된다. 먼저 도덕경의 장을 다시 쪼개어 절로 나누고 그가 이해하는 당시의 언어로 철저히 풀이하였다. 그는 본문과 자신의 해석을 구분하기 위하여 원문보다 2자 정도 내려서 쓰는 형식을 취하였다. 이는 일반적으로 주자가 확립한 강목체라고 보기도 하지만, 이보다 운문종(雲門宗)의 설두중현(雪竇重顯)의 송고집(頌古集)과 염고집(拈古集)에서 기원하였다. 이는 임제종의 환영을 받았고 대혜종고를 거쳐 원오극근(圓悟克勤)의 벽암록(碧巖錄)에서 완성된 서술방법이었다.[14]

직주에서 삼교의 취지를 비교하면 그 논리는 같은 결과로 귀착한다는 결론이 많다. 삼교일체(三敎一體)나 만법일원(萬法一源), 삼교일도(三敎一道)란 표현이 많으며, 때로는 석가를 석씨(釋氏)로 노자는 그대로 사용하였으며 공자를 유(儒)로 대비시켜 설명하였다. 삼교에서 같은 용어를 두 가지 종교에서 사용할 경우의 비교와 다른 종교에서 사용하지 않은 용어의 비교는 유사한 의미를 가진 용어를 인용하여 석씨와 노자, 그리고 유를 대신하고 있음은 물론이다.

몽산은 직주도덕경에서 노자의 여러 이본을 대조하거나 선학의 주석을 모으는 노력은 거의 없었다. 앞으로 몽산이 사용한 도덕경의 모본에 대한 논의도 진전될 필요가 있다. 다만 그가 알고 있는 불교의 선학에 대한 지식을 주석에 이용한 부분이 적으나마 확인된다. 몽산은 사서를 역주한 주자와는 여러 면에서 상반된 길을 걸었다. 그가 직주도덕경을 저술한 동기는 민에서 두 명의 조사를 만난 이후에 분발하였다고 동기를 밝혔다.

그가 만난 민의 선비에 대한 구체적인 이름은 없지만 불교와 도교에 무지한 유자였음은 확실하다. 민은 주희(朱熹)가 활동한 지역이고 그의 영향을 받은 성리학자들일 가능성이 크다. 직주도덕경에는 도덕경이 유교 경전과 같다는 해설을 붙인 부분도 있지만 이보다 불교와 관련성을 지적한 부분이 많다.

맺음말

몽산의 행실기와 직주도덕경이 국내에서 발견되었다. 직주도덕경은 몽산의 사상이 응축된 장기간의 체험과 노력의 산물이었다. 그가 속한 임제종 양기파의 간화선은 사승이나 그의 저술에서도 유교와 도교의 지식인 사이에서

---

14) 許興植 『高麗佛敎史硏究』(一潮閣 1986) 480면.

강하게 나타났다. 현실에 민감한 선사상인 간화선에 몰두한 그가 몽고와의 항전기간에 있었던 사상적 갈등을 침묵을 위한 운둔으로 끝내지 않았음이 확인되었다.

몽산의 직주도덕경은 벽송야노에 의하여 1527년 단속사(斷俗寺)에서 복간된 국내본이 유일본이고, 최근에 알려졌다. 여기에 실린 몽산이 쓴 사설(四說)의 서문과 함께 직주도덕경에 대한 원의 지방관 유립(游立)의 서문과 몽산의 자서(自敍)를 통하여 저술시기와 저술의 동기와 효용성에 대한 기대를 살필 수 있었다. 직주도덕경은 남송말 사상계의 갈등을 극복하고 불교에 대한 성리학자의 공격을 무산시키기 위하여 도교의 중심 경전을 불교의 이론으로 해석하고 불교와 도교의 이론적 공통점을 강조하였다.

몽산이 살았던 남송말 사상계의 갈등에 대해서 깊은 연구가 필요하다. 직주도덕경의 서문에 의하면 남송에서 삼교사상의 일관성이 흔들리면서 이에 대한 지식인의 분열된 경향도 심하였던 상황이 반영되었다. 원에 의하여 남송이 멸망한 다음에도 몽산은 사상적 분열에 집중된 관심을 기울였고, 휴휴암에 은둔하여 사상적 갈등을 극복하기 위하여 그의 해박한 불교사상으로 도교와 유학의 중심 경전을 해석하여 불교를 중심으로 유교와 도교의 상관성을 강조하였다. 원의 지방관이었던 유립(游立)은 몽산의 사설과 직주도덕경이 원의 천하통일을 뒷받침하는 사상으로 유효하다고 믿고, 이에 대한 가치를 강조하였다.

몽산은 휴휴암에 머물기 전 민에서 만난 유자(儒者)들의 불교와 도교에 대한 무지를 일깨우기 위하여 직주도덕경을 저술하였음이 서문에서 확인되었다. 그는 유자들에게 화엄경과 노자를 읽고 다시 토론하도록 권하였다. 그는 화엄경과 법화경, 그리고 열반경을 중심 경전으로 삼았으므로, 앞서 같은 지역에서 성하였던 영명연수(永明延壽)를 비롯한 법안종에서 발전시킨 천태사상에 심취하였던 전통을 계승하였을 가능성이 크다. 그는 천태종의 오시설(五時說)을 따라 불경을 이해하려는 교상판석(教相判釋)을 따랐다고 하겠다.

고려에서는 원보다 불교와 도교의 갈등은 적었으나 조선 건국 이후 성리학에서 불교와 도교에 대한 공격이 가속화되었다. 벽송야노는 불교의 탄압과 때를 같이하여 도교의 마지막 시설인 소격서가 폐지되던 시기에 몽산의 직주도덕경을 중간하였다. 이는 불교와 도교의 자구책으로 본서가 적절한 이론서였다는 사실에서도 관심이 끌린다.

이 책이 중국에서 서명(書名)조차 전해지지 않을 정도인 고본(孤本)으로 발견되었으며, 조선중기에 이 책의 내용과 중요성을 인식하고 복간하였음은 놀라운 사실이다. 이 책이 최근에 학계에 소개될 수 있을 정도로 문화유산의 하나를 더할 수 있게 되었음은 동아시아 사상사에서 매우 다행스런 일이라고 하겠다.

III. 사설과 삼교일치론

머리말

   한국의 불교는 대부분 육로와 해로를 통하여 황하의 중원과 양자강 하류 지역에서 전래하였다. 한국의 불교를 거시적으로 말한다면 삼국의 후반과 고려전기까지 교학불교를 완성하였다면, 신라말부터 선불교를 수용하였으나, 보조지눌부터 나옹화상에 이르는 조계종의 계승이 떠올랐다. 한편 대혜종고와 몽산덕이를 거쳐 지공선현에 이르는 남송과 원, 그리고 인도의 고승에 이르기까지 외부에서 끊임없이 영향을 받으면서 선불교의 전성시대를 열었다고 하겠다.

   몽산과 지공의 사상은 고려말부터 이후의 불교계에 깊은 영향을 끼쳤다. 선불교는 초기에 교학불교와의 차별을 강조하였으나 선종의 우위를 확보하면서 차츰 교학을 아울렀다는 이론을 내세웠다. 경전의 중요성을 강조하고, 염불과 대중적인 보설과 밀교적인 제의를 받아들였다. 영명연수와 대혜종고, 몽산과 지공은 고려말의 선불교가 교학을 통합하여 선교일치의 특성을 강화하는 경향으로 바뀌는 계기마다 심대한 영향을 주었다.

몽산은 선불교에서 한걸음 더 나아가 교학과 염불은 물론, 도교와 유교를 불교의 이론으로 통합시키는 이론을 정립한 고승이었다. 그는 몽고의 침략으로 위기를 맞았던 남송에서 태어나 생애의 전반기를 사상의 갈등을 극복하고 지식인의 분열된 사상을 통합하여 국력을 회복하려고 염원하였으나, 원의 통일로 좌절당하면서 은둔하여 저술로 승화시켰다. 사설은 그 가운데 두드러진 저술 가운데 하나이다.

몽산의 생애와 저술은 한국에만 많은 자료가 전한다. 그가 출생하고 활동한 양자강유역과 그가 입적한 원에서 그의 저술을 간행한 근거가 있지만 거의 모든 저술이 고려로 옮겨졌고, 그의 유물과 함께 진영(眞影)과 가사도 전래하였다는 기록이 남았다. 지공은 3년 가까이 고려에 머물렀으나, 몽산은 지공보다 앞서 생존하였으며 고려에 다녀가지 않았지만, 그의 저술과 유물이 한국에만 풍부하게 전래하였다.

몽산의 직주도덕경은 성리학에 대한 불교계의 대응으로 전거이고, 이를 간행한 시기와 이론은 한국사상사에서도 중요한 저술이다. 다만 직주도덕경의 첫머리에 첨가되어 있는 사설의 서문을 확인하였으나, 전문을 접하지 못하였다. 근래에 사설이 있고, 이를 구입하여 소장하였다는 소식을 들었다.[1] 최근 김민영 선생이 몽산의 전집을 간행하기 위하여 필자와 자료에 대한 의견을 나누고 이를 교환하는 가운데 사설이 건재하고 있음을 확인하고, 이 자료의 사본을 구하였으므로[2] 이를 밝히고 감사하면서 간단히 소개하고자 한다.

---

1) 2002년 가을 문우사 김영복(金榮福) 사장이 보유하였으나 김민영 선생이 소장하고 있다는 소식을 들었고, 2006년 3월 3일 이를 확인하였다. 3월 17일 필자가 연구하기 위하여 복사한 자료와 이 자료의 복사본을 교환하였다.

2) 이를 처음 확인한 시기는 2006년 3월 3일이고 복사본을 구한 시기는 4월 초이다.

1. 사설의 현존상태

당이 망한 이후 원의 통일에 이르는 시기는 전국시대나 남북조시대에 비교될 정도로 대분열이 계속되었다. 몽산은 양자강 하류에 머물면서 남송에서 원으로 바뀌는 변동의 시기에 다기하게 전개된 불교 내의 교학과 선종의 갈등을 극복하고 도교와 성리학에서 드세게 일어나는 저항을 불교를 중심으로 이론과 실천의 통합성을 강조하였다. 그의 사상 가운데서 두드러진 특징은 선종과 교종의 일치는 물론 한걸음 더 나아가 불교와 유교와 도교의 일치를 강조하는 삼교일치론이었다.

몽산의 삼교에 대한 폭넓은 식견은 그가 독서를 바탕으로 얻은 지식과 남송말의 복잡한 사상계의 갈등을 체험하고, 이를 극복하기 위하여 오랜 체험과 탐구로 얻어진 열매였다. 원이 남송을 석권하고 그를 회유하여 주지를 맡으라는 요청을 사양하고, 전산(澱山) 휴휴암으로 은거하여 저술과 교화에 열중함으로써 그의 치열한 현실관이 저술로 응결되었다고 하겠다.

그가 남긴 저술인 직주도덕경이 삼교일치를 입증하는 대표적 저술이라면 사설(四說)은 이를 더욱 뚜렷하게 다시 정리한 사상의 핵심이라 하겠다. 그의 삼교일치론은 그보다 앞선 시기의 여여거사 안병(顔丙)의 사상에서 영향받았을 가능성이 크다. 안병의 저술과 학통은 대혜종고(大慧宗杲)의 계승자와 연결되었고, 북송에서 남송으로 바뀌던 시련기의 현실인식이 삼교어록에 담겨 있다면, 직주도덕경이나 사설은 안병보다 뒤에 남송에서 원으로 격변하던 시대에 사상계의 갈등을 해소하려는 몽산의 염원이 반영되었다.

몽산이 남긴 사설의 전문은 알려지지 않았으나 서문은 직주도덕경에 실린 두 가지 서문 사이에 수록되었다. 자세히 말하면 직주도덕경의 서문은 명본산인(明本山人) 유립(游立)과 몽산덕이의 자서(自敍)를 합쳐 서문 두 편이 실려 있고, 그 사이에 몽산의 친필 자서를 모각한 사설(四說) 서문이 끼어 있었다.[3] 이를 통하여 사설의 전문도 존재할 가능성이 확인되었고, 이를 이용하여 사설의 대강에 접근하고 불교와 유교 그리고 도교와 관련된 삼교의 핵심 주제를 설파한 논설로 추정하였다.[4]

사설의 전문을 살피면서 서문을 다시 살핀 결과 그동안의 해석에도 약간의 잘못이 있었다. 몽산은 서문에서 역설(易說)과 황극설(皇極說), 그리고 중용설(中庸說) 등 삼설을 써서 먼저 유포시켰다. 삼설이 원의 수도인 대도까지 퍼지자 대대로 역(易)을 연구해온 평직처사(平直處士) 상공(常公)이 이를 보고 지원 무자(1288년) 10월에 휴휴암을 찾아서 몽산을 만났다. 평직처사는 선과 교가 물과 불처럼 갈등하는 문제에 대하여 물었고, 몽산은 이에 선과 교가 서로 모순되지 않는다는 '무피차설(無彼此說)'을 완성하였다.[5] 평직처사는 앞서 완성한 삼설을 이와 합쳐 사설로 간행하도록 요청하였고, 이에 동의하여 사설서를 써서 간행한다는 내용이 서문의 핵심이다.

몽산의 논설은 사설이 대표적이지만 이와 관련된 더 많은 논설을 추가하였을 가능성이 있다. 몽산의 무극설(無極說)이 고려 고승의 비문에 올라 있다. 『삼국유사』를 지은 보각국사(普覺國師) 일연(一然, 견명見明)의 행장을 지은 보감국사(寶鑑國師) 혼구(混丘)는 몽산이 지은 무극설에서 감명을 받

---

3) 직주도덕경은 필자가 알기로 현재까지 두 가지이다. 같은 시기에 조성된 판본으로 판종은 같으나 인본은 분명히 달랐다. 필자가 먼저 사용한 인본은 천혜봉 교수가 다시 복사해주셨으며, 이번에 김민영 학형의 소장본이 모본임을 확인하였다. 하나는 대구의 서예가 이상택 선생 소장본의 복사본을 얻었으며, 이 책에는 사설서가 포함되지 않았다.

4) 몽산 사설의 일부가 직주도덕경의 뒤표지를 만드는 내지로 쓰였음이 추정되었고, 이번 사설의 발견으로 중용설에 해당하는 67면과 68면임이 확인되었다. 현존하는 67면과 68면의 훼손된 몇 글자의 보충이 가능하였다.

5) 사설의 마지막 무피차설(無彼此說)의 다음 부분은 김민영 소장본의 표지의 배지(背紙)로 쓰였으며, 현존 사설의 107면에 실렸음을 확인하였다.

　教如佛眼 禪如佛心 心若無眼 心無如依眼 若無心眼無如依 心眼和合 方辨(卞)東西 禪教和融 善知通塞 當知機如利銇 法有開遮 若定作一路 收機都成 訪臨四門入郭 至府當四土 修心各登彼岸 聽教之士 不可偏邪 參禪之流 應如是會 摧實方便 運用在人 惟宜事理融通 不可執法而成 病藥聞思修三惠 戒定惠三學 各要反本還源 盡欲革凡成聖 今人各執一邊 只說教 不通禪 禪不通教 本焉.

고 무극(無極)이란 용어를 자호(自號)로 사용하였다. 『삼국유사』의 출간을 주관하였으리라 짐작되는 혼구는 스승인 일연이 탈고한 원고에 자신의 견해를 추가한 부분에 "무극기(無極記)"라 밝혔고, 이 때문에 5권이 발견되기까지 『삼국유사』의 저자를 무극으로 정리한 도서목록도 있었다.

몽산의 무극설은 사설보다 후에 지었다고 짐작된다. 혼구가 몽산을 찾은 시기는 1290년이고 이는 사설서를 쓴 시기보다 2년 늦기 때문이다. 다만 역설은 주역의 이론을 불교와 도교와 비교하여 공통점을 강조한 주장이며, 무극은 태극의 원형이기 때문에 역설을 좀더 세분화하여 심화한 저술일 가능성도 있다.

사설은 지금까지 알기로는 김민영 선생이 소장한 유일한 고본이다. 이 책은 처음부터 끝장까지 모두 현존하지만, 서문부터 끝장까지 훼손되지 않은 면이 없을 정도이다. 다만 이를 정성껏 장정하여 보존하였으며 서문의 우측 하단 광곽에 붙어서 네모난 인장이 찍혔고, 본문의 첫 면 역설의 우측 광곽에 맞추어 안쪽에 같은 인장이 찍혔으나 판독하기 어렵다.

이 책의 크기는 직주도덕경과 상통하고 같은 시기에 간행되었다고 짐작된다. 위에서 아래로 향한 어미가 하나이고 아래에서 위로 향한 어미는 없다. 어미가 좁고 단순할수록 고려말기로 올라가며 이 책은 조선전기의 판식임에는 틀림이 없다. 이 책의 지질이나 종이를 떠서 말린 발의 모양도 조선초를 지나 중기에 향하는 시기의 특징으로 짐작된다.

이 책은 목판이나 고려말의 서체가 많이 남아 있던 목판본을 복간하였을 가능성이 있다. 출간연대는 어디에도 실려 있지 않으나 사설서가 끼어든 직주도덕경의 간행연대와 상관성이 있다고 짐작된다. 직주도덕경의 어미는 아래로 향한 상단에만 있으므로 사설과 상통한다. 다만 어미의 뿌리가 길게 뻗힌 점은 조선초기의 목판으로 올라가는 형태이지만 끝의 간기에 의하면 1527년에 간행하였음이 확실하다. 지질은 사설과 직주도덕경이 일치하며 사설서가 직주도덕경에 합쳐 있는 사실을 미루어 같은 시기에 간행하였다는

214

심증이 굳어진다.

이 책의 서명은 사설이 틀림없지만 삼설에만 관심에 어록(語錄)이라 하였고, 실제로 본문의 첫머리와 삼설의 끝인 80면과 '무피차설(無彼此說)'의 첫머리인 81면과 마지막인 117면에도 '몽산화상어록(蒙山和尙語錄)'이라 명시하였다. 이를 미루어보면 사설은 모두 몽산어록의 일부임에 틀림이 없다. 몽산어록은 '『법어약록』'만 전하며 사설은 일부분도 포함되지 않았다. 몽산의 사설은 물론 법어(法語)와 보설, 그리고 게송과 시중(示衆) 등을 망라한 몽산의 방대한 어록이 조선중기까지 전하였고 이를 간행하였을 가능성이 크다. 다만 직주도덕경에 어록이란 표시가 없으므로 이 책은 어록에 포함되지 않았을 가능성도 있다.

사설은 삼설과 무피차설을 합쳐 붙인 서명이고, 삼설이 먼저 간행되었음은 삼설의 마지막인 80면에 간기처럼 실린 다음 기록에서 확인된다.

吳中休休庵伏承
常州路無錫縣居判簿友梅王居士坦施財刊[6]
易說皇極說中庸說結
至元二十四年淸明節 吾靖 題

위에서 삼설은 1287년에 우매거사 왕탄이 경비를 지원하여 간행하였음이 확인된다. 이는 사설의 서문에서 1288년(지원至元 무자戊子)에 상도(上都)에 사는 평직거사 상공의 요청으로 사설서를 썼다는 시기보다 1년 앞선다. 이로 미루어 몽산의 어록과 저술은 경제적 지원을 받아 끊임없이 간행하였고,

---

6) 우매거사사왕저(于梅居士王坦)로 보일 정도로 이름은 글자가 확실하지 않으나 직주도덕경의 끝에 쓰인 간기에서 확인하였다. 다만 몽산화상보설의 간기에는 탄(坦)으로 실려 있으므로 교정에서 이를 결정하기 어려웠다. 애매하게 판각하였다고 짐작되므로 앞으로 면밀한 검토로 확정되기를 바란다.

후에 이를 일정한 체계로 편집하여 간기와 서문을 살린 형태로 다시 간행하였다는 특징이 있다. 이러한 형태는 현존하는 몽산화상보설에서도 확인되었다.[7]

삼설에 추가된 무피차설의 끝에는 간기에 해당하는 시주자에도 "경조평직처사상공시재명공특(京兆平直處士常公施財命工特, 이하 결손)"이 1행으로 씌어 있다. 다음 면으로 이어져 좀더 자세한 간행시기가 포함되고, 후대의 발문이 첨가되었을 가능성도 있으나, 서문에서 시기가 밝혀졌으므로 생략하고 다른 저술이 어록으로 이어졌을 가능성도 배제하기 어렵다. 앞으로 더욱 확실한 자료의 출현을 기대한다.

사설은 모두 다섯 부분으로 나누어지며 분량과 형태상 몇가지 특징을 요약하여 나타내면 다음과 같다.

표12 사설의 형태와 분량

구분	제목	면수(부터~까지)	판심
1	없음(서문)	4(1~4)	사설서(四說序)
2	역설(易說)	34(5~38)	어록(語錄) 역(易)
3	황극설(皇極說)	22(38~59)	어록(語錄) 황(皇)
4	중용설(中庸說)	22(59~80)	어록(語錄) 중(中)
5	무피차설(無彼此說)	27(81~117)	무피차설(無彼此說)

이상과 같이 삼설만이 판심에 어록이라 쓰였고 마지막의 무피차설은 이를 제외하였다. 다만 무피차설의 시작과 끝의 간기 앞에는 몽산화상어록이라고 명시하였으며, 현존하는 몽산화상보설이나 직주도덕경과는 다른 모습이다. 이는 직주도덕경은 물론 보설도 어록이 아닌 저술로 간주하였을 가능성이 있다. 그러나 이 저술들은 목판의 서체도 같고 11행이고, 행마다 22자라는 공

---

7) 본서 2장 III절.

216

통점을 보이므로[8] 같은 체제로 같은 시기에 전집을 간행하였다고 추정된다.

몽산의 저술은 그의 초고나 구술을 그의 문도가 정리한 형태이다. 삼설이나 무피차설에도 이를 명시하였다. 삼설의 첫머리에 "참학 오정 조립편(祖立編)"이라 하였고, 간기처럼 쓰인 끝에는 '오정제(吾靖題)'라 밝혔다. 이는 몽산의 문도인 오정과 조립이 편집하였고, 그 가운데 특히 오정이 서문을[9] 썼을 정도로 주도적인 역할을 하였다고 하겠다. 무피차설에는 '참학 자각(自覺) 편(編)'이라 하여 다른 문도가 편집하였음이 확인된다.

사설을 통하여 1287년과 그 다음해에 활동한 몽산을 도왔던 문도의 법명이 확인되었다. 이들은 몽산의 보설과 직주도덕경의 편집에도 간여하였고, 문도로서 중심적인 역할을 하였다고 하겠다. 직주도덕경과 보설, 그리고 사설은 행수와 행당 글자 수효, 그리고 편자와 시주자가 상통하는 경우가 많으므로 원에서 간행한 초판을 조선에서 몽산전집으로 다시 간행하였을 가능성이 크다고 짐작된다. 이를 정리하여 비교하면 아래와 같다.

그가 지은 직주도덕경의 서문의 앞부분에 실린 훼손된 판본에서 확인되었다. 필자는 몽산의 사설이 출현하기를 기대하였고 우연한 기회에 서점에서 이 책이 출현하였다가 김민영 선생이 소장하였다고 들었으나, 이번에 직접 확인하였다. 이 책의 간기는 훼손되었으나 고려말의 목판본을 조선전기에 복각하였다고 짐작된다.

현존하는 유일본인 이 책은 부분적으로 훼손이 심하므로 정성들여 보수하였다. 이러한 소장자의 노력에도 불구하고 적지 않은 부분이 보충하기 어려울 정도이므로 다른 이본이 발견되지 않는다면 모든 글자를 완전하게 복원

---

8) 참고로 북경도서관에 보존된 몽산화상보설은 서체가 상통하지만 9행이고 행당 18자이다. 국내판 『여여거사삼교어록』은 10행이고 행당 20자이다.

9) 제란 서문에 해당하는 주제에 대한 해설이지만 여러 저술을 편집하여 전집을 간행할 경우에는 끝으로 돌림으로써 서문과 상통하는 제(題)가 발문과 같은 위치로 바뀐다고 하겠다.

표13 몽산 저술의 상관성이 큰 판본

저술명	편자(編者)	시주자(施主者)	제자(題者)	초판시기	현존본 간행시기
삼설	오정(吾靖) 조립(祖立)	평직처사(平直處士) 상공(常公)	오정(吾靖)	1287	1527?
무피차설	자각(自覺)	평직거사(平直居士) 상공(常公)		1288	
직주도덕경	덕이술(德異述)	우매거사(友梅居士) 왕탄(王坦)	오정(吾靖)	1285	1527
보설 1-4	오정(吾靖) 조립(祖立)	우매거사(友梅居士) 왕탄(王坦)		1285	명대
5-6	자각(自覺)	유인(儒人) 시씨(施氏)		1289	
7-8	홍총(興聰)	수선사(修禪寺) 요암원명(了庵元明)		1296	
9	자각(自覺)	왕집중(王執中)	왕집중(王執中)	1288	

하기는 불가능하다고 하겠다. 다만 서문은 소장자가 보유한 직주도덕경에 포함된 부분이 완전할 정도로 잘 보전되었다.

2. 삼설의 삼교일치론

삼설은 직주도덕경이 완성된 2년 뒤인 1287년 편집되었고, 무피차설은 다음해에 합쳐서 간행되었다. 이와 달리 보설은 현존하는 10편은 앞의 여러 편이 나타나지 않았으므로 전부가 아님은 확실하지만, 이것조차 몇 차례 묶어서 처음에 간행하였음이 확인되었다. 직주도덕경보다 먼저 편집된 부분이 있는가 하면 7년 뒤에 간행된 부분도 있었다. 위의 세 가지 저술은 저자가 생존한 당시에 간행되었다. 직주도덕경과 보설 가운데 육도보설만 조선에서 간행된 시기가 확인되지만 1527년에 편집되었을 사설과 나머지 보설도 직주도덕경과 같은 1527년에 복간되었을 가능성은 더욱 크다. 지질과 판형,

그리고 서체가 상통하며 앞으로 형태서지학의 깊은 검토가 필요하다.

사설 가운데 앞에 놓인 삼설은 역설(易說)과 황극설, 그리고 중용설의 순서로 실렸다. 몽산의 역(易)에 대한 관심은 남송의 말기인 함순년간(咸淳年間, 1265~1274)에 복재(復齋) 황공원(黃貢元)과 겸재(謙齋) 임공원(林貢元)과 주역의 괘사에 대하여 연구하고 의견을 나눈 적이 있었다.[10] 직접적인 저술의 계기는 1286년(지원 병술, 고려 충렬왕 12년) 하원절(下元節)을 앞두고 강심남원화상(江心南源和尙)이 휴휴암으로 찾아와서 기후와 주역의 관계를 논의하고 몽산의 견해를 저술로 남기도록 권유에서 비롯되었다.[11]

역이란 역경(易經)이라고 하고, 현존하는 주역(周易)을 제외하고도 여러가지 이본이 있었다는 신비스런 도서이다. 상고(上古)의 갑골점복과 관련되고, 우주와 삼라만상의 생성과 변화를 담은 저술이다. 오랜 기간의 경험과 시대의 관심이 담겨 상(商)에서 주(周)로 왕조의 변화를 반영하였다는 해석의 시도도 주목된다.[12]

주역은 우주와 삼라만상인 천지인(天地人) 삼재(三才)의 생성과 변화를 설명하려는 상고의 지식과 신화를 다양한 도상으로 표현한 특징이 있다. 도상이란 무극(無極)과 태극(太極), 양의(兩儀), 사상(四象), 8괘(卦), 64괘(卦), 384효(爻) 등 2의 배수와 상관성이 크며,[13] 수정란의 분열과 같은 느낌이 있다.

몽산은 주역을 동아시아의 사물의 본질을 설명한 유교의 경전으로 간주하고 이에 깊은 관심을 나타내고 화엄경의 다원적 본체론에 연결시켜 설명하였다. 화엄의 불타관과 원융사상을 역경의 본체론과 상응한다고 해석하였다. 또한 이를 우주의 원리와 국가의 구성, 개인과 사물의 본질을 상통하는 원리

---

10) 易說, 30~31면.

11) 같은 책 30면.

12) 黃凡 『周易─商周之交史事錄』(汕斗大學出版社 1995).

13) 易說, 31면.

를 전하였다는 다원적인 일원론으로 연결시켰다.

황극설은 상서(尙書)의 홍범(洪範)에 실린 핵심 용어이다. 홍범은 은(殷)이 망한 다음 주(周)의 무왕(武王)이 은의 태사였던 기자(箕子)로부터 국가의 운영원리를 들었다는 내용이 핵심이다. 주에 복속되기를 거부하고 동이(東夷)로 옮겼다는 전설이 확대되어 고려와 조선에서도 숭배를 받았고, 홍범과 함께 상서는 크게 주목되었다. 몽산의 저술이 조선에서 존중되고 간행된 경위도 황극설과 무관하지 않을 가능성이 있다. 오늘날 기자의 동래를 부정하는 경향이 강하지만 은과 동이의 관련설을 강하게 주장하는 견해도 만만치 않다.

몽산은 황극을 국가의 기반을 이루는 중심된 이론이라고 보았고, 전륜왕은 황극을 유지하였으며, 도덕경의 도와도 상통한다고 하였다. 몽산은 황극을 통치원리로 파악하였고, 불교의 교화와 황극과 도의 활용이 국가의 기반이라는 해석이었다. 몽산의 상서에 대한 통치원리를 도교보다 강한 애착으로 강조하였으며, 도덕경에 관한 이용은 황극설에서 극히 인색하였다.

중용설은 중용의 핵심과 불교와의 상관성에 대한 이론이다. 중용은 대학과 함께 예기에 속한 편명이지만, 성리학에서 이를 중요시하여 독립된 경서로 승격시키고 이를 논어와 맹자를 합쳐 기본적인 도서인 사서로 삼았다. 몽산의 중용설은 선승인 저자가 성리학에 대한 긍정적인 평가를 담았다. 그는 중용을 공자의 연령에 따른 인격의 형성론을 연결시켜 수양론으로 풀이하였다, 인간의 천부적인 삼강과 오상의 발현을 중용으로 해석하고 가르치고 배워야 할 덕목이라고 찬양하였다.

몽산은 권학(權學)과 실학(實學)을 대비시켰다. 높은 지위에 도달하는 처세술은 출세를 위한 모방에 불과한 권학이고 중용에 배치된다고 하였다. 실학이란 근본에 충실(務本)하여 완성된 중화(中和)이고 이야말로 군자가 갖추어야 할 도라고 하였다. 실학은 선종 조사의 참선을 통한 얻은 깨달음의 단계라는 선승의 수양론을 열거하기를 빼놓지 않았다.

몽산의 삼설은 성리학의 새로운 형성에 대하여 확립된 역경과 서경과 중용의 중요성을 대체로 인정한 반면 도교의 이론을 인용하거나 찬양하기에 인색하였던 느낌이 있다. 그가 직주도덕경에서 삼교의 일치를 강조하여 저술하였으므로 이를 다시 언급할 필요가 없었기 때문이라고 짐작된다. 삼설은 성리학으로 등장한 유교의 전통사상의 부활에 대하여 깊이있게 언급하려는 의도가 반영되었다고 하겠다.

몽산은 북송 휘종(徽宗)이 도교에 편향된 나머지 국가를 위태하게 만들었다는 비난을 곁들였다. 이로 보면 사설은 성리학보다 도교에 대한 부정적인 평가가 잠재하였을 가능성이 있으므로 깊이 검토할 필요가 있다고 하겠다. 몽산의 삼설은 불교의 화엄사상을 토대로 그가 완성한 육도보설로 표현한 사성육범(四聖六凡)의 이론이 가장 자주 언급되었다.

몽산의 삼교일치는 오대 이후 사상의 혼란을 잠재우고 불교를 중심으로 도교와 유교의 공존과 이로부터 우위를 확립시키려는 의도가 강하다고 하겠다. 몽산의 유불도 일치론은 원의 사상계의 갈등을 완화시키는 긍정적인 기능은 있었지만, 이후의 사상적인 극복을 달성하였다고 보기는 어렵다. 유교의 후신인 성리학은 이후에도 불교와 일치한다는 몽산의 이론을 받아들이지 않았기 때문이다.

3. 무피차설의 선교일치론

무피차설은 교학과 참선이 이론으로 배치되지 않는 상보관계이거나 '주선교종(主禪敎從)'의 신념이 반영된 저술이다. 다른 표현으로는 그의 불교사에 대한 주관과 평가가 정리되었다. 몽산의 교학은 필사본으로 전하는 제경촬요에 잘 나타나 있고, 무피차설의 논지는 이를 포함하여 교학과의 상보관계와 선의 우월성을 강조하였다.

몽산은 선과 교가 서로 달리 보기 어려운 상관관계임을 성명하기 위하여 크게 세 단계로 논지를 전개하였다. 첫째 교학의 중심을 이루는 여러 경전의 특성과 우수성을 들었다. 다음으로 논소(論疏)의 저자와 이에 대한 평가를 곁들였다. 마지막으로 선종사를 개관하면서 역대 선승들의 어록과 논지를 소개하고 선교의 일치를 강조하면서도 선이 깨달음의 최고의 경지임을 강조하기를 빼놓지 않았다.

몽산은 먼저 대승경전을 골고루 언급하였다. 그 가운데서 화엄경을 최고의 경전으로 자주 언급하였다. 그는 화엄경을 경전 가운데서 가장 포괄적으로 사물의 기원과 상관관계를 설명하는 경전으로 간주하였다. 그의 사상을 응축한 육도보설은 화엄사상을 선과 접목시켜 승속을 교화한 저술이라 하겠다.

그는 대반야경과 법화경을 중요시하였고 화엄경과 함께 삼대경전으로 꼽았다. 화엄회상의 선재동자(善才童子)와 법화회상(法華會上)의 용녀(龍女), 영산회상(靈山會上)의 광액도아(廣額屠兒)가 삼대경전을 널리 현창한 인물이라 하였다. 그는 삼대경전이 상근기(上根氣)를 위한 묘법이라면, 대반야경(大般若經), 능엄경(楞嚴經), 보적경(寶積經), 유마힐경(維摩詰經) 등은 하근기(下根氣)를 위한 묘법이라고 대비하였다.[14] 그는 삼대경전을 중요시하여 선승의 '선어록(禪語錄)'에 대비하여 '불어록(佛語錄)'이라 하였다. 몽산이 제시한 경전은 필사본으로 전하는 제경찰요의 불경에 대한 관점과 그대로 일치한다. 후대의 여래선과 조사선의 기원은 몽산이 남긴 무피차설의 선교일치론에 거슬러 올라가 찾을 수 있다.

그는 마명(馬鳴)의 기신론(起信論)과 용수(龍樹)의 대지도론(大智導論)을 대표적인 논장(論藏)으로 들었다. 그는 논장이 불어록인 경전을 함축한 저술로 소개하였다. 그러나 불교의 깨달음에 이르는 지름길(捷徑)은 후대의 선사

---

14) 사설 109면.

들이 남긴 어록임을 강조하였다.

　그가 가장 역점을 두고, 또한 최고의 가치를 두었던 부분은 선어록이었다. 특히 달마와 육조를 거쳐 오가칠종(五家七宗)의 기원이 되는 여러 조사를 언급하였다. 그는 오가칠종의 장점과 특성을 열거하였으며 이는 선문오종강요(禪門五宗綱要)의 선구라고 할 만하다. 그의 선종관은 임제종의 양기파의 정통성을 특별히 강조할 취지는 아니었으나 은연중에 이를 반영하였다. 그는 천태학의 지의와 선가 오종의 법안종에 속하면서 천태학에 조예가 깊었던 영명연수를 높이 평가하였다.

　천태학의 교상판석(敎相判釋)에 의하면 석가의 설법을 다섯 시기로 구분하였다. 처음 득도한 다음 설법한 화엄경은 가장 포괄적이고 찬란하였다. 마지막의 법화열반시에 설법한 법화경과 열반경은 석가의 설법을 총괄하는 포괄성이 있었다. 초기 설법과 말기 설법을 삼대경전으로 삼은 몽산의 교학관은 불경을 불어록(佛語錄)이라고 했던 여래선의 연장이고, 천태학에 심취한 선교관이 응축되어 나타난 그의 이론이라고 정의할 만하다.

맺음말

　귀중한 자료를 보유하고 계승하는 능력은 국가와 사회가 보유한 문화전통의 수준을 반영한다. 한국은 좁은 국토에 비하여 대륙에서 사라진 문헌이 적지 않게 발견되고, 이는 고려와 조선의 불교계는 물론 나아가서 사상계의 수준이 낮지 않으며, 때로는 동아시아에서 최고의 수준에 이르렀음을 반영한다.

　황하유역의 중원을 차지하고 태풍처럼 동아시아를 휩쓸던 거대한 대륙의 패권에 맞서서 동아시아 동북의 만주와 반도에서 국가와 문화전통을 오랫동안 유지하였다. 이를 계승한 한민족은 고구려와 발해가 망하고 반도로 공간이 좁아진 시기에도 굳세게 문화전통을 유지하였다. 문화전통의 저력은 그들이 보존하고 간행한 저술의 수준과 관계가 깊다.

오늘날 학계의 단점은 획일성의 세계주의에 마비되어 하청업자를 자청하거나 극도의 민족주의와 결부되어 배타적인 국수주의로 나타나는 상반된 경향이라 하겠다. 불교학의 기초로 삼는 대장경의 전산화나 고승에 대한 연구에서도 같은 현상이 빈번하게 벌어지고 있다. 대장경에만 매달리는 불교문헌의 전산화는 세계주의에 편승하는 자세이고, 한국불교전서의 전산화에만 매달리면서 대장경의 전산화와 차별화하려는 태도는 불교를 국수주의에 편승시키는 태도라 하겠다.

불교서의 전산화는 경제력과 기술이 가능하다면 대장경과 한국인의 불교 저술뿐 아니라 대장경에 속하지 않는 외국인의 불교 저술이라도 고려와 조선에서 복간하고 요긴하게 이용한 경우는 우리의 불교서로 전산화를 서두를 필요가 있다. 비록 고려인은 아니지만 고려말은 물론 오늘날의 한국불교계에 큰 영향을 주었던 몽산과 지공은 우리 불교의 일부로 깊이 이해할 필요가 있다. 석가가 외국인이지만 공자와 예수처럼 한국인의 가슴에 깊이 존경받으므로 연구하더라도 세계주의의 산물이라고 말하기 어려운 현상과 조금도 다름이 없다고 하겠다.

III. 여여거사삼교어록의 삼교일치론

머리말

자신이 보유한 자각의 요건을 깨닫지 못하고 먼 곳에서 해답을 구하려는 어리석음을 경계하는 함축된 의미가 담긴 속담이 많다. 국내의 고도서 전시회에서 『여여거사삼교어록』을 처음 보았다. 이 책을 북경도서관에서 확인하고 일본에도 찾았으나 자신이 속한 연구원의 장서각에는 서명이 잘못 실려 이를 간과하였다.

북경도서관 본은 본래 31권 7책이 완질로 짐작되지만 현재는 8권 2책만 전하고 있으며 명대의 목판본으로 정리되었다. 이 책은 국내의 세 곳에 각각 소장되었고, 각각 1책 4권과 1책 6권의 상책(上冊)과 중책(中冊)으로 조선전기의 목판본이다. 국내 책은 본래 12권 3책으로 간행되었다고 짐작되며, 일본에는 사본인 15권 3책 전체가 현존한다고 사전에 올라 있으나,[1] 목록을 확인한 결과 이와 달랐다.

---

1) 『禪學大辭典』(日本 大修館書店 1963) 994면.

이 책에 대해서 필자는 국내에서 찾은 상책과 북경도서관본을 비교하여 처음으로 언급하였다.[2] 국내외에서 주목하지 않은 책이고 이를 처음 소개하였으므로 부족한 부분이 적지 않았다. 첫째 국내에 전하는 다른 영본을 이용하지 못하였고, 일본에 전하는 사본에 대하여 전혀 언급하지 못하였다. 또한 북경도서관본도 자료의 전체를 복사하지 못하고 자료의 차례만을 기록하여 사용하였으므로 한계가 많았다. 이번에 가능한 이를 종합하여 언급하고자 한다.

이 글에서는 이 삼교어록 세 가지를 비교하여 다음 네 가지 사항에 대하여 종합적으로 다루고자 한다. 첫째, 현존하는 삼교어록의 전부와 이본의 계통을 밝히고자 한다. 둘째, 저자의 생애와 불교계의 계보에 대하여 더욱 철저하게 규명하고자 한다. 셋째, 삼교어록이 원대의 사상계에서 차지하는 위상을 몽산의 저술과 비교하여 살피고자 한다. 마지막으로 이 책이 고려말의 사상계에 적지 않은 영향을 주었고, 조선전기에는 유교와 불교와 관련된 부분을 발췌하거나 생략하고 불교에 관한 부분은 오히려 보충하여 간행하였음을 제시하고자 한다.

이 책은 송에서 활발하였고 원에서 확대된 사상 논쟁과 관련된 서적이고 이를 연구하기 위하여 북경에 머무는 기회를 이용하였다. 북송에서는 조동종의 묵조선이, 남송에서는 임제종의 간화선이 성하였다. 원은 지역별로 불교사상이 달랐으나 선종은 강남의 임제종이 바탕을 이루었다.

원은 유목민의 부족을 주축으로 인류사상 가장 방대한 영역과 지구상에서 최대 비율의 인구를 포괄하였던 국가였다. 원은 비록 확장 과정에서 잔인한 살육도 많았으나, 동서양의 문화를 직접 소통시키고 동아시아에서 세계사로 확대시킨 최초의 국가였다고 말할 수 있다.

---

2) 許興植「三敎語錄의 書誌와 思想的 特性」,『書誌學報』22(韓國書誌學會 1998).

원보다 앞서 로마와 당(唐), 그리고 사라센이 주목되지만 원에 비하면 넓은 지역이 아니었다. 원이 망한 다음 1세기 지나서부터 서유럽의 에스파냐가 신대륙의 정복에 힘을 기울였고, 이어서 홀란드와 영국이 이후의 세계화를 주도하였다. 20세기 후반부터 미국의 영향력이 크지만 세계에서 차지하는 인구의 비율이나 공간상으로는 원을 능가하지 못한다.

원은 방대한 영역을 확보하기 위하여 처참한 전쟁을 감행하였다. 영역을 어떻게 획득하였느냐가 주목되어왔지만, 이보다 획득한 영토의 활용과 인류의 발전에 기여한 도덕을 평가의 기준으로 삼을 필요가 있다. 유럽에서 뒤처진 폴란드 출신의 교황 요한바오로 2세는 좁은 영토의 대표자였지만, 어느 맹주국의 국왕이나 대통령보다 세계의 넓은 지역에 영향을 주었고 존경을 받았다.

방대한 영토를 가진 나라가 확대하는 과정에 야만적인 침략을 동반하였지만 오명을 씻어버리기 위하여 선정을 베푼 아쇼카왕, 당태종, 그리고 원세조 등이 있다. 원은 동아시아 변방민족이 세웠으므로 한족(漢族)이 내세운 사관에 맹종하는 동아시아나 몽고의 침략을 받은 유럽에서 고의로 낮추어 평가하는 경향이 있다. 세계화나 지구촌을 강조하는 오늘날에도 세계화에 기여한 선구적인 원의 역할에 대해서는 동서양이 공통적으로 소외시키는 경향이 심하다.

여여거사의 출생연대는 불확실하지만 남송 중기에 활동한 사상가로 짐작되며, 원의 사상계에 깊은 영향을 주었다. 그의 저술에 관해서 국내에서 처음으로 국내의 간본을 소개하였으나[3] 이 논문은 국내와 북경도서관에 소장된 자료를 연결시켜 소개하고, 고려말 사상적 전환기를 살았던 원천석(元天錫)의 저술에는 여여거사의 삼교어록을 근거로 삼교합일의 이론을 전개하였음을[4] 지적하였다. 다만 저자의 활동시기를 잘못 해석하였고, 일본에 소재하

---

3) 許興植「三敎語錄의 書誌와 思想的 特性」,『書誌學報』22(1998).

는 여여거사의 삼교어록의 자료를 이용한 앞선 연구를[5] 활용하지 못한 한계
가 있었다.

일본에서 국내보다 앞서 이룩된 연구는 국내에 2003년에야 처음 소개되
었다.[6] 이 연구에서도 한국과 중국에서 보존된 판본은 참조하거나 비교하지
않았다. 『여여거사삼교어록』은 조선전기의 유불논쟁을 극복하기 위하여 불
교계에서 이론적인 근거로 몽산덕이의 직주도덕경, 사설(四說)과 함께 거의
같은 시기에 간행되었다고 추정된다. 선불교의 마지막을 장식한 임제종 간
화선과 신유교인 성리학의 사상적 논쟁은 남송 이후 원초에 이르기까지 가
장 활발하게 진행되었다. 이에 비하여 고려말과 조선전기의 유불논쟁은 기
간은 짧았지만 더욱 치열하였고, 이에 대응하기 위하여 대륙에서 간행한 저
술을 조선전기에 다시 간행한 서책은 한국사상사에서 깊이있게 취급할 필요
가 있다.

삼교어록의 정확한 책 이름은 '『여여거사삼교어록』'이고, 각종 서목에는
자부(子部) 석가류(釋迦類)에 포함되었다. 국내에는 직지사(直指寺)의 성보
박물관에서 상권을 소장하였고, 한국학중앙연구원 장서각에서 중권을 소장
하였다. 필자는 개인 소장본을 다시 확인하였으나 이는 직지사에서 소장한
상권과 같으므로 언급을 생략하겠다.[7]

중국에는 북경도서관(지금은 중국국가도서관으로 이름이 바뀌었다고 함)에 8권

---

4) 『耘谷詩史』卷 2, 14 三敎一理幷序──會三歸一(『高麗名賢集』5,324~25면)

5) 椎名宏雄 「宋元版禪籍硏究 (4)──如如居士語錄 三敎大全語錄」, 『印度佛敎學硏究』
29-2(1981).

6) 趙明濟 高麗末 儒佛一致說의 思想的 傾向과 그 意義」, 『民族文化論叢』27(嶺南大學
校 民族文化硏究所 2003).

7) 책의 표지에 '여여거사삼교대전(如如居士三敎大全)'이라 묵서로 쓰였으나 내용은 직지
사본과 판형이 똑같았다. 이 책 표지의 우하단 가까이에 '대동산(大東山) 법장사(法藏寺)
라 묵서가 있고, 그 아래에 '법장사인(法藏寺印)'이란 네모난 도장이 찍혀 있다. 이 책은
직지사 성보박물관본에 실린 전체의 목록이 생략되어 있으므로 자료의 가치가 떨어진다
고 하겠다.

2책의 영본이 소장되었으나 내용은 전체의 일부분이다. 필자는 직지사에 수장되기 전에 간행본을 복사하여 북경도서관본과 비교하였으나, 가장 가까운 곳에 보관된 장서각본은 참조하지 못하였다. 『여여거사삼교어록』이 아니라 여여거사어록(如如居士語錄)으로 도서목록이 정리되었기 때문에 이를 간과 하였었다. "업은 아이 먼 곳에서 6년 동안 찾은 셈"이다. 이번에 이를 합쳐 소개하고 가치를 규명하고자 한다.

1. 현존본의 종류와 형태

본서의 전질(全帙)은 아직 발견되지 않았으나 일부분은 국내에서 알려졌다. 필자가 처음으로 이 책을 알게 된 것은 1996년 고서전시에 응모한 소개서였으며,[8] 구입자가 나타나지 않았다. 다음해에 같은 장소인 종로구 공평아트홀에 다시 전시하였으나 당시 목록에는 올리지 않았다. 필자는 이 책의 서명과 사상사에서 주목할 서적이라는 확신을 가지고 있었으나 영본이므로 더욱 시간을 두고 찾기로 하고 보류하였다. 후에 고려말에 살았던 원천석(元天錫)의 문집에서 인용되었음을 확인하였고 예상보다 낮은 가격을 호가(呼價)하였다.

고서를 수집하려면 수장(收藏)할 시설과 구입할 경제력을 갖출 의무가 있다. 필자는 이 두 가지를 갖춘 여건이 아니므로 자료를 복사하여 이용하고 고서의 수집을 피하였다. 좋은 책을 구입하여 연구하면 간편하지만 항상 복사하여 어설프게 논문을 얼버무렸다. 보고 싶은 고서가 있으면 반드시 수장한 독지가에게서 제공받고 이를 밝히면서[9] 올바른 가치를 소개하는 연구

---

8) 韓國古書協會 『古書』(大邱高麗社 1997, 創立10周年記念號) 80면.

9) 장서가(藏書家)와 연구자(硏究者)가 일치하는 경우가 역대의 동아시아 국가에는 많았으며, 이들이 집필한 장서기(藏書記)나 독서기(讀書記)는 연구자의 중요한 안내서가 되었

도 필자가 선택한 최대한의 효과적인 방법이고 최소한이나마 기여하리라 여겼다.

삼교어록도 전시가 끝난 다음 서점에 다시 전화하여 판매 여부를 확인하였다. 아직 보관하고 있음을 알고 이 책은 매우 중요하며, 연구용으로 사용하기를 약속하고 복사하였으므로 이를 밝히면서 감사한다. 이에 대한 형태서지(形態書誌)의 사항을 정리하여 간단하게 "간년미상(刊年未詳) 목각본(木刻本) 1책 10행 20자 흑구내향사주쌍변(黑口內向四周雙邊) 상책 4권"으로 표시할 수 있다. 흑구가 내향이고 어미의 뿌리가 광곽(廣廓)에까지 좁게 연결되었으므로 마치 초간본 동문선과 같은 형태였기 때문에 조선전기본으로 추측하였으나 지질로 보아 1550년대라고 짐작되었다.

이 책은 중국 북경도서관에 수장하고 있음을 알았다. 국내에서 발견된 전반부와 북경도서관본(이하 북도본라고 줄임)의 후반부와 국내의 두 가지 영본을 합쳐 연구에 도움이 되리라는 확신을 가지고 이를 비교하였다. 국내에서는 이 책에 대해서는 서목이 제대로 만들어지지 못했고, 장서각에서도 저자의 호인 여여거사와 어록(語錄)을 합쳐 여여거사어록으로 실렸고, 저자와 간행연대 미상의 책으로 소개하였다. 이 책은 어록이라기보다 불교를 중심으로 유교와 도교를 합쳐 이론을 비교한 저술이며 목판본으로 형태에 대해서도 간단히 실렸다.[10]

북경도서관본의 서명은 『여여거사삼교어록』이라 하였고, 국내본에는 '중간증광여여거사삼교어록(重刊增廣如如居士三敎語錄)'이라 하였으며 판심

다. 현대에는 도서관과 박물관이 발달하였으므로 개인이 소장한 귀중본의 가치를 정확히 규명하고 공공도서관에서 최종적으로 구입하도록 협력하는 작업이 서지연구자의 또다른 역할이라 하겠다. 물론 장서와 연구를 겸하던 과거의 관습은 완벽하지만 필자처럼 여건을 갖추지 못한 연구자도 장서의 가치를 판단하고, 이를 공공기관에 흡수시키는 단계의 작업이나 이미 수장된 도서의 가치를 제대로 정리하는 작업도 학계에 어느 정도 기여할 수 있다고 하겠다.

10) "四周單邊, 半郭 25×18. 1cm, 10行 20字, 上下黑口, 黑魚尾; 32.1×21.1cm."

에는 '삼교록(三敎錄)'이라 하였다. 다만 장서각본의 6권 서두에만 삼교어록 대신 '좌화어록(坐化語錄)'이라 하여 차이가 있다. 6권은 그가 임종하던 6월 15일까지의 대화를 그의 문인인 눌재(訥齋) 요요야한(了了野漢) 장수일(張守一)이 발문을 붙이고 채록하여 실었다.

『북경도서관고적목록(北京圖書館古籍目錄)』에도 저자 미상이고,[11] 명대의 각본(刻本)임을 "『여여거사삼교어록』, 명각본(明刻本) 2책 10행 20자 흑구사주쌍변(黑口四周雙邊) 존 8권 정집 4권 기집 4권"이라 밝혔다. 필자는 서지사항을 읽고 몇가지 의문을 떨어버리기가 어려웠다. 우선 행수(行數), 자수(字數), 흑구(黑口)와 사주쌍변(四柱雙邊)에 이르기까지 국내본과 일치하므로, 국내 보관본과 관련성을 염두에 두고, 북경에 도착한 다음달 1998년 10월 22일 이를 세밀히 실사하였다. 국내에서 발견된 판본은 목판본으로 글씨는 초기의 목판본을 복각(復刻)하였다고 짐작된다. 국내의 목판본은 같은 시기의 중국의 판본보다 지질(紙質)이 질기지만 거칠므로 먹이 골고루 진하게 인쇄되지 못하는 특징이 있으며, 이를 명대의 서적과 구별하기가 어렵지 않은 경우가 많다.

북경도서관본을 실제로 살펴본 결과 국내의 판본과 글자의 모양과 판형은 거의 일치할 정도였지만 완전한 복각은 아니었다.[12] 국내의 판본에는 군데군데 적지 않은 시주자가 실려 있으며,[13] 이들의 성씨는 우리나라에 흔한

---

11) 목록에는 저자를 밝히지 않았으나 함(函)에 보관된 도서카드에는 미상으로 처리되었다.
12) 국내의 책의 간기에 명의 연호를 사용하는 사례가 많으므로 외국에서 이를 중국의 판본으로 간주한 엉성한 목록이 아주 많다.
13) 국내판에서 시주자를 정리하면 다음과 같다.
　상 34-1 施主 田守石, 상 35-1 施主 姜叔知, 상 37-1 施主 李坪, 상 38-2 施主 李富元, 상 39-1 施主 李富元, 상 40-2 施主 李弘, 상 41-1 施主 李弘, 상 42-2 施主 卞康孫, 상 45-2 施主 卞康孫, 상 46-1 施主 卞康孫, 상 48-1 施主 金義從, 상 49-1 施主 金永孫, 상 50-2 施主 金興夫, 상 52-2 施主 브니, 상 54-2 施主 韓範從, 상 55-1 施主 韓範從, 상 58-1 施主 邊氏栗德, 상 59-1 施主 李世倪, 상 61-1 施主 李從平, 상 62-2 施主 李万海, 상 61-1 施主 李万海.

"김(金)과 이(李)"가 대부분이고 벽성(僻姓)은 거의 없다. 심지어 '브니'라는 훈민정음으로 쓰인 예쁜 여성 이름도 쓰였으므로 조선의 판본이라 단정해도 무리하지 않다. 북도판은 시주자도 없고 명대의 판본임이 확실하였다.[14]

장서각본은 시주자를 대체로 한 장 건너 우측 하단의 광곽 밖에 붙여 조각하였다.[15]

직지사본은 1책뿐이지만 전체의 목록이 실려 있으므로 북도본보다 전체의 대강을 파악하기 위해서 절대적인 가치가 있다. 연구원본은 직지사본의 다음인 5권부터 10권까지이므로 상중하 3책 가운데 중책이고 판심에도 실제로 이를 밝히고 장수(張數)도 처음부터 시작되었다. 연구원본의 끝부분은 결손이 있으므로 어느 정도 훼손되었다고 확실하게 말하기 어렵지만 많은 부분은 아니라고 추정된다. 북도본에서 정집(丁集)과 기집(己集) 각 4권으로 8권 2책이고 각집(各集)마다 앞에 목록을 수록하였으나, 국내본에는 상책의 앞에만 전체의 목록을 수록하였으므로 체제상에도 차이가 있다.

삼교어록의 국내본과 북도본은 목차나 내용의 구성상 큰 차이를 보이고 있다. 국내본은 본래 상중하 3책으로 구성되고, 전체가 국내본은 3책이었음이 목차로서 확인된다. 직지사본의 판심에는 위의 어미(魚尾) 아래에 '상(上)'이라 하였고, 장서각본에는 '중(中)'이라 하고 각각 일련의 장수를 그 아래에 쓰고 다음에 아래로 향한 어미가 있다. 이로 보면 국내본은 전체의 2/3가 현존하고 있고, 두 가지는 앞부분에 해당하고 하책만 전하지 않는다. 북도본 삼교어록의 전체 목록이 없고 정집(丁集)과 기집(己集)뿐이므로 전체의 권수도 확실하지 않다. 북도본이 십간(十干)으로 책 수를 적었으므로 본

---

14) 필자가 명대의 종이라 보는 까닭은 같은 시기의 국내의 지질보다 고은 편이지만 질기지 않고 종이에 나타나는 발이 달랐기 때문이다.
15) 이를 순서대로 판독하여 정리하면 다음과 같다.

김씨가종, 洪氏思郞, 姜玉守兩主, 大施主禹公主 姜氏, 福只, 靑光, 亇今, 崔末叱(㐫)只, 朴注叱沙里, 閑非, 從德, 鄭世華, 尹莫同, 尹氏巨音德, 李氏尙今, 阿亡, 許屯石, 李叔孫, 金北間, 崔嘉伊, 守非, 河末伊, 田生壽, 남시죵只l, 朴氏姜非.

래 24권 이상이었다고 추측되었다. 이로 보면 북도본은 전체의 일부만 전하고 네번째 권과 여섯번째 권만 남은 셈이다.

국내본이 3책 12권이고, 북도본의 결본을 합쳐 전체가 24권 이상이므로 국내본은 본래 삼교어록을 축약하여 간행한 축소판이었다. 국내본은 직지사본과 연구원본을 합쳐도 분량으로 북도본보다 2권이 많지만 전체의 목록과 간략하나마 서문과 저자에 대한 정보가 전하고 있으므로 그 가치는 막중하다고 하겠다. 국내본은 분량으로 10권에 불과하지만 전체의 2/3이고 북도본은 분량으로는 8권으로 국내본과 거의 같지만 전체의 1/4에 불과하다. 국내본에 전체의 차례가 실렸으므로 삼교어록의 전모의 대강을 이해하기에는 복도본보다 오히려 크게 도움이 된다. 또한 이를 이용하여 두 가지 현존본의 관계와 변형된 정도를 세밀하게 살피기에 알맞다고 하겠다.

국내본의 상책의 앞에 전체 목차에 이어서 본문과 연속되었으며 장수(張數)가 계속되었으나, 북도본은 집(集)마다 목차를 싣고 장수를 끝내고 본문을 실었다. 국내본은 상 책 4장의 전면까지 모두 채웠고 후면의 첫 행부터 4행까지 다음과 같이 실려 있다.

重刊增廣如如居士三教大全語錄目錄畢
如如居士三教大全語錄卷之一
諸文門上
見性成佛直指

이상에서 목차는 제4장의 첫 행까지인 셈이고, 제1권은 2행부터 시작되었다고 하겠다. 목차와 본문을 같은 면에 접속시킴으로써 책의 내용에 구별이 어려우나, 종이 한 장을 절약하였다고 하겠다. 이를 북경도서관본과 대조한 결과 표14와 같이 정리되었다.

표14 국내본과 북경도서관본의 분량 비교

국내본	북경도서관본
상책 목차 1~4후 1행	정집(丁冊)~4권 1책(부분)
권 1 4후 2행~28전	
권 2 28후~43후	
권 3 44전~55후	
권 4 56전~65후	기집(己冊)~4권 1책(부분)
중책 권 5 1전~10전	
권 6 11전~20전	
권 7 21전 25후	
권 8 26전 34전	
권 9 35전 45전	
권 10 46전 58전	

일본에 전하는 교도대 2권의 원대본(元代本)과 7책 32권의 후대사본을 구하였다.[16] 여기서 국내의 3권본과 원대의 2권 본을 기준으로 북도본과 대조한 결과 국내본 상책의 분량과 전체를 복원하고 국내본과 북도본의 위상이 더욱 선명하게 드러났다. 이를 이해하기 위하여 목차를 정리하여 비교하면 표15와 같다.

이상의 목록의 비교를 통하여 다음과 같이 차이점을 정리할 수 있다.

① 국내본은 본래 32권 10책본을 12권 3책으로 줄였다.
② 국내본은 유교와 도교에 관한 부분을 대폭 삭제하였다.
③ 국내본은 원본의 순서를 대체로 따랐으나 약간 달리 수록한 부분도 있다.
④ 국내본은 수행과 실천부분을 중요시하였다.
⑤ 원대본은 상하 2책이고, 국내본은 12권 3책으로 증광(增廣)이라 표현하

---

16) 이 자료는 교도대 인문과학연구소에 파견되었던 안승준 연구원에 의뢰하여 목록을 구하였다. 2006년에 이보다 앞서 같은 곳에서 연구한 조명제 선생에게서 복사한 자료를 구하였으므로 지면으로 감사한다.

표15 국내본과 북도본의 목록 비교(*는 같거나 비슷한 항목)

국내본 목록	북도본 목록	교도대본
상책	丁集(丁冊)	상권
권 1 諸文門上	권 1 頌儒敎門	諸文門上
見性成佛直指	권 2 頌道敎門	諸文門下
普勸戒殺生文	권 3 頌釋敎門	傳등(火+丁)門
普勸發心文	권 4 三敎論門*3 三敎一理論	修行方便門
勸孝文	*2 三敎無諍門	善惡報應門
放生文	*1 敬僧門	因由門
齋戒文		
敬僧文*1		하권
選佛捷徑		偈頌雜著門
後說禪病		齋疏門
三敎一理論*2		誥牒門
三敎無諍頌*3		六道輪廻門
권 2 諸文門下(目次省略)		諸天世界門
권 3 傳燈門(目次省略)		劫數世界門
권 4 修行方便門(目次省略) *4	己集(己冊) 권 1 修行方便門 *4	하권에는 須彌山上燄摩圖
권 5 善惡報應門(目次省略)	*5 17) *5 권 2 善惡勸戒門	
권 6 因由門(目次省略)		
권 7 偈頌雜著門 18)(目次省略)		
권 8 齋疏門(目次省略)*6	*8 권 3 僧俗疏意門	
권 9 誥牒門(目次省略)*7	*9 권 4 誥牒疏語門	
권 10 六道輪廻門(目次省略)		
권 11 諸天世界門(目次省略)		
권 12 劫數世界門(目次省略)		

였다고 짐작된다.

---

17) 장서각본에는 "도석삼장경선악보문(道釋三藏經善惡報門)"으로 약간 차이가 있다.
18) 장서각본에는 게송잡저(偈頌雜著)로 '문(門)'이 없다.

여여거사삼교어록은 국내와 중국과 일본에서 각각 전하지만 크게 원대 2
권본, 명대 32권 7책본에서 북경도서관에 일부만 전하는 2책 8원본, 그리고
국내에서 간행한 12권 3책 가운데 상과 중 2책만이 현존하는 인본의 전부인
셈이다. 사본은 명대 7책 32권본을 사본으로 만든 교도대본이라 하겠다. 이
를 종합하여 다시 정리하면 다음과 같다.

표16 현존 삼교어록의 편성

현존본의 종류	권차의 구성[19]
국내 3책 본	上 1-4
	中 5-10
	下 11-12[20]
교도대학 2책본	上(구분 없음)
	下(구분 없음)
교도대학 7책본	甲 1-4
	乙 1-4
	丙 1-4
	丁 1-4
	戊 1-6
	己 1-5
	別集 1-4[21]

이밖에도 국내본은 증광(增廣)이라 명시하였듯이 불교와 실천에 관한 부
분을 답습하고, 간주로 보충하거나 변개(變改)시키면서 증가시킨 부분이 적

---

19) 북경도서관 영본은 교도대학 인문과학연구소 사본인 7책 본의 정집 1-4, 기집 1-5와
   같으나 사본이 아닌 인본인 점이 다르다.
20) 하책은 현존하지 않으나 상책에 실린 목록에 의하여 추정이 가능하다.
21) 마지막 권의 일부가 현존하지 않는다.

지 않다. 이는 원저에서 유교와 도교에 관한 내용은 삭제하면서도 불교에 대해서는 필요에 따라 원본의 구성에 구애되지 않고 증가시켰음을 의미한다.

이 책은 유불도 삼교의 일치를 주장한 서적임은 서명으로도 쉽게 추측되지만 불교를 중심으로 서술되었으며 북경도서관의 목록에도 이미 석가류(釋家類)로 분류하였을 정도로 불교서임에 의문이 없다. 그러나 7책 32권본에는 유교와 도교에 대한 배려도 적지 않았음을 현존하는 일부분의 분량에서 국내본보다 뚜렷하게 지적되는 특징이다.

2. 저자의 생애와 사상

삼교어록은 크게 네 부분으로 나뉜다. 첫째는 저자의 삼교의 일치를 주장한 이론적 저술이고, 둘째는 불교의 수양에 대한 경험을 강조한 글이고, 셋째는 거사로서 그가 관여한 불사에 사용한 글이고, 마지막의 넷째는 불교를 통하여 인간과 시간과 공간을 살핀 그의 사고의 체계가 정리되었다. 국내에서 중간한 불교 중심의 간본을 기준으로 이를 다시 권차(卷次)에 따라 정리하면 다음과 같다.

① 삼교의 소개와 궁극적 이치의 일치를 주장—제1권에서 제2권까지
② 불교의 전등과 수양에 대한 이론—제3권에서 제4권까지
③ 거사로서 불교를 이용한 개인 차원의 불사—제5권에서 제9권까지
④ 불교를 중심으로 살핀 그의 철학적 관점—제10권에서 제12권까지

저자 개인의 사생활을 보이는 활동공간과 부모와 가족, 그리고 그가 존경한 인물, 그리고 그의 임종에 이르기까지 언행과 불사를 정리한 문도에 대한 기록은 관여한 불사와 연결시켜 남긴 글이고, 제5권부터 제9권까지 집중적

으로 실려 있다. 그의 호에 대해서는 서명에도 이미 여여거사라 밝혀져 있지만 국내본의 첫머리에 실린 서문에 해당하는 부분에 간략하게 다음과 같이 수록하였다.

이 글은 여여안거사(如如顏居士)가 지었다. 글은 대장경에서 많이 옮겼고 선사상(禪思想)이 깊이 담겨 있으므로 범인에서 벗어나 성인의 경지에 오르기에 크게 도움이 된다. 이는 행복과 지혜를 늘리고 부처의 가르침을 총괄하였으며 범인의 행실을 닦기에 충분하다. 간편한 말로 의미가 깊으므로 읽고 깨닫기에 편리하다고 하겠다.[22]

여여안거사라 밝힌 서문이 있으므로 그의 성씨가 '안씨(顏氏)'임에 틀림이 없다. 안씨로 여여거사인 인물은 복건통지(福建通志)에서 찾아진다. 그는 원초(元初)에 활동하였으며 복건(福建)의 순창인(順昌人)이었다. 그는 본래 유자(儒者)였으나 불교에 심취하여 거사로서 일생을 마쳤다. 그의 암자는 명초인 정통년간(正統年間, 1436~1449)에 중수할 때에도 그가 세웠던 암자의 대들보에 남겼던 묵서가 선명하였다고 전한다.[23] 순창은 몽산덕이가 유력하는 과정에서 머물렀던 곳이므로 시기로나 지역 또는 사상으로 보아 몽산보다 앞서지만 영향을 주었을 가능성도 크다.

북도본의 정집에만 첫머리에 "주사자봉참소사승(住獅子峯參小師僧) 혜진(慧進)"이라 밝혀 있다. 서명(書名)이 삼교어록으로만 전하였고 이 부분만 알려졌다면 승(僧)이었던 혜진(慧進)의 저술로 보기 쉽기 때문이다. 그러나

---

22) 此文乃如如顏居士所著 其文多以大藏眞詮 敎外密旨混融於其間 大足以超凡全聖 此足以植福種慧 總括三乘 兼修萬行 辭簡意盡 便於覽悟云.

23) 蘇晉仁・蘇錬子 編 『歷代道釋人物志』(巴蜀書店 1998) 654면.
如如居士 順昌顏氏子 棄儒入釋 元初過將樂 萬安都見下洞 建庵 缺正樑 張氏墓側 育含抱梓 求之不得 是夕風雨拔之 因舁爲樑 居士題詩於木上 後庵圮 明正統間 新其庵 於瓦礫中 得舊樑 外朽中堅 所題字墨漬 入水不沒 擁正通志 福建高僧傳五.

전체를 염두에 두면 여여거사가 사자봉(獅子峯)에 상주하였고, 여기에 혜(慧)라는 교화를 받던 승이 그의 구술을 적어 스승에게 올렸다고 해석된다. 출가승이 속인인 거사에게 참학하였다는 사실조차 흥미롭다. 제자가 스승의 어록을 정리하던 선종계와 도학(道學, 성리학자들의 자칭)의 전통이 계속되었지만, 승속이 바뀐 사제의 관계가 더욱 재미있는 현상이라 하겠다.

여여거사로서 안씨(顏氏)란 속성(俗姓)을 가진 인물로는 안병(顏丙)이 찾아진다. 안병은 좌선의(坐禪儀)를 남긴 인물이다. 좌선의란 참선하는 방법에 대한 글로써 기원은 인도에서 비롯되었지만 이를 정리하여 한국의 불교계에도 영향을 주었던 인물은 종색(宗賾)과 몽산덕이가 손꼽힌다. 안병의 좌선의는 일본에 전하는 금택문고자료전서(金澤文庫資料全書)에 전하고 있다.[24] 이는 이보다 후에 몽산이 좌선의를 남긴 사실과도 상통한다.

이 책의 저자와 저술시기에 대해서는 상한과 하한으로 나누어 한계를 좁힐 수 있다. 이 책이 중국과 국내에 간본이 있을 정도이므로 이를 인용한 책은 적지 않으리라 생각되지만 필자의 과문(寡聞)으로는 국내의 서적으로 유일하게 '운곡시사(耘谷詩史)'에서 부분적으로 인용되었음을 확인하였다. 운곡(耘谷)은 원천석(元天錫)의 호(號)이고 그는 조선초까지 생존했던 고려의 유신이므로 이 책의 저자는 운곡보다 앞선 시기에 생존했던 인물임은 쉽게 추측하였다.

삼교어록의 저자가 생존했던 시기의 상한은 이 책에서 언급되는 왕조에서도 접근이 가능하다. 이 책의 곳곳에는 '송'에 대해서 '본조(本朝)'라고 기록된 부분이 있으나 '원'에 대해서도 언급된 부분이 적으나마 발견된다.[25] 이로 보면 저자는 남송말에 주로 활동하고 원 초까지 생존했던 인물로 보기 쉬우며 복건통지의 내용과도 상통한다.

---

24) 정성본『좌선수행법』(동국대학교 경주캠퍼스 정각원 2004) 13면. 불적선적 편 제1권.
25) 上冊, 29-後: 大元國 30-後: 大元國 35-前: 本朝東坡居士蘇軾.

저자에 대해서는 그가 관여한 불사의 기록인 삼교어록의 제5권부터 9권에 적지 않게 수록되었다. 불사에서 안병은 저술과 수행에 철저하였고, 그의 선맥은 대혜종고의 계승자와 연결되었다. 저자의 부친은 62세를 살았고,[26] 50여 세를 살았던 모친이 있었고 네 형제 가운데 한 사람이었다.[27] 그의 부모는 길주(吉舟)에 묻혔으나 계봉(癸峯)이 마주 보이는 천호산(天湖山)으로 옮겨 합장하였다.[28] 그의 장자는 과거응시 공부를 위하여 떠나 있었으나 부모를 보러 오다가 강물에 배가 뒤집혀 익사하였다.[29] 그에게는 27세로 죽은 사위도 있었다.[30] 그가 불교에 심취한 까닭도 불행한 가족의 천도(薦度)와 관계가 깊은 가능성이 있다.

저자는 대혜종고의 제자인 설봉혜연(雪峰慧然)의 계승자이므로 혜연을 추모한 글이 곳곳에 보인다. 그는 진제선사(眞濟禪師)[31] 또는 진제보살(眞濟菩薩)[32]이라 하였다. 그는 대명암(大明庵)에서 교화를 폈던 진제보살을 받들어 헌향하고 추모한 글을 남겼다. 그밖에도 그는 우호거사(于湖居士) 장효상(張孝祥)을 흠모하여 그의 사경에 발문을 남겼다.[33]

그는 사자봉(獅子峯) 아래에 보봉암(寶峯庵)을 세웠고 그곳에서 체발(剃髮)하고[34] 선승과 다름없는 정진과 수행, 그리고 저술에 힘썼다고 짐작된다. 그는 임종에 이르러 승과 거사와 나눈 대화가 자세히 실려 있다. 그의 문도

---

26) 『三敎語錄』 권 8, 薦父五七.
27) 같은 책 권 8, 薦母小祥.
28) 같은 책 권 8, 移葬父母.
29) 같은 책 권 9, 薦長子溺水 七七.
30) 같은 책 권 8, 薦女壻.
31) 같은 책 권 9, 迎聖者獻香致語.
32) 같은 책 권 9, 迎大明庵聖者.
　　같은 책 권 9 中元迎聖者.
33) 같은 책 권 8, 張孝祥寫經跋.
34) 같은 책 권 7, 寶峯題名庵, 剪髮.

가 기록을 남기고 발문을 썼으며, 그의 마지막 대화는 함축성이 많으므로 이에 대해서는 상황과 속어의 활용에 따른 지식이 필요하고 다양한 해석이 가능하리라 짐작된다.[35]

안병의 말년에 대한 모습은 삼교어록 6권에 집중적으로 실려 있다. 6권은 좌화어록(坐化語錄)이라 쓰였을 정도로 입원개당소(入院開堂疏)와 만출숙시예당(晩出宿詩禮堂)의 두 편 장문에 수록되었다. 특히 후자에는 6월 10일부터 15일 임종까지 6일간의 마지막 모습이 자세하게 실렸다. 이 기록은 그의 문인인 눌재(訥齋) 요요야한(了了野漢) 장수일(張守一)이 발문을 썼다고 밝혀져 있다.

여여거사의 어록은 십간으로 목록을 매기고, 별집을 추가하였다. 제6책인 기집(己集)까지의 간행에서 첫 책과 둘째 책은 1194년과 별집은 1212년에 간행하였다. 그의 생전에 간행된 부분과 사후에 간행한 별집을 합쳤다고 짐작된다. 안병은 대혜종고를 계승하고 스승의 어록을 간행한 가암혜연(可庵慧然)을 계승한 남송 중반의 거사였다고 하겠다.

안병은 유학을 버리고 불교에 심취한 거사였으므로 그가 구사한 삼교일치론은 특히 유교를 불교로 보완하려는 시도가 돋보인다. 그는 대혜종고의 간화선을 이었고, 화엄경, 법화경, 반야심경의 수행과 실천에 관한 경전을 특히 중요시하였다. 생활에서 계율을 엄격하게 지켰고 불교의 실천의례에 충실하였다.

그는 육도윤회와 업보설을 확신하였고, 이는 몽산의 육도보설과 비교하여 큰 차이가 없다. 그의 불교사상은 독창적인 해석보다 거사인 지식인으로서 취할 경건한 수행불교의 특성이 크다. 앞으로 그의 저술이 모두 발견되면 같은 시기의 다른 불교사상가와 비교하여 분석할 가치가 크다고 짐작된다.

그는 왕일휴가 편집한 용서증광정토문(龍舒增廣淨土文)에 부록된 권수정

---

35) 같은 책 권 6, 晩出宿詩禮堂.

업문(勸修淨業文)도 남겼다.[36] 이는 염불을 중요시한 정토사상으로 몽산의 염불화두와 상관성이 크다. 몽산의 염불화두는 천태종의 염불사상이 타력에 의존하는 법화경의 미타신앙을 화두를 강화시키는 특징이 있었다. 안병은 참선을 심화시키는 금강경을 중요시하였고, 이에 도해를 붙여 교화에 사용하였음이 국내의 판본에서 확인된다.[37]

여여거사는 좌선의(坐禪儀)를 남겼다.[38] 좌선은 선승의 필수적인 수양방법이고 자세와 함께 마음가짐은 더욱 중요하다. 장로종색(長蘆宗賾)의 좌선의가 고려에서 유행한 증거가 있고, 종색보다 후에 몽산보다 앞서 안병은 좌선의를 남겼고,[39] 이도 몽산이 안병의 영향을 받았다는 또다른 증거라고 하겠다.

3. 몽산의 삼교일치론과의 관계

삼국시대의 전반기는 불교가 전래되지 않았고 신화종교가 주된 신앙이었다. 한국에서 도교는 중원과 마찬가지로 신화종교의 기반이 종교화한 특징이 있지만 불교를 수용한 다음에 종교로서 역할은 극히 미약하였다. 불교와 도교가 갈등을 일으킨 사례는 고구려 말기에 보일 뿐이고, 고려와 조선의 어느 시기에도 강하게 대립된 사례는 다시 나타나지 않았다. 불교의 우위가 유지된 고려시기라고 해서 도교가 불교에 의하여 심하게 배척되지 않았다.

조선에 이르러 성리학이 사상의 주도적 위치로 등장하고 불교를 배척하면서, 불교와 도교는 비판의 대상이 되었다. 특히 중기에 이르러 불교는 물론

---

36) 宋 王日休 『龍舒增廣淨土文』 卷 12, 附錄 師子峯如如顔丙勸修淨業文.
37) 1564년 사간관과 1570년 안동 학가산 광흥사판이 현존한다.
38) 金澤稱名寺所藏 『金澤文庫資料叢書』 1(神奈川縣立金澤文庫 1974).
39) 정성본 『간화선의 이론과 실제』 동국총서 11(동국대학교출판부 2005).

왕실의 도교와 관련된 마지막 종교시설이었던 소격서가 조광조를 중심한 성리학에 심화된 사림에 의하여 혁파되었다. 명종 말 문정왕후와 보우의 죽음은 불교계를 폭력으로 탄압한 분기점이 되었다.

16세기 전반기의 고승으로 성리학의 불교 비판에 대응하였던 이론가인 벽송야노는 몽산덕이의 직주도덕경을 간행하였다.[40] 『여여거사삼교어록』을 중간한 인물과 시기는 정확한 간기가 남아 있지 않지만 내용이나 판형으로 보아 직주도덕경과 밀접하다. 삼교어록은 직주도덕경과 마찬가지로 도교와 제휴하여 성리학으로부터 불교에 대한 공격을 공동으로 대처하였던 이론서이고, 이를 중간한 시기와 인물이 직주도덕경과 같을 가능성이 크다.

벽송야노는 몽산과 마찬가지로 자신이 선승의 입장에서 불교와 도교의 이론과 일치를 강조한 직주도덕경을 중요시하고 이를 간행하여 성리학자의 공격을 무산시켰던 시도와 상통한다. 조선중기에 직주도덕경이 다시 주목된 까닭도 핍박받는 불교와 도교의 공통된 자구책에서 비롯되었고, 이 때문에 직주도덕경과 삼교어록이 중간되었다고 추측된다. 삼교어록의 저자 안병은 본래 유학자였으나, 이를 버리고 불교에 심취하여 불교를 토대로 삼아 성리학을 비판하였던 인물이었다.

몽산은 34세의 많은 나이로 출가하였을 정도로 오랜 기간 거사였던 셈이었다. 몽산이 지은 직주도덕경의 바탕은 도교의 중심 경전인 도덕경이고, 도교의 기본 취지와 불교가 일치하고 나아가서 유학도 이와 다름없다는 삼교일치론을 주장하였다. 여여거사의 삼교어록은 삼교일리론이 서두를 장식하였다. 삼교일리와 삼교일치는 상통하며, 안병은 불교와 유교에 해박한 지식을 발휘하여 논지를 전개하였다면, 몽산은 불교와 도교, 그리고 성리학의 순서로 지식이 깊었다고 짐작된다.

몽산의 저술로 사설은 직주도덕경과 달리 성리학의 중요 경전의 핵심을

---

40) 본서 4장 Ⅰ절.

불교와 일치시킨 주장이며 직주도덕경보다 좀더 여여거사의 삼교일리론과 근접할 가능성이 크다. 사설(四說)의 전문이 현존하고 있으나 훼손이 심하므로 이해가 쉽지 않다. 일부만 전하는 서문에 의하면 역설(易說), 황극설(皇極說), 중용설(中庸說), 무피차설(無彼此說) 등이고 직주도덕경보다 유학경전을 바탕으로 직접 불교와 성리학의 공통점을 강조하였다.

오대 이래 분열이 원의 통일에 이르기까지 계속되었으며 사상적인 다양성과 갈등이 심하였다. 사상사에서는 분열시기야말로 백화제방(百花齊放)이라 할 정도로 다양한 사회변화의 방향을 제시하지만, 통일국가가 나타나면 주된 사상이 강화되고 나머지는 왜소해지는 특성이 있다. 다시 말하면 정치적 통일과 사상적 통일이 상관성을 가지기도 하지만, 근대에 이를수록 통치력이 사상을 억압하는 경향이 있다.

진한(秦漢)의 통일 후에 불교가 수용되면서 남북조(南北朝)의 혼란기가 왔고, 불교를 바탕으로 당왕조(唐王朝)의 문화가 꽃을 피웠다. 당말 무종(武宗)의 불교의 탄압은 오대와 요송금에 이르는 오랜 분열기와 유불도(儒佛道)의 사상적 대결을 예고하였다. 불교와 도교의 장점을 수용하여 전통유학에서 탈바꿈한 성리학은 북송대(北宋代)에 비롯되었고, 남송에 이르러 화이관(華夷觀)을 강화하면서 더욱 강화되었으나 사상을 통일하였다고 보기 어렵고 불교와 도교와 팽팽한 대결이 증폭되었다.

몽고(蒙古)는 소수민족이었지만 오랜 분열을 잠재우고 명청(明淸)에 이르기까지 대통일기를 열었을 뿐 아니라 동아시아에서는 물론 세계사상 가장 방대한 영토를 확보하였다. 몽고는 무력을 이용한 정복에는 철저하였지만 사상에 대해서는 비교적 관대하였다. 몽고보다 앞서 역사상 가장 방대한 지역에 영향력을 주었던 사라센은 정교(政敎)의 일치를 내세우면서 사상을 통제하였으므로 원과는 달랐다.

원대에도 송대의 유불도 삼교(三敎)의 사상적 대결은 계속되었지만, 성리학도 한족(漢族)의 정통성을 합리화시키려는 화이관(華夷觀)이 아닌 목민사상(牧民思想)의 실용성이 강화되면서 남송보다 정치에 영향력을 확대시켰다. 원대의 성리학은 한족 중심의 화이관을 강조한 송과 명의 성리학과 달랐고, 소수민족이 세운 청대(淸代)에는 성리학이 문자옥(文字獄)의 된서리를 맞고 고증학이나 실학으로 변형하면서 화이관을 감추었던 현상과 상통한다. 명청에서부터 청말 열강의 침략과 분열되기까지 통치가 사상의 우위에 군림하여 사상은 통치의 시녀로 전락시켰다는 약점을 보였고, 이는 원대의 사상계보다 오히려 위축된 경향이었다.

오대 이후 원의 통일에 이르기까지 분열기와 원대의 통치와 사상의 분리현상은 중국사상사에서 전국시대에 비견될 정도로 다양하게 발전하였던 시기였다고 하겠다. 유불도가 주류였지만 한때 왕실의 비호를 받았던 라마교를 비롯하여 그리스도교와 회교(回敎)도 전파되어 근대 중국의 종교계와 일맥상통하였다.

몽산덕이의 직주도덕경과 여여거사의 삼교어록은 삼교의 사상논쟁이 치열했던 송대의 인물이 몽고의 지배 아래에 들어가면서 원의 통일을 뒷받침하였던 사상계의 산물이었다. 몽고족은 무력(武力)이 탁월하였지만 사상적 기반은 미약하였고, 이를 통제할 지식의 기반이 없었으므로 어쩔 수 없이 취하였던 사상계에 대한 방임정책이었다. 어설픈 탄압보다 오히려 갈등을 완화시키고 사상 사이의 화해의 분위기를 강화시키면서, 원의 통일을 자발적으로 뒷받침하려는 순기능(順機能)이 컸다고 하겠다.

여여거사가 사자봉(獅子峯) 보봉암(寶峯庵)에서 활동하면서 출가승을 제자로 삼을 정도로 당시의 불교계에서 관용의 분위기를 보여주었다. 이러한 경향은 몽산의 사상 형성에 큰 기반이 되었고, 육도보설이나 선교일치는 물론 나아가 삼교일치의 사상 형성에 깊은 영향을 주었다고 하겠다. 여여거사의 치열한 정토사상은 몽산의 염불화두로 직결되었다고 짐작된다.

직주도덕경과는 달리 삼교어록은 국내본이 간행된 시기가 정확하지 않으나 시주자(施主者)의 이름을 다른 판본에서 찾아서 확인한다면 판각한 시기와 지역이 어느 정도 떠오르리라 생각된다. 직주도덕경이나 사설과 함께 조선중기 성리학계의 불교계에 대한 공격에 대하여 원에서 유행한 삼교의 원리가 상통한다는 이론을 뒷받침하였다. 삼교의 갈등을 극복하는 수단으로 삼기 위하여 조선전기에 간행하여 이론적으로 성리학계의 탄압에 대항하였다고 하겠다.

고려말부터 등장한 성리학의 불교에 대한 공격은 조선건국과 함께 척불(斥佛)로 증폭되었다. 불교계의 대응은 거의 삼교일치론에 두고 있으며, 성리학과의 다른 영역이 있음을 뚜렷하게 제시하지 못한 아쉬움이 있다. 다른 사상의 공격에 대해서 동등하다는 답변은 궁색한 변명처럼 들리기 때문이다. 적어도 사상의 대결이란 뚜렷한 차이점과 우수성을 제시하지 못하면 화해의 제안에 불과하며 이론적인 대결에서 패배를 자인하는 셈이다.

삼교어록이나 직주도덕경은 이를 유행한 원대의 불교를 기반으로 동아시아 사상의 통일을 시도하였다는 의의가 있다. 이를 중간(重刊)하거나 산삭(刪削)하여 간행한 조선전기의 불교계에서 새로운 바람을 일으키면서 등장한 성리학의 거센 공격을 막아낼 방패로 사용되었으나, 성리학을 극복하지 못하였다. 사상이란 시대상황을 주도할 현실성에 바탕을 둔 창조력을 가져야 하며, 과거의 저술에만 의존할 경우에 한계가 있다고 하겠다.

삼교어록은 편찬이라기보다 해석의 성격이 짙으나, 저자의 주장과 창조적 견해가 반영된 부분도 없지 않다. 이 책은 저술된 시기와 취지가 몽산덕이의 직주도덕경이나 사설(四說)과 앞서는 부분이 적지 않다고 짐작된다. 이러한 부분에 대해서는 불교는 물론 도교와 유교의 비교이론에서 깊이있게 규명될 필요가 있다.

삼교어록이 국내에서 간행된 시기는 조선중기이며, 이것 역시 직주도덕경과 같은 시기라고 추측된다. 당시 서원(書院)이 사액(賜額)되기 시작하고 불교계에 대한 성리학계의 공격은 고조에 도달하였다. 이때 불교계에서 대응한 마지막 단계의 이론은 불교의 이론이 성리학에 저촉되지 않는다는 삼교

246

일리론에 지나지 않았고, 이러한 불교계의 안일한 대응은 한계가 있었다. 본서는 불교의 영향력에서 성리학으로 주도권이 철저하게 넘어가는 분수령을 보여주며, 사상사의 시대구분상 크나큰 의미가 있다고 하겠다.

맺음말

『여여거사삼교어록』은 여여거사어록 또는 삼교어록이라 하며 불교사상을 우위로 삼아 성리학과 도교의 취지가 같다는 이론을 강조한 저술이다. 저자는 처음 유학자였으나 불교에 심취하였다. 거사였고, 이름은 안병(顏丙)이었다. 이 책은 그의 논설과 어록을 모은 어록이다. 여여(如如)는 저자의 호이고 복건(福建) 순창인(順昌人)이고 남송에서 활동하였으며 출생연대는 확실하지 않으나 입적한 시기는 1212년 6월 15일이었다.

그는 대혜종고의 법맥을 계승하였고, 출가승이 그의 어록을 정리하였고, 재가의 거사도 도왔다. 그가 남긴 삼교어록은 불교를 중심으로 유교와 도교의 이론이 궁극적으로 일치한다는 이론이었다. 이는 후에 활동한 몽산덕이의 직주도덕경이나 사설과 상통하는 저술로서 우리나라에서 불교와 유교가 이론적인 마지막 대결을 벌였던 명종 초에 간행되었다고 짐작된다.

삼교어록은 본래 31권 7책으로 짐작되지만 국내에서는 불교에 관한 부분만 발췌한 원대의 상하 2책본을 약간 보충하였고 3책 12권으로 확대하였다. 본래 31권본 전체의 1/3이 약간 넘는 12권 3책으로 간행하였다고 짐작된다. 국내에는 제1책부터 제4책까지의 상책과 제5권부터 제10권까지의 중책이 확인되었으나 나머지는 현존하지 않으나 전체의 목록은 다행스럽게도 상권에 전한다. 북경도서관에는 31권 가운데서 8권 2책이 전하고 있으나 전체를 살피기 위해서는 국내본의 가치가 크다.

안병은 유학자로 불교에 심취하여 '사유입선(捨儒入禪)'하였으므로 주회

(朱熹)와는 상반된 수행의 길을 걸은 셈이다. 안병은 남송 중기를 살았으며, 그의 사상은 이보다 후에 살았던 몽산덕이와 상통한다. 특히 그의 육도윤회문(六道輪廻門)과 몽산의 육도보설은 거의 같은 이론이고,[41] 그가 중요시한 경전과 삼교일치의 이론도 몽산의 사설이나 직주도덕경과 상통한다. 앞으로 그의 저술을 다각도로 분석하여 그로부터 몽산에 이르는 삼교일치 사상을 폭넓게 규명할 필요가 있다고 하겠다.

안병의 삼교일치론은 고려말 원천석(元天錫)이 이를 인용하였다.[42] 국내에서 발견된 그의 삼교어록은 몽산의 직주도덕경과 새긴 모습이나 내용으로도 상통한다. 성리학의 공격으로부터 불교를 보호하려는 이론서로 이러한 서적이 간행된 배경과 함허득통(涵虛得通)의 유석질의론(儒釋質疑論) 등에 삼교일치의 이론서가 활용된 정도를 치밀하게 규명할 과제가 남았다고 하겠다.

필자는 한국과 중국에 현존하는 인본과 일본에 전하는 사본을 종합하여 삼교어록의 전모에 접근하였다. 안병의 저술은 원대에도 간행되었고, 이를 복간한 명대의 7책 31권 본의 일부가 북경도서관에 남았고, 7책 31권의 마지막 부분이 일실된 교도대학 인문과학연구소 소장본을 확인할 수 있었다. 2책으로 발췌하여 인쇄한 원대의 목판본이 교도대학 인문과학연구소에 현존하였다. 국내본은 원대의 2책 본을 모본으로 보충하여 3책 12권으로 확대하여 간행하였음이 확인되었다.

---

41) 본서 2장 Ⅲ절.

42) 국내에서 원천석(元天錫)의 사상이나 고려말 조선초에 불교계에서 제시한 유석동의론(儒釋同義論)에 대하여 연구한 이들이 많으나, 국내에서 발생한 사상으로 취급하여 서술하는 경향이 있다. 필자가 여여거사의 삼교어록이나 몽산의 직주도덕경에 대하여 발표한 이후에도 유교와 불교의 이론에 대한 동질성을 다루었던 논문에서 이를 언급하거나 비판한 논문을 찾을 수 없었다. 어느 시대의 사상이 전혀 새롭거나 이와 반대로 다른 사상을 고스란히 답습한 사상은 존재하기 힘들다. 사상사의 관점은 이전의 사상을 당시의 현실에 적용하기 위하여 관점을 부각시키거나 침묵시킨 경향을 제시할 필요가 있다고 하겠다.

여여거사는 정토사상을 바탕으로 교화와 실천에도 힘을 기울였음이 그의 단편적인 저술에서 확인되었다. 또한 금강경을 도해를 붙여 간행하여 선종의 사상에 바탕이 된 간단한 경전에 관심을 기울였다. 여여거사의 정토사상이나 금강경은 50년 뒤에 몽산의 사상에 깊은 영향을 주었음이 확인되었다.

제5장

몽산덕이전집

몽산과 관련된 어록과 저술은 그의 생전에도 일부가 간행되었지만 사후에 전체를 정리되었을 가능성이 있다. 그가 직접 저술하거나 불사에 남긴 언행이나 생애를 문도가 정리한 기록도 포함된다. 그가 남긴 보설은 문도와 단월이 정리하였음이 밝혀져 있다. 법어는 직접 보낸 서신에 포함되기도 하였지만 역시 문도가 정리하였을 가능성이 크다.

그의 전집에 수록할 작품은 현존하는 상태에 따라 사본과 인본으로 나눌 수도 있다. 이 가운데 사본과 인본이 모두 전하는 육도보설이나 『육조단경』은 본래 간본에서 필사였을 가능성도 있다. 사본에도 그의 친필을 모각한 사설서의 인본이 있지만 간본에서 사본으로 옮겼을 가능성이 없지 않은 제경찰요도 있다.

몽산의 어록과 저술로서 전집에 실리지 못한 자료도 있다. 제경찰요는 경전의 요약에 불과하므로 생략하였고, 후반부의 행실기를 포함한 어록의 초고를 다시 편집하여 실었다. 사설은 훼손이 심하여 서문만 옮겼음을 밝혀둔다.

I. 어록과 서발

1. 어록

1-1)-(1) 蒙山和尚示衆

若有來此 同甘寂寥者 捨此世緣 除去執着顚倒眞實爲生死大事 肯順庵中規矩 截斷人事 隨緣受用 除三更外 不許睡眠 不許出街 不許赴請 未有發明 不許看讀 非公界請 不許閱經 如法下三年工夫 若不見性通宗 山僧替你 入地獄

1-1)-(2) 蒙山和尚 示古原上人

話頭上 有疑不斷 是名眞疑 若疑一上少時 又無疑者 非眞心發疑 屬做作. 是故 昏沈掉擧 皆入作得 更要坐得端正 一者 睡魔來 當知是何境界 覺眼皮重 便着精彩 提話頭一二聲 睡魔退 可如常坐 若不退 便下地 行數十步 眼頭淸明 又去坐 千萬照顧話頭 及常常鞭起疑 久久工夫純熟 方能省力 做到 不用心提話頭 自然現前時 境界及身心 皆不同先已 夢中亦記得話頭 如是時 大悟近矣 不得將心待悟 但動中靜中 要工夫無間斷 自然塵境不入眞境 日增漸

漸有破無明力量 力量充廣 疑團破 無明破 無明破 則見妙道

夫參禪 妙在惺惺 靈利者 先於公案檢點 有正疑 不急不緩 提話頭 密密廻光 自看則易得大悟 身心安樂. 若用心 急則動肉團心 血氣不調等病生 非是正路 但發眞正信心. 眞心中有疑 則自然話頭現前 若涉用力舉話時 工夫不得力在. 若動中靜中 所疑公案 不散不衝 話頭不急不緩 自然現前 如是之時 工夫得力 要護持此箇念頭 常常相續 於坐中 更加定力 相資爲妙. 忽然築着着心路一斷 便有大悟 悟了更問悟後事件.

1-1)-(3) 蒙山和尙示覺圓上人

參禪須透祖師關 妙悟要窮心路絕 祖關不透 心路不絕 盡是依草附木精靈. 僧問趙州 狗子還有佛性也無 州云 無. 只者箇無字 是宗門一關 有心透不得 無心透不得. 惺惺靈利直下 驀捉敗趙州 還我話頭來 若有一毫末 且居門外. 覺圓上座 覺也未. 妙覺圓明 當識趙州是何面目 道箇無字意 作生蠢動含靈皆有佛性. 趙州因甚道無 畢竟者箇無字 落在甚處.

本覺未明 一一有疑 大疑則有大悟 不得將心待悟 又不得以意求悟 不得作有無會 不得作虛無會 不得作鐵掃 用不得作繫驢橛用. 從敎疑團 日盛於二六時中 四威儀內 單單提箇無字 密密廻光自看 看來看去 疑來疑去 百無滋味時 有些滋味 不可生煩惱. 疑得重 話頭不提 自然現前 不得喜 濃淡任他 直如老鼠咬棺材 只管提箇無字看. 若於坐中 得妙定力資 正好提 但不用着力爲妙.若着力提 則解散定境.

能善用心 忽然入得定時 不可貪定而忘話頭 若忘話頭則落空去 無有妙悟. 起定時亦要保護定力 於動靜中 一如昏沈 掉擧悉絕 亦莫生喜心. 忽然地一聲 透過趙州關已. 一一下語諦當 箭箭鋒勘破趙州 得人憎處 法法圓通 差別機緣 一一明了 正要求悟後生涯. 若不然 如何得成法器 宜觀先聖標格 切忌杜撰會摩.

252

1-1)-(4) 蒙山和尙示惟正上人

五祖演和尙 示衆云 釋迦彌勒 猶是他奴 他是阿誰 直下悟徹 道得諦當 可以超脫分段生死更進竿頭 闊步了大丈夫事業. 惟正上座 能悟徹也未. 否則急宜惺惺 下眞實工夫 如法參究 以大悟爲入門. 所謂參究者 當疑釋迦彌勒. 是佛 因甚猶是他奴 畢竟他是阿誰. 疑得盛 提他是阿誰 廻光自看.

不要用心太緊 緊則動色心. 生病不可太緩 緩則忘話頭 入昏沈掉擧去也 妙在善用其心 發眞正信心 捨盡一切世間心. 惺惺密密 提於坐中 最易得力. 初坐時精神 放敎身體端正 不可背曲 頭腦卓竪 眼皮不動平常開眼 眼睛不動 則身心俱靜 靜而然後定. 定中要話頭現前 不可貪定而忘話頭 忘則落空反被定迷 無有是處. 定中得力易 要惺惺不昧.

忽有一切好惡境界現時 都不要管他. 話頭分曉 忽境界自清. 起定之時 緩緩動身 護持定力. 於動用中 保持得話頭 有疑 提不用力 綿綿密密 無有間斷時 工夫漸漸成片 得如澄秋野水 湛湛淸淸 縱有風動是淸波. 到如是時 大悟近矣. 不得將心待悟 不要求人穿鑿 不要思量卜度 不要求解會 但提話頭 看若其他公案 有疑及經典上 有疑盡攝歸來 他是阿誰上. 衆疑逼發 築着着地一聲 正眼開明 便能下得到家語 投機語 箭鋒相 語識得差別機緣 前來所有一切疑 氷消無餘. 法法圓通 得昇堂已 切忌小了 更來指汝 進步入室 了徹大事.

1-1)-(5) 蒙山和尙示聰上人

黃檗見百丈 擧再參機緣. 便吐舌 是得百丈力耶 得馬祖力耶. 巖頭見德山一喝便禮拜 是知恩耶報恩耶. 又答洞山語云 我當時 一手擡一手那裏是他擡處. 見徹二老骨髓者 便好着一轉語 截斷諸方舌頭 許汝得入門已 其或未然急宜參究 若涉參究 便論工夫. 直須依本分 如法始得. 當於本參公案上 有疑大疑之下 必有大悟. 千疑萬疑倂作一疑 於本參上取辦 若不疑言句 是爲大病仍要盡捨諸緣

於四威儀內 二六時中 單單提箇話頭 廻光自看. 若於坐中 得力最多 坐宜

得法 不要眉努目 捺身心 若用氣力 則招病苦 但端身正坐 平常開眼 身心境界 不必顧着. 或有昏沈掉舉 着些精彩. 提舉一二聲話頭 自然諸魔消滅 眼定而心定 心定而身定 若得定時 不可以爲能事 或忘話頭 沈空滯寂 不得大悟 反爲大病. 吾祖西來 單提直指 以大悟爲入門. 不論禪定神通 此是末邊事. 若於定中 得悟明者 智慧 能廣大 水陸進也.

工夫若到 濃一上淡一上 無滋味時 正好進步 漸入程節 切不可放捨. 惺惺便入靜 靜而後定 定各有名 有邪有正 宜知之. 起定後 身心輕淸. 一切處 省力於動中 打成一片 當仔細用心. 逐工夫 始終不離靜淨二字. 靜極便覺淨極光通達. 氣肅風淸 動靜境界 如秋天相似時 是第一箇程節 便宜乘時進步. 如澄秋野水 如古廟裏香爐相似 寂寂惺惺 心路不行時 亦不知有幻身. 在人間但見箇話頭綿綿不絶 到這裏 塵將息而光將發 是第二箇程節. 於斯若生知覺心 則斷純一之妙 大害也.

無此過者 動靜一如 寤寐惺惺 話頭現前 如透水月華 在灘浪中 活潑潑 觸不散 蕩不失時 中寂不搖 外憾不動矣. 是第三箇程節 疑團破 正眼開 近矣. 忽然築着 喜地絶 爆地斷 洞明自己 捉敗佛祖 得人憎處 又宜見大宗匠 求煉成大法器 不可得少爲足. 悟後若不見人 未免不了後事. 其害非一 或於佛祖機緣上有處 是悟淺 未盡玄妙. 旣盡玄妙 又要退步 韜晦保養 力量全備 看過藏教儒道諸書 消磨多生習氣 淸淨無際 圓明無 始可高飛遠擧 庶得光明盛大 不辱先宗. 其或換舊時行履處 未盡 便墮常流 更若說時似悟 對境還迷 出語如醉人 作爲似俗子 機不識隱顯 語不知正邪 撥無因果 極爲大害 先輩正之興邪 大有樣子.

了事者 生死岸頭 能易爲細 能易短爲長 以智光明解脫 得出生一切法三昧王 以此三昧故 得意生身 向後能得妙應身信身 道如大海 轉入轉深. 達摩有頌云 悟佛心宗 等無差互 行解相應 名之曰祖. 更莫說宗門中有超佛越祖低作略 聰上人信 信與不信向後自知.

254

1-1)-(6) 蒙山和尙無字十節目

僧問趙州 拘子還有佛性也無 州云無 蠢動含靈 皆有佛性 趙州因甚道無
若言趙州禪 口皮邊照顧 他日喫鐵棒 殊不知三世諸佛骨髓 歷代祖師 眼目 一
期掀出 在爾面前 性操漢 一肩擔荷得去 山僧 柱杖子 亦未肯打爾在 且道畢
竟 如何

只箇無字 全無巴鼻 有些巴鼻 或者謂 是斷命刀子 開差別智底鑰匙 好與
三十 是賞耶 罰耶直饒道得諦當 爾在甚處 見趙州 盡道 趙州古佛 眼光爍破
四天下 觀基道箇無字 性命落在本色衲子手裏 有一等人 更向他無字上 討滋
味 豈不鈍置平生 雖然 趙州道無 爾作麽生會 趙州露刃劍 寒霜光焰焰 擬議
問如何 分身作兩段 喝癡人面前 不得說夢

要且我王庫內 無如是刀 畢竟趙州 是何面目 妙喜道 不是有無之無 不是
眞無之無 還識妙喜麽 若不具眼 又去東卜西度 轉添意識 切忌切忌 靈利漢且
道 趙州意 作麽生 近來多道 無字是鐵掃箒 趙州意 果如是不 有引他後語 爲
證者 錯了也瞎漢 莫將閒學解 埋沒祖師心喝

有云無者 是繫驢橛 爾在何處 夢見趙州 欲得不招無間業 莫謗如來正法輪
許多褩病 都拈去也

畢竟 箇無字 落在甚處

者箇無字 有心無心 俱透不得 棄命 向未舉已前 着眼忽然再甦 了撤無餘
一千七百則公案 誰敢向爾面前拈出 諸佛祖大機用 神通三昧 三玄三要 種種
差別智 一切無礙慧盡 從此出 雖然那箇是爾自己

一大藏敎 是箇切脚 曾切着者箇無字否 靈利漢 直下掀繁 洞明自己 捉破
趙州 勘破佛祖 得人憎處 許爾道大藏敎 是拭瘡疣紙 雖然如是 者箇無字 從
何處出 如是主張箇無字 有甚奇特 宗門中 許多公案 還有要妙 過此無字者否
若有何得如是品題他 若無 未有趙州時 豈無佛祖 具眼衲僧 一點難謾 速道

1-1)-(7) 休休庵坐禪文

夫坐禪者 須達乎至善 當自惺惺 截斷思想 不落昏沈 謂之坐 在欲無欲 居塵出塵 謂之禪 外不放入 內不放出 謂之坐 無着無依 常光現前 謂之禪 外撼[1]不動 中寂不搖 謂之坐 廻光返照 徹法根源 謂之禪 不爲逆順惱 無爲聲色轉 謂之坐 燭幽則明逾日月 化物則德勝乾坤 謂之禪 於有差別境 入無差別定 謂之坐 於無差別境 示有差別智 謂之禪 合而言之

熾然作用 正體如如 謂之坐 縱橫得妙 事事無碍 謂之禪 略言如是 詳擧非紙墨能窮. 那伽大定 無靜無動 眞如妙體 不生不滅. 視之不見 聽之不聞 空而不空 有而非有 大包無外 細入無內 神通智慧 光明壽量 大機大用 無盡無窮 有志之士 宜善參究 以大悟爲則[2]地一聲後 許多靈妙 皆自具足. 豈同邪魔外道 以傳授爲師 佐以有所得 爲究竟者哉.

2-1) 和尙所寄法語

古今無二道 三才三敎一根源 惺惺靈利者 廻光一炤 便可悟明 以一行一相三昧 洗滌多生塵習 不滯無爲 不住有爲 遊普賢道園十力家風 動安居士李司諫承休 具大丈夫志氣者也 宜看五祖演和尙示衆云 釋迦彌勒 猶是他奴 他是阿誰當疑 釋迦彌勒是佛因甚 猶是他奴 又疑畢竟他是阿誰 大疑之下 必有大悟 無疑不悟 或者疑輕時 更疑生從何來 卽今性命在何處 生死到來作麼生脫死從何去 又有此四種疑 疑得重也 却提他是阿誰一句作話頭 廻本念光 自看獨炤 功圓一聲 地地疑團破盡 法法圓通洞明 父母未生前面目 下得三轉語諦當得承當已 更宜見本色宗匠 求指快進 高超闊步 取于力妙果 吾祖達摩大師有敎誡頌云 悟佛心宗等無差玄行解相應 名之曰祖解者 眞全之解 非意解學解等解也 行者稱實之行 普賢妙行也 末渾中多有學口頭三昧 以助談柄爲禪者 錯用身心 一生光陰易過 生死岸頭得力否 具大志氣者 眞參實悟 此道非大

---

1) 음은 '감'이고 手변에 感자임(흔들, 감).
2) 음은 '화'이고 큰 네모 속에 力자가 든 글자 임(배 끄는 소리 화).

悟 不能洞明悟了 又要掃蕩情意 識及盡玄妙 然後於六六時中 四威儀內 綿綿
密密 提撕話頭 話頭自然現前時 方知得力 五欲八風不能入 作動靜如一 到這
裏 大悟近矣 却不可將心待悟 亦不可用意卜度 尋文字語言解會 妙在惺惺 不
待緣而炤 不觸事而知 從敎話頭 歷歷於無造作處 築著磕著 徹底掀飜大悟 最
爲奇特 切忌得少爲足 千萬惺惺 大德元年丁酉歲四月十二日 書于中吳休休
禪庵蒙山德異

上蒙山和尙謝賜法語

月日 頭陀山勤安居士李某稽首 歸依瞻想 絶牧和尙行化家風 其所游刃恢
恢乎有餘 隨機接物 應病與藥 方便妙密 由是 凡蒙一言一句 隨所根堪 莫不
悟入 此豈古佛幻有重入相門於五濁世中 以退位利生爲樂而來哉 禪風始扇
中吳法乳 旁流東國 航海法參者 帆相屬也 顧如老夫人身朽邁 動必借人 烏能
爾耶 但翹誠景仰 瞻之在前 有年矣 越前年八月初七日 伏承四月十二日垂示
法語一封 專出非望 顏無所措 某在朝時 以安上恤下爲念 竭力趨公 流落已來
僻在遐陬 未逢善友開示 不知所爲 但以看藏敎爲事爾 行年七十有五 來日無
多 常恐辜負平生 姑息待死 何圖於千萬里關山之外 興起大悲 賜之經要話頭
令下鈍上 蓋普賢之化 無間於遠近方隅 皆在一念故也 始自拜賜之日 至今將
爲二百日矣 觀劣心浮 猶未知歸 然以謂以大宗匠 加被之深 豈元一日作二伽
陀曰 拖泥帶水引初機 示以參詳四種疑 不待揚眉資目擊 朝焚夕點禮爲師 返
炤功夫縱未圓 也知三敎一根源 綿綿密密崖來去 誓報他家莫大恩 以此發願
立志 必於當當來世 隨所住處親近承事去也 願傾慈接引 許爲內眷 和南

2-2) [蒙山法語][3]

蒙山和尙云 發明之後 常當入眞空 三昧洗除 多生塵習 塵習輕淸時 能念

---

3) 白雲和尙抄錄佛祖直指心體要節, 卷 下(韓國佛敎全書 6-629).

知今生 出母胎時事 及 前生一世二世 以至十世事 若塵習淨盡者 能知多生事 名宿命智 神通次第得 耳根眼根 以至六根清淨 能滌蕩 得一切根塵 清淨者諸通 諸三昧 大智慧 大辯才 大神通 大機用 皆自眞空 實相中 發現[4]

蒙山示衆云 廻心立志 不論尊卑 入聖超凡 豈拘僧俗 當機頓悟 一步到家 擬議思量 白雲萬里 豈不見 世尊枯花示衆 迦葉破顔微笑 世尊云吾有正法眼 藏涅槃妙心 付囑摩訶迦葉 敎外別傳 無令斷絶 諸仁者見麼 識得老瞿曇 與大 迦葉者 洞明正法眼藏涅槃妙心 已得入門 更當進步 承堂入室 其或未然 世尊 枯花 意作麼生 迦葉微笑畢竟如何 子細叅究叅究 忽然大悟 一一道得 諦當許 你 是个靈利男兒

且如山僧 輪日前出街 廻到于將坊 有一女人 敎化底 逗早來當家禮拜云 我 十年敎化積聚 鈔五十二貫 要捨與常住 造佛殿三次 到菴中不見長老 是我緣 淺福薄 痛心無已今望長老 攝受爲我 買一莖木一塊石 幾片瓦幾片甄 圓成佛 殿 結三寶緣 老僧云汝十年敎化 所得鈔兩 來處不易 何不留取買衣着買食喫 女云我發心已十年矣

山僧問曰汝姓甚麼 何處住 因何發心 女云休問我姓名 我在養育院 住我二 十前 因去大富貴家敎化 立於門首多 時把門人等 逞詈罵 旱逐 有將惡水潑者 由是怨恨 我命不好 前世不曾修來 苦惱如是不認 痛哭而來 來至龍興寺 遇一 講主 說經云 若人有福 曾供養佛 我聞是已 省心省心 從此發心 十年敎化 積 聚鈔兩 誓願不買衣着 不買食喫 要結三寶緣

又於至元十八年 蔡提領請長老說法時 我聞說生老病死苦 人人皆有 不論 男女貴賤貧富 生不知來處是生大 死不知去處是死大 出息不保入息 是無常 迅速 人能於此省察 發心回道者 但提撕話頭 云見性成佛那 个是我性 但恁麼 叅究看 叅來叅去 忽然悟明 便知生來死去 十二時中 自有主宰 生死岸頭 可 以轉業 我從此持戒叅究 那个是我性 今經二十年 曉得些子見聞 又聞長老云

4) 白雲和尙抄錄佛祖直指心體要節, 卷 下(韓國佛敎全書 6-629).

道不屬見聞覺知 亦不離見聞覺知 至今疑着 那个是道 今日望因便敎我 山僧
云正好叅究 不可放捨此疑 何耶 大疑之下 必有大悟

山僧又問 去日汝所捨鈔兩 有願意無女云我有願結三寶緣 頓悟妙道 早捨
女身 徑生西方安樂世界 親見阿彌陀佛 親授菩提妙記 永離貧窮苦惱 却來此
界 作大施主 普度衆生 山僧見他有此志氣 有此行願 遂受所捨鈔歸菴爲他 買
一丈五尺樑一條 又乘樑柱大石一箇 瓴五百片 筒瓦五十片 滿他願心 諸仁者
洞明此女所捨寶鈔 具何功德也未 一日見得 分曉道傳端的時 許汝等正眼已
明 山僧敢道所捨兩 具檀波羅蜜 十方諸佛 同時爲授無上菩提記」[5]

2-3) 蒙山異禪師示衆[6]

某年二十知有此事 至三十二請益十七八員長老 問他做工夫 都無端的 後
叅皖山長老 敎看無字 十二時中 要惺惺 如貓捕鼠 如鷄抱卵 無令間斷未透徹
時 如鼠咬棺材 不可移易 如此做去寅有發明時節 於是晝夜孜孜 體究經十八
日 吃茶次 忽會得世尊拈花迦葉微嘆 不勝歡喜 求決三四員長老 俱無一語 或
敎只以海印三昧 一印印定餘俱 莫官便信此說

過了二載 景定五年六月[7] 在四川重慶府 患痢晝夜百次 危劇瀕死 全不得
力 海印三昧也 用不得從前解會的也 用不得有口說 不得有身動 不得有死而
已 業緣境界 俱時現前 怕怖憧惶 衆苦交逼 遂强作主宰分付後事 高著蒲團裝
一爐香 徐起坐定默禱 三寶龍天 悔過從前諸不善業 若大限當盡願承般若力
正念托生早早出家 若得病愈 便棄俗爲]僧 早得悟明廣度後 學作此願已提箇
無字 回光自看未久之間 臟腑三四回動 只不管他 良久眼皮不動 又良久不見
有身只話頭 不絶至晩方起 病退一半復坐 至三更四点 諸病盡退 身心輕安

八月到江陵落髮 一年起單行脚 途中炊飯悟得工夫 須是一氣做成不可斷

---

5) 白雲和尙抄錄佛祖直指心體要節, 卷 下(韓國佛敎全書 6-629).

6) 『선관책진』.

7) 1264년이고 그가 32세에서 2년 지난 시기이므로 그의 출생년도는 1231년이다.

續 到黃龍歸堂 第一次睡魔來時 就座抖擻 精神輕輕敵退 第二次亦如是退
第三次睡魔重時 下地禮拜消遣 再上蒲團規式已定便趁 此時打併睡魔 初用
枕短睡 後用臂 後不放倒身 過二三夜 日夜皆倦脚下浮逼逼地 忽然眼前如黑
云開自身 如新浴出 一般淸快心下 疑團愈盛 不著用力 綿綿現前 一切聲色
五欲八風 皆入不得 淸淨如銀盆盛雪 相似如秋空氣肅相 似却思工夫 雖好無
可決擇

　起單入浙在路辛苦 工夫退失 至承天孤蟾和尙處歸堂 自誓未得悟明斷不起
單 月餘工夫復舊 其時偏身生瘡 亦不顧捨命趁逐 工夫自然得力 又做得病中
工夫 因赴齋出門 提話頭而行 不覺行過齋家 又做得動中工夫到此 却似透水
月華急灘之(703)上 亂波之中 觸不散蕩不 夫活潑潑地三月初六日坐中正擧無
字 首座入堂 燒香打香盒作聲 忽然團地一聲 識得自己捉敗 趙州遂頌云沒與
路頭窮踏翻波 是水超群老趙州面目 只如此

　秋間臨安見雪巖退耕石坑虛舟諸大老 舟勸往皖山 山問光明寂照偏河沙 豈
不是張拙秀才語 某開口山便喝出 自此行坐飮食皆無意思 經六箇月 次年春
因出城 回上石梯子 忽然胸次疑凝冰釋不知有身 在路上行乃見山 山又問前
語 某便掀倒禪床 却將從前 數則極滑訛公案一一曉了 諸仁者參禪大須仔細
山僧不得重慶 一病幾乎虛度要緊在遇正知 見人所以古人朝參暮請 決擇身
心 孜孜切切 究明此事

　評曰[8]他人因病而退惰 此老帶病精修 終成大器 豈徒然哉 禪人病中 當以
是痛自勉勵(704)

2-4)-(1) 蒙山和尙念佛話頭法

　南無阿彌陀佛 於十二時中 四威儀內 舌根不動 心念不昧 念者是誰 時々
撿(檢)點 返照自看 此身虛假 不久死去 堂々爛壞 念者歸何處 如是用功 日久

---

8) "評曰"은 뒷사람이 붙인 평가.

月深 自然不離色身時 卽到西方 得見阿彌陀佛 千萬更着精彩 發勇猛心 勿令間斷 自有到家時節 母忽.

2-4)-(2) 蒙山和尙示徐氏居士念佛法語

三界火宅 無求出離 悟明妙道 方可出塵 發盡信心 參究念佛 常々撿(檢)點 生從何來 一任有凝(疑) 更云死從何在 生死未明 心中有是凝磚(疑礙) 却云見性成佛 那箇是我性 心中密々念南無阿彌陀佛 廻光自看 念念?好聲(念數十聲) 又提撕云 那箇是我性 每日行住坐臥中 切々密擧佛号 參究日久(夕) 忽然悟明 本性阿彌陀佛 便識得三世諸佛妙體 與徐氏盡(眞)身忠無二 念々淸淨 到處 便是極樂世界 方知唯心淨土 他日裟婆報盡 轉身往生西方淨土 坐中品寶蓮間 得授無上菩提記

徐氏居士 宜深信此語 寂信參究從悟期(記) 白蓮懺云 行住坐臥之處 聞聲見色之時 各悟本性之彌陀 達唯心之淨土 會麼 梵語阿彌陀 此云無量壽 卽妙明眞性是也 次(此)性無生無滅 無男女相 人々具足 但能識硬(破)世間空花 放捨塵勞 惺々念佛 善加參究 決然悟明耳(耳 없음)

2-4)-(3) 蒙山和尙法語

提無字 有二種 一單提無字 心不亂想 二全提無字 參趙州意作麼生 此二者各有益有病 單提無字 念想不起 有徇正益 而有死心不疑病 僉提無字 參趙州意作麼 生有起疑益 而有亂想病初學必須單 提撕功夫純熟念想 都息方可回心反究參(1) 趙州意作麼 生有起疑得力者著也 初學單提話頭未純一先起疑情 徒增亂想全無進益 單提者只要工夫能熟 全提者只要起疑 單擧有三種病 一惽沉時 全提散亂時 單提三間斷勸提 此是互總對治之方便也 單起着惽沉時 全提散亂時 單提間斷時 勤提工夫純熟 又惽沉掉擧 亦不間斷工夫 純熟了不起疑情 則未契祖意 若要起疑須借全提 新學單提工夫 心中未平正全提 則縱有疑情 徒增亂想 終不成增益 蓋謂未答悉知故也

2-4)-(4) 示不二道人默禪子法語

在凡學道人 先須分別邪正 以寫知見知見 正則動作施爲皆正若知見 邪則一切所作皆爲邪業 是故知見不可不辨其邪正 所謂正知正見者 惟我凡 心卽是佛心 本無有二 皎如白日 廓如晴空 但以無明所覆 內擾思想 外感塵境 隨業感報 妄招輪轉之苦 是以佛祖出來 爲破無明 使復其本心說 心說性 而有許多文字說 若干道理 然非但衆生依正 所作皆空 皆至於佛祖悲願 亦如夢幻 一切元空盡 是自心於此空中得見心性 始知物物非他若能(3)如是 則知見正矣 倘或不然非邪 而何是故日用 用工勿偏於理 着倒理上 則溺於斷空 勿偏於事 着倒事境 則執滯於相 如斯知見豈止也哉 願吾道人 切須愼之

2. 서발

佛祖三經序

道無今古 人有悟迷 是故釋迦老人 承願力 示現鹿野苑 至跋提河三百餘會 言無言 開示人天 令各悟入佛之知見 惟四十二章經遺敎經者 是始終敎誡法寶也 後漢永平間 迦葉摩騰竺法蘭 持前一經東來 焚驗有靈 立敎興宗

梁大通間 又得西天二十八世祖達磨大師 傳佛心印 前來直指 與經符契 是我此土人 有大乘根器 而有大幸也 可大師者 立雪斷臂 求問妙道言下有悟 執侍數載 三拜得髓 授受衣盂 七傳而至百丈 百丈得黃蘗運公 潙山祐公 大振玄風 增輝佛日爲山 因見學者少有放逸 遂述法語警 其未悟策其 未到文簡語直義傳意深 叢林中以四十二章經遺敎經爲山警策 謂之佛祖三經 能一覽而直前者不歷多生 便可成佛作祖 宣和間又得遂禪師直注深義 初學易通

妙矣哉 自此有地於道者 省力甚多 不懷香而見佛祖 不動步而登覺場 今靜山慧大師 抽衣資銀 梓于吳中休休庵 以廣其傳 奇哉以財銀梓名財施 以敎傳法名法施財 法二施名大施 佛云能行 大施者 決證菩提 靜山將來種智圓明 十

262

號俱彰 因此勝緣也 覽斯經者 却宜淨心 如虛空 向未開卷 以前著眼 掀翻窠
臼 洞徹玄微 挽回眞風 大興末運 若也見義勇 爲將來亦可成器 其或循行數墨
辜負佛祖多矣 至元 丙戌燈節絶牧叟德異敍

釋志峰與志道覺溫施主金氏 曰大難者 重刊佛祖三經 來請予跋其尾 予觀
其書四十二章也 遺教經也 爲山警策也 立法創制 纖毫未遺 成佛作祖正路 期
在道上人 法施何可量哉 學者目此書 如嚴師在上撿身 若不及則可矣 如或不
然 三經亦虛文矣 豈不惜哉
青龍甲子十月 日 推忠保節同德贊化功臣三重大匡韓山府院君 李穡跋

四說序

三才殊勝 人爲最者 具中和之妙德 乾坤之道 生育天地 運行日月 故云人
人有一太極 在儒則曰大本 在釋則曰眞空 在道則曰谷神 三敎通稱曰道 善旋
光一鑑者 欣然領悟 洞徹無餘 則見三才三敎一道耶 是以義黃畫卦 示末顯其
本 九疇用皇極 事理圓融 中庸直曰 天命之謂性 明指喜怒哀樂未發已前 觀其
本來哉 大揚鞭影矣

余因諸勝士 各持所向 問通都之徑 乃成易說皇極說中庸說 流落四方 至元
戊子良月旦 京兆平直處士 常公遊閫 過休休庵 首云家世易學 先儒片言 隻字
涉于易者 無不探覽 近在大都 偶見蒙山易說 忽尒心眼淸明見一垠基 乃除沿
習病 於是下心親禪講師德 乃見敎家云云 似乎不有禪 禪家寂寂 似乎不通敎
私謂若禪若敎 出於一佛 曰緣氷炭 如是欲得 一無彼此說洗 除翳障

余曰無彼此 豈有說耶 平直公曰 道本無言 因云顯道領命 二日乃成其說
平直公曰 今無疑也 彼此在人 而不在道明矣 宜通前三說 爲一集目之曰 蒙山
西說可乎 余點首平直公 曰請書此因緣 於篇首以記歲月 古筠蒙山釋德異 書
于吳中退居 絶牧叟 蒙山

六祖大師 法寶壇經序 古筠比丘 德異撰

妙道虛玄 不可思議 忘言得旨 端可悟明 故世尊 分座於多子塔前 拈花於靈山會上 似火與火 以心印心 西傳四七 至菩提達磨 東來此土直指人心 見性成佛 有可大師 首於言下悟入末上三拜得髓 受衣紹祖 開闡正宗 三傳而至黃梅 會中高僧七百

惟負舂居士 一偈僧衣 爲六代祖 南遁十餘年 一旦以非風旛動之機 觸開印宗 正眼居士由是 祝髮登壇應跋陀羅懸記 開東山法門 韋使君 命海禪者 錄其語 目之曰法寶壇經 大師始於五年 終至曹溪 說法三十七年 沾甘露味 入聖超凡者 莫記其數 悟佛心宗 行解相應爲大知識者 名載傳燈

惟南嶽靑原 執侍最久 盡得無巴鼻 故出馬祖石頭機智圓明 玄風大振 乃有臨濟 潙仰 曹洞 云門 法眼諸公 巍然而出 道德超群 門庭險峻 啓迪英靈納子奮志衝關 一門深入 五派同源 歷遍爐錘 規模廣大 原其五家綱要 盡出壇經夫壇經者 言簡義豐 理明事備 具足諸佛無量法門 一一法門 具足無量妙義 一一妙義 發揮諸佛 無量妙理 卽彌勒樓閣中 卽普賢毛孔中 善入者 卽同善財於一念間 圓滿功德 與普賢等 與諸佛等 惜乎壇經爲後人節略太多 不見六祖大全之旨 德異幼年嘗見古本 自後遍求三十餘載 近得通上人 尋到全文 遂刊于吳中休休禪庵與諸勝士同一受用 惟願開卷舉目眞入大圓覺海 續佛祖慧命無窮 斯余志願滿矣 至元二十七年庚寅歲中春日敘

妙矣哉 實宗門之關鍵儉歲之稻梁也 辭簡而朴 旨省而深 非識智之所能擬議也 大圭不琢貴乎天眞 至言不文尙於實 師言之謂歟 後之傳之者 率意增損或圓易曉 添糅鄙談 或務簡略 削除聖意 故先是行於東國者 有數本焉 率皆舉略而遺全循訛而失正 苟非智眼精明洞炤 不惑其詳略 眞膺何從而信之哉 中吳休休 蒙山異老 具上宗眼 嗣烈祖正脈 籠羅古今衡鑑 邪正不濫絲毫 人所敬信者也 尋得大全之古本 既板而壽 其傳使城外之乳 普霑衆口 又欲廣其法施也 越大德二年春 附商寄來 囑以流通法施之願 予亦不淺得之慶 幸遂乃重鏤庶流布於無窮也 所期參玄之士 但向未開卷前 著得活眼 續佛慧命 愼莫泥句

264

沈言 滅胡種族 刊行之志 其在茲乎 四年庚子七夕住花山禪源萬恒謹題

추가 1-1) 皖山正凝禪師示蒙山法語 侍者錄

師見蒙山 來禮 先自問

云; 你還信得及麼

山云; 若信不及 不到這裏.

師云; 十分信得 更要持戒 易得靈驗 若無戒行 如空中架樓閣 持戒麼 山云
見持五戒.

師云; 此後只者介無字 不要思量 卜度不得作有無解會 且莫看經語錄之類
只單; 單提介無字 於十二時中四威儀內 須要惺惺 猫捕鼠 如鷄抱卵 無令斷
續. 未得透徹 當如老鼠咬棺材相似 不可改移. 時復鞭起疑云 一切含靈 皆有
佛性 趙州 因甚 道無 意作麼生 旣有疑時默默提介無字 廻光自看. 只這介無
字 要識得自己 要識得趙州 要捉敗佛祖 得人憎處. 但信我 如此說話 直做將
去 決定有發明時節 斷不誤

추가 1-2) 東山崇藏主送子行脚法語

行脚須以此道 爲懷不可受現成供養了 等陽過日. 須是將生死二字 釘在額
上 十二時中 裂轉面皮 討介分曉 始得. 若祇隨群逐隊 打空過時他時閻羅老
子 打筭飯錢 莫道我與 你不說. 若做工夫 須要日日打筭 時時點撿 自轉鼓起
看都那裏是不得力處 那裏是不打處 若如此做將去 定有到家 時節.

有一般辦道之人 經不看 佛不札才上蒲團 便打瞌睡 及至惺來 又且胡思亂
想才下禪床 便與人打雜交 若如此辦道 至彌力下生也未有人手底時節. 須是
猛著精彩 提起一介無字 晝三夜三 與他廝睚 不可坐在無事匣裏 又不可執在
蒲團 上死坐 須要活筭. 恐雜念 紛飛起時 千万不可與他廝鬪 轉急. 多有人
在這裏 不識進退 解免不下 成風成顚一生. 須向紛飛起處 輕輕放下 打一介
轉身下地 行一遭 又上床 開兩眼捏雙拳 堅起脊梁 衣前提起 便覺清凉 如一

鍋湯 才下一杓冷水 相似.

但如此做工夫 日久月深 自有到家時節. 工夫未得入手 莫生煩惱 恐煩惱魔入心 若覺省力 不可生歡喜 恐歡喜魔入心. 種種病痛 言之不盡. 恐衆中有老成兄弟辦道者 千万時時 請益 若無將祖師 做工夫底言語 看一遍 如親見相似 而今此道 難得其人 千萬向前 望汝早早打跛漆桶 歸來爲我揩背 至囑至囑

추가 1-3) 古潭和尙法語

若欲參禪 不用多言 趙州無字 念念相連 行住坐臥 相對目前 奮金剛志 一念萬年 廻光返照 察而復觀 昏沈散亂 盡力加鞭 千磨萬鍊 轉轉新鮮 日久月深 密密綿綿 不擧亦如流泉 心空境寂 快樂安然 善惡魔來 莫懼莫歡 心生憎愛 失正成顚

立志如山 安心似海 大智如日 普照三千 迷雲散盡 萬里靑天 中秋寶月 湛徹澄源 虛空發焰 海底生烟 驀然嗑著 打破中玄 祖師公案 一貫都穿 諸佛妙理 無不周圓 到伊魔時 早訪高玄 機味完轉 無正無偏 明師許尒 再入林巒 茅菴土洞 苦樂隨緣 無爲蕩蕩 性若白蓮 時至出山 駕無底船 隨流得妙 廣度人天 同證金仙 俱登覺岸

추가 1-4) 示覺悟禪人法語 普濟尊者

念起念滅 謂之生死 當生死之際 須盡力提起話頭 話頭純一 起滅卽盡 起滅卽盡處 謂之寂 寂中無話頭 謂之無記 寂中不昧話頭 謂之靈 卽此空寂 靈知 無壞無雜 如是用功 不日成之

師見蒙山 來禮 先自問云 你還信得及麼 山云若信不及 不到這裏. 師云 十分信得 更要持戒 易持靈驗 若無戒行 如空中架樓閣 持戒麼 山云 見持五戒. 師云 此後只者介無字 不要思量 卜度不得作有無解會 且莫看經語錄之類只單單提介無字 於十二時中四威儀內 須要惺惺如(31)猫捕鼠 如鷄抱卵 無令斷續.未得透徹 當如老鼠咬棺材相似 不可改移. 時復鞭起疑云 一切含靈 皆有

佛性 趙州 因甚 道無 意作麼生 既有疑時默默提介無字 廻光自看. 只這介無
字 要識得自己 要識得趙州 要捉敗佛祖 得人憎處. 但信我 如此說話 直將去
決定有發明時節 斷不誤

I-3-1) [山居錄]⁹⁾

  徑山喝石巖

天白日一聲 雷鐵壁銀山 頓豁開志氣 不從□得玲 瓏親見國來

  能仁鞴盖羅漢閣

通善解降龍虎 照顧掀鞴盖 覆來到此上 山頭關未透

簷夜雨莓苔

  鍾

爐鞴便碎規模 已有淸聲播五湖 不是架空大口 停酸息苦福皇國

  魚

魚(?)鱗不以水爲命 一躍全身在碧霄 解使聖

凡歡喜處 聞聲響便絶駒々

  鼓

□人情漢面 皮橫肚裏 淸虛過一生 彈壓叢林 若金若銅 眞僞俱鎔 復淘復

煉 妙絶見功 成大法器 体堅心心空 笁乾靑石 列在下風 鯨音隱々 發用有準

開圓通門 示無佳本 返聞々 空諸蘊蘊 正眼豁開 眞妄俱泯 月冷風淸 妙寂而

---

9) 사본의 제경촬요의 후반부에 실린 내용에서 몽산이 출가승으로 암자에서 생활하면 남
   긴 다양한 글을 합쳐서 "산거록(山居錄)"으로 명칭을 부여하였다. 이 사본은 불복장의
   자료로 짐작되며 순서에 혼란이 생겼고, 내용상 연결이 불확실한 부분도 있다. 같은 내
   용끼리 몽산행실기까지 네 부분으로 정리하였다.

靈 應機無碍 大扣大鳴 是聞非聞 是聲非聲 停酸息苦 幽冥俱明 斯第一義 曰
融悲智 處會風雲 象德咸備 大振玄宗 群生普利 天地平成 至化無際

休休庵銘

報居六欲難免 輪廻修至四 禪未爲解脫 三賢十聖累劫多生 行人所不能行
捨人所不能 捨力所求者大法也 洞明大法者 謂之大丈夫 佛祖直指 省力之妙
予幸得之 退步卓庵 祈遂斯事 誓與具大志氣者 同一愛用上報 四恩下資三有
故成銘曰

娘生幻体　水上浮漚　旣爲釋子　於世何求
卓庵宜小　立志宜優　諸縁俱捨　一味休休
洗滌心服　更新耳目　一念不生　絶榮絶辱
素淡嚴冷　城市山谷　凡聖泯蹤　風淸氣肅
寂寂寥寥　門境如秋　靈光獨耀　破暗燭幽
洞乎玄妙　玄妙奚留　根塵洗淨　永斷沉浮
虛明絶際　靈妙俱備　湛兮無爲　自然機智
蕩蕩何依　迥超三句　任運縱横　不居地位
非聖非凡　靑出於藍　不立涯岸　不飾衣衫
無法可授　無禪可談　飢湌渇飲　薑辣鹽鹹
三三六六　一貧常足　應用有餘　未嘗積蓄
八八九九　精金美玉　体用如斯　曾見絶牧

英叟

等閑打破 太虛空虛 眞得金烏 午夜紅老手 而今雖不用 自然佛畏其風 絶
翁聖意凡情 滅盈時 上無攀仰 下無依廻機 大用不存佛說甚 兒孫續者稀

齡侍者起龕

268

帝與九齡國師三喚　雖然特地爲人也　是平欺死漢　何謂若是活麒獜　機先步
天崖

　　傳上座秉炬
無法可傳　無道可學　萬里南來明之是　錯之錯中死眼　谺然開火裏　鐵蛇頭
戴角

　　思書記秉炬
東魯書西來意　纔涉思量便成死句　直饒擧筆成章機　先瞥地[以火把打曰相
云]這重開透過也末[拋下火把云]火裏優曇香撲鼻奠湯北碯水煎秘方妙劑　殺人
活人　只這一味　見眼尊宿決　無擬議何謂六坐道場　用不盈底出乎爾者返乎爾

　　成副寺起骨
堅百橫千現成法度　纔涉支離皮穿　骨露成副寺知未知　春風吹起白雲飛

　　潮侍者鎖龕
對機一句弄　潮相似脚跌　手差便墮死　數衲僧家須　峭措三呼書　擧透玄開佛
祖口關俱鎖住監火行者祖聞秉炬　以火把打一圓相云
火焰說泫汝　曾聞否聞則　喪身失命不　聞則把火暗
走以火把一　劃截斷疑情　活眼開要傳　依鉢轉身來
書狀行者祖求秉炬
永字八泫妙　非口傳[以火把打圓相云]　於斯點　首猶恐瞞　頓不瞞頓　清淨行
者不入涅槃　要識眞金火裏看

　　住淨人秉炬
無住本[以火把打圓相云]　只這是死眼谺開　天然尊貴不悔恨未傳　衣但要轉

身能吐氣 何謂木馬火中 嘶清風動天地

　　瑀上座秉炬
東林聞枝聲 是承此〇思力 緣何拶箸時下語 如瑀石病在見聞 覺知間急宜
捨命盡掀 到者 裏〇死中得活解 向紅爐擎出月

　　隆上座秉炬
一性圓明 但了生死正法奧隆 未敢相許黃蘗打逐臨濟 必竟是何宗旨[以火
把打圓相云]烈焰光中木馬嘶 點首白雲千万里

　　通上座秉炬
生滅跡忘空機活 一鏃破三關 有誰能止遏是 則是掛拂於舊處 因甚猶遭喝
通上座[以火把打圓相云] 水中火發燒虛空 正眼豁開法法通

　　通上座撒骨
通人分上天然 骨格掀飜火聚來 無師智難測 通上座如何可 驗具入水見長人
　　霶上座秉炬
[以火把打一圓相] 嚴威霶幻心滅 潦水澄秋天 一色雖然達淨邦 大事何曾徹
會麼[又以火把打一圓相云] 紅爐焰裏雪花飛 九品導師方肯伊

　　方龍圖宣敎起棺
人人有一太極 乾坤皆承恩力 通儒了了無疑 造化綿々不息 恭惟某人抱負
淸明俊聲四播到 這裏左右逢其原 則超脫生死 便能門□□…未然急宜捨盈
凡情搆取轉□□…利貞步々風淸

I-1-2) [經典祖師讚][10]

270

出山相

起道樹入鄽 去明々錯擧斯意 是衆生非衆生 有誰欠伊調御

折蘆達麼

苔云不識已露蹤跡 蘆葉放光 累人相憶

泛蘆達麼

金殿中抛鐵蒺藜 瞻如天 大眼如眉若還不得莖 蘆力 幾被梁王投敗伊
閃電光中賓主分 虛空背上立綱宗祖 師計只如此 後代兒孫掃空
又

及第心空未足跨 衲僧話計無多字飜身 一踏沒山河 尺水能興萬丈波
又

一泒靑山境色幽 前人田土後人收 後人收得莫歡喜 更有收人在後頭
六念頌

念佛慈悲拔衆苦 念法良藥除三毒 念僧福田應供□ 念戒防非除罪惡 念他
貧窮惠折須 念生安養捨□□

達麼大師歸寂

凡人旽歸之時 但四大本空 五蘊皆空 我眞性無相 不來不去 湛然空寂 心
境一如 不得有分毫

趣向若見 諸佛無心 隨去若見 惡相種々現前 亦無心稀 畏念忘恢 心同於
法界 此卽節要

又云 淸淨心体 常自圓明 遍周無碍 只爲見聞 覺知所覆 不見淸淨心 直下
無心 本性現前命終緣盡之時 風大先去 猶如鋸海式 火大先去 猶如湯煮 斯則

_____

10) 사본의 제경촬요의 후반부에서 본래 제목은 없으나 석가와 설법과 조사를 찬미한 글
   을 편집하고 필자의 임의로 제목을 부여하였다.

惡業所感 凡人每三時 閱斯文 必不昧歸程

又凡人 臨終時 頭冷足暖者生天 足冷頭暖者 當墜地玉(獄) 頭足俱暖者 生人道之中 又凡人歸寂之時 見種種勝妙之事 是水陸衆生之胎 見宮殿樓閣猪羊野 干畜獸之胎 見白盖黑輿 是牛胎見白輿 是拘胎見蓮華幡盖 是馬胎 見鍾鼓螺鈸之聲 是奴婢賤人之胎 見大幡果+系動 則是鳳凰之胎 見小幡卽動是雜鳥飛禽之胎 見高聳雜 是鱗甲之胎也

且□類應變之所攝 但莫慕樂 不起念心 不用分別□ 亦非心境界 呈似人不得拈 與人不得說 與人不得言之卽差念之 卽乖言語道斷心行處 威上而無頂下 而無底傍 无邊際中 无邊處 旣無當中 何有東西上下 欲言空寂 不似大虛 欲言相容 不從緣起 欲言知見 異於分別 欲言頑疾 異於木石 欲言知覺 不同惺悟之初 欲言其時 不同日月之類

或曰佛性 或心卽 或因覺 或法花 或般若或 華嚴一法千名 其實一道也 此一卷經 徹上徹下 弥勒清淨 中不容他 包呑萬象 範圍天地 竪穹三際橫遍十方 包法界不大處 毫末而不微 昭々靈々 不曾生 不曾滅 各不得狀 不得從 上佛祖出現於世 无風起浪

又云有一物於上 柱天下 柱先天地 而無其始 後天地 而無其終歷千劫 而不古 恒万歲 而長今常 在辺用中 收不得者 萬相之中 獨露者不離當處 常湛然覓 則知君不可見 然諸佛唯心一鏡 衆生咸其自取 衆心亦莫怕取捨 見也不見 此等幷是 身中三魂七魄 三尸九虫 六識六根 隨心邪正 心若不動眞正

方便論云 人命終時 見面黑色者 墜地玉 欲免此報 成金銅像 面色黃者 墜餓鬼 欲免此報 供養衆生 面色赤者 墜畜生 欲免此報 八關齋日 晝夜勤修 面色白者生人道中 面色五者 往生佛道 命終時 高聲大笑者吉也 但自無心不起一念若起 一念大錯也

達麽歸寂論終

布袋和尚

只靠者星兒縱橫 得自在枯藤掂起來 便是龍華會 箇般歡喜遇知音索 性爲

272

渠開布袋 靠得穩坐得住 且低頭方睡 將來三會龍華畢竟 還他尊貴

五家宗旨頌

一聲因地脫根 塵觸耀庚光 具四眞機智 圓明隨類現 擬心摸索是癡人 中虛外順子孝父慈 一呼萬應 妙任無爲 利々塵々 隨類復隨 宜隱顯應 機玄正化堂々体用無高下 不墮有無中 擡眸已奏功 行窮六相義 收盡普賢蹤 秋智齊難及 春機並莫同 洞明無極者 可與論家風 紹得一抛出 七無量諸聖賢 合掌兩邊立 十萬世界塵 刹中大施門 開普饒益春 日遲々春風習々踏破鐵鞋求不得 回機一笑便圓明 仲春望夜百花月 凡聖纔觀骨也淸

又來求索再成五頌

捨盡凡情聖 念時得無所得許 誰知拈莖草現 金身處十聖 猶生二種疑 回念豁開多寶藏 具諸三味足春風 放行普益諸凡聖 免墮空門災難中 觸破疑團五眼開 獲眞富貴滅三災 廣行大施濟貧苦 十聖三堅受惠來 千事萬事成何事 只要當機笑一聲 四等頓圓春晝永 箇中造化畫難城 古殿俄然放冷光 光資瓦礫舞齊郎 下方下界小男女 剛罵四空眞尿床

方路分刺血書花嚴經

華藏展開新世界 百城恢復舊處風 從頭撿點承誰力 盡是將軍血戰功

註般若心經序

眞空湛寂了無 諸佛衆生 妄念昏迷 致有衆生諸佛 以毒攻毒 將塵洗塵 毒消塵淨 果顯其因 聖著凡彰 利見其害 大智復 圓明之本 玄機全淨妙之靈 自度々他 四果發高超之志 先覺覺後 二乘捨狹 劣之心求 十力蓄提慕一切 解脫以大般若 證眞涅槃 八十科之奇印 六百卷之妙義 一心總攝 數句全彰 是謂摩訶般若波羅蜜多心經也 嗚呼 末運初機 緇素咸誦之 曰多心經 傷哉實可憫也

由是 爲之眞註

[妙法蓮華經解]

談天眞自性 恒難 思議故曰妙也 寂圓融實 然菩提自性 本來淸淨 不濁不
洷 處染常淨 故曰蓮也 菩提性果 唯因可造 如裏發 因花結實 故曰華也 三世
賢聖 皆依敎修行 而成正覺 故曰 經也 經者經也 成佛之正路也 本覺得以盖
瓦盖地 了了明明 不生不滅 故曰法也

法体

本覺之体 亦名一心 此靈覺之体 離言上 離名字 相離文字 相離心緣 相无
佛 無衆生 非識所能識 生隨生滅 心无住實所 覆未獲圓通 妄認四大爲 自身
相故 法身圓滿 空寂之体 隱於形聲之中 妄認緣 塵爲自心性 故報身廣大□
通之用匿 於緣慮之內 持神珠 而乞丐守藏 而貧窮迷法界 而往六趣 悟法界
而復一心 知三界 唯心萬法 唯識 性相無碍

都是一心 譬如澄淸大海 弃之唯認一 浮漚体 目爲全潮 本如來藏 浮塵幻
相 和合起滅 當處出生 當處滅盡 如水成氷 還成水 元亨利貞 乾之德始於一
氣 常樂我淨 佛之德 本乎一心 全一氣而致柔修心 一而成道 金非銷 固有終
以銷成就 人雖本來 人終以修成就 噫不知无明實性 卽佛性幻化 空身卽法身
本分事上 本无言說 難容疑擬

故世尊靈山會上 擧扣花示衆 人天百万 悉皆同措 唯有迦葉 得知此意 破
顔微笑 昆耶城裏 淨名居士 默對文殊 文殊曰此眞示 不二法可此等 始自无言
至於无言 妙体也 妙旨迅速 言說來遲 纔隨語會樂 却神機 揚眉當問 對面熙
怡 是何境界 同道方知 明明無兼 對獨運 何依賴 路逢達道人 莫將語默 帶上
根同道 方知境界 唯有中下根 如盲處 日不知日光 故諸佛諸祖 高提祖 今當
機用 爲物虛知 語帶悲

故自无言至看言 始[11]鹿野苑 終至鶴林 四十九年 三百六十餘會 阿含十二
方等八 二十一載談般若 云云

274

又亡者 若愛三途苦 請法迎僧 講蓮經 釖樹化爲菩提樹 鑊湯變 作八德池 蓮經云 功豈如何 德勝乾坤 浩無彊 纔寫女過齋 王喜君少未至玉地塘

故經云 若有聞者 無不成佛 淸淨本覺 爲因根本 无明爲緣無明風動 淸淨 覺海 生三細波 根本不覺 爲因六塵境界 爲緣境界 風動梨耶 心海生六漉浪也 水防者何謂耶 六者能成万物体濁故 比六道 水者能成洗 德本淸淨 故比四聖 四聖六凡 摠名十法界 十法界者從何 而成本終 初一心背覺合塵各衆生背盡 合覺 名塵在悟 而爲物興悲 六凡在迷 而渴仰風化

所謂聖凡旣作 咸虛生焉 此之謂也 今之洒淨道場 則香烟普裏 如大宝盖 洒地如淨琉離 其間衆生 諸佛一理 齊平之心現荷 故諸佛法性 入我性 我性還 共如來合 故云江水淨 而秋月臨 信心生而諸佛降

故儒典云 李廣箭窄石虎 非常之力 變把一嘆之酒 蜀川爲雨耿恭拜井而出 泉 魯陽揮戈 而駐日 郭巨埋子得金 王祥扣永魚躍 非氣之所生 孟宗泣 雪生 筍 亦非陽之所致 句踐一嚚之醪 而衆軍皆醉 誠心所至 無感不通 欲薦君駕 速往西方 莫越乎虔誠 各各收摳其心 焚香稽首 向佛傾心 至佳至佳} 釋迦不 識最初句 不識不知眞消息 迦葉焉知末後句 佛祖從來不知句 肇木無聲如來 禪 扣空作聲祖師禪 本覺眞如本覺性 理本圓融理体根本智 不覺生滅始覺相 事末行布事体後得智 全揀可定惺性身 可理智現前功行頓畢 全收可惠寂 功 行齋 本智現前功行來畢 法身境本分 家裏事 靑山父正位 双收双暗双遮 執身 智新裏 途中事 白雲子偏位 双放双行双照

大機大用殺活(本文缺)

I-1-3) 法門景致

予於丁丑夏季 謝事殿山 養閑于中吳卓小庵 藏拙名曰休休 乙未冬有 了庵 元明長老 覺圓上人 覺性上人 妙孚上人等八友 自三韓來 同樂寂寥 丙申夏

---

11) 본래 '始終'이라 하였으나 '終'은 첨가된 듯하다.

仲孚上人四友歸 冬季萬壽上人來云 高麗國內願堂大禪師混丘 靖寧院公主王氏妙智 明順院公主王氏妙惠 前都元帥上洛公金方慶 侍中韓公康 宰相廉公承益 宰相金公昕 宰相李公混 尙書朴公卿 尙書柳公裾諸位 再三致意 休休長老 遠聞上庵寂寥無際 妙有眞樂 肯分施三韓信尙者否

　答曰請上人問 了庵長老看 是夜門前有松十株 從地湧出 体相威儀 所蘊奇特各各不同起人敬重 予問其故 而衆松答曰 近離高麗來探了庵 及見休休主人

　予問曰有名否 答曰有 一曰新松 二曰戒松 三曰定松 四曰惠松 五曰行松 六曰願松 七曰靈松 八曰妙松 九曰智松 十曰古松 予曰汝等要見休休主者 下得三轉語 方許入門 僉曰氣擧話 予垂語云 昨夜蜘蛛吸乾東海 蝦蟹魚龍在甚處 安身立命 二曰水母飛上色究竟天 入摩醯首羅眼裏 作舞摩醯首羅 因甚不見 三曰蓮湖橋爲一切人 直指明眼人 因甚落井 皆不能答

　予曰且居門外 四聖往來觀瞻 莫不讚嘆 予曰下居生門六凡 往來悉不能見拜 而問曰 聞有十株奇松 自高麗來 從地湧出 四聖皆見 我等六凡業障重故 有眼莫覩 敢請和尙慈悲開示 予曰汝等實有信根 當爲頌出 仍以序文 各各伸之 願汝衆信 正眼豁開 洞鑑玄妙

　元貞丁酉仲春月 旦 蒙山德異序

　新松

靈苗得地善自 立身五欲入風搖 撼動不葉濃根壯 冬夏常靑一行 三昧資持枝柯 旦見增長決 成大樹普蔭群生 頌曰

樹小根靈衆 莫欺發心卽 見歲時 茯苓決定有生日 十力全彰妙可期

　戒松

立身端正忘念不生 雖然枝葉交加一 一任緣發現受行一相 三昧終身不作諸惡 修上上十善道增長 越聖靈根期 開覺花供養諸佛 頌曰 身心淸淨無持犯

276

枝葉婆裟有發輝 歷歷大夫饒益行 衆生受蔭樂無爲

　定松

身心靜四大俱忘 塵淨風淸境界明 妙任不動三昧力 諸通次第發光 南柯北
枕各知宿命 諸禪三昧三摩鉢底 能出能入知他衆生 有貪等心自生 熱惱以無
言言 勸令覺悟 頌曰

根深不怕風搖動 樹正從敎月影斜 抹過四空三昧妙寶 釵葉裏現奇花

　慧松

定根深妙身壯葉濃 心淨而明觀諸法界 得十種智生如來 家行深般若任 智
光 三昧力 加被枝葉根株 各說法饒益群生 作急修行 同登聖地 頌曰

葉如根靈法法通通 身是口勢如龍當機 辯或淸風起 遍界群生悟苦空

　行松

一心堅固衆妙應機 自葉至根 各得方便 以十種慧立葉 逮(建)功 方便三昧
入無量 世界網現種種名 色身不壞世間相 施出世間德廣集大 福智取四等普
根 頌曰

大夫心是普賢心 三昧無非功德林 法界藏爲身可鑑 點頭領悟是知音

　願松

自小立誓 取佛普提身力 邃心枝柯雄壯根 一般大地葉覆裟婆 以大智慧光
明三昧 德普蔭一切法界衆生 諸佛末運之中 竭力扶宗 樹敎盡未來際 此行無
窮 頌曰

盡未來際蔭群生 此誓難忘 妙有靈三世佛 皆從行貴圖 不戀四時靑

　靈頌

篤信自心具足諸妙 以普光明三昧 資養根株 忽然五眼開明 捨有爲行承 本
願力不墜 無爲任十自世 三昧縱諸枝柯 花葉發揚差別機智 各具四無礙智作
如法施主 頌曰 葉盤妙盖絲 垂地如任無 爲生茯苓 恰似耳聾三曰者 大機種智
頓圓明

　妙松

以十定功德圓等覺 家風枝葉根株得 大自在塵々 刹々諸佛座前 現身入毘
盧遮那妙來藏身 三昧受諸佛稱 讚摩頂起定 講演諸佛因果 頌曰

九帶三玄俱列下碧雲堆裏 現龍盤爲雨普饒益十聖猶來枝上看

　智松

十力功圓普賢行 滿於一体法成最正覺 具足無量三昧圓 現一体神通枝枝
葉々 若根若株悉放 最勝光明普照 一切法界 一体衆生 等獲妙利 一体惡道
忽爾皆空 頌曰

乳入土兮成琥珀 構中傾出子如麻 聖賢等覺 退身立四等 家風妙莫加

　古松

根盤貴劫 形現人間 福地栽培生長枝葉 自必至老蓊鬱可觀 傲雪凌霜 具諸
功德 庶施饒益能事已圓果證四眞 收攝靈妙 大寂定中三昧高明 大達皆知貴
物 堪爲景致且留 此枯壯觀法門 頌曰

皮膚枝葉盡消鎔 留此枯椿警大雄 傳語後生高 着眼開花其不籍春風

　後序

說序歌頌已 雪消氷釋雲散 天淸日暖 風和景明 物暢諸松鞠躬作禮謝 曰我
等雖具超凡 志氣 各得受用 不同自以爲奇生滿足 想今聞開示諸三昧 可入聖
始終次第 要妙舊蘊 頓除心地淸明 格外眼開 解奇特傳得無巴鼻 三昧見徹玄

278

妙　猶臭惟有四眞　富貴東山家法非常

　　諸松語未竟　六凡羅拜　而言曰　我等多幸聞序聞頌　業障頓淸　得見諸松　各
有放光明　各有奇特　体用不俗　氣象非常　乃於其中　有靈妙智古四松　但聞其名
不見其形　定惠行願四松　見其恍惚　聞其淸香　乃見戒松非常靑秀　平分奇特　可
敬可尊　新松身分　枝葉有光　入聖超凡　具足志氣　不知我等　尙有何咎爲障礙

　　今觀諸松　不能明了望　賜憐憫　願聞直言　予答云　汝等未發正信心　未信禪
宗直指未有超凡志氣　未能去華取實　未遇貞善知識　未知生死事大　未能頓捨
凡情　但憑已見意解　爲答　未得正悟　正眼未開

　　是故不見十松体用　實非凡眼可觀　汝等從此　若能發明　正信心捨盡名利　心
捨盡　凡情却來喫棒

　　元貞三年二月初二日蒙山德異後序

　　伏覩
老和尙見松十株　從地湧出　立于庵前　聞其故則　自高麗來　和尙以序　以頌
示之此事　異於尋常

　　亦入道程節　始終之龜鑑也　庸是抽衣　資刊板以廣其傳　門人高麗國長老了
庵示明題

I-2-4) 蒙山行實記

禪師名德異　瑞陽高安盧氏　號蒙山　因地得名也.　父正達　母鄒氏　乳之夕　符
預夢　龆卯不群　年十四　聞僧誦心經　至是大神呪等語　徵以何義.　僧駭之　指叩
洞山竹巖印.　印一見而笑曰　你也是箇蟲豸　切莫忘他時自會去在

　　年十六　以舅氏仕於衡襄　往學逮冠　遊制幕　多器其才　殊無經世意　所至聞
方外交　卽浩然從之　嘗閱藏函三百　因補公安二聖藏典　入閩見皖山凝　令單提
狗字話　鞭疑嘿究　還至順昌　忽於拈化機緣有省　後入蜀　留重慶

　　秊三十三　一疾瀕死　誓疾起卽披緇從釋　盡明妙道　語竟厥疾頓瘳　理舟出峽

抵二聖 傾橐飯僧 薙髮蛻塵 師福巖祐 適寺厄畢 方贊緣復館 辭往黃龍緣不羿
夏終如浙承天孤蟾瑩 偶罹寒疾 蟾躬慰之 舉古以驚對 機不舛 病間道益進 次
因蟾問亡僧遷化 向甚處去 師罔措排發墮肢 越數日坐參 次第一坐入堂 落香
合作聲 豁然大悟 頌云 沒與路頭窮 蹋飜波是水 超群老趙州 面目只如此

　京湖制閫 武忠呂公旌以頌 可齋李公交譽之 自是遍叩叢席 時湖之天寧雪
巖欽 思溪石林鞏 淨慈石汎衍 皆入室 衡鷲直趍徑山 謁虛堂愚 愚拈瓶楪 令
頌契機 參堂後請益 五祖不具三緣 而生達麼. 瘥熊耳 三年後 禹宋雲於蔥嶺
是神通妙用用耶 工夫做到耶 堂云這箇 亦是邊事 師云者 工夫如何做 堂奇之
指

　見皖山 契心冥嚮 休夏 度嶺凝鼓山室中 舉狗子話 反覆徵詰 箭柱函合 凝
轉機抄 以張 拙寂照之語 師纔 擬議凝奮威一喝 絲此意消心廢嗣 春至後 嶼
上石梯 忽然疑氷盡洋 徑詣方丈 凝便問光明寂照 遍河沙 豈不是張拙秀才語
師掀倒禪床 凝擒云那裏是這僧話墮處 師以手掩凝口

　又問謔訛在甚麼處 師云再犯不容 凝俾頌衡口應曰 雲門捏怪不勘自敗 師
子咬人韓盧逐塊 凝托開云 柱杖不在 別時與一頓 師云 要用卽 借和尚 凝便
打 師禮拜而出 一日凝舉臥雲深處 不朝天 因甚到者裏 師云 邦有道則見 凝
甚器之

　時靜觀陳公云 帥閫延禮神契 杞窓趙公 竹溪林公 同時名流風呇 叩師堂機
不讓 凝以所傳衣拂 付之 尋歷衡廬甸 復如吳 所至韜密 萬壽石樓 明伺機俾
(十字落)

　至元混一 大丞相伯顏平吳 武暇詢決禪要 胸?含確 請出世 於嘉興之澱山
固辭不獲 逾年勇退 承天覺庵 眞延師分座 未機檀越素軒蔡公施庵 以居之 扁
曰休休 別號絕牧 方以大隱焉 適學者 飲風履滿 於是虛問 鐘簫化治 朝扣暮
鎔 色無少倦 每誡來學 決志於道 直須甘若茹寂 捨盡凡情以大 悟爲入門深窮
遠 到洞徹玄微 毋得少以自謾 毋務速以遽畫 毋衒已起傲 毋逐末以忘源 汝志
匪劣 式器于成 汝行匪懈 式詣于極 三敎達 □質疑求益 歲無虛日

280

高麗遣使問道 及靜寧明順兩 公12)主 大臣名士 皆函願誠 禀普說繪像 而師事之 遣內13)願堂滿繡(此後缺14))

12) "公"은 훼손되었으나 추측해서 보충한 글자이다.
13) "內"는 훼손되어 알 수 없으나 보충한 글자이다.
14) "缺"은 없으나 미루어 보충한 글자이다.

II. 보설

1. 몽산화상보설

蒙山和尚普說

參學 吾靖 祖立編

常州無錫縣王主薄請普說

如何是 諸佛出身處 應獵梅花撲鼻香 如何是 祖師西來意 常轉如是 經靈
利漢一聞提撕 頂門正 眼豁爾開明 便見無邊利境 自他不隔於毫端 十世古今
始終不難 於當念如是 了了便不疑 釋迦如來 未離兜率 已降王宮 未出母胎度
人已畢 始自鹿野苑 終至跋提河 三百餘會 未嘗談一字

諸(1)仁者見得徹麼 旣是未嘗談 一字因甚 有這一卷 金剛般若波羅蜜經 直
下道得諦當 可謂親見 釋迦老子 已得超凡入聖 生死輪廻 已無交涉 直得闔家
老子覷你不見 只得望風禮拜 去也 雖然如是(竪起拂子云) 你喚這箇作什麼
(良久喝一喝云)

諸仁者 被山僧勘破了也 都未在急 宜猛省 人身難得 光陰易過(邇+趨) 此

282

時節着些精彩 早求明悟 切忌因循 過時切忌恃賴 聰明靈利 切忌恃賴 目前寶貴 切忌恃賴 年事來在] 切忌恃賴 兒孫滿前 切忌恃賴 我已方袍 圓頂好敎你知此心 如未了苦海闊無邊

大丈夫漢便能決擇 捨短從長 於今日討箇分曉熟處 放敎生生處 令敎熟 何謂熟處 汝等多生以來 至於昨日已前 種種用心處 是何謂生處看經 須具看經眼 那箇是 看經眼向這裏進步 平日曾參究麼 此是生處 若有信得 及欲要進步者 山僧當贈伊一箇 省力三昧 從此一切放下 截斷攀緣 平生學解 文章技藝 世間機智 都盧架閣(2)起善也 莫思量惡也 莫思量不妨 檢點生從何處來每日承誰恩力 卽今性命落在何處 到這裏惺惺着 超凡入聖 秪在一念之間 信得及麼 十方諸佛 有十決定法中 有一云 決定一念 悟一切法 諸仁者惺惺麼(良久云)

金剛般若波羅蜜經 於斯洞明者 便見一切諸佛及諸佛 阿耨多羅三藐三菩提法皆從此經 出此經 果然無一字 是以云所謂佛法者 卽非佛法 是則是矣 且道是佛法也 不是若道是佛法 是謗如來 若]道非佛法 是謗此經 畢竟如何 則是切忌統過 歷歷明明者 試道看道得是 山僧還你 是道得不是山僧當爲你 決擇從此 得大受用去也

白底是紙 黑底是字 那箇是經委麼 提撕廻光 自看不要用意 卜度不要商量穿鑿 但默然提撕 自然頓悟 大悟之後 便見十方諸佛 無法可說 是名說法 亦見諸佛 亦無有身 而妙相堂堂 應物現形 如水中月 今此座上 亦無老僧 老僧亦無法可說 於斯見徹 便見釋迦如來

昔於燃燈(3)佛前 亦無法可得 若有所得 燃燈佛 則不爲授阿耨多羅三藐三菩提記 果能具如是眼目 但識得金剛經而已 於衲僧分上要 且遠在畢竟 衲僧分上 有何奇特 豈不聞道涅槃心 易曉差別智難明 明得差別智 家國始安寧 我宗門中不取四禪八定 不取法術神通 不取奇言巧語 所貴行解相應 具大眼目得大機用 種智圓明縱橫 得妙出格 超宗具大手段 善能爲人 拔楔抽釘 解粘去縛 方可續佛慧命

今日一會 皆自]判簿友梅居士 金剛般若波羅蜜經中 發現薦得麼 友梅居士 同室倪氏 於多生以來 供養三寶 植衆德本 曾聞無上妙道 曾發菩提心已 曾進趣此道 但是未得悟明 及愛欲情念 未曾清淨 是以未斷輪廻 今生承宿世善因 得生十善之家 值賢父母 有現成基業 雖居塵世 富貴之中 不忘前生志願 以五常處世 賢厚有餘 敬佛重僧 今者菩提種子 忽尒發生 友梅判簿 因見山僧普說 便同九峰朱提幹 石碉王提幹 特訪(4)山僧 於吳中休休庵 問及此道 如何進步

山僧觀其根器不凡 於是令看一箇話頭 僧問趙州狗子 還有佛性也無 州云無諸 仁者且道 趙州意作麼生 蠢動含靈 皆有佛性 趙州因甚道無 莫有識得趙州底麼 次後又有一僧問 狗子還有佛性也無 州云有這老和尚 可謂得人僧 前答一僧道無後 答一僧道有 極是言+希訛 不可輕易解會 須是發盡信 心放下 一切默默 提箇 無字廻光 自看這箇無字 是宗門中一關心路 不絕決然 難透透得過者 一法圓通一切法

判簿孺人倪氏 山僧向他道 人人有箇神通 大光明藏 汝會得也未云 未 曾山僧 於是直指 云見性成佛 那箇是你性時中 但提撕這箇話頭 密密參究 不得思量 卜度發大信心 提撕參究看決然 有頓悟之時 大悟之後 便脫生死 永絕輪廻 自然不疑 釋迦如來 見明星悟道 云奇哉 衆生具有 如來智慧德相 但以妄想顛倒執着 而不能證得 若離忘想 顛倒執着無師智 自然智悉(5)皆現前 判簿賢夫婦 是在家菩薩 自未得度 先欲一切人 得度發心 特請現前僧衆 及諸善友 於今日看誦金剛般若波羅蜜經懺悔 夫婦多生不善業障 又命山僧普說法要 平等普結般若良緣願 聞者見者 各各頓悟 入聖超凡諸仁者 人能如是發心 卽便超出聲聞緣覺 一頭地矣

佛云發菩提心者 如皇太子出身 根器殊勝 故判簿夫婦 如是發心 多生諸不善業 自然消滅 是謂眞懺悔 懺悔之義 西國云懺摩 改前業也 此土云悔過修善 消不善也 兼而稱之 曰懺悔大凡 改惡從善 捨短從長 是謂眞懺悔 怨將恩報親 以道勸 怨親平等 是謂眞懺悔 敬老尊賢 拔貧濟苦 掩人之惡 揚人之善 力到處廣 行方便 是謂眞懺悔 發大精進 參禪學道 是謂眞懺悔 自覺覺他 同

登彼岸 是謂眞懺悔 只此懺悔 便有普賢行願 在其中矣 是謂肉身菩薩 塵世中人多不能行 何以故 狃習惡者長惡知見 不敬三寶 不知罪福 不過眞善知識 是以從迷(6)至迷

老子云 下士聞道大笑之 先儒云 君子中庸 小人反中庸 何謂反中庸 小人者不知有道 恣情妄作 無所忌憚 全不知因果 藏經云 欲知前世因今生受者 是欲知後世果 今生作者是知麽 人在世間百歲光陰 倏忽過了 早不預辦 前程忽尒時節到來 未免手忙脚亂 如落湯螃蟹 佛雖慈悲 亦恐卒雜相救 何謂佛有七能三不能 一不能 化度無緣衆生 二不能 速滅衆生定業 三不能 盡衆生界

經云 假使百千劫所作]業 不亡因緣 會遇時果報 還自受業不亡者 善業惡業 皆還所作之人 自受苦樂 只如今此判簿 參禪學道 亦是作業 此業將來決定超凡入聖 與作諸惡業者 天地不同矣 如是因如是 果者是也

須菩提問世尊 善男子善女 人發阿耨多羅三藐三菩提心應 云何住 云何降伏其心 佛云 應如是住 如是降伏其心 所有一切衆生之類 若卵生胎生濕生化生 若有色 若無色 若有想 若無想 若非有想 非無想 我皆令 入無餘(7)涅槃而滅度之 所謂四生者 無明包裹是卵生 情想冥合是胎生 愛水浸潤是濕生 欲起一念是化生 流注不絕 而成有想無想等 人能一念不生 卽度盡 諸衆生是謂入無餘涅槃 然後心不住相 亦不住法 應無所住 而生其心

是以六祖者 在新州蕙薪時 聞客誦經 至此忽然大悟 奇哉悟徹 金剛般若波羅蜜經已 諸仁者 六祖纔聞應無所住 而生其心 便乃悟道 今日山僧 當陽提撕重重舉似了也 謂人分上 一點虛明]與六祖分上 無增無減 彼此是大丈夫 何不惺惺了徹去也 因甚不能直下了徹 只爲平生住相住法自障光明

經云 若人住相布施如人 入闇則無所見諸仁者 曾念這一句子否 又云若人不住相布施 如人有目 日光明照見 種種色布施者 卽檀波羅蜜也 捨財物是世間小布施 捨攀緣 捨恩愛 捨能所 捨機智 捨王位 捨頭目髓腦 以至身命 是出世間 小布施 深達實相 善說法 要度諸衆生 續佛慧命 始是世出世間 大(8)布施 如上行三等布施者 皆當捨去世間四相 出世間四相 方與此經中 的意符合

經云 若人滿三千大千世界七寶 以用布施 是人所得福德 寧爲多不須菩提
言甚多 世尊何以故是福德 卽非福德性 所謂福德者 以世間七寶布施 獲世間
福德報 或有兼五戒 十善轉身 得生六欲天 獲天宮福德報 皆有爲法也 非福德
性也 是故云 有人於此經中 受持四句偈等 爲他人說其福 勝彼四句偈者 出世
間法也

能受持者] 一超直入如來地 更能爲他人說 名爲法施 具出世間福德 道在
其中矢 是以勝彼七寶布施 若不洞明此經 了達四句偈等 直饒以七寶滿尓 恒
河沙三千大千世界 以用布施 所獲福德 雖復多於前 亦不及受持四句偈等 爲
他人說 更能以恒河沙等 身命布施 亦不及於此

經中受持四句偈等 爲他人說 直饒初日分 以恒河沙等身 布施中日分復以
恒河沙等身 布施後日分 亦以恒河沙等身布施 亦不如聞此經典(9)信心 不逆
其福 勝彼會麼 雖曰身命布施 可謂希有中希有 所獲福德 故是甚多 乃是有爲
福德 力量有限 何故福德非福德性何 況住相住法布施 不如受持 此經中四句
偈等 入聖超凡 永絕輪廻

是以古德 云住相布施生天福 猶如仰箭 射虛空勢 力盡箭還墜 招得來生不
如意爭 似無爲實 相門一超直入如來地 所以世尊 於經中 以三等施 所獲福
德 優劣譬喩 皆不如於此經中 受持四句偈之殊勝 四句偈者一]大藏教總發明
四句偈 各部經中 亦舉揚四句偈

金剛經者 乃是在般若經六百卷中樞要 所謂四句偈者 是大神呪 是大明呪
是無上呪 是無等等呪 諸仁者 薦得麼 洞明麼 總而言之 金剛般若波羅蜜 山
僧今日 八字打開 兩手分付了也 靈利漢不妨露箇消息 是經不可思議 不可稱
量 無邊功德如來 爲發大乘者 說爲發最上乘者 說有人 能受持讀誦 廣爲人說
者 則爲荷擔如來 阿耨多羅三藐三菩提

今此會中 自(10)友梅判簿 竹所提擧 桂岩判簿 泊諸省元 及諸新恩賢士 太
安人安人 及諸貴眷現 前諸位禪師 諸位居士 諸位善友 各各供養 諸佛植衆德
本 各各有大乘根器 是以能留心 此經皆可荷擔如來 阿耨多羅三藐三菩提阿

286

耨多羅三藐三菩提者 無上正等正覺是也 須當具眼看經 (喝一喝云) 見徹麼
是大神呪耶 是大明呪耶 是無上呪耶 是無等等呪耶 道得諦當 得入吾宗門中
可以親近臨濟德山

　臨濟云 大凡唱敎 道]一句須具三玄門 一玄門須具三要 (喝一喝云) 是三玄
耶 是三要耶 且道這兩喝 是同耶 是別耶 臨濟又云 一喝如金剛王寶劍 一喝
如踞地獅子 一喝如探竿影草 一喝不作 一喝用 (喝一喝云) 畢竟這一喝與前
兩喝有優劣也無 是金剛王寶劍耶 是踞地獅子耶 是探竿影草耶 是一喝不作
一喝用耶 下得一轉語 箭鋒相柱許 你續佛慧命 其或未然切忌喚作 一喝切忌
道宗 門中有甚難處 一喝一棒 便了一喝一棒三(11)歲小兒也 學得要 且八十
翁 翁不知來處 不知落處 洞明無礙者 可以笑

　二祖爲人手段太拙 何謂三祖璨大師禮拜 求懺悔罪業 二祖云 將罪來爲汝
懺 璨大師云 覓罪了不可得 二祖云 爲汝懺罪 竟宜依佛法僧住 璨云 我見和
尙是僧 未審何名佛法 二祖云 是心是佛 是心是法 法佛無二 僧寶亦然 璨云
今日始知罪 性不在中間 內外如其心 尒佛法無二也 二祖深肯之 諸仁者是拙
麼 他捉得 達磨一箇死本 子更無]是進

　今日友梅判簿 及孺人倪氏 若求懺罪 山僧只爲高聲一喝 友梅夫婦 忽然正
眼豁開 同聲道 今日始知罪 性本空 不在中間 內外亦無作業者 亦無受報者
其心亦空 心佛無二 心卽是佛心 卽是法心 卽是僧 山僧卽便連 與三棒 何故
如此 爲人須爲徹會麼 一不做二不休索 性作成他超過 臨濟德山 去於斯若能
了了 趙州立在下風見徹 趙州面目不妨訐露 趙州的意普爲一切眞實 參學者
點眼令他 各各正時(12)豁開 令他各各見得 諸祖爲人手段 有優有劣只如達磨
如是接二祖 二祖如是 接三祖 三祖如是 接四祖 傳至六祖 手段大不同矣

　豈不見 明上座領衆趕至大庾嶺 欲奪衣鉢 能公颺下云 可力爭耶 明上座盡
力提不起 乃云吾爲法來 不爲衣來 能公云不思善不思惡 正恁麼 時還我 明上
座 父母未生前 本來面目來 明上座禮拜起 云上來密語 密意外更有密不能 公
云若已明了 密在汝邊且道 明上座禮拜 意作麼]生 有所得耶 無所得耶 明上

座面目 見在不妨薦 取那箇 是能公密語密意 切忌蹉過 明上座當時會得 能公密語密意了 畢竟與能公 有優劣也無 明上座 可謂惺惺 靈利漢 纔聞擧着撩起便行惜乎 迴步太速

六祖於後 接南嶽讓青原思諸公時 方見泄盡 玄機妙用 是以南嶽讓 接馬祖一代 勝於一代 有超佛越祖底機智 龐居士問云 不與萬法爲侶者 是什麼人 馬祖答云 待汝一口 吸盡西江水 却向汝道 居士大悟(13) 若非龐公 多是蹉過 龐公隨後有頌云 十方同聚會 箇箇學無爲 此是選佛場 心空及第歸 且道馬祖 如是答一句 子爲人處在什麼處 若道無龐公 因甚悟去 所以云參學須具參學 眼若不具參學 眼便被這般語話 觸亂陣勢 打失自己 光明既失 自己光明 便認三十二相者 是佛未免帶累 釋迦老子 重廢口業云 若以色見 我以音聲求 我是人行邪道 不能見 如來諸仁者 今皆知色相 非如來音聲 亦非佛 畢竟那箇是]如來 凡有色相者 未免生滅 凡屬音聲 未免有無所以道 一切有爲法 如夢幻泡影如露 亦如電應作 如是觀 要見非夢幻泡影底 不妨薦取作 如是觀者 是何面目還知麼

今日看經 亦是有爲法要 且同中有異 雖是有爲 却有無爲根本 (以指柄畫經題〞字云) 識得這一箇字 時一大藏教 總由這裏 發現佛祖機緣 亦由這裏 發現一切差別智 亦由這裏發現如是明了 時更無疑礙 洞見是法平等 無有高下上自諸佛 下(14)至含靈 皆有眞淨妙明之性 故謂是法平等 既是是法平等 因甚有佛有衆生 迷卽衆生 悟卽佛 (笑一笑云) 所謂凡夫者 卽非凡夫 是名凡夫衆生 非衆生 是名衆生 到這裏 亦無衆生 可度長空如洗霜 風冷月得梅花兮外淸 (喝一喝) 若不喝 住說到彌勒下生 久立珍重

休休庵 結長期普說

風淸氣肅 橘綠橙黃 正眼豁開 非常富貴 何必官居極品 金玉滿堂 阿呵呵會也麼 (卓柱杖一下) 乾三連坤六段 某藏]拙此庵 省緣待盡 乃荷江湖諸兄 遠來相方 不以寂寥爲性 欲於此放下 究明已事志氣 不凡惜乎

山僧自救不了 焉能爲人 旣蒙不棄而來 只得隨家豐儉 相待參禪 辦道非易
非難 難易在人道 無今古 上根之士 言下頓徹 求本色宗匠 煅煉成器 其或未
能性懆 當機蹉過 善用其心 如法參究 纔涉參究 便論工夫 纔論工夫 便有程
節 路頭端正 則易得發明 毫釐有差 天地懸隔

若欲徑捷 早得發明 有三莫三要 第一(15)莫 將心意識 參禪宜向 機先着眼
句外明宗 第二莫 於文字語言中 覓解會滯 於文字語言 自障悟門 第三莫 將
心待悟 從敎水到 自然渠成 第一要 發盡信心 具眼見人 工夫眞實截斷心路
透過祖關 第二要 知因識果 戒行相資 看他先覺 大有樣子 第三要 眞參實悟
大悟始爲入門 然後陞其堂 入其室 方能盡善 更須知悟 有淺深所 以祖師云
悟佛心宗 等無差 互行解相應 名之曰祖解 非世間聰明 學解之解 洞明大]事
全眞之解 行非言說而已 須是種種無僞 稱實之行 文殊大智 普賢大行是也 能
如是信 如是行者 非唯省力 易得悟達 亦且決定 成大法器

今與諸兄 結長期百二十日 自十月初一日爲始 至來年正月終 各以遠來 爲
重順庵中 規矩單單 究明此事 毋得執着 死法莫生 顚倒邪心 往往無成者 皆
是坐 在病鄕 若非杜撰 做工夫 便有名利心 妄想心尊大 心有執着 有顚倒用
見見識識 參禪皆爲自障光明 非道之難 悟(16)難徹也

有名利心 有妄想心者 以參禪爲門庭 雖去見人 却不能 如法下工夫 或去
坐一上 或去看語錄文字 一上急欲解會 是致心路 不絶如何 透得祖關 因祖關
不透 或從人過公案學下 語傳伎倆 習言說以記 持爲能事 縱有能弄 得相似者
只是觸境遇緣 及生死岸頭 全不得力 若是本分 參學者 以生死事大 擇友求師
惺惺靈利者 無許多病痛 二六時中 四威儀內 自會做活工夫 單單提箇話頭 廻
光自看 雖然如]是却要 於本參公案上 有疑始得 何謂大疑之下必有大悟 無疑
則無悟 只成念話之流

古德云 不疑言句 是爲大病 未有悟明者 或被人問 着宗門中事 却不要思
量 以意識解會 但增其疑尒 千疑萬疑倂作 一疑只向來參公案上 取效疑團盛
則昏沉掉擧 都絶自然 築着磕着 囥地一聲 疑團破正眼開 一法通 法法圓通

若也

悟後於佛祖機緣 有礙者 便是悟入尙淺 未能洞達 不明佛祖心宗是也 急宜
自責便下工夫(17) 趂時打徹 若得大悟 須是求大宗匠煆煉 盡其玄妙 得超師
作略 有生機活路 始是男兒 其或得些少覺觸 便以爲悟達 自執邪見 不出見人
則是自謾 可惜不能了事 非唯一生蹉過 若有我慢病者 更是幾生 亦恐未能成
辦 旣得大悟

不見大善知識者 亦有不到處 是以古人 道悟了 直須見人 若不見人 十箇
五雙 皆成杜撰 弄出來如 無尾巴狐孫[1] 似本色 參學者 須知悟後 大有事 枉
莫坐在已見上 急宜進步 究盡佛]祖 得人憎處 如法履踐 不滅先聖光輝方可續
佛慧命 悟後見人 洞明細大法門 更須韜晦 保養力量 全備當知 愈退步 愈有
力 愈韜晦 愈光明大悟 時如鷹鷲兒 出卵殼相 似明明 是箇鷹鷲 只是未能高
飛遠擧 直須毛羽 全備方解 搏風撲日 悟了便要 出頭來者 有損無益 靈利衲
僧 必自省察 更莫說 只以悟解爲上 不以戒行

爲事者言說時 有超佛越祖之談 行履處 則顛倒萬種 識情見解 未脫俗塵
是以使人疑 而不(18)信退他 後人道念其損 非細法門 關擊不輕 雖然大達者
不以規矩爲限 然非應眞大士 且莫自輕自狂 未可信 汝意根在此一件 事不是
說了便了 一者要取信後人 二要上報四恩 下資三有 三要續佛慧命 四要自己
了徹 得無爲妙用 生死岸頭 方能易豗 爲細易短 爲長者一點靈明 不是泯滅
底物若也

平日見地不明 臨時則前路黑 漫漫地 撞入馬腹驢胎 亦未可知 或有悟明履
踐 不相應者 到這箇時節 亦無力量] 不得自在 未免明明 被業牽去 如人夢中
被魘相似 雖有手脚 而不能動 諸仁者 若要那時無礙 任運從橫 直須便能 堪
破許多利害 如法眞實參究 始得預先十分 得其自由 那時只得九分力何也 四
大分離 六識變亂 境界不同 身安氣順之時 豈不聞古人道 死生大變 非尋常事

---

1) 원숭이를 猢猻라고 함.

若是名字

參禪者 決不信 山僧 此說從饒 如今不信 他時必知利害 切恐信 而晚矣光陰有限 各宜自去檢點 惺惺進步 却不要瞪眉弩目 用(19)盡氣力邊撩身心 强硬打坐 如是則損精神 費氣力 易得生病 何 況幻身力量有限 勞則疲倦 病生妨道 何益於事 但從其省緣 調其睡眠 量其飲食 不急不緩 蜜蜜提撕 孜孜參究 宗門中一則公案 有轉凡爲聖之妙用 於公案上有大疑者 易得大悟 雖然禪是安樂法門 若不善用心者 反生病苦 因病喪身 若未得自然定力者 切莫以生爲能事 禪非坐臥 道由心悟 又須除盡人 我按下雲頭 徹底參究 不可等閑過日亦]莫得少爲足 當諦審先宗是何標格

豈不見 夾山住潤州京口寺 一日上堂有僧 問云 如何是法身 答云法身無相 又問云 如何是法眼 答云法眼無瑕 道吾在座下 不覺失笑 夾山下座請問 道吾曰(某甲)適來答話 蒙和尙見笑 必有未是處 道吾云 一等出世 和尙未有 師在夾山云 望和尙爲我說破 道吾云 我終不爲你說

華亭有船子和尙 可往見之 夾山云 此人如何 道吾云上無片瓦 下無寸土 你若去時 易服始得夾(20)山退院 散衆更衣 直往華亭 見船子和尙 船子問云 汝住什麼寺 荅云 似則不住 住則不似 船子云 不似又不似似 箇什麼 夾山云 不是目前法 船子云甚處學得來 夾山云 非耳目之所到 船子云 一句合頭語 萬劫系驢橛 垂絲千尺 意在深潭 離鈎三寸子 何不道 夾山擬開口船子以篙打落水中 夾山纔上船來 船子又云 速道速道 夾山又擬開口 船子又打夾山於此 有省乃點頭 船子云 竿頭絲線 從君弄 不犯清波 意]自殊 夾山遂問云 抛綸擲鈎師 意如何 船子云 絲懸綠水 浮定有無之意 夾山云 語帶玄 而無路舌頭談 而不談 船子云 釣盡江波 金鱗始遇 夾山乃掩耳 船子云 如是如是

諸仁者 夾山答這僧話云 法身無相 法眼無瑕 道吾失笑 必竟夾山過在甚處 具眼參學者一點 難謾那裏 是他未有師處 速道速道 夾山退院 散衆更衣去 見船子 其意如何 見船子 却被竹篙打落 水中有利害耶 無利害耶 必竟船子 兩次如是 打的(21)意如何 夾山第二次 喫打點頭之時 見箇什麼末上 却道語帶

玄 而無路舌頭談 而不談 甚處得來纔開 船子云 釣盡江波金鱗始遇 便解掩耳

夾山到這裏 是得到吾力耶 得船子力耶 捨短從長 則不無夾山 爭奈點頭掩耳 尚未超越船子的 是藥山克家之子 不合見小利便與麼印 破夾山面門累他墮 在這裏 未有轉身活路 若是山僧見他 道語帶玄 而無路舌頭談 而不談便與三捧 諸仁者 且道這棒落在甚處 見得]親切道 得諦當許汝是箇 衲僧 不動脚頭 超凡入聖 其或未然 且看夾山不肯自漫 信人指示下 雲頭伏理見人有利益耶 無利益耶

更看船子兩次 以蒿打夾山 有爲他處 無爲他處 既是大善知識 因甚打人直下 掀得翻捉敗船子 則不辜負 參學眼目 若無如是作落 非但不識船子 夾山要且自己性命 敢保未知下落 船子又云 汝後直須藏身處 沒蹤跡 沒蹤跡處 莫藏身 諸仁者知麼此說 是如何會麼

又云 我二十(22)年 在藥山 只明此事 船子面目 見在不妨薦取他 又云 此去不得住城隍聚落 向深山裏 钁頭邊 接取一箇半箇嗣續 無令斷絶 夾山辭去 頻頻回顧 諸仁者還知麼 果然果然 船子喚云 闍黎闍黎 夾山回首 船子竪起橈云 你將謂別有夾山 於是拂袖便去是 則是幾乎幾乎 所以道爲人 須爲徹 又云學在一人之下 用在萬人之上 夾山若不得道吾 一笑一生 自謾爲能 向夾山頂上 大播玄風 這箇便是 捨短從長 底樣了今者 祖道衰微 眞風日墜 蓋是近一百年來 據師位者參學者 各有急欲之心 是致一代 不如一代發明者 雖多盡善者 極少 由是模範逐漸 不圓正己 是以長人無智 以至今日 多是不肯下

工夫參究 悟徹玄微 但欲人口傳 而以心受拙哉 殊不知此道 臣不能獻君 父不能傳子 又不見則監寺 在清涼法眼會下 只爲麼 過日全不參學 法眼問云 汝曾見甚人來 則云某甲見靑峰來 問云如何是學人自己 靑峰云 丙丁童(23)子 來求火 某甲從此休歇 法眼云 汝作麼生會 則云丙丁屬火 將火求火如將自己 求自己 法眼云錯與麼會 又爭得則 自謂法眼 移換他生 怒意不辭 而去行十數 裏忽思量法眼 是當代尊宿莫有長處 不如轉去請問看如何 於是回清涼問法眼 云 蒙和尙道 某甲錯會靑峰語 却望和尙 爲某說 法眼云 汝問來則 問云如何

是學人自己 法眼答云丙丁童子來求火 則監寺於是大悟

諸仁者 則監寺 在靑峰處 如是問靑峰如是 答則監寺 那時是活人耶 是死
人耶 是靑峰辜負則耶 是則辜負靑峰耶識 識見見其害非細 若不遇法眼 行無
緣慈作不請友 一生自謾 墮在黑暗地獄中 雖然得遇法眼 且道兩尊宿一等 答
云丙丁童子來求火 別有何玄妙因甚則 監寺於法眼處 悟去是靑峰不善爲人耶
是則監寺自生遮障耶 所以道除心意識 參絶聖幾路學卒地 斷嚗地折 便異於
學解之流 理須頓悟事 卽漸修多生習氣 焉能頓盡悟後(24)非凡 宿習自然次第
消除 是以道人 是舊時人 換着舊時行履處 其或不改舊時行履 則非悟明之人
眞僞難掩 動靜可觀

只如閩王 有外國僧來謁見 名聲明三藏 閩王請玄沙驗之 玄沙以銅火筋敲
鐵火爐 問曰是什麼聲 三藏云銅鐵聲 玄沙云大王莫被外國人 謾大衆見麼 是
三藏謾大王耶 是玄沙謾大王耶 二公面目見在 各宜 薦取 候開室時 不妨道看
久立珍重

無錫縣倪主薄 請爲先朝奉對靈普說

生以不生 生爲生 南枝花噴暗香淸 死以不死 死爲死 經秋黃葉 隨流水 點
頭一笑便見如來 不出世 亦無有涅槃 以本大願力 示現自在法 如是明瞭 則不
疑萬一 朝奉倪公七十二年前 不曾生承宿善 因遊戲人間 昌盛家道 施諸良德
能事畢矣 靜默翻身 七十二年後不曾死綠 盡厭世 收藏諸用 別立生涯 朝奉倪
公 是麼一新生涯 妙不可量 畢竟以何爲本 公洞明也未 得大機大智也 未具大
眼 目全大力量也 未聞公世(25)壽 將終之際 不淡世事 辭別親眷 靜默惺惺 忽
然脫去 可謂世間了事 丈夫於中根本具已 但未見高超底消息 又聞近日托夢
於平日相識

道友云 令家中請和尙 爲我說明 心偈子 此豈不是公靈利消息 只此靈利可
見 於世間富貴榮華 及諸眷愛明得 皆是空花 各無戀着 但欠洞明 自性入聖超
凡 位登上品 諸仁者朝奉倪公面目 見在莫有薦得底麼 是生耶死耶 若道是生

七十二年 世間身焚化了也 若道是死臨}行 了了人世間語 一言不措 奇哉若是
世情 見解將謂略無遺囑 殊不知

　朝奉倪公 分上一生世事 無不如意者 芝蘭奕奕 繼志親疏 和穆始終 如一
時至 默然便行 自利利他 於此可見 是則是矣 凡具眼者 皆見有如是 積世善
因 有如是脫洒受用 有如是靈利根本 畢竟得超凡入聖也 未到這裏若道 未得
超凡 從前許多奇特事 世間人如何可及 轉身後 又覓明心偈子 迥然志慕此道
權教中漸修 菩薩有所未知 若道(26)已入聖位 却方纔求明心偈子 朝奉倪公
適來闍黎 勸公皈依 三寶皈依 三寶妙旨 公知否

　皈依三寶者 有二種義 一者皈向依賴 十方常住佛寶法寶僧寶 可以爲公之
善知識 爲公大導師 若要種智圓明十號 俱彰須是皈依 自己三寶始得 捨妄趣
眞 謂之皈依 參究覺悟 虛明靈妙 天然眞性 是爲皈依 自己佛寶 捨盡世念 淨
除愛欲 雜想不生 必光發明 是謂皈依 自己法寶清淨無染 一念不生 獨露堂堂
常光現前 是]謂皈依

　自己僧寶會麼 何謂皈依三寶 竟種智圓明 一法圓通 一切法隱顯自在 從橫
得妙 是謂皈依自己佛寶 竟深遠寶相善 說法要或語或默或動或靜 皆有利益
善爲人天眼目 是謂皈依自己法寶 竟證眞空妙體 得無礙辯才 宣衆聖法門露
千機正眼 續佛慧命 繼祖傳燈 是謂皈依自己僧寶 竟是謂一身三寶 人人具足
既是人人具足 因甚有聖有凡 其中利害

　朝奉倪公知之 己是以求說明 心偈子諸仁者 過去(27)心 不可得 現在心 不
可得 未來心 不可得 且道是明那箇心 (以拂柄畫一圓相云) 於斯明得此心 具
足三寶 朝奉倪公明得也未 端的洞明巳 獲清淨妙樂 至尊至貴樂 未得禪悅法
喜樂 未得慈悲喜捨樂 未得無礙大自在樂 其或所見 彷彿便好承時者 些精彩

　山僧不恡方便提撕 當機覿面了徹去也 這些子 虛明靈妙根本 與天地同宗
實無名相 尊而稱之 曰道在人 曰眞心 眞心卽眞性 吾教曰實相 曰眞如 曰摩
尼珠] 曰妙法 曰無住本 曰阿彌陀佛 曰觀自在菩薩 曰大法王 略言如是 在儒
曰大本 曰中庸 曰太易 曰無極 在道 曰金丹 曰衆妙之門 曰穀神奇名雅號 不

可勝數 自無始以來 與諸佛同預 三才之列諸佛 彼時便乃惺惺高超遠 諸德勝乾坤 是故爲天人師 公等自彼時因見生情 逐妄迷眞 隨業陞降所喜

朝奉倪公 於多生中 崇敬三寶 有此超凡入聖因緣 是以今日感得 一家菩薩眷屬子孫賢厚 今晨特請僧衆 披閱大方(28)廣佛華嚴經一部 專求三寶力 爲公拂性天塵翳 發心地光明 又命山僧陞於此座 爲公普說 如來正法眼藏 涅槃妙心 一中爲公 直指單提 覿面發機 公當機領悟 便得入如來地 若也尚有疑礙 山僧今當重說 一箇明心偈子去也

朝奉倪公 見色便見心 (竪拂子云) 見麼見底是色 那箇是心 聞聲悟道 (喝一喝)聞麼聞底是聲 那箇是道 見聞俱徹 不妨根本智明矣 可以於有差別境 入無差別定 得眞空妙有解脫 未能]無差別法 示有差別智 山僧誓願 爲人須爲徹 今 特爲公打徹去也 惺惺着(卓柱杖一下 喝一喝云) 於斯洞徹透過玄關 得智光明解脫 於一念中 明見三世諸法 入此智光明門 得出生一切法 三昧王 以此三昧 故得意生身法 法圓通縱橫 得妙便宜 發起悲智 行願轉度 有情如是 則公品位 自然高超上 上到這裏

見徹大方廣佛華嚴經題義理 見得經題義理 便見此經 爲諸經中王 包括出世間 要妙發明 盡諸佛體用(29) 何以見得大者 眞性也 方者法也 眞性具足 無量妙法 量包虛空 是謂大方廣 佛者覺也 華者悲智行願也 嚴者莊嚴也 明悟徹證大圓滿覺 以悲智行願 莊嚴大闡 智用指示 未達普令 同登覺岸 故名大方廣佛華嚴經 如是了了 所謂色身非是佛 音聲亦復然 亦不離色聲 見佛神通力 則無疑矣

朝奉倪公七十二年中 增廣家道 作諸善事 崇敬三寶 念佛看經 和睦親踈教子訓孫 知書達理 嘉聲四播 光耀祖宗 豈不是] 公天眞佛神通力也 天眞佛者 卽淸淨法身 是也 公明已圓滿報身 公尚未具在 何謂圓滿報身 悟明天眞佛後發菩提心 發大願力 何謂菩提心 廣度一切衆生是也 興慈運悲 修普賢行 以十波羅蜜 度諸衆生 行願圓滿 示現人間 證圓滿果 具足十號 是謂圓滿報身千百億化身 公亦未具在

何謂千百億化身 示現人間 證圓滿果時 不動道場 分身於十方無量無邊利土 同時坐大道場 一一身相好 莊嚴具足 眷屬廣(30)演妙法 饒益聖凡 一一身各有名號 是謂千百億化身 公今宜生懽喜 宜發如是 志願進修 此行圓滿 無上正等菩提 始是出世間之事 丈夫既知三身 便能明了 四智大圓鏡智 汝之性平等性智心 無病成所作智 汝之行妙觀察 智同圓鏡 三身四智 果能了了圓明 乃見此身 常在普光明殿 何謂如來宮殿 無有邊 自然覺者處 其中到這裏

華嚴一會 儼然未散 毘盧遮那佛不離菩提樹下 上昇須彌山頂 坐帝釋所敷寶]座 不離須彌山頂 上昇夜摩天宮 不離夜摩天宮 上升兜率陀天宮 不離兜率陀天宮 在他化自在天宮 坐妙寶莊嚴座 隨處放光 以神力加諸菩薩說 十住十行十廻向十地法門 成就大心衆生

大心衆生者 具大志氣 發菩提心 求佛十力 佛十八不共法行 無緣慈作不請友者是也 如香象渡河 截流到岸者是也 發此大心 得少分覺悟者是謂入歡喜地 何謂歡喜地 離凡夫地 故生歡喜 近智慧地 故生歡喜 總有二十(31)種奇特故生歡喜

歡喜地者 是入聖之初步 向上有離垢地 發光地 燄慧地 難勝地 現前地 遠行地 不動地 自初地 至七地皆是有功用行 得見無生法忍光明 如此勇猛精進則能大悟徹 證無生法忍 感得諸佛現前 爲說起智法門 特令洞明差別 妙智報得無功用 行自然智 現前若無諸佛 爲說起智法門便 墮在二乘諸緣覺 亦證無生法忍 因缺悲智行願不得爲 大菩薩之列 登第八不動地 已謂之不退轉 菩薩差別]智明 可以入善慧地

登善慧地者 得四無礙智 善說法要 得據師位以無功用行 行大利益 參禪者得其直指 發大志氣 勇猛精進 便能頓悟 無生法忍 靈利漢 不以得少爲足 求大善知識 入大爐鞴煅煉 過來差別智明 縱橫得妙 行解相應 諸仁者 還有退墮也 無是箇什麼品位

朝奉倪公 縱橫得妙也未 於今日端的縱橫 得妙不妨 入善慧地 以法供養諸佛菩薩 以法施 諸衆生承此妙利 便登第十法雲地 得入佛數 或(32)者未得

296

如是相應 山僧今日 代爲朝奉 平等施大利益去也 (以拂擊禪床云) 代爲朝奉
倪公 以此超度 多生父母 累世怨親 以此追薦 今生父母 去世宗親 已生人天
者 發菩提心 證無上道

滯在他道者 承此功德 超生極樂世界 以此度脫三塗八難中 一切有情 同登
覺岸 如是已分 分上福德 智慧自然增長 智鑒圓明 便見善財 參安住地神 地
神云 善男子 汝曾於此地 修諸福德 感得諸珍寶藏 現在安住地神 以足按地]
珍寶發現 地神云 善男子 今此寶藏 隨逐於汝 汝可隨意受用 普施衆生 修諸
福德 當時安住地神 非但爲善財一人 開此寶藏 付與善財受用分 亦有分 亦不
止公 有分若僧若俗若男若女 具見聞者 悉皆有分 人者信麼 旣已蹉過 安住地
神 莫大機會 便當發盡信心 於今日惺惺着眼

山僧平等爲諸人 開此寶藏去也 (卓柱杖一下云)寶藏門開了 無量珍寶 出現
了也 隨逐諸人 各請承當自在 受用轉 以濟度諸多(33)貧苦者 以殊勝福德 莊
嚴菩提 如斯徹證 便得入明智居士門觀 明智居士富貴過人 受用自在 廣行悲
智 一切衆生 凡闕受用者 來見居士 各得隨意滿足

居士家中 空虛了 無一物 欲濟衆生 但仰視虛空 須臾繫念 種種寶物 悉從
空下 充足諸所求者 求衣服者 得衣服 求飮食者 得飮食 求象馬車 乘諸珍寶
一切資生之物 各各如意 居士然後 觀其根器 爲說妙法 各令悟入 大總持門
獲無量福德 藏解脫 以此解脫 妙]利修普賢行 證無上菩提

朝奉倪公 今日盡得 諸多要妙法門 已那箇是 公無量福德藏會麼 切忌向外
馳求 但廻光自看 只此福德藏 具足神通光明 具大智慧 具大慈悲洞明之後 若
能悲智圓融 便得幻住解脫 了達一切法界 皆幻住 一切衆生 皆幻住 地獄道餓
鬼道傍生道阿 修羅道天道人道仙道 此七趣中 受苦受樂 一切衆生 皆幻住善
惡 業力所成 故聲聞緣覺諸菩薩 皆幻住智慧差別行願力所成 故幻境自性(34)
言莫能盡但得根本智明見徹法空無我一切法 在我發現 卽我便是空王如來 至
聰至明至靈至妙

朝奉倪公自撿點看 一一相應麼 只如公要請 和尙說明 心偈子 豈不是 至

靈至妙 今日不動 脚頭參諸知識 身在極樂 國中得大受用 豈不是至靈至妙雖
然如是 得聞一生 豈也未 善財童子 見弥勒菩薩 於毘盧遮那莊嚴藏樓閣殿 請
問要妙 弥勒云 善男子 汝可入此莊嚴 藏樓閣中 遍觀已 自然了徹弥勒彈指
出聲}樓閣門開命善財 入善財心喜 入已還閉 諸仁者 善財於莊嚴藏樓閣中 見
徹 一切法界 莊嚴洞明 弥勒菩薩 自無量劫 前發普提心 見諸善知識 前後所
得法門 修十波羅蜜 行普賢行 授一生記 弥勒彈指之聲 至今未泯 公聞否 毘
盧遮那莊嚴藏樓閣門 至今大開 公見否未聞 聞取未見 見取不妨 直入莊嚴 藏
樓閣中 如善財着眼 如善財所證 其或有所未及 不妨諦聽諦受

山僧付汝人 莊嚴藏樓閣門 妙法你有拄杖(35)子 我與你拄杖子 你無拄杖子
我奪却你拄杖子 且道你有拄杖子 與你拄杖子 則無礙 你無拄杖子 奪簡什麼
悟徹麼 不妨提撕 看於斯悟徹 便見毘盧遮那莊嚴藏樓閣中 種種要妙見徹 善
財所悟所證得 與善財把手共行 其或未得齊驅 幷駕特此一則公案 前去拜問
阿彌陁世尊 此佛世尊 具大願力 具大威德 見公如是 而來有如是根基 決然以
神力加護 令公便得頓徹頓證 無上妙道阿彌陁佛 授一生記 以上}上品 相待公
諦信行矣無忽 久立珍重

休休庵 解長期普說
如何是諸佛出身處 遲日江山麗 如何是祖師西來意 春風花草香直下 掀翻
見徹 佛祖體用已 是早遲一百二十日了也 若於十月以前 突出一句截斷諸方
舌頭 可爲英傑 衲僧逗到今日 尚且未能性躁辜負 已靈多矣 長期之內 受人規
矩 三常不足 畢竟貴圖 何事諸人眼裏 那箇無睛 因甚不識 玄中玄 主中主 這
些巴鼻 未嘗遠離 諸人多是 自不(36)惺惺 捨貴就賤 向外馳求 遂成蹉過 殊不
知我宗極 是徑捷不論 禪定 不論 神通所貴 廓然大悟 具正知見 得大機用 種
智圓明 縱橫無礙 宗說俱通 續佛慧命 爲緊要若要 成大法器 先當立決定 志
具精進 力依本分 如法參究 逐一步行 將去工夫 當日勝一日 千疑萬疑 幷在
本參 公案上看一處 踏翻關棙無處不通 被人問着便 能下箭鋒相拄語 自然契

298

諸佛祖往往來室中 下百家貨語者 或胡喝亂攛者 皆是未得入]門 扶籬摸壁漢
或是驢前馬後漢 或是弄光影漢 所以不識話頭 不明的意 玷辱先宗 埋沒自己
只圖口不空 强撑將去 爲能事 却不廻思 參禪畢竟爲什麼事 出家者三千二千
里遠來 必不爲衣食名利而已

　諸居士放捨世緣 不營富貴 向寂寥中進步 所爲何事必竟 爲生死 事大無常
迅速 眞實了得生死 猶未是大丈夫 在若了生死 不得前程 有甚指準 諸仁者
生死岸頭 極是可畏 見地不明無有定力 如何轉業 平日(37)觸境 遇緣不妨 自
驗看 若於境界中 十分得力於夢寐中 只得七分力於夢寐中 得十分力於重病
中 只得七分力重病中 得十分力於生死岸頭 只得七分力 未免如被魘人相似
雖有手足無力濟事 明明被業力撮 將去緣 是平日無眞實發明 無眞實履踐 忽
然眼光落地時 佛也救汝 不得閑言長語 及諸能解到彼時節 總用不着縱饒 修
福轉 身生 他化自在 天福力 亦有盡時 難免墮落 更饒習得 八萬劫定受用 雖
勝]人間要 且定力亦有盡時 未免輪廻

　靈利漢 便宜從此 發盡信心下 眞實工夫參究 却有悟入之期 古今大有樣子
全在自家惺惺 切忌獃搭搭地 切忌半信半不信 切忌意義解會 切忌認他人口
頭聲色 切忌向光影裏作生涯 切忌儱侗自謾 切忌恍恍惚惚 切忌鎖在玄妙窠
裏 今人參禪 不能洞徹者多 有這般病痛 爲害障閉摩醯正眼 不能得豁然開明
是以總不識 宗門中言語 亦不識大機大用 亦不識 自己父母未(38)生前面目
凡所出語 如醉人相似 忽遇正知見人針 着尙不伏理 故執邪解 强作主宰 面靑
眼赤 爭之不已 及乎師家換手移步相接却 又盲無所見 被人折倒 當下伏理 不
過半日 癡邪風病 又作人前 恣肆談玄說妙 遮掩世人 强做好漢 殊不知謾人自
謾 這般種草 豈堪克紹洪規 我宗門中 論實不論虛 凡有言句 皆有落處 如人
建樓臺殿閣 相似一物一件 顚倒錯用 不得問答語句 要箭鋒相柱函 蓋相應體
用 俱全要]賓主分曉 要眉目相當 要及節應機 只如一棒一喝 誰人不會 豎拂
敲床 有何難學 只是中間用處 要妙無數 非世間智慧 聰明能鑒 能知須 是換
却舊時行履 向無依倚處搆得 經大爐鞴煅煉過來 保養純熟 力量俱備 始得大

自在 非一朝一夕工夫 可成非二三十年 向靜淨中 子細磨煉 到無些子滲漏處
乃可與語宗門中事若也

　鹿心大膽 撮得些少 有巴鼻 便以爲極 則恣意縱橫 亂統不知 有結角羅紋
處 要妙不識(39)無巴鼻 機用不識 佛祖亦且自昧 本來面目 病在狂妄癡風 世
間無藥可醫 看他古德 具眼參學者 逈然不同 只如黃蘗見百丈 百丈云 我再參
馬祖 祖目視禪床角拂子 丈云卽此用 離此用 祖云汝將後開兩片皮 以何爲人
丈竪起拂子 祖云卽此用 離此用 丈將拂子掛舊處 祖振威一喝 丈直得三日耳
聾 黃蘗聞擧 不覺吐舌

　諸仁者 黃蘗具什麽眼目 一開與麽擧便 乃當陽吐舌 其意如何是 見馬祖機
用惡耶 是見百]丈有過處耶 是黃蘗自不覺觸耶 是有悟耶 是大徹耶 是得馬祖
力耶 是得百丈力耶 有志氣 參學者 當出他一頭地向 未擧以前 掀翻盡底抹過
程 節不存影迹 向佛祖行 不到處 更進一步 佛祖說不到處 突出一句 邁古超
今 未爲分外若也 循他足迹墮在半途 豈是大丈夫漢 須知光陰有限 過了一日
無一日 如少水魚 斯有何樂 當勤精進 如救頭燃 猛着精彩 早得悟徹 一生可
以成辦大事得 如黃蘗續佛慧命 具超(40)師機用 大振玄風 萬古光明 不泯若
也 進寸退尺 弄二三十年 始得發明受用 決不廣大 焉知有大智家風 一喝 扶
宗竪敎 一棒 轉凡成聖 這般妙利 決非鈍根下士所能 承當亦不能 向機先着眼
分明搆得 更莫說道 顛倒妄想

　執着之人 能見能聞 自利利他 只如麻谷行脚 到章敬 遶禪床一匝 振錫一
下 章敬云是 是諸仁者 且道麻谷如斯 相見有本據也無 章敬道是 是其意 如
何是肯他耶 是機用耶 好與三十棒 麻谷]然後 又到南泉處 亦如是 遶禪床一
匝 振錫一下 南泉云不是 不是諸仁者 南泉眼目與章敬眼目 是同耶是別耶 若
道是同 未具參學眼 若道是別 亦未具參學眼 向這裏道 得親切有三十棒 山僧
自喫不敢干涉諸人 麻谷云章敬道是和尚 因甚道不是 好與三十棒 南泉云 是
章敬是 是汝不是此是 風力所使 終成敗壞 好與三十棒

　諸仁者 一鑒得落處也 未見得 親切道得諦當 不辜負 特特遠來休休庵 忍

300

飢(41)受餓 許多時 其或未然照顧蔡提頜 索飯錢作麼生出豁 非但山僧救汝
不得諸佛 亦救汝不得知麼 一年有幾箇 一百二十日 一生有幾箇一年 寒暑往
來 一年能得幾時 好做工夫 此去漸增春困 五六七八月 又是盛暑 保養尙且不
全 有幾人會順時進道 人生多是如此 蹉跎過了 忽尒時節到來 悔之晚矣 除是
有大志氣 具參學眼目 向人不能行處進步 向人不能見處 着眼不被時節 遷移
不被寒暑 輪轉看他 良邃]初參痲谷 痲谷便擔钁頭 去園中鋤地 良邃隨後 至
彼痲谷 不顧便歸方丈 閉却門

諸仁者 大善知識 憐憫有情 當如赤子 良邃旣來參見却 如是相待 有辜負
處耶 無辜負處耶 良邃次日再來相見 痲谷又閉却門 良邃敲門 痲谷云 阿誰
良邃稱名便云和尙莫謾 良邃好若不來見和尙 幾被經論 賺一生

諸仁者 良邃這般說話 在什麼處得來 因何得悟那裏 是痲谷爲他處若也 見
得痲谷爲他處 汝也當直下悟去 突出(42)一轉語 截斷痲谷舌頭 使諸佛諸祖
立於下風 豈不慶快 雖然如是 良邃是靈利漢耶 不是靈利漢耶 若也是靈利漢
經論 焉能賺人 家家有路 透長安聲 若不是靈利漢 又能向我宗門中見人 又能
見鞭影 便行諸人要識他麼 面目見在 良邃歸講肆 集衆云 諸人知處 良邃總知
良邃知處 諸人不知

諸仁者 看他搆得 這些巴鼻說話 便異於尋常 中間便有氣槪 灼然下視 六
凡好與三十棒 且道良邃知箇什麼 諸人因甚]不知莫是 自家昧却麼 莫是向外
馳求日踈日遠麼 莫是良邃說 這般話籠罩學者麼 且道長邃有眞心相待 諸人
也無 諸人信麼見麼 見徹良邃立地處 由是牟山中 人在何 故良邃知處 山僧拄
杖子 總知山僧拄杖子知處 敢保良邃 未知在

諸人具眼麼 見得徹去得 與黃蘗把手 共行將來 可以扶宗竪敎 其或未然
如何得似 善財童子 首參文殊 南詢諸善知識 末後到彌勒處 彌勒彈指樓閣
門 開命善財入 善財心喜(43)入已還閉 見莊嚴藏中 諸多境界 見彌勒 初發菩
提心因緣 及圓滿普賢行所修 所證妙果 善財於莊嚴藏中 所見所聞 成就一
生佛果

諸仁者 彌勒彈指 至今聲未泯 樓閣門 至今未閉 莊嚴藏中 種種境界 至今現在 各請薦取 其或猶豫 未能瞥地 聽取一頌 日暖風和岸柳青 春光浩浩滿蘇城 行歌坐樂人無數 那箇男兒眼有睛

蒙山和尙普說

　　　伏承 常州路無錫縣居 判簿友梅王居士坦 桂岩判簿倪煥 等施財刊前項普說 結般若勝緣者

至元丁亥中和節 吾靖題(44)

蒙山和尙普說

　　　　參學 自覺 編

蔡提領宅命僧道看法華經請普說
駕三車出火宅 未顯斯經 超十地透玄關 方明妙法 以蓮爲喻示 花果之同時擇器開端 具頓圓之旨 若是靈都無碍眞風 卽目可觀 肯信寶所 非 遙团地一聲便到 執僻困窮 狹劣盡 是埋頭 捨父之人 顚狂妄想 貪高無非 錯路迷邦之客 若更求聲逐色 逾增苦海波濤 或兼執解 聘能漸遠 覺城風月 能信繫珠 衣裹不妨 着眼機先[卓主丈一下] 於斯悟佛知見 入佛知見 道便能 法法圓通 見徹靈山 一會今日儼然未散 釋迦至尊 現坐道場 雖然如是且道多寶佛塔 特地出現 有何所爲 釋迦如來 直待十方 分身諸佛 悉來聚會 然後始開塔戶 其意若何

諸仁者洞明也未 那更所開塔戶 出大音聲 如却關鑰開大城門 諸人聞其音聲否 其聲淸遠 至今未滅已 聞者必見 多寶佛分半座 與釋迦佛 二如來共(45)坐一座 此有何謂 未聞開塔戶 音聲者急 宜捨盡塵勞 抖擻精神 開眼聞取 叩問二如來 共坐一座有何所謂也無 切莫磋過 機會唐喪 光陰人身難得 得聞妙法華蓮經 又不容易 何况各各誦得分曉

302

此是諸人 前世深種善根 今有斯遇幸莫大焉 宜生慚愧 究明此經妙處 若信
山僧此說 須發菩提心 發菩提心者 具正大根脚 不墮小乘 何謂菩提心 自覺覺
他 利他自利 諸大菩提所行之道是也 豈不見 諸聲聞 累遭彈斥 疊經淘汰 捨
小樂大 三請慇懃 釋尊始爲說此妙法華蓮經 敎菩薩法 授諸聞遠記 令行菩薩
道 具足悲智 行願然後 得證圓滿妙果

諸仁者 旣知如是 切莫自生 退屈辜負已靈 若信狹劣之人言語 自謂我是五
濁世中 凡夫安敢妄想作佛 但學誦經 求福而已如是者 可謂自甘飢餓 而不飡
王膳者也 知佛意麽 所說之經爲凡夫說 不爲大聖人說謂見 凡夫等 其如來智
慧德相 因顚倒妄想執着 自生迷昧 不自省(46)覺不能 證得枉受諸多苦惱 爲
度凡夫 令入聖道 故說諸經 爲標月指 靈利男兒 因指見月 自悟自達 若也執
已見 以標指爲月 非但無有受用 亦且違背佛意

豈不見智者大師 看經看 至藥王菩薩本事品 見說藥王菩薩 於日月淨明德
佛前 以天寶衣 而自纏甚灌諸香油 以神通力願 而自然身光明 徧照八十億恒
河沙世界 其中諸佛 同時贊言 善哉善哉 善男子 是眞精進 是名眞法供養如來
於是大悟 見靈山一會] 儼然未散 得旋陀羅尼 以所悟所證 告思大禪師 禪師
云 子所悟者 是法華前三昧 非子不證 非吾不識 諸仁者 當知智者大師 是如
何用心看經 而得悟達 彼旣丈夫 我亦尒

今日提頜素軒居士 了酬心愫 特請僧衆 及諸善友 共四十員 誦妙法華蓮經
命山僧普說 如來正法眼藏 涅槃妙心 一中此是 提頜夫婦 前世值佛聞 法正念
不忘 何所謂也 諸供養中法供養最 山僧旣陞此座 當施一供 普伸供養 諸佛聖
賢 併現(47)前淸衆 奉爲提頜闔宅貴眷 圓滿功德 [以拂柄 擊禪床一下] 以此酬
恩 恩無不酬 以此集福 福無不集 無限光明遮 不斷攛眸 受用便非常 或有久
遊他境 未得歸家者 須信佛言

惟此一事 實餘二則 非眞發大志氣 於二六時中 四威儀內 密密提撕云 那
箇是妙法 不要以文義 和會不要 巧生穿鑿 但眞實信向 提撕參究 久久決然大
悟便與 智者大師 把手共行 信麽信麽 雖曰深固幽遠 無人能到 解其意也 未

不信者 何啻隔萬重關而已 謂汝有凡情執見 故云幽遠 若用人 情意解則不能
到也 信得及者 捨盡情意 識此事止在你 脚根下開眼 便是寶所 此事不論僧俗
惟惺惺靈利者 得受用在俗 若能惺惺

　發大菩提心者 是眞出家 發心參究 那箇是妙法者 是發菩提心也 自覺而
當覺他行 利他自利之行 以爲資糧 能行如是行者 非早卽晚 決然入聖超凡 知
也未 聖凡止在一念間 參究者功力到時 前念是凡 後念是聖 切莫自生 退(48)
屈道 我無這般根器 你自有一點 靈明與佛靈明無二 肯學法華經 而今誦得者
是阿誰明徹麼 不可蹉過 若習下流 作薄福業 去時可惜了也 到寶山而空回 宜
知幻體 匪堅終歸壞滅 莫恃富貴 莫恃能解 莫事貢高 莫爭人我滅 受用 省貪
求 着精彩了 大事若不信 此說者照顧 四大分離時 面前黑瞞瞞地 自不明了
又無主宰 被境界 攝將去前程有 誰是相救之人 雖曰一稱南無佛 皆已成佛道
還知的意麼

　知的意者] 便見此經 是諸經中 王萬法紛紛 妙法爲尊 故經云 其有欲疾得
一切種智慧 當受持是經 幷供養 持者見徹 此經是諸經中王者 便能圓通 一切
法 是眞佛子 故云佛子住此地 卽是佛受用 常在於其中 經行及坐臥此地 是何
地作麼生 說得箇 常在於其中 阿呵呵休休休 可憐人世間 諸佛子 未得入門者
紛紛 況三惡道群生乎 雖然如是 須信龍女得遇文殊 以妙法蓮華經敎化 因利
根 故便能悟達 獲智慧神通辯才(49)三昧 忽然獻珠於世尊 世尊納受 卽往南
方 無垢世界 變成男子 成等正覺

　諸仁者 他是女流上 有如是作略 況男子大丈夫乎 了達此事何難 龍女所獻
之珠 諸人分上還有也 無不妨拈出 當此道場 呈似大衆 若非魚目 則有諸佛爲
汝授記 脚頭到處 便是無垢世界 不須變爲男子 顯異惑衆 自由具眼者 見汝成
等正覺 或有未知下落者 各宜捨盡 雜念直下 惺惺着眼 (以拂柄 畫此〇相云)
　攛得者 有意氣時 添意氣 不] 風流處也 風流未攛得者 聽取一頌 人人一部
法華經 點墨渾 無妙有靈 未動舌頭 先誦畢了 酬心愫獲 康寧珍重

304

瑞州大隱庵 僧俗請開室就座普說

究明此事 非易非難 貴在當人 具大志氣具參學眼目 求眞善知識 上根利器 當機頓悟 中下之士 未能性燥 須下眞實工夫 凡下工夫 雖得路頭端正 子細用心 晝三夜密密參究 當於本參 公案上有疑心路絶 是以古德云 不疑言句 是爲 (50)大病 大疑者必有大悟 悟後須當見人 入大爐鞴煅煉 方成法器 若不遇本色宗匠 鉗鎚者 皆成杜撰 焉能洞徹 續佛慧命

正因參學之士 自能捨除 顚倒妄想 執着我見邪解 種種弊病 以大悟爲入門 向竿頭 進步不肯 得少爲足 不受杜撰 長老用冬瓜 印子印破面門 何謂旣隆釋種須紹門風 諦審先宗 是何標格 發大勇猛 造到超佛越祖 田地上 不生滿足之念 那肯滯在半途 立人下風 分別尒宗 我派自障 光明受人] 穿鑿商量公案 以當能事急宜 發大志氣 於二六時中履踐超群 如獅子兒 異於韓獹自然

善知識 見是端正 士人便肯与它 語話彼此不相欺瞞 各各以大事爲重 善知識 或爲開室 或爲普說 或爲小參 無非作成法器 入室者具數 義爲初發心之士 擧箇話頭 單提直指 令其易得 悟明 爲久參之士 當陽發機 使其頓悟 爲已有發明者 去其瑕宰 煉成法器尊宿 若不具大眼目 不得大機用 未免與學者 互相顚倒 豈能爲(51)人 解粘去縛何緣 如是眼目 不明不能

識學者 悟明淺深 見解邪正 則以一句來一句去 末後多一句 以爲能事 殊不知誤它後學 瞎人正眼 斷佛祖慧命 取笑識者 具大眼目 善知識 見人下轉語 便識盡他平生見解 在正路上行者 痛與鞭策 令其高 超遠道稍 有邪見狂解 用本色手段 爲他拈去 令其直下猛省 便登覺地 若病於顚倒

執着者 師家未免 與他深錐痛劑 使其自然正眼 豁開 參學之士 曾下眞實工夫 曾眞]實悟入 出一言半句 自然契合 若無眞實工夫 眞實悟入 出言吐氣 如醉人相似 非但善知識不肯 他亦未免旁觀者 哂若有得少 悟明便執 爲是者 如隔窗見天 焉能濟事 大凡參學 要免輪廻生死 宜自點撿 看卽今見解 免得輪廻死也未 生死岸頭 能易麤爲細 易短爲長也未

一點靈明不是泯滅底物到 那時節 得大自在 始不辜負平生 若惺惺怜俐 能

了生死　猶是平常見解　若論宗門中事　猶隔重關　繼祖傳燈(52)前輩大有樣子
直須如法進步看他

　　洞山見雲門　門云　近離何處　山云　查渡　門云　今夏何處　山云　湖南報慈　門
云　幾時離彼　山云八月二十五　門云　放汝三頓捧　諸人者　雲門如是問　洞山如
是答　還有過也　無有喫棒分也無　洞山次日　上方丈云　昨日蒙和尚　放某甲三頓
棒　不知過在甚處　門云　飯袋子　江西湖南便與麼去　洞山大悟　禮拜云　從今不
疑諸方舌頭　此去十字街頭　開箇飯店不畜一粒米　不種一莖菜　接待往來]飽盡
天下人去也　大衆洞山如是問　雲門如是答　洞山大悟去　雲門有爲他處也無　若
有諸人各各聞　山僧舉了　皆當悟去　若無洞山　因何悟去　能開如是大口　彼既丈
夫　汝亦尒　不應自輕而退屈

　　參學者　具這般眼目　雖有這般志氣　參究始得　若執邪見狂解　不肯服藥　焉
能脫灑　或有不識師家　藥頭擲在無事　甲裏驢年　得大解脫　只如慈明室中　安一
盆　水橫一口　劍在上　着一緉草鞋　有人入室　慈明便指示之　擬議便打(53)且道
慈明與麼作略　是爲人耶　是驗人耶　是門庭施設耶　是大機用耶

　　具眼者必見徹　慈明心腹　不妨訐露　看若未能洞明　則去聖時　遙莫道無事
好要見慈明遠之遠矣　非但不識　慈明要　且未明自己　若是箇男兒　自然突出一
句收却　慈明鋪席　若未具者　箇作略　如何免得慈明痛捧　因甚不具　這般作略
蓋是打頭　不遇作家　不得參學　要妙姿情　執見杜撰　解會心路不絶　祖關不透
每見善知識　不能捨短從長　一項護惜]瑕滓　怕人針劄　喜人贊嘆　舊病未除　新
病重增

　　讚嘆他者　歡喜供養　謂是知音　針劄他者　便生怨恨　反行譭謗　是以自遮自
障　唐喪光陰　豈不　具長生見靈　雲問云　混沌未分時　如何靈　雲云露柱懷胎生
云　分後如何　雲曰　片雲點太淸生　曰太淸還受點也　無雲不答生　曰與麼則含生
不來也　雲亦不答

　　諸仁者　長生如是　兩問靈　雲皆不答　必竟作麼生　是靈雲　無語耶　是靈雲默
答耶　是靈雲別有意耶者　重見徹靈　雲方可語(54)後事　切忌　只與麼放過　山僧

道靈雲 兩處不答 有金箄刮膜之功 是否道是 未具參學眼 道不是亦未具參學眼 長生又問云 直得純淸絶點時 如何靈 雲云 猶是眞常流流注 生云 如何是眞常流注 云曰似鏡常明 生云 向上還有事也無 雲曰 有 生云 如何是向上事雲曰打破鏡來 與汝相見

諸人者 已得似鏡常明也未 若未得 似鏡常明從前所見 善知識 實爲何事從前 曾下眞實工夫也 無從前 曾有悟入處也未 從前若]不得師家 直指決不能如法下工夫 若不能如法下工夫 則無悟入 若無悟入 則無眞實見地決然 是姿縱意識 卜度邪見解會 所以不能得似鏡常明 若得似鏡常明 尚不得與靈 雲相見要見靈 雲更須打破鏡始得

雖然山僧 若作靈雲 當時待他問 向上還有事也 無劈脊便棒 使他面門堅亞摩醯眼 何必爲他下其注 脚這一 件事不論 是僧是俗是男是女 但要惺惺猛烈當機不昧 皆可頓超 (喝一喝) 珍重(55)

蒙山和尙普說

伏承 捨庵檀越孺人施氏 施財命工 刊此普說二篇 普結勝緣 所期進道無魔修行有序 普提心而不退 般若智而早明者 至元二十六年己丑歲 淸明節 自覺題

蒙山和尙普說

參學 興聰 編

至元己丑冬節 表懺看誦華嚴經普說

善財南去撥火覓漚 達磨西來 投河賣水 衆生諸佛 互相證明 諸佛衆生 互相開顯 如斯告報 高下隨機其足

靈利者 便請掀翻徹底 自見身在菩提場中 大坐普光明殿 與三世諸佛 同一妙體 與諸大士 共一見聞 無邊殺境 在一毛端 無量時劫 不離當念 眞俗混融

凡聖無礙 理隨事變 (56) 釋尊子 夜逾城事得理融 因覩明星 悟道玄玄 玄處通
津了了 了時垂手 如來不出世 亦無有涅槃 彼此大丈夫各得淸淨 無爲最極 尊
貴大自在 樂其未然 然普爲諸佛子 開第二箇方便門去也 (竪拂云) 點首大悟
得入聖流 未徹玄微 早非良馬 雖然如是 今日大會 徧法界諸佛子根器不同 不
可一機相接

中下之士 便當把手 相牽入此妙門 佛祖妙道 如海若淵 吞納衆流 無問溪
澗江河 溝瀆池沼 但入海者 得名上流} 是故四生六道 以至幽顯 神祇十方 聲
聞聖衆 但能猛省 卽發無上菩提心 回光一鑒 便可悟入 諸佛境界諸佛子 惺惺
麼 切忌錯會 毫釐有差 天地懸隔 此是無依妙法門 直須悟入 分曉若於言語中
生解會聲色里作活計 非但不得諸佛淨妙解脫 要且辜負已靈

諸佛子 汝知自己具足 如來智慧 種種大功德麼 汝洞明自己也 未那箇是
汝自己四大五蘊 不是男形女相 不是汝等 各有一段光明 與三世諸佛 無二無
(57)別 信麼 因甚諸佛久成正覺 爲聖賢師 汝等猶在七趣中 昇沉未已 知其利
害了未 只爲無量劫來 縱情逐妄 貪嗔癡愛障 閉光明 受諸苦惱

是故我釋迦牟尼世尊 承悲願力 自兜率宮 乘旃檀樓閣 降神入胎 示現王宮
出家學道 爲汝等起模盡樣 於摩竭提國 菩提場中 始成正覺 坐普光明殿 放光
遍照 十方無量佛國 覺諸菩薩 大會於菩提場 啓敎弘宗 是故諸多莊嚴 皆非人
力 能成寶由道妙而然 無量世界主各以}所得諸佛 解脫以爲莊嚴 開顯諸佛境
界 特示圓滿功德 由是長子 普賢入一切諸佛 昆廬遮那如來 藏身三昧 然後次
第演說 諸呂典 開闡大敎 直指諸佛 子妄趨眞 恢復自己 妙明田地 以悲智
行願莊嚴 成大丈夫事業 如上雖屬闡敎 必竟後之來者 因指見月

釋尊四十九年三百餘會 所說但爲一大事因緣 別無二法 由衆生根器不等
累他諸佛菩薩 費盡方便 今於人世 而言當時 摩提國 菩提場中 事理早(58)
是 二千三百餘年矣 以正眼觀來 且無隔越諸佛子見徹麼 如何說得 箇不隔越
底句 道得諦當許汝一言一句 能具無量妙義 將來決定 續佛慧命 卽今能見

釋尊現坐普光明殿 不曾於雙林 入般涅槃 巍巍堂堂 體用昭然 常不離菩提

樹下 而上昇十方諸天宮 以神力加諸大士 演說大法 各各天宮 皆見釋尊 在彼
諸佛子 試道佛是一身耶 有多身耶 莫謂佛有神通 而然汝等若能從此換却 舊
時行履處 如法進步 將]來少汝 如是家風 不得三世諸佛 闡教有首有尾

諸佛菩薩 各有法式 不可以凡眼觀 不可以凡心測 除非本色 衲僧不受人謾
謂他耳 不隨聲走眼 不被色牽 有耳能聞障外聲 有眼能見障外色 不道釋尊 生
王宮於菩提場 始成正覺 亦不道無如是事 與未發菩提心 聲聞緣覺權教 菩薩
見解端的 不同釋尊 明明未離兜率 已降王宮 未出母胎 度人已畢 今日會中忽
中佛子出來 問道釋尊 度人已畢 我等因甚輪廻 未(59)已

山僧卽向他道 此問甚妙 切忌忘却 佛子會麼 於斯悟去者 便見吾佛世尊
常坐道場 無有古今之間 亦無方隅之隔 洞明身身克滿於法界 普現一切衆生
前隨緣赴感 靡不週而常處 此菩提座佛身 如是試道汝身 若何能如佛 否悟徹
底了 無彼此之殊 自有出格生涯 未悟底須知眞身 本無二實 因情生智 隔想變
體 殊是以不能於一毫端現 寶王利於微塵里 轉大法輪 又累吾祖達磨大師 得
得西來直指 單提各]令 見性成佛 特示頌曰 悟佛心宗 等無差互行解 相應名
之 曰 祖此宗上 自世尊拈花示衆 迦葉以一笑 承當傳佛心印 代不乏聖凡 具
大志氣者 便可一超直入

豈不見可大師 立雪斷臂 求其直指 於達磨大師 言下悟入 日益玄奧 末上
三拜 依位而立 達磨曰 汝得吾髓 可 公由是傳衣紹祖 自此東土人 得指悟達
超凡入聖 如麻似粟 直至宋淳熙已前 諸方宗師 代勝一代宗教 俱通行解 相
應後來 因一人半人離師(60)太早 世緣重者 漸有不圓通之病

今當末運之初 具大志氣者少 是故宗風日墜 且三教中 高明大達者 逐漸隱
已 五常日廢 十惡日增 三災流行 皆自衆業不善而召 山僧實生悲憫奈何 無力
可救 由是發心 卓庵誓願 持鉢供給 具大志氣 土進道嚴 身紹隆釋 種以斯妙
道祝延聖壽 保國康民

昨於至元辛已歲十月 內在平江路 承天禪寺啓 許看誦大方廣佛華嚴經一百
部 專爲三教勝士同會 同盟 有志造道者 懺]滌業障 參學無魔 福慧增崇 機先

頓悟 玄微洞徹 傳祖心燈 種智圓明 續佛慧命 各各廣運 悲智行願 普勸一切
法界中諸佛子 發無上菩提心 進趨無上妙道 離諸苦惱

德異已於至元壬午春 在承天前堂寮啓建 日逐看誦 元許經典 至於己丑歲
至元二十六年十月十五日已得 圓滿一百單二部 茲者崇建 無遮平等 饒益道
場 表懺心 愫回向 種種功德 普爲諸佛子 莊嚴無上菩提 普願諸佛子 興決烈
之志 盡意情 (61)入無依三昧 着眼機先 悟佛心宗 切莫執教執禪 自生障碍 昧
已靈明教者 教人妄歸眞 從指着眼 妙絶名眞 故曰眞如佛 性禪者眞如之別號
也 眞如無爲能生一切法 一切法卽中道義 義卽教也 說禪說教 隨機發揚 務在
見都 聞者悟明 妙道惟此一事 實餘二則 非眞如是信

向者 從前妄想顚倒 執着自然消滅 便有正大眼目 築着磕着 一超直入如來
地 任無爲功用 行發起悲智行願 曾濟群生 普令成就 諸佛功]德 要見徹諸佛
功德 體用同於太易 是故功德無極 達道之士 若不洞明廓徹 敢保未能詳鑒無
極 而太極言之 未免支離 此等多是發心不廣 大所見善知識有等差 是以纔得
超凡 便以爲足 或滯仙趣 或滯聲聞 但得脫難三途八難 及塵世煩惱而已

豈不見 諸大聲聞 在華嚴會上有眼不見那身 有耳不聞 圓頓教釋尊憫其狹
劣 闡諸經教特爲淘汰 始能小樂大於法華會上 佛授遠記華嚴法華涅槃三經
乃是(62)釋尊一代時教之首尾如∴字三點 闕一不成 當時諸多聲聞 各各樂大
已得聞記 皆預未來 佛數現在 十方廣行 菩薩道修 普賢行莊嚴 無上菩提 然
而尙有四生七趣 及幽顯神祇 未發菩提心 未得悟入大解脫門者 難名隨業昇
沉 今仗諸佛拉薩 加被諸法界中佛子 各各於今日 猛利發心菩提心者 大覺心
也 卽諸佛心也

諸佛心者 無有彼此 明逾日月 無幽不燭 惺惺靈利者 直下悟徹 便解高超
遠詣 或有根器不]等 尙留觀聽者 山僧只得借教說禪去也 釋尊出母胎時 指天
指地云 惟吾獨尊諸佛子會麼 獨尊之旨 爲誰而設 要明此意 除去彼此 回光自
看於句外 明宗豁開 正眼便見教中有禪 禪中有教 一法圓通 一切法事理 圓融
縱橫 無碍且如

310

釋尊在摩竭提國 示現始成正覺 所居之殿 名曰普光明 諸佛子汝有分也 無功莫屬在無事甲里華嚴一經體用 俱圓無相爲體 無爲爲用 聞此經題者 便當究明自己 進竿頭闊步(63)等 諸佛體用始日 有志氣丈夫大大方者 大法也

卽此大法 至虛而極廣 至淨而極明 至寂而極妙 至靜而極靈 大包無外爲萬象主 爲諸法王 只此靈明在人 曰 心人能覺悟此 心明徹無餘者 謂之聖人 人有一太極者 眞心是也 亦名道至尊貴者 道也 道妙而不可以言宣 宜觀造化 無窮等施利濟 無冤親之分 無方隅之間 華嚴經中次第發輝 具足世間出世間 種種法門 一言一句 具無量妙義 非大悟廓達者 莫能見體] 用之萬一

此經 以頓圓通徹爲敎 以表荃開顯爲旨 以圓明淨妙爲宗 以悲智行願爲用 以十號俱彰三身 圓現爲功德 諸佛子色身非是佛 音聲亦復然 亦不離色聲 見佛神通力明麼 箇是佛 直下大悟 便不疑云門 舌頭亦用具 透關眼見徹云門 立地處 且道他答曰 乾屎橛 其意如何道得 諦當許汝會得

經中云 佛刹塵數 法門海一 言演說盡 無餘洞明 一言之妙 乃可看敎 大方廣佛華嚴經者 非言語可以盡其妙 (64)直饒以虛空爲帋 須彌爲筆 大海爲墨 亦不能寫此經 一品中一句妙理妙義 法雲地大士 見解猶未了了 況權敎未發菩提心 菩薩及五果聖人 七趣中諸佛子 能明了諸佛家風乎 雖然不可以凡眼觀 無上大解脫體用 然而華嚴大經 約而言之 妙有其五 今指其五願 與諸高明大達 互相琢磨

其一曰 實相華嚴 其二曰 闡敎華嚴 其三曰 圓嚴樓閣 前乃見彌勒從別處來 其意如何 彌勒彈指 樓閣門開 善財心喜 入已]還閉 善財仰觀樓閣 得無量三昧門 見彌勒從前至今一切功德 得三世不忘 念智莊嚴 藏解脫法門會麼 樓閣者 何謂也 此佛果菩薩所主法門明麼 樓閣表智慧無盡也 參學到此 以智慧爲身爲眼

是故得三世不忘 念智莊嚴 藏解脫也 雖然如是 彌勒復指見文殊何謂也 文殊伸手過一百一十城 遙按善財頂 又是如何 善財得按頂 讚喜已 方去見普賢大士 明甚麼邊事 然後善財入普賢毛孔中 行一步 過無量世(65)界 盡觀毛孔

中 具諸莊嚴 得諸三昧 解脫法門勝於前所見諸多知識 所得法門百千萬億倍
普賢毛孔利益 因何如是 妙不可量 善財於斯 所得三昧 神通一切 國土莊嚴
音聲辯才 種種功德 悉與普賢等 與諸佛等 必竟承誰恩力不見達磨 頌云悟佛
心宗等 無差互行 解相應名之曰 祖且道祖 與佛是同 是別(喝一喝)

元貞二年丙申 四月旦日 高麗國全羅道修禪寺 了庵明長老 請祝贊附馬高
麗國王 丙申上甲普說

如何是佛 休休如何是 祖師西來意 休休當機五眼開明 便見大威光 王爲太
子時 見功德 須彌勝雲佛 發無上菩提心 即得勝雲佛宿世所集 法海光明 次見
善眼莊嚴王 佛得離垢光明 又見最勝功德海 佛得大福德普 光明三昧 次見普
聞蓮花眼幢 佛得普門歡喜藏三昧 能入一切法 實相海洞明一法 道場十方世
界在一毫端 多劫 古今不離 當念於一切法 實相海中(66)立十號 圓因於圓 因
中見徹四眞了果 其或尙留觀聽者 未肯點頭 乃是自障爲害 不具內薰外薰 不
入知否

自障者 情見也 情生智隔 想變體殊 見見識識 逐妄迷眞 逐妄則見 識持權
恣 情順俗 各立封疆 迷眞愈甚 是故 古德云 順俗迷眞順眞逆俗 聞斯告報 便
肯回頭者 可謂靈利 男兒豈不見悉達太子 因遊四門 見生老病死 四般境界 便
乃午夜逾城 靑山斷髮 容鵲巢於頂上 持蛛網於眉間 修寂滅而證眞常 斷塵]勞
而成正覺 十身圓現十號 俱彰爲天人師作法 施主興隆 三寶普利群生 此是見
機回首者

第一箇樣子 所謂修寂滅者 有大小乘之異 因初步立志 有優劣寂者 湛死生
夢幻之波滅者 消虛妄諸塵之境 聲聞亦唱 所作已辦 梵行已立 我生已盡不受
後有證 有餘涅槃 諸佛亦唱 如上四句 證無餘涅槃 聲聞者初步立志 氣劣不取
十辦菩提而然 由是在華嚴會上有耳 不間圓頓敎有眼 不見那身如是 事母問
在家(67)

出家凡是有志氣者 當首具正眼 善緇素法 門中優劣利害 然後進步若龍侗

312

參學者如何 鑒別百丈 再參馬祖 機緣百丈 以拂子掛舊處 馬祖振威一喝 百

丈直得三日耳聾 百丈掛拂舊處 有過也 無若有過 衆人皆可見其過在何處 若

無過 因甚馬祖一喝 百丈耳聾三日者 一喝有利害也 無馬祖 是何心行 百丈

耳聾三日 其中事作麼 生未明了者 何異聲聞在華嚴會上耶 所以道涅槃心易

曉差別智難明 只如涅槃]心 亦不可草草曉會何也 聲聞見解 與佛遠矣 於中途

取 其結果利害者 在初步其劣因志優者 因該果海果徹因源大威光王是也 見

須彌勝云佛發無上菩提心 故便得集法海光明 此光明是入一切法 實相海之妙

徑於一切法 實相海中立十力生涯 具十號十身 圓因於十號十身 圓因中具四

眞妙果

是謂 果徹因源 參學者 具正信心已 大要具求師擇友 眼目不然 則撞入邪

魔 種族中人 天福果中 三乘二乘中皆(68)不可知多少 具大根器 最初被小果

師友封閉 却各各夾截 虛空自立 疆界且如我禪宗 有自來矣 諸仁者見麼 世尊

初出胎時 周行七步 指天指地 玄機與拈花示衆 是同 是別在菩提場中 眉間放

光 光中出諸菩薩 及口中放光 是談玄耶 是演敎耶 具大機者 已入妙門 各各

進步高超 遠到所謂得入門 進前高超者

大經云 初地菩薩 作大國王 二地菩薩 作轉輪聖王 三地菩薩 作忉利天王

四地菩薩 作須夜摩天王 五]地菩薩 作兜率陀天王 何謂也 受職秉權 廣行悲

智行願 集十力功德 早圓無上妙果 故初地菩薩 作大國王者 自人間立圓因 故

先覺云 六道之中 人道最好修行 此南贍部洲人 根性多靈利 又加佛出世 多在

南洲 多聞正法 故有常住 三寶可親近 故大國王者 是多生 於三寶分上 修種

善根而來 但所種善根 要明權實 頓漸進程 有頓超法門 有次第法門 遲速殊途

且看梁武皇帝 問達磨大師云 朕造寺 度僧作福甚(69)多 有何功德 達磨云

實無功德 武帝又問 如何是聖諦第一義 大師曰 廓然無聖 帝又問曰 對朕者誰

磨云 不識 帝不領悟 大師折蘆渡江至魏 諸仁者且道武帝造寺度僧甚多 因甚

無功德 緣是從權門中修行 不曾於圓宗 頓敎中立一超直入生涯 是故無功德

功德者 達道曰功 以道普利群生曰德 權敎者 次第昇進 無頓超之妙 武帝

是故未聞 宗門中有當機 直指言下大悟 高超廓達之功 所以不薦廓然 無聖之語} 武帝是菩薩國王 力要興隆三寶者 尚且當機蹉過 況有不種善根者 焉能機先具眼 句外明宗 老僧嘗檢點一 超直入如來地者 前念是凡後念是聖 皆由發無上菩提心 積集福智 資糧益壯 清明力量於築 着磕着之際 大破無明見徹 此道大教云 得入歡喜地者 發十種大願 請問昇進二地 以至十地 途中功德 安危可否 具福智以爲資糧 庶得安樂 善達佛地 是故菩薩 先修堅固善根 回向時已曾臨御大國 發大施(70)心 行內外施乞者 現前普令 各各滿願而去 深有意焉 何也

放幻盡 惟一妙道 昭昭不昧 諸仁者見麼 諸來乞者 皆求幻物 能諸幻者 即道 是故初地菩薩 所修檀波羅蜜 以爲主戒 等及智波羅蜜 以爲其伴 惺惺者 於施時回光自看 便悟妙道 且檀度中 具福智之行 善助入道之力 以爲資糧 明見諸佛 因地皆自人道中 秉重權時立磁基 或爲國王 或爲大臣 百官 力功德 增益力量 皇極之道者 大中至正也 妙行者至德也 即普賢慧行也

諸佛證無上菩提時 依正二報中 一切圓滿 皆自多生 廣行普賢行中來 且如一路總管官人 秉一路之權能 行大中至正之道 施德普及一路之民 則有功於國 有恩惠民 今生後世利益可鑒 在人道中 下得根脚 正大深妙者 轉身不爲前世餘業 纏縛可得 意生身超脫生死 任道力願力行力 得聖身 受不凡職 秉利生增益功德

豈不見 大威光(71)王 因中見功德 須彌勝雲佛 發無上菩提心 獲益未几 又見第三佛 轉身生忉利天寂 靜寶宮爲大天王 名離垢福德幢 由是展轉 增廣普賢妙行 道德愈益殊勝 何也 悟明妙道之後 得自受用三昧力 悲智行願 自然增廣有超 品位靈驗 自印其心 又加玄機 妙智不從師 得壽量光明愈增 廣大自他皆見 大威光王爲人間大國王 轉身爲忉利天王 乃是三地菩薩 受職位明超轉輪王位 已次生中 便可超爲兜率天王 緣}是主忉利天時 力修忍波羅蜜 能忍諸法無生 於中具精進波羅蜜 波羅蜜已 禪波羅蜜者 眞心湛寂 淨光發現 諸塵不染 妙慧現前 故受職爲兜率天王 此菩薩 以信解智力 知諸諦已 如實

知一切有爲法 虛妄詐僞 誑惑愚夫 於諸衆生 轉增大悲 生大慈光明不一切衆生 而常求佛智 是故 能摧伏 一切外道邪見 能令衆生住實諦中 廣行四攝 增益十力功德

兜率天 在欲界之中一生 補處菩薩所居之地 大三(72)災壞盡上下 六欲世界時 此天不壞 人間四百年 兜率天一晝夜 爲兜率天王者所 集功德 又非常廣大 轉身有不次 超受勝妙職位者 或爲他化自在天王 或爲梵天王 由於修禪波羅蜜時 具方便 行廣大惺惺者 亦具足檀度 及諸妙力發生智慧故 所以地名難勝 具妙功德 故由是受職者 爲兜率天王 得與補處大士同居 可見其妙利非細梵天者 卽禪也

禪之一字 有二種義 一名玄玄 卽道 道卽無極 無極卽諸佛妙]體諸悟徹者 得名無上士 宗門中曰 參禪者 此義故 取大悟爲入門 非悟不能廓達 二是寂靜曰 禪 亦曰 靜廬 今參禪者 當攝盡二種義 則有大達之功 卽有超受法雲地職位 或爲色究竟 天王因在禪中 具已果居十地 受職此地 大士專行法 施說法利生功德 無量廣大如雲覆蔭 世間故名法雲

以是功德圓明種種智 而登等覺地 受一生記等者 一切功德與佛等已待時而證妙覺也 所以國王 大臣 百官 秉治世之權(73)正 當發無上菩提心 如法治世 入聖超凡 爲國王 大臣 百官者 皆是多生修福 積德而來 若有大權 任意不發菩提心 不進超凡入聖步者 多縱情行事 則有逐妄迷眞之業 有傷生損物之過 有欺賢罔聖之償 具毀佛謗法之咎 作悖親慢友之罪 忽然他有復問如何 是一味禪答云燒香 禮拜 罵人 讚佛 誦經 問如何是 五味禪隨聲便喝 擬議便打 具眼者直下 掀得翻 打得徹不住玄妙 便能混聖同凡 遊戲大人境界與上]上之士 十字街頭 相見却向千峰頂上 握手千峰頂上 相見十字街頭 握手縱橫 行解相應時 便能語默動靜 普利群生 乃名沙門釋子若也 執小見解 夾截虛空 實非具大志者也

山僧行解力量 實未可取 所發平等行願力 要履踐有進無退 是以變勸一切法界中佛子 同發無上菩提心 行菩提行 進趨妙道菩提心 諸佛根本將來 決定

三身 圓現十號 俱彰山僧 每願諸佛子 先成無上菩提 我誓願參隨諸佛 生彼國土(74) 爲上首菩薩 助宣正法 普度有情 諸佛示現般涅槃時 我當結集 法藏流布 十方等利群生 諸佛末法中 我當承本大願 力生國王家 現比丘相 以大力量中興末法 廣濟群生 同遊大解脫海 證無上妙道 是以切切勸諸佛子 各宜惺惺早得悟入 爲上大悟 爲入門 更要行解相應 徹頭徹尾 今日會中惺惺靈利者 必然高飛遠擧 已或有未然者

山僧卽今作一圓滿供養 直下悟去者 便得虛空 量等身一切法界 量等身一切語言 量等身一切機智 量等身一切方便行願 量等身一切三昧 量等身一切神通辯才 量等身以至語意 三輪一一如是相應 諸佛子信麼 善財南詢於彌勒樓閣 前蒙彌勒彈指 樓閣門開 命善財入 善財心喜入 已遍觀樓閣中 種種殊妙莊嚴 見種種境界 得菩薩無量法門 見彌勒從前所修種種功德 已受圓滿 記一生得果 諸佛子彌勒彈指聲 至今未泯 汝等聞否 樓閣門開至今未閉 汝能入否 山僧如是告報 莫(75)有心喜者麼

如是得入者 非但見彌勒樓閣中 一切功德 得諸法門 便可由是而入普賢毛孔中遍觀 不可說 不可說諸佛世界於一念中 圓滿行願 得諸解脫法門 圓明種智 具足功德 可與善財等 普賢等 諸佛等 或有未具大信心者 未免不聞彌勒彈指聲 不見樓閣門開 山僧當爲汝開其門去也 以拂子擊禪床云 諸佛子無量大解脫門 無量大莊嚴門 悉皆開了 普請直入詳觀 其中功德 直證無上妙果 珍重]

蒙山和尚普說
至二十七年 庚寅歲 仲春 不顯名施主鈔刊 此普說 結菩提因緣 (76)

蒙山和尚普說
參學 自覺 編

316

至元戊子仲夏 平江府休休庵 刱建菩提會 勸發菩提心普說

人間八難三災 及諸惡道 種種苦惱 皆由⑧是而發現 若要消滅從前惡業 求
其安樂 須仗此○力 是筒男兒 直下回光返照 豁然悟達 得大安樂 永絶餘殃
雖然如是 若欠廓徹洞明 則未見三才共一大本 三敎一道萬法一源 未免狹劣
墮在靜樂之鄕 失大德用]或能進步 洞徹玄微 更宜轉位 回機透過者 裏回始得
大自在 體用同於太易若也

坐在明白 中宗門下云 墮在解脫深坑 是二乘道果 非大丈夫事業 諸佛所呵
四相未除 大智未明 圓機未具 失大利益 於是有聖賢之分 皆由最初一念 發無
上菩提心者 根本正大到頭 無不圓證 且如權敎菩提廣修諸善 能行五波羅蜜
百千萬劫修 至回向位 因未發菩提心 故名權敎菩薩 終不悟佛心 宗却有退墮
之患 忽有最下下(77)等凡夫 一發菩提心 便名實敎 菩薩超過 他多生功行

山僧今日仗佛光明 拜勸諸權敎大士 幸有大根本 直下發大菩提心 容易登
十地 廣施利濟 而證圓滿果 又有獨覺聖人 梵語辟支迦羅已 於十二因緣 而悟
道 雖有智慧 但欠廣大悲智行願 失大利濟故名二乘雖超凡 夫已遠然 而實居
菩薩之下 何也 未發無上菩提心 終不能與諸佛等

是故 奉勸諸獨覺聖人 急宜省悟 速發菩提心 成就大事 其次 四果聖人非
一日修行 得證阿羅漢果 無大志氣而墮空寂者 佛呵爲鈍根羅漢 此皆怕怖生
死因久歷輪回 受諸苦惱 一得空寂 便以爲樂 其實未能悟達眞空 不空具足妙
用無窮之道 所以在華嚴會上 如聾 如盲 無大眼目

故有其失諸尊者 宜於今日便發無上菩提心 取證妙果 若不然者 縱經無量
世界塵沙劫也 望他大智大行菩薩不及 更莫說諸佛受用也 次有五明仙衆 豈
不得道 豈無神通 但是自得淸淨之樂 未能發明(78)自覺 覺他之道 闕大悲智
行願 而輿二乘等 雖有逍遙自在之妙 却不如已登解脫門 護法龍神 衆有圓滿
果證之期 是以勸諸仙衆 早發菩提心 登十地 取證妙果 不難矣

六凡之中 諸天自麼 皆是 汝等前世修極等十善果 報而致此 福有盡時 所
以天上有五衰之苦 忽爾報盡 墮落之後 有大不如意也 奉勸欲界 色界 無色界

諸天衆 承此福壽未盡 急急發菩提心 容易悟]達 超十地圓滿 十號爲具足尊
若不然者 後悔遲矣 三界四府 主宰陰陽 權衡造化 及諸方隅 大小主者 一切
幽顯神祇 皆因聰明正直 而受其職 非造次而至已 登解脫門者 現行菩提行 增
益功德 取佛果位 有未發菩提心者 奉勸發心 一發菩提心 便入菩薩正位 所行
之行 謂之覺華庄嚴 職位有進無退 若不然才 豈無錯用心處 一有差失 便有墮
落 故兹奉勸宜 於有權衛中下 好修諸妙行 利他自利成就妙果 又當(79)奉勸
三千大千世界 諸國王 大臣 宰官 長者 三敎九流 百工 伎藝及一切善男信女
須知人身難得 今得人身 急宜惺惺 作了事人 毋以富貴貧賤 昧其心 毋以智慧
愚鈍 移其志 毋以身居 火宅爲塵慮 毋以已得出家爲淸淨 各宜省知 生死事大
無常迅速 不日有四大分離之禍 前程事作麼 生那時富貴 威勢皆用不得 人情
眷愛 亦替不得 惟有早早向道大達者 得其自在

　　早信山僧之語 發菩提心 行利他自利之行 自]覺覺他同登彼岸 始是靈利
大丈夫千萬 莫爲聲色所惑 善自警省 有身 有家 有國 有天下者 宜洗去好惡
之情 一有所好 便有奸邪狡猾之徒 以汝所好 入作逐漸 換却汝本來正大知覺

　　隨他所使行 種種不正大事 他則傷其物 自則損其已 終招禍患 惟有發菩提
心 行菩提行者 始終無失 有所成全 可爲郡生大慈悲 你可爲賢聖大光明師 諸
佛因善行菩提 道德同於太易 出過衆聖之上 今得富貴安樂者 非汝機(80)謀
過人而致 皆是前世修來 天上人間富貴 是超凡入聖資糧 若不向道照顧 福報
盡時 向甚處去

　　前程大事 山僧替你不得 小事你自支當 人道不修 他道難修 故此奉勸 又
須知 修行多有路頭 惟發菩提心 求無上正覺者 正大徑捷 若國王 能趨此道
行此行 萬古爲聖君 轉身作大梵天王 王三千大千世界 增益功德 證佛妙果 有
分臣佐趨此道行 此行則爲賢臣菩提心者 諸佛菩薩 皆由是 而證果妙利 廣大
無可比]最

　　彌勒爲善財童子 舉二百有餘 譬喩莫能喩及菩提心 此心功德言 莫能窮一
發此心不進諸行 亦可脫離生死 爲正知 見人超出二乘 非坐井觀天者也 修羅

道中 有四種眷屬 已發菩提心者 登解脫門 預菩薩列 未發菩提心者 奉勸發心
卽獲超凡 汝諸眷屬 神通過人 足見前世因緣 修神德中 因有嗔心 故墮斯道
所得神通者 非眞神通 是業通也

餓鬼道中 諸佛子還知麼省察前世事也 未回光自看 本體靈明也 (81)未汝等
成佛根本 現在略不曾失 所受飢渴之苦 是幻業而如斯幻報 或自八難中喪身
而至者 或有出地獄而來者 當等亦曾處富貴持權衡來 因一念差錯 有斯墮落
深可憐憫

山僧今勸諸佛子 急發菩提心 承諸佛威力 我等願力諸功德力 各出鬼趣生
人生天生 佛土隨汝意願 然後進趨菩提 自利利他 同成正覺 旁生道中諸有情
衆 大身小身 雖然多有種類 各有眷屬 所具靈明 無有差別 各由前生 業債重
輕 而]受其報 雖然墮在旁生 爲羽毛鱗甲之屬 却有超凡入聖之分 汝等不可道
我無這般根器 須知一点靈明 便是根器

豈不見野狐聞百丈一語 而得解脫 雉鷄聽誦華嚴經 得生人中一十餘歲 便
求出家 爲僧悟道 汝等今日承佛慈光照 及當生歡喜 發菩提心 求大解脫 圓證
妙果 有日地獄道中 諸佛子覺也未 大小地獄 及諸多器具 皆自汝等不善業力
發瑞實由逐妄恣情 而召若 不發菩提心 升沉之苦 難得永滅 知(82)麼菩提心
一發 地獄化爲功德林 有頓超十聖之力 故經去一切 唯心造有因而有果

豈不聞 釋迦佛將示現 下生人間 證圓滿妙果時 在兜率陀天於足下 千輻輪
中 入一光明照阿鼻大地獄 一切受苦衆生 皆得超生 兜率天中 聞天鼓音 勸發
菩提心者 天子皆悟 前世曾供養佛 來發菩提心 未久皆悟 無生法忍 登不退轉
地 諸佛子 汝等自無量劫來 或富 或貴 或賤 或貧 豈不曾供養佛來 但由昧道
恃有氣力 作諸惡]業 不覺不知 墜於地獄 於今日省悟前非 各各猛烈 發菩提
心 與諸佛幷駕不難

諸佛子 各知利害 已見山僧眞心也未 德異勸諸比丘 同發心 刱建菩提會者
因仰觀當今皇帝 聖慈廣大 敬佛重僧 又特免僧人田地苗稅 意在僧家 安心住
坐 精進辦道 續佛慧命 興隆三寶 又觀天道雖樂 未免五衰 復觀人道 修羅道

餓鬼道 旁生道 地獄道 一切生靈苦惱甚多 深可憐憫 只如浙右累遭水澇 他方或(83)有旱傷 百穀耗消 連年飢饉 今春已來 又兼疾疫流行 何況已經兵難喪亡者有之 被驅虜者有之 察其所由 皆因昧道 作諸惡業積累

衆僭共召三災 今者 群生備受苦惱 尙不省覺 求衣趨食者 不顧危亡 逐利奔名者 罔知陷穽 盡其氣力 生貪嗔癡愛 不明罪福因果 五常廢盡 十惡積多 未免從苦入苦 互相怨恨 聲動天地 感召兩陽不調 故有旱澇 此是花報 後爲大三災根蒂

由是德異等 就平江府 休休庵 刱此勝會〕每年遇六月初一日 啓建道場 四十五日逐日 看誦華嚴妙典 及諸大部眞詮 至中元日圓滿 修設無遮斛食平等供養 一切聖凡 作諸佛事 所集殊勛 代爲四生六道 懺滌前僭 消除惡報 勸諸聖凡 發菩提心 行菩提行 興隆三寶 上祝皇帝聖壽萬安 保祐國祚綿遠 賢明輔弼 祿筭增崇 國泰民安 歲時豐稔 無諸災難 共樂無爲

諸仁者知無爲之樂 自何而至麼 非菩提心 而不可得 各宜發菩提心 行菩提行 參究菩提妙(84)道 以大悟爲入門 以廓徹爲登彼岸 若要直截相應者 從今日惺惺 着觸境遇緣 照顧自己 忽然捨得攀緣盡淨 使有頓悟之期

豈不見世尊 在靈山會上 以隨色摩尼珠 示五方天王而問云 珠作何色 五方天王各說一色 佛以珠藏於袖中 豎拳示之 復問珠作何色 五方天王皆曰世尊手中無珠 而有何色 世尊曰 我以世間珠 示汝 汝乃言 靑黃 赤白等色 我以眞珠 示汝 汝却言手中無珠 無色 何迷倒之甚於是 衆天王〕各各悟道 諸佛子知麼 世尊費了多少鹽醋 五方天王始得悟去 曾徹也 未敢何止得大解脫而已 (以拂子豎起問云) 諸佛子珠作何色 若有云手中無珠亦無有色

山僧隨聲便打 何故 如是山僧具大慈悲 爲人須爲徹 有於棒下悟道者 山僧未輕信汝在 善男子來 (以拂柄畫此相)⑪示之 問云 會麼 速道速道直下 道得諦當却問你 五方天王 今在何處 立地截得山僧舌頭斷 却連與三棒 若已悟徹者 便見此棒落處 未(85)悟者 宜向世尊豎拳頭 處參究得筒入頭 却於山僧棒下究徹 切不可抛在無事甲裏

320

諸佛子須知悟達有淺深　知見有大小　機智有圓闕　品位有高低　是故　自預流果　至無上妙果　有五千五位之階差　此道本無許多判別　因參究者　志氣有大小　信向有輕重　故有賢聖之分　有順逆遲速之異　菩薩順修而至　如來逆流而入若不發菩提心　而修行者多　是半途而止　或墜三乘二乘　執見執解如獐獨跳　不顧後群　或錯用其]心　流入邪麼　種族　或墜六師外道之家　違背無上正覺　徒費光陰

是故佛說一大藏敎　爲昏迷者洗出光明　直指歸家達本地矣　以無功用　行普利　一切悲智行願圓滿　而證妙果　大有樣子　所以不同偏小之徒　自取困窮樂於空寂　或滯門頭戶　口弄光影　過却歲月　諸佛子要知利害　在甚處麼　惺惺有分數靈利有等差　參禪看敎　直須發菩提心　具正大眼目　佛所說諸經各部　有的旨爲何等人說

靈利者一見　經之題目　便(86)見佛意　以大方廣佛華嚴經言之　是法身佛爲主放光加諸菩薩　演說以信爲首　頓悟根本智　然後修證　住行向地　等妙二覺大圓滿　覺以至入般涅槃　次第法門於經題　可見者大方　卽汝等眞淨妙明之性　雖曰量等虛空其　實能包虛空　豈不廣也　佛卽覺也　覺悟後　以悲智行願之　華庄嚴覺禮

以妙法蓮華經而言之　妙法卽汝等　虛明靈妙之心　眞心卽眞性　蓮經是化身佛說　有所爲也　諸大聲　聞在華嚴會上　各以空法]得證樂空寂之樂　未發菩提心是故在逝多林中　不見大人境界　不聞頓圓大法　佛於諸經會上　逐漸開發　末後有捨小樂大之心　佛始爲說　妙法蓮華經敎菩薩法以開示悟　入佛之知見爲宗旨以蓮華而喩人心

蓮華者　塵汚不能染　出水開華　華果同時　纔發菩提心者　佛卽授其遠記直下悟明者　證本性法身　佛行菩提行　具足悲智行願　始證圓滿果　看經者　若具眼於一言之下　悟明便入如來地　却當究盡經旨　直須(87)行解相應　若信口念去　以聲音爲能事者　未善看經　一者執着　能所增其我慢　二者　數他珎寶　自己無分三者未是持經　失大利益

若能直下 發菩提心 於四威儀中 參究那筒 是妙法何者 是入佛知 見道參究有功 豁然眼開 便見釋迦佛 不曾滅度參禪者 且看世尊 因王通仙衆來 問云佛有六通 我等有五通 如何是那一通 佛召仙人 仙人應喏 佛云那一通你問我中有一仙人 悟明妙道 禮拜而退 餘者罔知 所以諸佛]子 見惺惺 靈利不等麼世尊直指當機 普及爲甚有悟者 有不悟者 所以道有智捉獲 刹那頃無智 經年不見影 這一仙人 可謂有智底 曾知靈利 未能過人 不若非世尊 具大慈悲 再與一槌焉 得眼開

今日忽有人 問長老 佛有六通 我有五通 如何是那一通 (以拂柄 擊禪床一下) 云會麼 若直下悟明 禮拜而退 山僧向他道 你未徹在諸佛子 見得麼那裏是他未徹處 選佛若無如是眼宗 風曾得到 而今且如 五通仙人如(88)是來問佛時 他超凡也 未有我相也 無知造道有頓漸也 無知達道有淺深也 無悟道底仙人曾得悟後 指要也 無得圓滿無碍也未 所以達磨西來 於教外直指人心 見性成佛 學者若也

悟達下一轉語諦 當契合兩眼對兩眼 是謂以心印心 謂之教外別傳 達磨有頌云 悟佛心宗等無差 互行解相應名之 曰 祖諸佛子行解 若不相應 焉能克紹正宗 未名落在散聖隊裏 名不虛得 一等曰仙品類 非一五明仙人 其正知]見在佛會中有位 不發菩提 凡者與二乘等 自取逍遙之樂 而失普利之道 發菩提心者 能具足悲智行願 住大解脫 爲大善 知識如華嚴會上 勝熱婆羅門瞿目仙人遍行外道 最寂靜 婆羅門者 是也 是謂眞仙 稱佛爲大覺 金仙尊禮爲師 如楞嚴經中說 十種仙者 是錯用心 修行底 不知有大道 而行小徑 雖能成功 壽及千歲萬歲 末上功力盡時 未免壽終 依前散入 諸趣生死之苦 不可言也 各宜省察 須知性有命也 (89)命由性也 要保命者 是阿誰明徹麼 直下明徹去 更宜發菩提心 成全妙果

具大志氣者 一生可以超群拔萃 豈不見善財童子 發菩提心 首參文殊 得指南詢 見諸知識 深入法門 末上欲見普賢大士 發起十種等虛空界廣大心 一謂捨一切利離 一切着 無碍心 二謂普行一切無碍法無碍心 三謂遍入十方海 無

碍心 四謂 普入一切智境界 清淨心 五謂 觀察道場庄嚴 明了心 六謂 入一切
佛法海 廣大心 七謂 化一切衆生界 週遍心 八謂 淨一切佛土 無量心 九謂
住一切劫 無盡心 十謂 趣如來十力究竟心發是心已 卽見十種瑞相 於是普攝
諸根一心 求見普賢菩薩 發起大精進 心 大悲堅固 猶如金剛 盡未來常得 隨
愛普賢菩薩 念念隨順 修普賢行 成就普賢智慧 入如來境界 住普賢地 卽時得
見 曾賢大士 得摩其頂 於是得諸法門 勝前所見知識 所得法門 千萬億倍 於
普賢一毛孔中 行一步 過無量佛利 敎化無量 衆生皆令(91)發阿耨多羅三藐三
菩提心 又見普賢無量生中 所修諸大功德 又於普賢毛孔中 見十方無量佛利
見無量佛 一一承事供養 得十種智波羅密 雙於普賢一毛孔中 一念所入 諸佛
利海 盡得諸法門 敎化衆生 得與普賢行願海等 與普賢等 與諸佛等 一身充滿
一切世界利等行等正覺等 神通等 法輪等 辯才等 言辭等 音聲等 力無畏等
佛所住等 大慈悲等 不可思議 解脫自在 悉皆同等 一生成就 如是功德

功德者]達道 曰功弘道利生 曰德諸佛子莫謂善財 生值佛世 得佛加被 得
文殊直指 今者佛而滅度 況我不曾下得者 般種子若作此念者 可惜了也 你還
知一点靈明 與佛與蟻虱 作有靈明無二麼 在凡不減 在佛不增 一点靈明 便是
種子 可爲賢可爲聖 這佛爲衆生不論貴賤貧富 大身小身 能省察者便得便宜
游魚雉鷄 野狐尙得超凡入聖 何況人乎

欲知前世 因今生受者 是欲知來世界 今生作者 是種麻決不生豆 各(92)宜
知之 諸佛子莫謂佛 今入般涅槃 二千三百餘年 又加時世 惡薄賢聖隱晦無眞
善知識 可以參學 你知麼 佛之壽量長遠 不可以凡心測 佛所化世界廣闊 不可
以凡眼觀 須信釋迦佛 實不曾入般涅槃 現在他方世界 坐大道場 諸法界中 有
一衆生 發菩提心者 佛卽知之 精進勇猛者 便爲授記 那更十方諸佛 體用皆然
今此諸佛 光明交照 何曾間歇莫道

今日山僧 於此小庵中 刱建菩提勝會 無有諸佛聖賢 降赴]不可 以凡眼耳
見聞 若有發菩提心 精進不退者 卽能感他文殊 普賢觀音彌勒諸大菩薩現 凡
相來爲汝說法所感 若輕日間 不見定於夢中 有人爲汝說法 若不然者 非但同

僧妄語 亦且諸大菩薩 違他本心 大誓願菩提心 若不能感應 則諸佛慧命 阿誰繼續 諸佛由何成道

證果菩提心者 成就一切功德 修身齊家治國平天下 救物利生 出世間 入聖越十地 以至證無上妙果 傳燈續焰 皆是此心 是故同僧刼會 勸(93)諸佛子發菩提心 同登彼岸 更勸此方他界 幽顯神祇 及人世間 在家出家之士 亦如是發心 刼如是會 結菩提無上緣 各修圓滿行 入圓滿智 集圓滿功德 悟圓滿法 證圓滿果 成圓滿覺 具圓滿相 備圓滿庄嚴 有圓滿衆諸佛子 如是妙果 非菩提心豈能成就 開示一切妙境界 盡除一切諸障碍 成就一切清淨 殺出生一切如來智 欲見十方一切佛 欲施無盡功德 藏欲滅衆生諸苦惱 宜應速發菩提心

是日會中 幽顯神祇 聖凡僧俗 一切法界 中諸佛子 同發菩提心者 此界他方諸佛子 將來發菩提心者 幷願同德異等 蒙佛加被獲 精進力徧 參知識得諸解脫法門 一生成就 菩提妙果 皆如善財童子 明了一心 見十方佛 任運自在化度群生 皆如解脫 長者深達 實相善說法 要彈徧斥小開不二門 其足廣大神通 住不思議 解脫皆如維摩居士 任廣大無爲 行願力獲隨意 出生福德 藏作大佛事 普濟群生 皆如明智居士 獲三十二(94)應身 施十四種無畏 弘大悲行 救度衆生 皆如觀世音菩薩 行願具足 悲智圓融果 滿菩提受一生記 皆如彌勒大士 行願無上 功德絕倫 退位度生 爲佛長子 皆如普賢菩薩 爲諸佛母 作菩薩師大智謙 尊佐佛宏化 皆如文殊師利菩薩所願 諸佛子 各各早具如上功德 先成無上菩提 德異願 隨諸佛 生彼世界 於諸佛會中 作上首菩薩 助宣正法 普度有情諸佛 示現般涅槃 時德異誓當結集法藏流布十方 弘揚妙道 諸佛末法之中 德異承本願 力生國王家 現比丘相以大力量 中興末運 普利群生 德異所發 如上誓願 世世生生 同諸佛子結菩提勝會 續諸佛慧命 大播眞風 報恩資有記得

前宋太宗皇帝 一夜夢神人前來 勸發菩提心 次日宣問左右大臣 菩提心作麼生 發諸朝士 皆無對 諸佛子 太宗皇帝 感他神人入夢 勸發菩提心 可見有德而然也 且道他於夢中 曾發菩提心也 不曾次日 是會了 如是問耶 不會了 如

是問太(95)宗 由是深明妙道 後來聞廬山臥雲庵僧 是有道之士 宣召而到 問
云 臥雲深處不朝天 今日因甚到者裏 其僧無答

於一百年後 雪竇顯禪師 代左右大臣一語云 實謂今古罕聞 又代其僧一語
云 難逃至化 可謂諦當 甚有爲人處 惜乎 世人作世諦會 却必竟者 僧是有道
之士 當時果是 無對否 亦有尊宿 於室中擧問 山僧云 臥雲深處不朝天 因甚
到者裏山僧 答云 邦有道 則現且道 太宗曾問雪竇及山僧之語也 不曾今日有
人出來問 長光菩提心作麼 生發只向他道 非聖明 莫知且道 此語落在甚處 有
爲人處也 無辜負他所問也

無切忌思量 卜度不妨 攙眸薦取 今日因有所爲 而不覺言多 言多去道 轉
遠輒成一頌 作圓滿 供有情一發菩提心 便入菩提功德林 他日三身圓現處 方
知非古亦非今

蒙山和尙勸發菩提心普說 (96)
益都路 依本分人 王執中施財 刊此普說 結緣伏願 見者聞者 皆發菩提心
同登菩提岸者 至元戊子 中秋 王執中 謹願

2. 육도보설

六道普說(홍치10년본)
若人欲了知三世一切佛 應觀法界 性一切唯心造 諸佛子識得心也未 心也
者 虛而靈 寂而妙 是諸賢聖之祖 是一切法之宗 萬相森羅 自此發現 六凡四
聖 自此而今 經書語言工巧技藝 自此 而彰 諸多劫運壽量

自此 而顯統萬德 而無相 爍群昏而有功 悟之者曰 佛迷之者曰衆生 佛與
衆生 是賞罰之虛名 心佛衆生 謂之三無差別 窮究到極則 處心亦是假 名佛亦
是稱乎耳 故云 非心非佛曰道 道亦是獨名 故南泉云 不是心不是佛 不是物

到這裏 能洞徹玄微者 不歷階梯 一超直入如來地 其或未然 山僧當爲分別十法界 細詳直指 顧諸佛子 同時悟去 今各從一法界來 各各已受苦惱 便宜惺惺求大解脫 只如地獄道之苦 因何而有 諸多不善器具

又是誰造 大地獄者 則有定所 諸小地獄 隨處有之 山澤海隅岳司城隍郊野無人之境 皆有衆生 受苦總非琰王置立 皆是汝等 前世爲人時 昧此眞心 不信因果 或不孝二親 或毀謗三寶 或欺賢罔聖 或損物傷生 恣造諸惡 一旦身亡報轉 業力發現 諸多惡境長劫 冥明一日 萬死萬生 身碎 業風 吹又活 命終 羅喝 重生

是以 號爲地獄法界 若論餓鬼道者 無非汝等 在人道中 恣情執見 慳嫉妬狡猾陰謀 作種種邪非 造般般惡業 遂招此報 身形醜惡 眷屬 乖張 熱惱煎熬甘漿莫 及飢渴之苦 過於倒懸 是以號爲餓鬼法界 傍生道者 皆因遂妄迷眞 繼貪嗔癡愛 行婬使驕奢 不知三綱五常 不修五戒十善

是故 今者以命還命 以力償力 遞相食噉 以肉供澐 因果無差 以身償債 大身小身 遂業受報 毛群羽族水陸飛沈 死此生彼 受諸苦惱 何由解脫胎卵濕化輪回未息 如是等類 謂之傍生法界 修羅道者 前因 貢高 傲慢 頑狠豪強 嗔心作福惡心 持戒 招此果報 大力者 與帝釋爭權 下劣者 捷身水穴 或現三頭六辟 出沒五趣曰生 有福德者 歸依三寶 志趣菩提 無善因者 嗔心正熾 熱惱自苦 常懷鬥諍之念 每現威勇之形 是名 阿修羅法界 人道者 善因宿布 華獲人倫 或生中國邊方 或受男形女相 或智或愚 或賤或貴 或貧或富 或苦或樂 皆非天地 與之總由前業果報

故云 欲知前世因 今生受者 是 欲知未來界 今生作者 是六道之中 唯有人道 殊勝 有志氣者 可以超凡入聖 截斷輪回 成佛作祖 人道不修 他道 難修有一等衣食不給者 又至愚無知者 皆是前業 深重 久歷傍生 今得人身 是自傍生中來 是以 愚迷 深可憐愍 此番失却 根本轉微 若能努力修行 獲大利益 天道者 欲界六天 色界十八天 無色界四天 欲界六天 惟兜率陀天 是學般若菩薩生處 內院 是一生補處菩薩所居 所以 三災不到 除天 皆是人道中 修五戒十

善 廣施種種德行 邃其高低 果報受生 人間一千六百年 他化自在天爲一晝夜
壽數 亦如是 自此已上一天 倍於一天 自二禪以下 及人世界 大三災至時 未
免有壞 自忉利 以上天人 各有宮殿 隨身光明 照体不用日月之照明 受用隨念
現前壽 八萬四千劫 有得四禪八定者 多是未明此道 未入聖流 等曰衆生 忽爾
五襄相 現奄入査

依前受苦 輪回諸趣 地獄餓鬼 傍生修羅人天 謂之六道 名凡六界 聲聞緣
覺菩薩佛 謂之四聖 聲聞者聞說四諦 而悟 證空無相無顧解脫 滯於化城 未至
寶所 緣覺者 觀十二因緣 悟無生法忍 智慧有限 缺大悲大顧大智大行 欠修十
波羅蜜 不求大果 不顧後流 故曰獨覺菩薩者 有順流有逆流 順流者自十信十
住十行十回向十地 等覺妙覺 歷五十二位 而至佛果流者 具大志氣 先取頃悟
無生法忍發明大智 得大機用 然後 廣行慈悲行顧 度諸衆生佛者 福德智慧兩
足 已全十力 獲四無畏十八不共法行顧圓滿 證圓滿果 三身圓現 十號俱彰 已
上四聖六允 謂之十法界 故 覺林菩薩云 應觀法界 性 一切唯心造 諸佛子 曾
回光返照麼 若直下 悟明此心 縱有阿鼻之業 自然如湯消氷 卽入如來地

文殊云 覺海性澄圓 澄圓覺元妙元明照生所 所立 照性 亡 迷妄 有虛空 依
空立世界 想澄 成國土 知覺 乃衆生 空生大覺中 如海一漚 發有漏微塵國 皆
依空 所生漚滅空本無 況復諸三 有只爲衆生 迷眞逐妄 輪回不已 累他諸佛
示現人間 廣說諸經 及種種辟喻 種種方便 再三再四提撕 或單單直指 只要諸
佛子返 妄歸眞 得大安樂 爲大自在人

故云心生種種法生 心滅種種法滅我無一切心 何用一切法 豈不見 靈山會
上 五百比丘 得四禪定 獲五神通 未得無生 法忍 以宿命智通 見過去生中 殺
父害母 作諸重罪 各各懷疑 於甚深法 不能證入 文殊師利 以佛神力 手握利
劍 持逼如來

如來謂文殊曰 往往 不應作送 勿得害吾 吾必被害 爲善 被害 文殊師利 從
本以來 無有我人 但內心 見有我人 內心起時 我必被害 卽名爲害 於是 五百
比丘 同悟此心 如夢如幻 夢幻之中 無有我人 乃至能生所生父母 同聲讚曰

文殊大智士 深達法源底 自手握利劍 持逼如來身 如劍 佛亦爾 一相無有二 無相亦無生 是中 云何教奇哉 五百比丘 前生 作此極重惡業 於心 豈無疑尋 若不遇文殊 與佛 施大方便 焉能解脫 諸佛子 今者皆自惡道 承三寶威光 來 赴山僧 平等法會 那介 前生 不作惡業來 許多時 受惡道之苦 還曾思省麼

今聞山僧 舉五百比丘因緣 皆當頂悟妄 心如夢如幻 所作惡業 亦是夢幻 業既是幻 惡道 亦是幻 種種 是幻 亦無作業者 亦無受報者 於斯 當得解脫 獲勝妙眞樂 或有疑尋 未除者 山僧 別有一方便 即今 爲汝等除諸疑尋去也 諸佛子惺惺着(喝一喝云)會麼 會麼 不得喚作一喝直下 疑情 氷釋 正眼 豁開 便見得與諸佛 同一妙体 共一見聞 然雖如是 我今 觀諸佛子 久失人身 墮於 幽冥 或墮餓鬼 及傍生道中 或滯入難諸惡道者 受諸苦惱 昏迷正念 況無量劫 來 背覺合塵 不知有此超允 入聖妙道 今者 雖承吾顧力 咸赴此會 山僧 特爲 單提直指 然而多有執迷 未捨邪見 自生障尋 未得悟此眞心 深可憐愍 山僧痛 念 汝等 與佛 等有一點靈明

又且過去無量劫 無量劫最初劫中 同預三才之列 諸佛 彼時 便自惺惺 悟 明妙道 以此妙道 於無量劫中 廣度衆生 吾與汝等 皆因逐妄迷眞 恣意作業 轉轉執迷 親近惡夜 習學姦猾巧詐 淳消朴喪 自未其苦山僧 幸於釋迦文佛末 法之中 再得人身 乘宿世微善 敬信三寶之力 得圓僧相 叅訪眞善知識 自以生 死事大爲念 下苦工夫 究明此道 得少分相應 汝等 尚滯惡趣 受諸苦惱

由是山僧 立志卓庵 發平等顧 行平等行 於辛巳年許 看華嚴經一百部 全 爲一切僧道 同會同盟 及六道中諸佛子 懺滌罪愆 增崇福慧 代爲汝等 結般若 勝緣 所祈 各各悟明妙道 超脫苦趣 圓明種智 續佛 慧命 是以今者預於六月 二十九日 同本菴僧道 祝白三寶證明 看誦大方廣佛華嚴經 及諸品經呪 爲諸 佛子 消滅前生 種種不善業障 莊嚴無上 佛果菩提 今霄圓滿修設 無遮無尋法 食一莚 誦諸神呪加持 平等供養 諸佛子衆 消除飢渴

山僧特爲普說法要 顧諸佛子 捨邪歸正 脫苦得樂 今當更舉一二機緣 以諸 佛威光 令汝等 於此會中 便登解脫門 永離惡道 苦世尊 因黑氏梵志 以神通

328

力 兩手擎兩梀合歡梧桐花 來供養佛佛 呼梵志 梵志應諾 佛云 放下着 梵志
放下右手一株花 佛又云 放下着 梵志放下左手一株花 佛又云 仙人放下着 梵
志云 兩手花 皆以放下 更放下介什麼

佛云 非令汝放下手中花 汝可放下 外六塵 內六根 中六識放捨淨盡 到無
可捨處 是汝 脫生死斷輪回處 於是梵志 悟無生法忍 諸佛子 聞山僧 恁麼擧
時 亦當放捨 六塵六根六識 放捨 到淨盡處 便見眞淨妙明 不生不滅 常住眞
心 其量廣大 能包虛空 或要小時 能入微塵 如是妙体 無相如空 有大神通光
明機用 故曰不空 決定是 有視之不見 聽之不聞 謂之不有 眞空 不空 妙有
不有 方隅 不可定其居 劫數 不可窮其壽 到這裏 何處有諸惡道 那討生死 輪
回 焉得飢渴 及種種苦惱

是以百丈道 靈光 獨耀 迥脫根塵 体露眞常不拘文字 眞性無染 本自圓成
但離妄緣 卽如如佛 彼時 有靈利漢 名曰古靈 於言下 頓悟 今夜山僧爲諸佛
子 擧了也 諸佛子 亦當頓悟 何謂 各各有這一點靈明 彼旣丈夫 汝亦爾諸佛
子 不須外求 但回光返照 見徹眞性 卽名成佛 佛者 何謂於一念中 悟一切法
空 悟者 大覺也 覺名佛 人是舊時人 換却舊時行履處

山僧見汝等 徒前不覺 恣情作業 受諸苦惱 由是 嘗有顧顧諸佛子 發大信
心 信此妙道 早求大解脫 發菩提心 轉度未悟衆生 諸佛子 先登果位 證無上
菩提 山僧 却來會中 作上首菩薩 助宣正決 又願 於諸佛未法中 廣行財施法
施 攝化有情 恢弘妙道 扶持末運 是以今霄 苦口叮嚀 諸佛子 會麼 超允入聖
今正是時 各着精彩 當機妙悟 慰我本願 爾爲汝等 擧一因緣 發汝眞機

昔日有僧 問軋峯云 十方薄伽梵一路涅槃門 未審 路頭 在什麼處峯以柱杖
畫一畫 僧又擧問雲門 門招起扇子云 扇子 蹄跳上三十三天 築着帝彩鼻孔 東
海鯉魚 打一棒 雨似盆 汝等 見徹二尊宿麼 一人如大地普載 一人如明月淸風
汝等 向大地普載處 悟去 便得淸淨 涅槃之樂 於明月淸風處 悟去 便得禪悅
法喜之樂 其或未然 山僧亦有一路涅槃門 路頭甚直 汝等若是嗟過軋峯雲門
直下 着眼 當機薦取喝 一喝云 從此悟徹 便獲最極尊重 大自在樂 慈悲喜捨

無量力 樂雖然如是 且道 與諸佛 諸祖涅槃路 是同 是別 唯此一事 實除二則 非眞 看他 天親菩薩 自兜率宮中 下來

無着問云 人間皿百年彼天 爲一晝夜 彌勒 於少時 成就五百億天人 悟無生法忍 未審 說什麼法 天親云 也只是說這介法 只是梵音淸雅 令人 樂聞諸佛子知麼 非但弥勒 只說這介法 過去無量諸佛 歷代祖師 未來一切諸佛 皆共這一介舌頭 無有二道

故經云 十方三世佛 一道 超出 若有異於此者 皆非正道 只知西天七賢女 同遊屍多林見一死屍 一女指爲諸娣曰 屍在這裏 人向什處去 中有一賢女云 作麼作麼 諸賢女諦觀 各各契悟 感帝釋 散花供養云 惟顧諸賢女 有何所須 我當終身供給 女云我家 四事七珎 悉皆具足 唯要三般物 一要 無陰陽地一片 二要 無根樹子一株 三要叫不響山谷一所 帝釋 一切所須我悉有之 若此三般物 我悉無女云 汝無此物 爭解濟人 帝叔無語 遂同往 白佛

佛言 我諸弟子大阿羅漢 皆悉不解此義 惟有諸大菩薩 乃解此義 諸佛子 汝解此義 不 天帝釋 是大千之主如何 實無此三般物 他與七賢女 還有優劣 不山僧 當時 若作天帝釋 隨機 向他道有 諸賢女 要此三般物 作什麼今霄 諸佛子 悟此妙道

山僧亦當供養 若要這三般物 亦不違汝問卽今 分付與汝 去也 喝一喝 云 見麼見麼 或有未具摩 眼者 今爾爲汝 註破 無陰陽地 光明發現了也 無根樹子 開花了也 叫不響山谷 淸風起了也 大悟底 於此 成就一切智 得意生身 自在遊諸佛國 樂其眞樂 未悟者 持此機緣 往生西方極樂世界 拜問阿彌陁佛 彼佛慈悲廣大 行顧深洪 決以上品 相待珎重

弘治十年[2]八月 日 全羅道鎭安地聳出山懸庵開板
施主秩 伏爲

---

2) 홍치(弘治) 10년 연산군 3년 1497년

大卿 金自恭靈駕 妻金氏

司直 金益禧兩主 熙允

金秀孫兩主 思會

金以信 大施主安敬之兩主

司直全自敦兩主 大施主安明叱同兩主

姜自同兩主 大施主洪□□兩主

姜自浩兩主 大施主 寬智

III. 직주도덕경

1. 서문[1]

天下無二道 聖人無二心 聖人憫迷方之人 逐末而失道也 立言垂訓 以爲南之車 引而指歸本道 達本道矣 然後以之修身則身修 以之齊家則家齊 以之治國則國治 以之平天下 則天下平 無所施而不可

蒙山絶牧叟 寓閩逢儒者 誹釋老 聽其語脉 未及釋老之門 輕議釋老之室 則其家性與天道 可知矣 於是念三敎門 人不達聖人之心 私爲町畦 疆封天下之道 將三敎聖訓 敷暢厥旨歸 除邊見

猶如今日 山河大地 一統歸元 飜譯萬邦之言 一以貫之 則從前疆封邊見 皆是妄立 始知四海元同一家 如是則前聖後聖 本無二心 曰儒曰釋 初無二道 道無一道 道卽是心 心無二心及乎心道 俱忘復是何物〇 若也 究得徹去 方悟天下國家 由斯而建立 山河大地 由斯而發生 到這裏 儒也釋也道也 皆强名爾 其或未然 蒙山譯語 甚明 各順鄕談其眼

---

1) 본래 제목이 없으나 필자가 자의로 붙였다. 이런 경우 [ ]로 묶었다. 이하 같다.

至元丁亥重陽 中順大夫 廣東道 宣尉副使 明本山人 游立書

直註道德經序　　　　　古筠釋絶牧叟 德異 述

欲觀大達家風 須識本來面目 不可思議 難以智知 若非再世聖人捨悟入 無由洞徹 縱是超方 賢士執能 鮮有所昏 迷滌盡諸塵 正眼開圓通 一法盡機活 淺深易辯 玄妙難謾 夫道德經者 復明妙劑也

修身治家治國治天下 捨道德而用他術者 昧冥也 善爲士者 微妙玄通 無爲而身修 不令而家治若也 施之於國於天下 其德廣矣

賢良來歸 民物順化 淳風大復 國用有餘 海晏河淸 萬邦入貢 聖治也 爍群混統 衆德者道也 三才之本也 萬物之母也 爲人不造道 如飢者不食 寒者不衣 良可憫也 周末 時世廢 道失德 老子棄藏室史 將隱去關 令尹喜勸 請著書 遂留五千餘言 惟述道德 道者妙道也 大道也 德者上德也 下德也標月指也 無詭異亂倫之術無惑衆 密傳之法 能一覽 而直前者未 卽至聖而亦賢矣 三敎一體也 萬法一源也 三敎之道 卽二儀之道 二儀三敎一道也

道之妙者大包無外 細入無內 至明無相 至靈無爲 至順無私 至尊無我 大功不宰 大用無窮 獨立不改 週行不殆 浩浩蕩蕩 歷歷明明 方隅不可定 其居劫數 無能窮其壽 絶對待沒比倫 如是虛明 如是靈妙 人人有之 在人曰 心迷悟 有殊善惡異矣

古之大達者 憫諸迷昧 或爲直指單提 或爲宛轉開示 或以物格 或以事喩 方便多門 如大醫王 隨病與藥 德無望報功有大全 嗚呼去聖時 遙見見識識 各黨宗敎 夾截虛空 棄明投冥 以病爲樂 乖眞逐末 日益澆漓 傷哉德異擇友求師 遊歷湖海 觀諸利害 誓與有志氣者共知

宋咸淳間 數載留閩 遇二朝士 力怕釋老 余勉之曰 詳看老子 怒惑息時 點撿華嚴 却與本色衲僧說話 釋老果有未善 明指其非 罪之可也 二公遽取老子閱數章 余問之曰 有過否 二公有省 同聲曰 禪家善指人 見道如此 當告諸友朋 釋老大有過人處 二公由是誓徹此道 賤迹出閩 十有三年 丁丑秋 颺下澉山

拘柄 戊寅春 不赴淸凉 請樂寂寞 於具庵曰休休 閑中日 求註此一經 行無緣
慈 作不請友 願諸仁者 擧目洞徹 廣弘至德 挽回古風 惑曰達磨西來 直指見
性 不立文字 註經述敍 流入知解矣 山僧謝之曰 幸遇子期 三敎聖人 面目現
在 公見否 草木瓦礫 鱗甲羽毛 浩浩地 宣揚此道 公聞否 見聞俱徹 正好進步
至元乙酉解制日敍

2. 본문

直註道德經　　　　　　　古筠釋絶牧叟 德異 註

1.[2] 道可道 非常道 名可名 非常名
　虛明湛寂 無相無名 空而有靈 是謂眞空 有而無相 是謂妙有 眞空妙有 靈
妙無窮 大達者 尊而稱之曰道 道本無言 因言顯道 可以說也 非尋常之道 妙
道也 大道也 妙也者 大包無外 細入無內 無爲而普應無私 無始而靈妙 無竭
無相 而現一切相 無名而立一切名 大也者 無極無上 至尊至貴 爲一氣之母
是三才之祖 名可名者 虛明無相 故無名也 一氣動而淸濁判 二儀位而陰陽顯
三才立焉 萬物生焉 可得而名矣 非常名者 妙道也 大道也 三才之大本也 何
謂大本 靈妙氣淸者 剛在上 成象曰天 靈妙氣濁者 柔居下 成形曰地 得靈明
至眞中和之氣 具剛柔者 人也 虛明靈妙 在人曰心 爲一身之主 爲萬法之王
亦曰性 卽大命也 天命之謂性者 是也

　無名 天地之始 有名 萬物之母
　無相而極虛明 有靈而無聲色 一氣於其中發現 是謂天地之元始 三才由是

---

2) 아라비아 숫자는 노자 81장의 순서를 가리킨다.

以立 三生萬物 故有名萬物之母 世界成矣 萬物雖殊 承恩一也 大道無爲 至
德顯矣 道體也 德用也 用無體不生 體無用不妙 無爲而有妙用者 道也

常無3)欲 以觀其妙 常有欲 以觀其徼 此兩者 同出而異名 同謂之玄 玄之
又玄 衆妙之門

老子 以自利之旨 普利世人曰常 捨諸緣一念不生 絶無所欲 以觀其妙 自
妙至玄 廓達大道 儒以大道曰大本 指其要 曰喜怒哀樂 未發 謂之中 中字是
寄宣此道也 不可以字義論 如標月指也 向一念未萌時着眼 乃可悟達 釋以大
道 曰實相 曰眞如 曰如來地 曰無生法忍 指其要 曰不思善 不思惡 回光自看
忽然悟明 三教之旨 見道一也 常有欲 以觀其徼者 擧念之際 機將發時 見聞
覺知中動靜施爲處 返觀靈變 亦可悟達 所謂常無欲 是無念 從理入常有欲 是
有念從事 入有念無念 同出於心 而名異矣 同謂之玄 眞心無相 視之不見 聽
之不聞 玄之又玄者 極虛明 而不可以智知 不可以識識 絶思議無譬喩 眞空妙
有 陰陽自此發現 三才自此而立 萬物自此而生 三綱五常 法度刑政 治世語言
工巧技藝 資生之業 種種德行 出世經書 力量神通 光明壽量 知慧辯才 玄妙
用 淸淨世界 濁惡世界 總由是而出現 故曰衆妙之門

2. 天下 皆知美之爲美 斯惡矣 皆知善之爲善 斯不善矣 故有無之相生 難
易之相成 長短之相形 高下之相傾 聲音之相和 前後之相隨

三才立 萬物生 光華盛 名相顯 世間人 皆知萬物之美 可以濟用 以斯爲美
者 不知生育之恩 斯謂惡矣 眞饒皆知 造化運行 生成爲善 以此爲善者 但見

---

3) 도덕경은 5000언(言, 자字)라고 하지만 이마저 여러 본의 차이가 심하다. 하상공(河上
公), 왕필(王弼), 이약우(李若愚) 등이 정리한 책에는 '상무(常無)'의 바로 앞에 '고'(故)가
있다. 몽산이 직주에 모본으로 사용한 도덕경에 대한 논의도 필요하지만 이에 대해서는
생략하고, 여기서는 몽산 직주도덕경의 원문을 충실하게 옮기는 작업에만 힘을 기울이고
자 한다. 노자도덕경에 대하여 원문과 주석은 다음 두 책을 주로 참고하였다. 朱謙之『老
子校釋』(中華書局 1984); 高明『帛書老子校注』(中華書局 1996).

三才之德 不明大道 斯爲不善矣 嗚呼 昧道而迷德 逐末而忘本 日見澆漓矣 唯人最靈 不能返觀 虛明靈妙之性 具大神通 能爲萬象主 有無爲妙用 却乃逐妄 而競作有爲 情識持權 被五欲八風貪嗔癡愛作亂 無而生有 有而生無 有無相生不已 所爲之事 有難有易 難者生苦 易者生樂 苦樂難易 互相成就 事有善惡 理有長短 長短相形 而力有高下 互相傾動 美惡聲音 相和相雜 是是非非 前者未滅 後者隨生 孰肯猛省 還其淳 返其朴

是以聖人 處無爲之事 行不言之敎 萬物 作而不辭 生而不有 爲而不恃 功成而不居 夫惟不居 是以不去

聖人者 達大道 弘至德之人也 釋云斷欲去愛 識心達本 悟無爲法 內無所得 外無所求 心不繫道 亦不結業 無念無作 非修非證 不歷諸位 而自崇最 各之曰道 無爲之道 統衆德 燦群昏 應機濟事 持顚扶危 有自然之妙 如春行萬國風行太虛 大達者 不尙有作之功 任無爲之道 以自然之德 等及世間 不言而人自化 修身齊家治國平天下 不可須臾離乎道 以道爲體者 德合天地 高明博厚 萬物並作而不辭 生育萬物而無我 爲萬象主 而不恃其尊 大功成 而不居其位 夫惟不居大功 不宰者無所失也 無榮辱 絶是非也 去者失也

3. 不尙賢 使民不爭 不貴難得之貨 使民不爲盜 不見可欲 使心不亂 是以聖人之治 虛其心實其腹 弱其志强其骨 常使民 無知無欲 使夫知者 不敢爲也 爲無爲 則無不治矣

抱道行不言之敎者 中虛外順 無所好惡 是以不尙賢 不貴難得之貨 有所好尙者 情識使然也 未免使人 生能所生貪求 或爭功 或爲盜 進道育德者 又當一念不生 致于虛極微妙玄通 然後自己 靈明亦不貴重 若有可愛可欲之念 則妄情作惑 亂眞心矣 是以聖人 修身齊家治國平天下 虛其心 無我而量寬大 無爲而物自化 以道爲懷 實其腹也 弘無諍之德 弱其志也 力行此道 强其骨也 能如是者 使其識滅 而無所知 情亡而無所欲 使夫世間之人 知有大道 不敢妄

336

爲能任道 無爲者則無不治矣

4. 道冲而用之 或不盈 淵兮似萬物之宗 剉其銳解其粉 和其光同其塵 湛兮
似或存 吾不知其誰之子 象帝之先

深廣虛明謂之冲 造道者 致虛極盡玄妙然後發用 則不爲物碍 亦無盈滿之
相 淵深 無所不容也 爲萬物之宗也 不可太剛 剛則鋒銳傷物 不可太柔 柔則
混弱 多事無能決當 剉其銳 解其紛 用中和之妙 混聖而無影 同凡而絶迹 妙
體湛寂虛明無比 衆目不能覩 如無隨緣應感 而有準 故云似或存 老子讚曰 吾
不知誰之子者 特言此道 自然而然 虛明靈妙 在萬象主之先有矣 帝者主也

5. 天地不仁 以萬物 爲芻狗 聖人不仁 以百姓 爲芻狗 天地之間 其猶橐籥
乎 虛而不屈 動而愈出 多言數窮 不如守中 芻音初 數音朔

芻狗者 祭祀用草 結龍以朱匣盛之 繡巾覆之 祭畢棄之 天地聖人 任無爲
之妙 生育萬物 不望報恩 亦不爲主任 萬物自化 如芻狗焉 是以似不仁 天地
之間 空虛如橐囊 一氣運行 生育萬物 人心虛明 亦如是也 靈機一動 妙用不
竭 是謂虛而不屈 動而愈出 橐者 橐囊也 籥者管也 鼓風吹運之器 雖以是而
喩造化之妙 然言多去道遠矣 縱大辯才 數々奉其喩 然譬喩之數有窮 此道實
無可喩 不如無言 守中虛之妙 可以見徹造化

6. 谷神不死 是謂玄牝 玄牝之門 是謂天地根 綿綿若存 用之不勤

虛明謂之谷 靈妙謂之神 虛明靈妙無窮 謂之不死 卽玄牝也 玄者大道也
牝者母也 一氣生於虛明之中 然後分淸濁 立天地故 云玄牝之門 是謂天地根
妙道無爲 一氣運行不絶 是謂綿綿 若存應時應機 利生濟物 不勞而辦故云不
勤虛明 靈妙在人曰心 心爲萬法王 能生育天地 運行日月 玄機妙用 任運無窮
隨緣應感 不勞而辦 悟明者 不言而知已

7. 天長地久 天地所以能長且久者 以其不自生 故能長生 是以聖人 後其身而身先 外其身而身存 非以其無私邪 故能成其私 邪音耶注同

有相之物難逃 成住壞空四劫 惟天地所以能長久者 非自生也 一氣發而現二儀 眞氣運行無始無終 故能長生 聖人者 天地位後 始現有相之身 三才顯而世界成矣 身先者 靈明眞性 在太極前而有已 外其身而身存者 人能建立世界而不滯着 謂之物外身 世界有壞 眞性無壞 非以其無私邪 眞性異於物故善能成其私

8. 上善若水 水善利萬物而不爭 處衆人之所惡 故幾於道 居善地 心善淵與善仁 言善信 政善治 事善能 動善時 夫唯不爭 故無尤矣

道之至德 謂之上善 喻之若水 水能利益萬物 而不與物爭功無我也 水能就下 是謂處衆人之所惡 水無心而有德 故幾於道 幾者近也 抱道有至德者 動靜一如居善地也 量包無外 心善淵也 博施濟衆 而不矜與善仁也 出語可法 言善信也 道德之化 風行草偃 政善治也 無爲妙用 不勞而辦 事善能也 非理不言非道不行 動善時也 種種任道 物我無爭 夫惟不爭故 無過尤矣

9. 持而盈之 不如其已 揣而銳之 不可長保 金玉滿堂 莫之能守 富貴而驕自遺其咎 功成名 遂身退 天之道

持盈揣銳 達士不爲也 持守待滿足者 當知盈必有虧 徒費心力 不如且止揣磨待銳者 銳必有折 不可長保 金玉滿堂 莫之能守 光陰有限 無常迅速 人間富貴 皆夢幻爾 或處富貴 當深思猛省 乘時進道 修德入聖超凡 若或無知恣情驕奢者 自昧其道 自取其咎 功成名 遂者早宜保身 退步結果收因 乃可合天之道 從赤松子 游者張良也

10. 載營魄抱一 能無離乎 專氣致柔 能如嬰兒乎 滌除玄覽 能無疵乎 愛民治國 能無爲乎 天門開闔 能爲雌乎 明白四達 能無知乎 生之畜之 生而不有

爲而不恃 長而不宰 是謂玄德

人之靈明字之 曰心曰神 神俗謂之魂 神氣曰魄 前因妄爲勞神而氣衰 今知
其非 息念寢機 營養神氣 契合淸明大道 是謂抱一 能永無失乎 專一眞氣 而
致柔順能 無念無欲 如出胎之嬰兒 又當洗滌 玄妙見解瑩淨 無一點瑕疵 乃見
了事 修身齊家治國平天下 能任無爲之道 無作之德者 內則心淸氣順 外則民
安國治也 天門開闔 能爲雌乎 天者心也 門者萬法 由是而出 開闔者放收也
雌者柔也 玄機妙用 或放或收 善柔和 而無剛利之害 履踐相應 微妙玄通 廓
達無碍 而不自矜自伐 兀兀然 如無所知者 三才任道 而生萬物 以德畜養 雖
然生之畜 之而不言 有其功 爲造化之主 而不恃其尊 萬物承恩 皆得生長 而
不作主任 其自然生長成化 是謂大道之德也

11. 三十輻共一轂 當其無 有車之用 埏埴以爲器 當其無 有器之用 鑿戶牖
以爲室 當其無 有室之用 故有之爲利 無之以爲用

悟達大道謂之得體 又須得用得體 不得用 謂之死物 得用不得體 謂之弄業
識道德備體用全 謂之達士 老子特以造車置器 鑿戶牖爲室 譬喩顯無爲 而有
妙用 利濟世間 故有道之士 所爲皆利益也 世間無者 得之以爲應用 捨道與德
何以成人世界

12. 五色 令人目盲 五音 令人耳聾 五味 令人口爽 馳騁田獵 令人心發狂
難得之貨 令人行妨 是以 聖人爲腹 不爲目 故去彼取此

惺惺靈利之士 見色聞聲 嘗味無非入道之門 迷癡之徒 有所愛 有所着 故
眼被色牽 耳隨聲走 舌爲味謾 逐妄而乖眞 何況不律 而好田獵 顚狂心發 而
廢道失德矣 以難得之物 爲貴者 情識使然 與道行全 相妨已 是以聖人能容物
而物自化故 謂之爲腹也 絶諸見不爲目也 去彼之華 取此之實也 謾音瞞敗也

13. 寵辱若驚 貴大患若身 何謂寵辱若驚 寵爲下 得之若驚 失之若驚 是謂

寵辱若驚 何謂貴大患若身 吾所以有大患者 爲吾有身 及吾無身 吾有何患 故
貴以身 爲天下者 則可以寄於天下 愛以身於天下者 乃可以託於天下

大達者 中虛絶忻厭寵辱大患 皆不能及 未達者 物我兩立 八風五欲 得失
是非 一切境界 未免觸動 皆生驚恐 老子謂及吾無身 何患之有 厭身爲大患之
本也 世間人宜猛省 或有貴以身爲天下愛 以身爲天下者 則可暫時 寄託爾 不
可久變此身 是父母遺體 生必有滅 豈可以爲世界 當洞明妙道 以道爲體 則長
生不滅 樂眞樂之有永也

14. 視之不見 名曰夷 聽之不聞 名曰希 搏之不得 名曰微 此三者 不可致
詰 故混而爲一 其上不皦 其下不昧 繩繩兮不可名 復歸於無物 是謂無狀之狀
無物之象 是謂惚恍 迎之不見其首 隨之不見其後 執古之道 以御今之有 能知
古始 是謂道紀 皦音皎

虛明靈妙 無色無聲 無相擧意 視之聽之 搏之已 是向外馳求b曰夷曰希曰
微 似乎自惑 三者 不可致 詰息諸念 絶攀緣 回光自看 混而爲一 庶幾有悟達
也 此道在人曰眞性 顔了云 仰之彌高 鑽之彌堅 瞻之在前 忽焉在後 夫子 循
循然 善誘人 博我以文 約我以禮 欲罷不能 旣竭吾才 如有所立 卓爾竭吾才
者 盡其心也 盡其心 見其性也 此道在天在地在賢在愚 不增不減 無古無今
縱其在上 亦不皦皦明也 在下亦不昧 妙應無私 古今無竭 是謂繩繩兮 不可名
復歸於無物 虛明無極靈妙莫測 是謂無相 狀之相狀 無物之象 象眞氣也 是爲
恍惚 無相而有靈 有靈而無相 無前無後 無首無尾 若不頓悟 擧心動念 迎之
隨之 遠之遠矣 惟大達者 持上古之大道 調御今之有情 能知無極爲造化之元
始 是謂大道紀綱

15. 古之善爲士者 微妙玄通 深不可識 夫惟不可識 故 强爲之容 豫兮若冬
涉川 猶兮若畏四鄰 儼若客 渙若氷將釋 敦兮其若朴 曠兮其若谷 混兮其若濁
孰能濁以靜之徐淸 孰能安以久動之徐生 保此道者 不欲盈 夫惟不盈 故能蔽

不新成

老子云 古之善造道之士 不草略徹精微 盡要妙達玄奧 圓通無碍 虛廓無涯
淵深無底 湛寂無我 故世人不可識 又旦强爲之形容 應事接物之際 不直前 豫
兮似冬月之涉川 流低細靜應猶兮如畏懼四鄰 恐其知見不自尊 大儼然 若客
施德 濟物散諸凝滯 如氷之將釋 釋者解也 言行眞實敦厚 如朴木自心虛曠 如
空谷 得大自在 和光渾九 似乎愚濁 若中下之士 誰能以靜徐 徐淸其濁達乎
大道 誰能久靜之中 以動徐 徐發生妙用 平等利濟也 保此道者 不欲盈虛 而
不屈動 而愈出是也 人心若不虛明 舊弊未除 新弊又生 虛極爲妙

16. 致虛極 守靜篤 萬物並作 吾以觀其復 夫物芸芸 各歸其根 歸根曰靜
靜曰復命 復命曰常 知常曰明 不知常 妄作凶 知常容 容乃公 公乃王 王乃天
天乃道 道乃久 沒身不殆

微妙玄通 不存玄妙 於心 此心亦忘 始致虛極 中寂不搖 外撼不動 謂之靜
知者 守者俱忘 乃爲靜篤蕩蕩 無我閑閑 無爲萬物並作 不久返本 是謂吾以觀
其復 夫物芸芸聲香 有時終歸於虛無 釋云 諸行無常 是生滅法 生滅 滅已寂
滅爲樂歸根曰靜 靜曰復 命寂靜 虛明而有靈妙者 大命也 亦曰天命 復命曰道
常者道也 知道者明 不知道 而妄作者凶敗 國亡家喪身滅後也 知道者量包虛
空 能容物有德 無私故謂之公 公而爲衆人所尊 故謂之王 王者萬法之主 無爲
任自然之妙 謂之天 自然之妙 出自虛明 故云天乃道 此道無始無終 無生無滅
古今不壞 故爲長久 達道者 幻身亡沒而妙體無危險之患也

17. 太上下知有之 其次親之譽之 其次畏之 其次侮之 故信不足 有不信 猶
兮其貴言功成事遂 百姓皆謂我自然

上古之世 君臣達道 下民淳朴 無欲無求 彼此相忘 中古之世 人之情 見漸
生故 結繩爲政 尙有親向者 多 者衆 畫卦顯道 文籍生焉 人皆畏懼道理 不敢
妄作 嗚呼 去古日遠 淳風日衰 夏商周末 澆漓日盛 輕侮此道者衆矣 妄作者

縱橫因信之 不篤而生 不信之心 疑其道無益 但貴言語 僥倖功成事逐由 是習
以成風矣 百姓無知 皆謂我得其自然 何用進道修德

18. 大道廢 有仁義 智慧出 有大僞 六親不和 有孝慈 國家昏亂 有忠臣

老子次第言之至此傷心 嘆曰 大道廢 而仁義顯矣 有道時世 仁義行乎其中
而不取重何也 仁義者 道之華也 因以德用爲貴 世間機智慧辯出矣 情識持權
借爲智慧之主 釋氏云 世間智慧 由識發現 思索而有出世間智慧 是達道者 無
爲妙用 自然而然也 嗚呼 以仁義爲主 早已廢道 何況以世間智慧爲主也 見見
識識 作亂甚矣 六親不和者 眼耳鼻舌身意六識 各取境界也 有孝慈者 第八白
淨識 常靜總見聞覺知 第七識 爲傳送者也 國家昏亂 卽六識作亂也 忠臣卽孝
子 白淨識是也 如人間六親和時 孝慈者不顯 國家淸平時 忠臣不顯 是也

19. 絶聖棄智 民利百倍 絶仁棄義 民復孝慈 絶巧棄利 盜賊無有 此三者
以爲文不足 故令有所屬 見素抱朴 少私寡欲

老子曰 絶聖棄智者 不存聖量智慧之念 心得淸閑 謂之民利百倍 不存仁義
之念 則六識靜 故爲民復孝慈 不存機巧求利之念 則情識不作 是爲盜賊無有
聖智仁義巧利三者 皆不存其念 則可以爲文不足爲道故 令有所屬 因此得見
虛明素性 抱道無爲 然而尙有見素 抱道之念未去 故云少私寡欲 見卽私也 抱
卽欲也 盡去之始 可語玄之又玄 屬音燭

20. 絶學無憂 唯之與阿 相去幾何 善之與惡 相去何若 人之所畏 不可不畏
荒兮其未央哉 衆人熙々 如享太牢 如春登臺 我獨泊兮其未兆 如嬰兒之未孩
乘々兮若無所歸 衆人 皆有餘 而我獨若遺 我愚人之心也哉 純純兮 俗人 昭
昭 我獨若昏 俗人察察 我獨悶々 澹兮其若海 飂音刈兮似無所止 衆人皆有以
而我獨頑似鄙 我獨異於人 而貴食于母 唯音委

見素抱朴絶學 無爲無患無憂較之 用心如唯阿相遠 唯諾也 阿慢也 無爲者

342

善用心者 惡善之與惡 相遠矣 惡事人之所畏 我不可不畏 用心多求 逐妄奔馳
荒蕪虛明 其未止哉央止也 衆人熙熙 然以爲樂 耽味世事 如食太牢 太牢牛也
如春登臺 樂之甚也 我獨泊兮 其未兆 若嬰兒之未孩 泊者靜也 一念不生 如
嬰兒出胎 未成孩童 不知有富貴貧賤 乘々々 無思無着 無歸住者 逍遙之謂也
衆人樂於世事 有餘我獨若失心者 又似愚人之心 無知無解純々兮 無雜念也
俗人昭昭之明 我獨若昏鈍 如無能者 俗人察々 一毫不可謾 我獨悶悶然 全無
意思 澹兮其若海澹者多 淸水微動之貌 飂兮似無所止 飂者高風也 老子謂我
澹淨 而有自然之妙 量闊風高 以澹兮 飂兮 踰之衆人 皆有所以我獨無爲 而
頑似鄙俚者 我獨異於人者 何也而貴 求味于道 毌道也 謾音瞞

21. 孔德之容 惟道是從 道之爲物 惟恍惟惚 惚兮恍其中有象 恍兮惚其中
有物 窈兮冥兮 其中有精 其精甚眞 其中有信 自古及今 其名不去 以閱衆甫
吾何以知衆 甫之然哉 以此

至德之氣容 自大道中發現 道之爲物 物者象也 惟恍惟惚 無相而有靈妙
有靈妙而無相 惚兮恍 其中有象 象者氣也 恍兮惚 其中有物重言也 窈兮冥兮
其中有精 視之不見 聽之不聞 其爲天地四時行焉 萬物生焉 其爲人也 見聞覺
知六門放光 其精甚眞 至靈至妙 無有比者 隨機而應 隨時而用 寂然不動 感
而遂通 是謂其中有信 自古及今 此道常存 其名不去 去者失也 以閱衆甫 衆
甫者 萬法之始也 吾何以知衆甫之然哉 以此道而知非妄見也

22. 曲則全 枉則直 窪則盈 弊則新 少則得 多則惑 是以 聖人抱一 爲天下
式 不自見 故明不自是 故彰不自伐 故有功不自矜 故長夫惟不爭 故天下 莫
能與之爭 古之所謂曲則全者 豈虛言哉 誠全而歸之 窪音蛙

抱道之士 善能曲 順其時 曲順其物成 全其德 屈其己 而伸他 則我直明矣
窪下也 善謙下者 衆德自盈弊隱也 韜光受晦其德 日新求一 而得道多 學則惑
亂無成 是以聖人 抱道爲天下法式 不見已德 故明不自是 其是其德 乃彰不自

取其功 故有功不自矜大 故爲衆人之尊 夫惟不爭 不自見不自是 不自伐 不自
矜 故天下莫能與之 爭所謂曲 則全者 古人之言 豈虛語哉 誠實全美而歸之

23. 希言自然 飄風不終朝 驟雨不終日 孰爲此者天地 天地 尚不能久 而況
於人乎

大音發於希聲 自然之妙也 人皆敬而信之 若躁暴多言 高大聲勢 非但使人
厭之 亦且去道遠矣 老子特以飄風暴雨譬喻 令人自省 天地尚不能久作而況
於人乎 安可强爲也

故 從事於道者 道者同於道 德者 同於德 失者同於失 同於道者 道亦樂得
之 同於德者 德亦樂得之 同於失者 失亦樂失之 信不足焉 有不信焉

學道之士 宜善用其心 毫氂有差 天地懸隔 若從事於道者 淨除雜念 清淨
無爲 同於妙道 若從事於德者 等心普利 不求報恩 同於至德 若失正念 不修
道德者 恣情所爲 同於泛海失柁之舟 三者 皆樂然而然 久久有樂 然而得者
樂然而失者 嗚呼 皆自取之失者 因信不及焉 而生不信焉 是故失道喪德 樂然
取諸禍傷哉

24. 跂者不立 跨者不行 自見者不明 自是者不彰 自伐者無功 自矜者不長
其於道也 曰餘食贅行 物或惡之 故有道者 不處 跂音起 跨誇之去 惡汙之去
處上聲

跂者 足疾脚跟 不能點地 跨者 腿疾 步不能擧 老子擧跂者跨者 譬喻自見
自是自伐自矜 皆爲障道之病 人不能立 不能行 爲廢物也 造道者有四病 非但
不能洞達大道 亦爲人之所惡 其於道也曰 餘食贅行 餘食惡食 人所不食之食
贅行不善 行人所不行之行 物或惡之 有道者 豈處四病之域哉 前擧曲則 全次
第言之及此 善針箚進道之病 能省悟者 萬不失一

344

25. 有物 混成 先天地生 寂兮寥兮 獨立而不改 周行而不殆 可以爲天下母 吾不知其名 字之曰道 强爲之名曰大 大曰逝 逝曰遠 遠曰返 故道大天大地大 王亦大 域中 有四大而王居其一焉 人法地 地法天 天法道 道法自然

老子於篇首 指虛明無相者曰道 註云妙道次指一氣曰道 註云大道 今曰有 無混成先天地生者一氣也 一氣生於虛明中也 先儒曰 易有太極 是生兩儀 易 者太易也 兩儀者 天地也 大道湛寂寥廓虛明靈妙 絶對待獨立 而一眞不變周 行 而萬德無危 普應不失 生化無爽 是故爲天下母 名相莫及 故老子謂吾不知 其名 字之曰道 强名曰大 大者 三才之祖也 達大道者 超然離諸塵濁 是故大 曰逝 逝曰遠者 高超遠 到微妙玄通 返其本 還其源 是以遠曰返 妙道爲一氣 之母 故云道 大自道 以降天大地 大王亦大王者 心王也 域中有四大 王居於 一焉 人當體法於地 博厚載物 地法天者 順天之道 高明覆物天得一清之氣 無爲而有造化謂天法道也 道法自然者 一眞氣生於虛明中 自然妙用 無窮無 始也

26. 重爲輕根 靜爲躁君 是以君子終日行 不離輜重 雖有榮觀 燕處超然 奈 何萬乘之主 而以身輕天下 輕則失臣 躁則失君

虛明妙道 湛寂無爲 是妙用之根本 在人曰眞心 一身之主 萬法之王 故云 重爲輕根 靜爲躁君 理無事不顯 事無理則危 是以君子 終日行 不離輜重 輜 重者 車庫所須之物 備於其內 喩人不可離於道 失道者 無物外自然受用也 以 世間富貴榮觀 心生喜樂者 失道也 非君子也 君子之心 淸淡無情無欲 雖有榮 觀燕處超然 老子見周末時 世廢道失德 因擧而嘆云 奈何萬乘之主 以身輕天 下 此有二說 一謂人君 一謂人心 心是萬法之主人 君乃天下之主 自重則風行 草偃 自輕則無以化 下人之心 靜則所爲皆正輕 躁則所爲昏亂 是謂輕則失臣 躁則失君 臣表德也 君表道也 失道失德者 可爲人乎 可爲國王乎

27. 善行 無轍迹 善言 無瑕謫 善計 不用籌策 善閉 無關鍵 而不可開 善結

無繩約 而不可解 是以聖人 常善救人 故無棄人 常善救物故 無棄物 是謂襲明 故 善人 不善人之師 不善人 善人之資 不貴其師 不愛其資 雖知大迷 是爲要妙

行無求 行爲有理 事則無轍迹 非道不言 言則可法 故無瑕讁 萬物紛紛 不離 其一 何用籌策 一念不生 雖無關鍵 諸塵無計 開我妙門 以道接物 物皆受道 物我一如 雖無繩約 人莫能解 是以有道之人 常善救人 隨根器大小 皆可進善 故無棄人 常善救物 隨物而用 故無棄物 以一燈之光明 發衆燈之光明 是謂襲明相傳無盡也 故善人 是不善人之師 師者模範也 不善人 是善人之資 資助也徒也資徒 當尊道貴師 則能洞徹玄玄 師模當重學者善導之 使其微妙玄通 道傳有求若也 資不貴其師 所學不能善達 玄妙師不愛其資則 道德絶傳 雖有智而成大迷 此說是謂師資要妙

28. 知其雄 守其雌 爲天下谿 爲天下谿 常德不離 復歸於嬰兒 知其白 守其黑 爲天下式 爲天下式 常德不忒 復歸於無極 知其榮 守其辱 爲天下谷 爲天下谷 常德乃足 復歸於樸

雄雌 剛柔也 嬰兒 無念也 知剛守柔者 如天下深谿 衆水歸焉 常行此德 不可離也 復當無念無知 不自矜伐 知白者 達道也 守黑者 退步隱晦 保養力量 不減先聖光輝 乃可爲天下式 如是則 常行之德 無差忒矣 復當無限極爲妙 知榮之非榮 辱之非辱 常守無欲之欲 量寬如虛谷 何所不容也 行如是常德 乃足 復當離念 而純眞歸於大朴 大朴者大道也

樸散則爲器 聖人用之 則爲官長 故大制不割 長上聲

世人向道 洞明眞性 不生不滅 以爲足者 不透玄關 不得無爲妙用 如死物焉 是以老子云 守辱歸朴 朴散則爲器 如是大用彰 而妙體顯矣 一生二 二生三 三生萬物 造化無窮 達妙道者 以眞心爲法 王用之 則爲官長 眼耳鼻舌心意順而不敢違 是故造化不至割裂 六識不得各據境界 是也 大制造化也

346

29. 將欲取天下 而爲之者 吾見其不得已 天下神器 不可爲也 爲者敗之 執者失之 故物或行或隨 或噓或吹 或强或羸 或載或隳 是以 聖人 去甚去奢去泰 羸力違反 隳音揮 去上聲

此一章 老子 有二用 一者 謂湯放桀 武王伐紂 意用甚深 二者 謂人用心欲求世間事者 不省而爲之 老子云 吾見此等人 逐妄不能已 復戒之曰 天下神器 不可爲也 神器者 眞心也 眞心 不可用 用心爲事者 必敗之 執事役心者必失之 物者事也 世間之事 或得計行於前 又有計高者 隨其後 或有噓而抑之或有吹而揚之 或力强而盛 或勢弱而衰 或成而隳 如是可畏 是以有道之人 常無思無爲 淸靜常樂 是以去甚去奢去泰 甚與奢泰 決有返覆 如寒署往來 可不思之

30. 以道佐人主者 不以兵强天下 其事好還音旋師之所處荊棘生焉 大軍之後 必有凶年 故善者果而已 不敢以取强 果而勿矜 果而勿伐 果而勿驕 果而不得已 果而勿强 物壯則老 是謂不道 不道早已

變理陰陽 致君澤民 非達道者 莫有斯善 此外事也 人皆知之 以無爲 佐靈明之主者 不以機智用事 世間機智 未免輪廻 是謂其事 好還兵者 機智也 造機運智 情識大作 是謂荊棘生焉 用機智樂 有爲則 皆其道 背道者 妄作有凶隨其後 是謂大軍之後 必有凶年 或者內情外識交擾 無能安靜 權用聖智 恢復靜邦 果而已矣 不敢取强 不得已而用之 是以勿矜勿伐勿驕 圓其事勿 敢强何也 物壯則老 老則沒亡 是謂不道 不道則早已 變纖之入

31. 佳兵者 不祥之器 物或惡之 故有道者不處 君子居則貴左 用兵則貴右兵者不祥之器 非君子之器 不得而用之 恬惔 爲上 勝而不美 而美之者 是樂殺人 夫樂殺人者 則不可得志於天下矣 吉事尙左 凶事尙右 偏將軍處左 上將軍處右 言以喪禮處之 殺人衆多 以悲哀泣之 戰勝則 以喪禮處之惔一本作然

前所謂 以道佐人主者 不以兵强天下 是以云佳兵者 不祥之器物 或惡之

況人乎有道者不用也 兵者 以詭計陰謀險機惡智 爲能馳騁 威武殺伐立功 非
吉善也 去道遠矣 君子居之 則貴左 左屬陽々明也 用兵則貴右 右屬陰々謀
詭計也 陽明陰詭 益損不同途 故言兵者 不祥之器 非君子之器 君子者 以道
爲體 以德爲用 或以聖智漬其紛濁 是不得已而用之 恬惔爲上 勝而不美 若美
之者 是樂殺人 若樂殺人 昧道之甚 損物喪德 誰不惡之 非賢非聖 豈可得志
於天下吉事 尚左者 陽明有道凶事 尚右陰昧無道 偏將軍處左 無權心靜 有陽
明也 上將軍處右 秉權殺伐 陰謀立功 故云處右 以喪禮處之者 非吉喜事也
殺人衆多 損物之甚傷 生失德 豈不以悲哀泣之 以悲哀泣之 卽喪禮也

32. 道常無名 樸 雖小 天下莫能臣 王侯若能守 萬物將自賓 天地相合 以
降甘露 人莫之令而自均 始制有名 名亦旣有 夫亦將知止 知止所以不殆 譬道
之在天下 猶川谷之於江海

　虛明妙體 本無名相 字之曰道曰樸 在人曰眞性 其名雖小 世間無有大者
眞性者 萬法之王 故云天下莫能臣 誰敢不尊也 悟道者 超然不凡 如巢許善
守萬世仰望不及 舜禹善守 萬物自賓 桀紂昧之 身與國俱亡 人能守此道 施其
德 萬事自順 如陰陽和合 以降甘露平等普潤 非人使令而自均 此道自三才 分
萬物 生始制 其名曰道 曰樸曰天曰地曰人曰某物 道顯矣 名著矣 故云夫將知
止 知止所以不殆 旣有其名 不可以名爲道 宜還淳返樸 則長久不危 大道在天
下 譬如川谷之與江海 海者深廣無涯 爲川谷江河之宗 大道爲萬物之宗 所以
云得道者多助 失道者寡助

33. 知人者智 自知者明 勝人者有力 自勝者强 知足者富 强行者有志 不失
其所者久 死而不亡者壽

　知他人善與不善者 有智而已 自知行履 處有無過失者 謂之明 以事勝於人
者 有財力而已 自有殊勝志氣造道者强 隨緣知足樂道 無求者眞富 力行此道
救人救物者 有大丈夫志 不失道德者 自然長久 世界壞而眞性不壞 是謂死 而

348

不亡者壽

34. 大道汎兮 其可左右 萬物恃之 以生而不辭 功成不名 有愛養萬物 而不
爲主 常無欲 可名於小 萬物歸焉而不爲主 可名於大 是以聖人終不爲大 以其
不自大 故能成其大 衣去聲

　大道 浩浩蕩蕩 無涯際 無始終 無今古 無彼此 左之右之 無處不有 萬物恃
之以生 而未嘗辭 道生之德 畜之大功成 而不名 我有人能 如是可謂聖也 生
育萬物 而無爲覆載 一切 而無我萬物 生化各得自生 是爲不爲主 常無欲 故
可名小 萬物宗之 而不知爲主任 物自化可名大矣 是以有道之士 常謙下 不爲
大道德感人 人自尊 之故能成其大

35. 執大象 天下往々而不害 安平泰樂 與餌過客止道之出 口淡乎其無味
視之不足見 聽之不足聞 用之不可旣

　持大道 縱橫遍往往 而不生害何也 大道至德 無往不利 是以云安平泰 無
吉凶曰安 無高下曰平 無不通曰泰 過客者情識也 情識所好者 聲色而已 待過
客者 飮食音樂而已 若以道相待客 則不悅何也 其道淡而無味 視之不足見 無
相也 聽之不足聞 無聲也 所以下士聞道 大笑之 雖然 淡乎無味達者 可以拯
衆苦 可以度有情至德 普及同乎二儀 妙用全 彰超於諸有 是謂用之不可旣 旣
者窮也

36. 將欲歙之 必固張之 將欲弱之 必固强之 將欲廢之 必固興之 將欲奪之
必固與之 是謂微明柔弱 勝剛强 魚不可以脫於淵 國之利器 不可以示人 歙許
及反

　造化有機 寒暑往來 萬物生化 皆有歙張 弱强廢興 奪與之妙 世人多 倣傚
爲事 非道也 唯知幾者 則不受惑 不被謾 陰陽之變 禍福反掌 善處者 可謂微
明見道也 知道者 用柔弱 而勝剛强 知白守黑 知榮守辱之謂也 與物無諍也

人失其柔弱之道 如魚離於淵 有喪身之禍 利器者道也 道以無爲爲國 不可以示人無相無聲無色 是故 臣不能獻君 父不能傳子

37. 道常無爲 而無不爲 侯王若能守 萬物將自化 化而欲作 吾將鎭之 以無名之樸 無名之樸 夫亦將不欲 不無欲以靜 天下將自正

大道未嘗有作爲 而應時生化 無處不及 自然之妙也 候王若能守此道 萬邦自順 萬物自化 化而欲作 吾以虛明大道鎭之 使其同復 無名無相之眞到 如是時亦將不欲 存其念 不存其念 始得安靜 於身於家於國於天下 無有不正者也

38. 上德不德 是以有德 下德不失德 是以無德

大聖人洞達妙道 具足至德 等太易無極之德者 是謂上德任自然之妙 不存心修德 是以有無爲之德也 達道而欠洞撤 未得自然之妙者 所施之德 謂之下德 惺惺不昧 隨緣而應 雖不失德而欠 自然之妙 是以無至德也

上德 無爲而無以爲 下德 爲之而有以爲

無爲妙用 謂之上德 無爲而無所不爲 至德無量 而無以爲 事有爲利益 謂之下德 有爲而有所不能 爲有限量 而有以爲事

上仁爲之 而無以爲 上義爲之 而有以爲 上禮爲之 而莫之應 則攘臂而仍之 故失道而後德 失德而後仁 失仁而後義 失義而後禮 夫禮者 忠信之薄 而亂之首也 攘 如羊反

結繩爲政淳 將消樸 將喪矣 畫卦造書契 情寶日鑿矣 逐妄迷眞 廢道失德而貴仁 澆漓之風生矣 上仁者 雖有爲而無以爲事 失仁而貴義 上義有爲 而有以爲事 人我生勝負現矣 況失義而貴禮也 嗚呼 失道之後 漸次至此 立賞罰行刑政 有司公乎明乎 分親疎立物我 爭榮惡辱 得失利害顯 而忠信薄矣 情識大作 貪欲熾然 亡命爲之者有矣 是謂禮 爲禍亂之首也 寶音豆

前識者 道之華 而愚之始也 是以大丈夫 處其厚 不處其薄 居其實 不居其
華 故去彼取此 去上聲

眞心光華 謂之先鋒 識能見聞 覺知昧道者 以識爲主 愚迷癡暗 自是而始
釋云 學道之人 不識眞 只爲從前認識 神無量劫來 生死本愚癡 喚作本來人
老子指爲前識者也 是以大丈夫之不處 其所處者 實際理地 不住浮華妄境 是
故 去彼情識 取此大道

39. 昔之得一者 天得一以淸 地得一以寧 神得一以靈 谷得一以盈 萬物得
一以生 侯王得一以爲天下 貞其致之 天無以淸 將恐裂 地無以寧 將恐發 神
無以靈 將恐歇 谷無以盈 將恐竭 萬物無以生 將恐滅 侯王無以貴高 將恐蹶
　一者大道也 混沌判天地人物 皆得一以爲本 各現其形 各彰其用 各正其名
成諸世界 其或致之 致者極也 各各失其大本 天無以淸 必分裂 乏高明覆物也
地無以寧 必發動 失厚德載物也 神無以寧 將恐歇 神人之性 若歇滅則身亡矣
谷無以盈 必窮竭 谷謂虛谷 造化絶 而世界壞也 萬物無以生 必滅亡 萬物絶
滅 則不成世界 侯王無以貴高 必危蹶 未免喪身亡國也 是以云天人群生類 皆
承此恩力

故貴以賤爲本 高以下爲基 是以侯王 自謂孤寡不穀 此其以賤爲本邪非乎
故至數轝無轝 不欲琭琭如玉 落落如石
　似至賤至下者道也 是以侯王之貴 以道爲本 上天之高 以道爲基 失其道則
無能貴無能高也 侯王自謂孤寡不穀 此其以賤爲本者非乎 故去其數轝無轝
無數 則無毁也 不欲琭琭如玉落 落如石 絶貴賤 無好惡者道也

40. 返者 道之動 弱者 道之用 天下之物 生於有 有生於無
　虛極靜篤中 回機謂之返 隨緣應感 謂之動 無靜謂之弱 有德謂之用 妙道
無爲 至德無靜 是以世間萬物 皆自三才而生 天地人 自虛明無相大道而生 是

謂物生於有 有生於無 無名無相之道 能造化萬物也

41. 上士聞道 勤而行之 中士聞道 若存若亡 下士聞道 大笑之 不笑不足以
爲道

上士 抱負淸明 全無貪欲 是故聞道 勤而行之 中士者 淸明爲世塵所混 是
故 聞道若存若亡 下士者 逐妄迷眞 愚癡所障 貪欲熾然 不識廉恥 焉知大道
或聞說之則爲怪事 是故大笑之 聞而不笑 不足以爲道 道非下士所能行也 下
士 知而行者 人我是非酒色財氣之類也

故建言有之 明道若昧 進道若退 夷道若類

立言顯道 自古有之 老子故陳其方便 曰明道若昧 達此道 明逾日月 無幽
不燭而不察 察足故若昧 進道若退者 爲道日損絶 能所無修證之謂也 無高下
曰 夷達平夷 妙道絶修絶證 宜善護持 不可生狂曠之心 故云若有節類

上德若谷 大白若辱 廣德若不足 健德若偸 算眞若渝

其至德者 心包大虛 量周沙界 是謂若谷 洞明妙道 謂之大白 雖絶榮絶辱
恐人不善護持 老子誡之曰 若辱達道者 廣行至德 綿綿不竭 謂若不足至德 無
私潛行 密布普利萬物 謂之若偸 大道妙體 虛明眞靜 應物發現 故云 若渝渝
變也

大方無隅 大器晚成 大音希聲 大象無形 道隱無名 夫惟道 善貸且成

大道無極 豈有方隅 大器晚成 且如孔子三十而立 四十而不惑 五十而知天
命 六十而耳順 七十而縱心所欲不踰矩 大音希聲 大達者 如愚如訥 言不妄發
大象者 眞性也 人之眞性 最大而無形 釋云 佛眞法身 猶若虛空 道隱無名 道
無相 故無名 雖無名 能立諸名 夫惟道至柔弱 而有妙力 善借貸 諸物生成 形
相長養 勢力發現 光華也

352

42. 道生一 一生二 二生三 三生萬物 萬物負陰而抱陽 冲氣以爲和

湛寂虛明 謂之妙道 虛明中生一氣 謂之大道 故曰 道生一 一氣分陰陽 謂
之一生二 陰陽分三極立 謂之二生三 三生萬物成就世界 無不負陰抱陽 冲氣
以爲和 虛明眞氣 是生成之本也

人之所惡 惟孤寡不穀 而王公 以爲稱 故物或損之 而益 或益之而損 人之
所敎 我亦義敎之 强梁者 不得其死 吾將以爲敎父

人爲情識所惑 不明大道 故惡孤寡不穀 而王公以爲稱者 絶對待無等比至
尊也 是故萬物 或有損而益之 或有益而損之 造化之妙無私也 古人 以是敎人
老子亦以是義敎人 大道孤寡 至柔弱下賤 而天地人物 無不承恩力 强梁者 不
得其死 吾將以爲敎父 父者始也

43. 天下之至柔 馳騁天下之至堅 無有入於無間 是以知無爲之有益也 不言
之敎 無爲之益 天下希及之

水之至柔 金之至剛 孰能出入於無間 水雖善入諸堅剛 莫能妙於此道 道至
柔 無我而有靈妙 出入無間 無物不受化剛 强堅硬終不能逃 是以知無爲之道
大有益也 天地不言 四時運行 萬物自生自化 聖人無爲 自他俱利 是謂不言之
敎 無爲之益 天下希及之

44. 名與身孰親 身與貨孰多 得與亡孰病 是故甚愛必大費 多藏必厚亡 知
足不辱 知止不殆 可以長久

好名利者 不以身爲重 虎穴劍鋒 炘然進步 情識使然也 不省一幻身 非久
寄託 於世爲妄幻 空花所護 虛名浮利 縱得之者未必 是福甚愛者 役心勞形生
病喪身大費也 貨財隨分濟用足矣 藏積多者 繫心廢道 慳恪失德 爲財所役 失
寢忘餐 大禍生焉 必厚亡也 惟知足無求者 不辱知止 休心者不危 無辱無危
可以保其長久

45. 大成若缺 其用不敝 大盈若沖 其用不窮 大直若屈 大巧若拙 大辯若訥
躁勝寒 靜勝熱 清靜爲天下正

成大器者 無能所無我相 常無爲故 若缺其用有道 故無敗事 道德俱備大盈
也 胸中無物若沖 雖中虛而妙用不窮也 抱妙道者 大直任 迷徒輕賤 而不自伸
故云若屈 洞達大道 弘至德者大功 所爲不輕易 故若拙宗教俱通 一言能釋衆
疑 謂之大辯 不馳騁 故云若訥 雖躁動 可以勝其寒 安靜可以勝其熱 終不及
離念 清靜純眞 無爲可爲 天下正道

46. 天下有道 却走馬以糞 天下無道 戎馬生於郊 罪莫大於可欲 禍莫大於
不知足 咎莫大於欲得 故知足之足 常足矣

世間人有道者 却除意識 以爲糞穢 走馬者 意識也 人或無道 強情惡識 亂
生不停 向外奔馳 如戎馬故云 戎馬生於郊 推其因 由貪欲使然 罪莫大於可欲
禍莫大於不知足 禍咎根本 欲得之念也 人能安分知足 極貧亦足 常無不足之
心 斯乃近於道 可保安泰

47. 不出戶 知天下 不窺牖 見天道 其出彌遠 其知彌少 是以聖人不行而知
不見而名 不爲而成

靈明妙道 人皆有之 因逐妄奔 流爲六塵昏昧 是故見不超色 聞不越聲 若
能收視返聽 悟達大道則明逾 日月無幽 不燭德合乾坤 無所不至 出戶而知天
下窺牖而見天道者 淺且窄矣 其出彌遠 其知彌少 皆覺合塵失正知見也 是以
聖人不動心 而無不知者 不以見見 而無不識者 不作爲而大功成 無爲之妙也

48. 爲學日益 爲道日損 損之又損 以至於無爲 無爲而無不爲 取天下者 常
以無事 及其有事 不足以取天下

學事業者 日有長益 造道者 棄能所斷 攀拳緣滅情識 捨愛欲 泯機用 專無
爲脫根塵淨玄妙 至於無可損洞徹大道任 無爲而無所不爲 妙用自然也 是故

354

修身齊家治國平天下者 當任道常 無心於事 內外安靜 時自清世自泰也 及其
有心爲事 不足以治天下 皆道失德矣

49. 聖人無常心 以百姓心爲心 善者吾善之 不善者吾亦善之德善 信者吾信
之 不信者吾亦信之德信 聖人之在天下 慄慄爲天下 渾其心 百姓皆注其耳目
聖人皆孩之

聖人者 以道爲體 以德爲用 大明不察 至尊無我 絶好惡無 變易和光同塵
故無常心 以百姓心爲心 善者不善者 信者不信者 一等以賢良待之何也 施至
德者 無二心也 見有不善不信者 愈生憐憫 切切以道德化之 與世間人 混其心
日久月深 百姓 皆注於耳目感恩 從化各復淳朴 聖人亦無喜心 皆以嬰孩處之
慄音蝶懼也

50. 出生入死 生之徒十有三 死之道十有三 人之生動之死地 亦十有三 夫
何故 以其生生之厚 蓋聞善攝生者 陸行不遇兕虎 入軍不被甲兵 兕無所投其
角 虎無所措其爪 兵無所容其刃 夫何故 以其無死地

出生入死者 造化顯則萬物生 隱則萬物死 十三者 太極陰陽五行生成大數
也 一氣生二儀天 一生水地 太成之地 二生火天 七成之天 三生木地 八成之
地 四生金天 九成之天 五生土地十成之十有三數 成造化公事也 人之生動之
死地 亦十有三者 謂七情六識也 情識妄作 奪眞性 權爲下善業 取喪身之禍
夫何故 以其貪生 養生之厚 縱情識 惡其死 特地殺命 養命殊 不知速其死也
蓋聞善攝生者 滅情識 絶貪惡 任眞無僞 斷生死之根 蒂總化之樞機 明歷歷活
鱍鱍 物我一如 古今一念 我亦忘矣 蕩蕩乎寂寂然 清風明月 猶莫比到此 田
地者 無惡事已 縱遇兕虎甲兵 我無是心 故無所投其角 措其爪容 其刃害之莫
及 何謂生法尙無 豈有死地 兕者 似牛一角靑色重千斤

51. 道生之 德畜之 物形之 勢成之 是以萬物莫不尊道 而貴德 道之尊 德

之貴 夫莫之爵 而常自然 故道生之 德畜之 長之育之 成之熟之 養之覆之 生
而不有 爲而不恃 長而不宰 是謂玄德

　萬物非道不生 非德不畜 物承道德而現形 形長大而勢成 是以萬物尊道而
貴德 道之至尊 德之至貴 非官爵而尊貴也 常自然而然也 故萬物 皆承道德
生之畜之育之成之熟之 養之道 雖生萬物 而不以爲有功 雖爲萬物之母而不
恃其尊 雖長養萬物 而不作主 是謂玄德也矣

　52. 天下有始 以爲天下母 既得其母 以知其子 既知其子 復守其母 沒身不
殆

　世間萬物 生於有 有生於無 無相無名 虛明靈妙者 道也 萬有之元 始爲天
下母 達道者 謂之得其母 既得其母 以此當知其子 子者用也 既知其妙用爲德
萬物承恩利濟普矣 復當守其道 何以守道 以無爲養之 在道之士 幻 身亡沒而
安然 不見有危險者也

　塞其兌 閉其門 終身不勤 開其兌 濟其事 終身不救 見小曰明 守柔曰强 用
其光 復歸其明 無遺身殃 是謂襲常

　兌者 情寶也 門者 眼耳鼻舌心意之謂也 造道者 塞其情寶 閉其六門 六塵
不入 諸念不生 終身而不有勤勞者也 開其情寶恣 其六入馳騁 能解以濟世事
則逐妄迷眞爲妄 幻空花所惑 作諸不善 墮於惡道 終身不可救也 此雖小節 見
徹者曰明 善守柔弱之道者 故曰强任 無爲之妙德 是謂用其光絕 奔馳復歸 其
明明者道也 善復大明者 得大受用 老子 叮嚀無遺 此力行之 則身安而樂 無
有殃禍 是謂學習 常行之妙道也

　53. 使我 介然有知 行於大道 唯施是畏 大道甚夷 而民好徑 朝甚除 田甚
蕪 倉甚虛 服文采 帶利劍 厭飲食 貨財有餘 是謂盜夸 非道也哉 朝音朝 夸
音誇

356

道絶知見 故無物我 介然者 謂特地也 老子云 使我特地 有所知行於大道
非行道也 惟是施設能解 使人可畏爾 大道甚平夷 道卽心 人未嘗離也 世人
不能返達 而好外求徑捷 殊不知去道遠矣 朝甚除者 用機智 得世間浮名甚顯
矣 不覺虛明 田地荒蕪甚矣 平生全無 實德前程 資粮乏矣 是謂甚甚虛也 服
文采者 以諸僞嚴 飾其身也 帶利劍者 恣情識也 威鋒可畏 外則傷其物 內則
傷其眞略 不知非厭飲食有二義 恣情所好 非常飲食一返厭 無爲淸淨上妙之
食 好味世事有宗也 貨財有餘者 專用機知 貪求財物 蓄積有餘 以快其意 不
知是爲家賊 反自矜夸其迷 甚矣 非道也哉

54. 善建者 不拔 善抱者 不脫 子孫祭祀不輟 修之身 其德乃眞 修之家 其
德乃餘 修之鄕 其德乃長 修之國.其德乃豐 修之天下 其德乃普 故以身觀身
以家觀家 以鄕觀鄕 以國觀國 以天下觀天下 吾何以知天下之然哉 以此

　爲人不造道習學 他術者 背明投暗也 善立卓者 惟道是從所以絶禍惡八風
五欲 搖援不動君子 深造之 以道則無失 是謂善抱者 不脫正體明者 妙用無違
事有理也綿綿 如是謂之 子孫祭祀不輟 以此道修之於身者 其德無僞 修之於
家 尊卑反樸其樂 無爲其德 乃有餘矣 修之於鄕 一鄕之人 受惠其德 乃居衆
人之長 修之於國 合國受化其德 乃見豐厚 修之於天下 上下相安 四海無爲
其德乃普 故以身觀身 無不明矣 反觀反聞 則能微妙玄通 內明以及外 無有不
及者 身如是 家如是 國亦如是 天下亦如是 老子云 吾何以知天下之然哉 身
卽天下 天下卽身也 造去聲 樂音洛

55. 含德之厚 比於赤子 毒蟲不螫 猛獸不據 玃鳥不搏 骨弱筋柔而握固 未
知牝牡之合 而峻作 精之至也 終日號而不嗄 和之至也 知和曰常 知常曰明
益生曰祥 心使氣曰强 物壯則老 是謂之不道 不道早已 螫音適 玃居縛反 峻子
垂反
　含養至德之厚者 無心無知 見無物我以出胎嬰兒 比之雖行世間 而絶好惡

是故毒蟲猛獸玃鳥不能害 嬰兒者 骨雖弱 筋雖柔 九握其物則牢固人不能奪 純眞也 雖未知陰陽之合 而陽自作者 精之至也 終日號哭 而無嗜嗄之聲者 和之至也 大和之道 妙而自然 是故知者知曰常 常者道也 道常而不變也 知道者曰明 明者無損益 若以有作之功 種種益其生者 非明也 妖祥也 氣常妄作而返道 況用心使之 得不强乎物 强壯之甚則老 老則亡 是以謂不是道 不是道則早見滅亡已

56. 知者不言 言者不知 塞其兌 閉其門 挫其銳 解其分 和其光 同其塵 是謂玄同 故不可得而親 不可得而疎 不可得而利 不可得而害 不可得而貴 不可得而賤 故爲天下貴

知道者 不事言說 況達道者乎 好言說者 不知道也 言多去道 轉遠大道 無言至德 顯之人 能塞其情 竇閉其六門中虛也 挫其鋒銳 解其塵紛外順也 混其聖同其九 是謂與道同矣 履踐如是則 無親踈利害貴賤矣 人欲親踈利害貴賤於我 則不可得而反也 是故 爲世間至貴者也

57. 以正治國 以奇用兵 以無事取天下 吾何以知其然哉 以此天下多忌諱而民彌貧 民多利器 國家滋昏 人多伎巧 奇物滋起 法令滋章 盜賊多有 故聖人云 我無爲而民自化 我好靜而民自正 我無事而民自富 我無欲而民自樸

釋云 無心則正 有心則邪 以無心而治 而無不治者 是以老子云 以正治國是也 以奇用兵者奇一也 陽數也 用淸明之道 以無爲之兵 無不勝者 是謂以無事修身齊家治國平天下 極善也 無爲之化 天上人間 莫不樂從 吾何以知其然哉 天下多忌諱 而民彌貧有心 而治多忌諱也 有憂慮 故生智謨 設關防 故多費用也 民則彌貧矣 利器智謀之謂也 民因主者 用心爲事 是故以智謀相待 展轉滋益 國家昏亂 其心 心愈迷 而道愈遠矣 棄其本 逐其末者 習學技巧 造無益 奇異之物 惑人眼目 滋長不善 日益澆漓矣 法令愈嚴而盜賊愈多 何謂一法立而一弊生也 是故聖人云 我無爲 而民自化 以道治也 我好靜 而民自正 以

德感也 我無事 而民自富 無忌諱不關防 無費用也 我無欲而民自樸 上不好華 而下無所用心 自然淳朴矣 技音妓

58. 其政悶悶 其民淳淳 其政察察 其民缺缺 禍兮福之所倚 福兮禍之所伏 孰知其極 其無正邪 正復爲奇 善復爲妖 人之迷 其日固久 是以聖人 方而不 割 廉而不劌 直而不肆 光而不燿 缺缺同 劌音義害也

以道修身齊家治國平天下者 絶見識 善者不善者 信者不信者 等以道德待 之 故如昏悶者 焉久久其民 自然淳淳矣 不以道治恃其見識 察察者 無大量含 容也 其民未免侮慢 心生機謀 日盛淳風 日消禍福 互相倚伏 如寒暑往來也 孰知其極 若至極善 則忘爾我 絶禍福 豈有正有邪也 嗚呼 世間多縱見識 正 復爲之奇惺善復爲之妖祥 民之迷亂顛倒 其日固久 是以聖人 方而不割 廉而 不劌 直而不肆 光而不燿者 其政悶悶 而不察察化

59. 治人事天 莫若嗇 夫惟嗇 是謂早服 早服謂之重積德 重積德 則無不克 無不克 則莫知其極 莫知其極 可以有國 有國之母 可以長久 是謂深根固蒂 長生久視之道

安民行道 謂之治人 事天至妙 莫若嗇 嗇者無欲無爲 方而不割 廉而不劌 直而不肆 光而不燿之謂 夫嗇能使物早自化 物皆早自化 謂之重積德 重積德 則無有不克 應者若一一克應 其德廣大 人莫能知 其極德之無極 可以有國 國 者身也 有國之母 可以長久 母者道也 身無道不生 人不昧其道 不失其道 是 謂深根固蒂長生久視之道 若也失道喪德 專機智 豪強之力 爲人爲侯爲王者 恐不長久也

60. 治大國 若烹小鮮 以道莅天下 其鬼不神 非其鬼不神 其神不傷人 非其 神不傷人 聖人亦不傷人 夫兩不相傷 故德交歸焉

治大國 謂處淸靜 無爲之域者 不可擧心 動念動着 則失 故以烹小魚爲喩

撓着便爛 以道臨天下者 至德普及平等 無私無爲無求 道治也 雖有鬼 而不敢
神矣 非鬼不神 神亦不傷人 各安分 樂無爲也 非神不傷人 有道者亦不傷人
道利萬物 豈傷人乎 兩不相傷 其德交歸焉 分去聲 樂音洛

61. 大國者下流 天下之交 天下之牝 牝常以靜勝牡 以靜爲下 故大國以下
小國 則取小國 小國以下大國 則取大國 故或下以取 或下而取 大國不過欲兼
畜人 小國不過欲入事人 夫兩者各得其所欲 大者宜爲下

以道修身治國者 萬物從化 道若海善下者也 是以老子云 大國者 下流世間
人相交接 如陰陽動靜 牝常以靜勝牡 牝者陰也 陰靜 牡者陽也 陽動 靜雖處
下 動自歸從 上者爲下所化也 是故 大國 以下取小國則 取小國 小國以下取
大國 則取大國 能下者無不利也 高以下爲基 萬以一爲本是也 故大者宜爲下

62. 道者萬物之奧 善人之寶 不善人之所保 善言可以市 尊行可以加人 人
之不善 何棄之有 故立天子置三公 雖有拱璧 以先駟馬 不如坐進此道 古之所
以貴此道者 何不曰求以得 有罪以免耶 故爲天下貴 先去聲

道在萬物 而萬物不知有者 何也 奧妙也 惟善人有之 以爲至寶 不善人 雖
不知有 而常籍 此道保而扶之 道不離人也 善言者 大道之言也 可以敎人 進
此道 則爲賢爲聖 尊行者 至德也 可以普及於人 不知有道者 謂不善人也 亦
何必棄之 有道者善救人 故無棄人世間 是以立天下置三公 特賴君臣 善以道
德化人 若以天子三公爲貴 有拱璧之富 以先駟馬之榮 不如坐進此道 此道雖
至柔弱下賤 而爲尊貴高大之根本也 自古所貴此道何也 不曰求以得 有罪以
免耶 不善之人 忽聞其道 能信而悟 力行而洞達無礙 便爲聖人 是故 此道爲
天下至貴者也

63. 爲無爲 事無事 味無味 大小多少 報怨以德
爲無爲致 虛極守靜篤也 事無事 絕聖棄智 絕仁棄義 絕巧棄利也 味無味

心法雙亡 常樂我淨也 無爲而有感 必通無事 而隨機普應 無味之味 六凡莫測 大明之明 無晝無夜 無方無隅 事之大小 物之多少 莫能逃 其終始等 以此道 濟之 昔之未悟 事事物物 皆吾怨敵 今物我兩亡 縱有大怨 以德報之何也 冤 親平等 一目視之

圖難於其易 爲大於其細 天下難事 必作於易 天下大事 必作於細 是以聖 人 終不爲大 故能成其大 夫輕諾必寡信 多易必多難 是以聖人由難之 故終無 難

欲升高 必自下 欲達千理 一步爲初 根本眞實 無不成者 世間出世間事 先 圖之 易而後必難 惟自細而爲者 終必成其大 合其道也 是故聖人 終不爲大 而道德平等濟物 萬物尊之 故能成其大 有道者 不輕諾 不圖易 是故 終無亂 又當知大達者 無細大絶 易難動靜有道 不可以世眼觀

64. 其安易持 其未兆易謀 其脆易泮 其微易散 爲之於未有 治之於未亂 合 抱之木 生於毫末 九層之臺 起於累土 千里之行 始於足下 爲者敗之 執者失 之 是以聖人無爲 故無敗 無執故無失 脆音翠

無吉凶曰安 安靜近於道 故老子云 其安易持以無爲持守 淸靜常樂 譬如 世間之事 未兆之時 則易爲求 如水結氷薄脆之時 則易泮解也 如毒微小 則易 散敗 雖然如是不若於未有 而爲之所爲者 何爲無爲也 未亂而治之 以何治任 道與德也 待有而後爲 亂而後治者 非高明之士 豈不見合抱之木 非一日而大 生於毫末 九層之臺 非一日而成 起於累土天里之行 始於足下 用心而爲者 必 敗之 恣情而執者 必失之 是以有道者 無爲無執 故無敗無失矣

民之從事 常於幾成而敗之 愼終如始 則無敗事 是以聖人欲不欲 不貴難得 之貨 學不學 復衆人之所過 以輔萬物之自然而不敢爲 幾平聲近也

達者 以道處世 以德從事 常安靜無爲 故無敗無失 世人多從事 常於機成 而敗之者何也 使心用意而爲也 非道德也 禍福毁譽 互相倚伏 榮辱得失 互相

反復 生死苦樂 輪廻無私也 愼終如始 則無敗事 是以聖人 欲不欲不貴難得之
貨 清靜無爲 無好無求 視珍寶如糞土 聞巧言若秋聲 學世人之不學者無爲也
反衆之人所過者 達大道施玄德也 聖人以道德 順輔萬物 縱萬物自然生化 而
不敢爲主

65. 古之善爲道者 非以明民 將以愚之 民之難治 以其智多 故以智治國 國
之賊 不以智治國國之福 知此兩者 亦楷式 常知楷式 是謂玄德 玄德深矣遠矣
與物反矣 然後乃至大順

　古之善爲道者 不以察察資益情識 民者衆生也 情識亦謂之衆生 以昏昏悶
悶 使其情識 無知無解 是謂愚民 衆生之難治者 智謀多也 機詐也 以智修身
治國者 家賊也 日夕作亂 昏擾眞境奪權非爲 使人喪身亡國 不以智治 以道化
者 國之福也 知此二者 亦可爲修身治國 楷模格式也 常知格式 是謂玄德 玄
德深矣遠矣 不可以目前見歷萬古 而無敗無失 與物反矣 順眞逆俗之謂也 背
塵合道然後 乃至大順 永樂無爲也

66. 江海所以能爲百谷王者 以其善下之 故能爲百谷王 是以聖人 欲上人
必以其言下之 欲先人 必以其身後之 是以聖人 處上而人不重 處前而人不害
是以天下樂 推而不厭 以其不爭 故天下莫能與之爭

　道至尊貴 極高上無我 而能賤能下 雖然下且賤 諸貢高豪強剛硬頑狼者 無
不受其化 以江海喩之 以其善下 故爲百谷王 是以有道者 衆尊之曰聖 聖人者
非欲上人 非欲先人 謙下之道 大人莫能勝 自然在人之上 在人之先 是以處上
無所重處 前無所害 世間樂然 推其美而不厭者 何也 善利濟萬物 而不爭 是
故 天下莫能與之爭

67. 天下皆謂我道大 似不肖 夫惟大 故似不肖 若肖久矣 其細也夫
　天地人物 皆承恩力 是以天下 皆謂道大 吾道廓兮 無際寂然 普應蕩蕩乎

無名昭昭然 普遍無彼此 無榮辱故云 似不肖 若肖則有拘束有限量 細也久矣

我有三寶 保而持之 一曰慈 二曰儉 三曰不敢爲天下先 夫慈故能勇 儉故能廣 不敢爲天下先 故能成器長 今捨其慈且勇 捨其儉且廣 捨其後且先 死矣 夫慈 以戰則勝 以守則固 天將救之 以慈衛之

老子云 慈儉不敢爲天下先 謂之三寶 人能保而持之 自然超越何也 慈故能勇者 慈之力量大也 儉故能廣者 絶奢侈妙用普應也 不敢爲天下先者 謙退而廣明 愈大朴散成器朴 爲器長 若捨其資 且勇捨其儉 且廣捨其後 且先棄本逐末 亡之早矣 用慈以戰 則諸力不能勝用 慈而守 則無敗無失 惟道善救人救物 故無棄人 救物者 何以慈護衛之

68. 善爲士者不武 善戰者不怒 善勝敵者不爭 善用人者爲之下 是謂不爭之德 是謂用人之力 是謂配天 古之極

善爲士者 深造之以道 不以威武 立身以慈儉 不敢爲天下先戰 諸不善不以恚怒 爲能以無爲之德 勝諸強敵 不以勢力 爭所以云 善用人者 爲之下 能下者 人物順化 是謂不爭之德也 用人之妙也 配天之德也 是上古之至德也

69. 用兵有言 吾不敢爲主而爲客 不敢進寸而退尺 是謂行無行 攘無臂 仍無敵 執無兵 禍莫大於輕敵 輕敵者 幾喪吾寶 故抗兵相加 哀者勝矣

老子 前謂道者 萬物之奧善人之寶 不善人之所保 次第說而至此 故以用兵者 有言喩之 吾不敢爲主 而爲客主者 生事者也 客者應答之人也 抱道者 無爲不生事也 但有感必應也 不敢進寸而退尺 盡忠而忘我 不見有死生之地也 任無爲以慈儉 不敢爲天下先 行於世間 是謂行無行攘 無臂仍無敵執 無兵善 莫加焉 禍之大者 莫大於輕敵 敵者有我未忘也 任情恣識 昧道失德 喪失慈儉 不敢爲天下先之三寶 是故抗兵相加 哀者勝矣 哀者謂能謙下 而勝剛強也

70. 吾言甚易知 甚易行 天下莫能知 莫能行 言有宗 事有君 夫惟無知 是
以不我知 知我者希 則我者貴 是以聖人被褐懷玉

老子謂吾言甚易 知者進道施德也 甚易行者 絶巧棄利 絶仁棄義 絶聖棄智
無思無爲 致虛極守 靜篤萬物並作 吾以觀其復世間人爲情識所感 向外奔馳
不肯回頭 所以莫能知 莫能行也 出一言 莫不有宗 行一事 莫不有君 得不省
也 宗君皆眞心也 心爲法王也 人皆有之 夫惟無知 因逐妄自昧 是以不我知
老子自謂知我者 希取法則於我者 貴達道超凡也 是以 聖人被褐懷玉 釋云 貧
則身常被縷褐 道則心 藏無價珍是也

71. 知不知上 不知知病 夫惟病病 是以不病 聖人不病 以其病病 是以不病

道不屬知不屬 不知知 是妄覺 不知是無記 眞知無知 眞見無見 知而不知
上矣 不具眞知而知者 妄覺也 病矣 夫唯病病 不知病爲病 是以不知病 聖人
不病者 以其眞知無知 非病爲病 是以不病

72. 民不畏威 則大威至 無狹其所居 無厭其所生 夫唯不厭 是以不厭 是以
聖人 自知不自見 自愛不自貴 故去彼取此 去上聲

世人迷眞 逐妄爲諸物 威光所爍 若能虛其心 忘其情 無私無欲 齊得喪一
生死 恒然無所畏 則自己大威光赫然 現前矣 無狹所居之卑陋 無厭所生之身
小 天地日月 萬象森羅 皆在吾威光中也 世人見不超色 聞不越聲 有情識爲障
有欣厭爲礙 惟達者 不狹不厭 能方能圓 大包無外 細入無內 是以 聖人自知
洞達妙道 不自見 我爲萬象主 自保愛而不妄作 亦不自以爲貴 故去彼所狹 所
厭取此 廣大清靜之道

73. 勇於敢則殺 勇於不敢則活 兩者或利或害 天之所惡 孰知其故 是以聖
人猶難之 天之道 不爭而善勝 不言而善應 不召而自來 繟然而善謀 天網恢恢
疏而不失 繟音闡寬也

364

縱情識勇於敢爲者 則無吉而終 凶不免於死 心常恐懼 勇於不敢爲者 無吉
凶 而得苟活 此兩者 或有利 或有害 天之所惡者 敢爲不敢爲 皆用心天道 不
如是 世人 誰知其 故天任無作之妙也 是以聖人 猶難從於勇敢 害在其中矣
天之道 無爲而不爭萬物 莫不受其恩善勝也 不言而四時行焉 萬物生焉 善應
也 溫知寒暑 不召而至善來也 繟然而善謀也 天道高明廣大 蓋覆一切 如布網
焉 雖疎闊無比歷 歷然報應 無一毫之失也

74. 民常不畏死 奈何以死懼之 若使民常畏死 而爲奇者 吾得執而殺之 孰
敢 常有 司殺者殺 夫代司殺者殺 是謂代大匠斲 夫代大匠斲 希有不傷其手矣
　君臣有道 世泰時淸 民安則無有輕生 周末時世廢 道失德 天下禍亂 民不
聊生 是故常不畏死 奈何有司以重刑示之 欲使其懼死而受科差 嗚呼 非但使
民不服 亦且去道遠矣 若使其民 安世泰 樂生畏死 而爲奇忄生妖祥者 吾得執而
殺之 誰敢不服大理然哉 司殺者天也 人不遵道 不安分非法 妄爲天必棄之 有
司殺之 非吾殺也 若非天殺而吾殺之 是代大匠斲少 有不傷其手者 禍必及身
理必然也

75. 民之飢 以其上 食稅之多 是以飢民之難治 以其上之有爲 是以難治 民
之輕死 以其求生之厚 生生之厚 是以輕死 夫惟無以生爲者 是賢於貴生也
　上者昧道好有爲食 用無限泛 費浩博收 稅課之多 是以 下民飢苦 內生機
謀 是故難治也 人之輕生 非得已哉 因上好有爲故 苦於下故 人之輕易 而死
居上者 貪生養生之厚 彼此失道 欲心不息 投身陷於死地 夫惟無求 不以利欲
爲生計者 心閑身安 隨分樂道 則禍無所入 豈不賢於貴生多求者乎

76. 民之生也 柔弱 其死也堅强 萬物草木之生也 柔脆 其死也枯槁 故堅强
者死之徒 柔弱者生之徒 是以兵强則不勝 木强則共 强大處下 柔弱處上 共弓
之聲

至微妙者 眞氣也 眞氣在體 則柔弱爲事 有理則無凶危之患 失其眞 昧其理 則有堅强之禍 凶危之患 故擧萬物草木 喩之亦如是生也 得陰陽之氣潤澤故柔脆死也 枯槁失潤澤之道 已爲人得 不造道乎 臂如用兵 若以强爲上者 則決不能勝 又如木之强壯 則招其伐 强大者 下之徒 柔弱者 爲上 是故爲堅强者 死之徒 柔弱者 生之徒也 不詳察而縱情識者 深可憫也

77. 天之道 其猶張弓乎 高者抑之 下者擧之 有餘者損之 不足者補之 天之道 損有餘而補不足 人之道則不然 損不足以奉有餘 孰能有餘以奉天下 唯有道者 是以聖人爲而不恃 功成不處 其不欲見賢邪

天之道 無私故平等 無我故至明 老子以張弓喩之 張者開也 人開其弓 當立身端正 眼不二 用力有準 力强則折其弓 力弱則弓不能開 要得恰好心爲主 一身二手爲使者 手若高 宜放低 手 若低 宜放起 其謂高者抑之 下者擧之 除剛强過分之力 損有餘也 益柔弱不及之力 補不足也 人則不然 强者陵弱 富者欺貧 貴者輕賤 與天之道反矣 多是損不足 而奉有餘 於身而言 向道之心久欠 貪欲之心有餘 而又損其道 念奉其情識 盛發貪欲 全不思者 自取禍也 於世或事君 或事主 或爲明爲黨者 多是非理 損諸不足者 以奉有餘逞能解 求其功殊不知失道 已情識使然也 誰能損有餘 奉天下不足者 故有道之士 廣行平等利人濟物 爲而不恃 其能大功成 而不宰 若恃其能 宰其功 是自奉有餘也 是欲天下人 見我賢也 達道者 終不爲也

78. 天下柔弱莫過於水 而攻堅强者 莫之能勝 其無以易之故 柔勝剛 弱勝强 天下莫不知 莫能行 是以聖人言受國之垢 是謂社稷主 受國不祥 是爲天下王 正言若反

道至柔弱 而無有不承恩力者 世人不知恩 而反惡之萬物之中 柔弱者 莫過於水 攻堅强者莫不勝也 況道乎 諸剛强堅 硬頑愚者 終從其化也 是故曰 柔勝剛 弱勝强 世人皆知而不能行 何也 情識作弊 能行者 大有道之人也 是以

聖人言能消 受世間之諸塵垢 量寬有力也 是謂社稷主 能消受諸不祥者 有道
有德也 是謂 天下之至尊 萬法之王也 此言雖正世見 若反也

79. 和大怨 必有餘怨 安可以爲善 是以聖人執左契 而不責於人 故有德司
契 無德司徹 天道無親 常與善人

心意識 好有爲 逐妄循塵 生諸貪欲 醉於夢幻 空花昧道 失德大怨也 靈利
者 回光返照 廓達虛明 靈妙之道 心意識 俱滅大怨和矣 餘怨何謂也 玄妙未
盡 有我未忘也 安可以爲善 不存玄妙 不立門庭 無物我混聖同 凡絶餘怨 是
以 聖人執左契 而不責於人 上古結繩爲政 主執其左 老子以此 喩大達者 如
執左契 遇有道者 一言相投 與右契符合也 何必責人也 故云有德司契 無德司
徹 司徹者 撰諸巧言 使世人 通知求其尊也 詭詐之計 非善也 徹者通也 殊不
知天之道 無親疎善人者 得之

80. 小國寡民 使有什伯之器而不用 使民重死而不遠徙 雖有舟輿 無所乘之
雖有甲兵 無所陳之 使民復結繩而用之 甘其食 美其服 安其居 樂其俗 隣國
相望 鷄犬之聲相聞 民至老死 不相往來 樂音洛

有道者 樂無爲 譬如 小國寡民 縱使其民 有才器 可爲千人之長 而不用者
何也 上有道 下淳朴 上下相安 無事無爲 何用才器 雖有舟船車輿而無用 雖
有甲兵 亦無所陳 上下相安 事於無爲 使其民 復結繩而用之 結繩爲政之時
勝今人之多矣 然又不及上古全淳朴之時 各各以道相處 雖糲食而亦甘 蕰衣
而亦美 絶奢侈之情 無貪欲之念 隨處皆極樂之邦 雖居茅茨石室 亦常安風俗
淳而自樂也 鄰國相望 雞犬之音相聞 而其民各各無欲無求 是以至老死 而無
事往來 樂道者 安靜如此也 糲音辣

81. 信言不美 美言不信 善者不辯 辯者不善 知者不博 博者不知 聖人不積

旣以爲人 已愈有 旣以與人 已愈多 天之道 利而不害 聖人之道 爲而不爭

至言不聞 直而無巧 巧言者 多詐非誠信之言也 太達者 言簡不事辯 好辯
者 非善未達之人也 廓達大道曰知 知者不向外博聞一法通而法 法通也 好博
聞者 不知道也 大有道者曰聖人 聖人忘我而無心 沖虛明妙故 內外皆不積 何
謂虛而不屈 動而愈出 聖人無己 靡所不己故能切 切爲人 旣以此道等 爲一切
人而於器愈有何也 妙道無窮 旣以廣施 利濟平等 與人不倦 不竭何也 無爲之
德 愈廣而於已愈多 自然而然 與天之道同也 天之道 利而不害 聖人之道 亦
利而不害 聖人者爲無爲事 無事妙道 至德昭昭然 可貴可尊 不與世人 爭善爲
士者 皆可微妙玄通爲聖爲至聖 三才道同 唯人最靈 善綜天地之道 全造化於
一己 有逾日月之明 有勝乾坤之力 若能廻光返看 點首廓達 便見老子一言一
句 單單揭示 大道之德 不以小徑 惧人至於終篇 復奉天之道 聖人之道 明誨
世人 有深意在焉 修身齊家治國平天下者 宜子細着眼 切忌錯會 毫釐有差 天
地懸隔 善詳之 善行之

直註道德經卷終

蒙山和尙 別號絶牧叟 直註道德經一卷 伏承
常州路無錫縣居 判簿友梅王居士坦 施財鋟梓于吳中休休庵 結殊勝緣者
至元丁亥歲菖節日 吾靖 題

3. 간기

道德註說 並是古今眞儒之秘訣 能與人 去釘拔楔 脫籠頭卸角馱 差有眷々
服膺者 孰不成道乎 則皆扇覺皇之玄風 濯執熱於萬古 盖絶牧叟親傳心印之
祖 老子亦是迦葉菩薩 且道怎生是心印 桂密臺前 後檀馨嶺外中 碧松堂埜老

跋　嘉靖丁亥日板留智異山斷俗寺

　　募緣　一禪

　　　　　釋安

　　　　　靈俊

IV. 증수선교시식의문

1. 증수시식의문

瑞陽沙門蒙山 德異修註

施食功德殊勝 利益廣大者 妙在作觀. 作觀者 行人旣了 諸法無非法界 一
多無碍 理事圓明 妙具三檀 圓修六度. 全在行人 一心淸淨 種種功德 隨念現
前. 三檀者 無畏施財施法施. 六度者 施波羅蜜 戒波羅蜜 忍波羅蜜[1] 精進波
羅蜜 禪波羅蜜 般若波羅蜜. □□多羅尼力 靈妙不可思議. 施食時 大衆普集
安詳而立 如法作觀 各各放捨雜念 興慈運悲 愍彼飢渴 平等濟度 欲拔彼苦
仗佛神通. 先當觀想 我身六根門中 八萬四千毛孔 皆放淸淨光明 遍照十方無
量無邊 一切法界. 次想 我此施場 無諸坑坎堆阜 淸淨平坦 廣博無碍 猶若虛
空 能容無量無數佛子 受食聽法 一切佛子承我願行力 承諸佛慈悲加護(1)力
悉赴道場 受沾功德. 已上具無畏施

---

1) 戒波羅蜜 忍波羅蜜은 판독하기 어려우나 앞뒤를 살펴서 보충하였다.

次當觀想 奉請面然鬼王 卽在目前 統領三十六部 諸餓鬼衆 同阿利帝母
一切眷屬 婆羅門仙衆 及諸地獄 一切受苦衆生 三塗八難 幷諸滯魄孤魂 暨一
切中陰界內 諸佛子衆 各各從諸法界 而來赴我法會 次當觀想 食器隨我諷誦
呪力 變現廣大 如摩伽陁國 所用之斛 滿中飲食者 美如天甘露味 一斛化爲
無量斛 遍滿施場 異密周遍一切法界 一一佛子前 皆有七七斛食 已上財施

次當觀想 一一佛子前 皆有我身 誦經持呪 慈心念佛 展臂授食 及施甘露
法水 彈指出聲 警省昏沉 佛子平等受食 悉除飢渴熱惱 身心淸凉 一心聽法
各求解脫. 其法施

行人作如上觀法 一一現前 平等利濟於他. 當回觀 作觀者是誰 目前一一法
自何發現(2) 直下悟明妙道 願諸受施者 如我回觀之妙 同登覺岸 是名檀波羅
蜜.

作觀誦呪施食者 身口意淸淨 如法津濟 具此十善力 除彼飢渴 運六波羅蜜力
度彼沉淪 戒行相應 彼此獲益 頓悟菩提 是名戒波羅蜜.

所觀之法 隨念現前 歷歷明明 我此身心 雖在欲界 而身心無欲 居塵而離
塵 心境俱淨] 外諸聲色搖撼不動 專心濟濟. 已明了者 善知一切法 無生無滅.
未明心了者 以津濟故 忘身忘境 外諸聲色 無能惑亂. 靈利者 回光自看 便悟
本眞 卽登覺岸 是名忍波羅蜜.

作觀誦呪 施食之時 三輪淸淨 能於一法 現一切法 以一法界 現一切法界
隨念應感 廻觀法源 洞明體用 一超直入如來地. 以如是功德 同諸受食佛子
平等受用 是名精進波(3)羅蜜.

作觀誦呪 施食之時 無別思想 觀行圓明境界淸淨 身心安然 離諸疾亂 之
境風濟. 已悟明者 住一眞法界. 未悟者 久久自然妙悟 入圓通門. 受食佛子
承是功德力 將來亦得妙悟 是謂禪波(4)羅蜜.

作觀誦呪 施食之時 已明了者 一法圓通一切法 以是法力 加持飮食 施諸
佛子. 未悟明] 亦運是心 承佛呪力 觀法勝妙力 緊故諸佛子 受此法食 捨盡愚
癡 發生智慧 各各頓悟 以心爲諸法之王 是名般若波羅蜜.

既明三檀六度功德已. 於道場中 聽主行者舉唱 同聲誦呪 或和佛号 不宜難亂.

次請魂

卓然眞性 不干生滅之念 煒爾神靈 莫管往來之身. 雖然如是 未悟心源 那能免苦 非仗(4) 三寶之鴻勳 難游一乘性海 承佛威神 來臨法會

法身遍滿百億界 普放金色照人天

應物現形潭底月 體圓正坐寶蓮臺

召請某靈法界亡魂 願承三寶力加持

今夜令時來赴會 受我供養證菩提

次表白

面然大士誓弘深 化現咽喉細若針]

法食共食知上味 金鈴同聽悟圓音

　　主行舉大悲呪. 大衆運流水聲同誦 各各作觀如法.

次誦破地獄偈及眞言

若人欲了知 三世一切佛 應觀法界性 一切唯心造 三遍

破地獄眞言

唵伽囉帝野娑訶 三遍(5)

普召請眞言

南無部波帝哩伽哩哆哩 怛他誐哆野 三遍

解冤結眞言

唵三陁囉伽陁薩縛訶 三遍

南無大方廣佛華嚴經 三遍

372

次別請

南無一心奉請 手擎寶蓋 身掛花鬘 導淸魂於極樂界中 引亡靈向碧蓮臺畔
大聖引路]王菩薩摩訶薩 惟願慈悲 無情有情降臨道場 證明功德. 衆和 香花
請

一心奉請 因緣聚散 今古如然 憑佛法之威光 赴冥場之勝會 今宵奉爲 某
靈駕爲首 法界亡魂 惟願承三寶力 仗秘密語 今夜今時 來臨法會. 衆和 香
花請

安座眞言

我今依敎設華筵 花果珍羞列座前(6)

大小宜依次第坐 專心諦聽演金言

唵摩尼軍茶利吽吽莎訶

主行嘆佛白意

佛身充滿於法界 普現一切衆生前 隨緣赴感靡不周 而常處此菩提座. 是日
今時 沙門某等 運慈悲心 行平等行 以本願力 大方廣佛華嚴經力 諸佛加被之
力 以此淸淨法食 普施一切法界 面然鬼王 所統領者 三十六部 無量無邊 恒
河沙數 諸餓鬼衆 泊訶利帝母 一切眷屬婆羅門仙衆 倂此方他界 刀兵殞命 水
火焚漂 疾疫流離 飢寒凍餒 繩木自盡 刑憲而終 産難而死 一切滯魄孤魂 依
草附木 一切鬼神 地府酆都 大小鐵圍山 五無間獄 八寒八熱 輕重諸地獄 嶽
司城隍等處 一切受苦衆生 六道方來 一切中陰衆生 咸赴我請. 無一違者 願
汝一一 各得摩伽陁國(6) 所用之斛 七七斛食 除諸飢渴. 第恐凡聖難通 當求
三寶加被

南無常住十方佛

南無常住十方法

南無常住十方僧

南無本師釋迦牟尼佛

南無觀世音菩薩

南無冥陽救苦地藏王菩薩

南無起教阿難陁尊者]

同聲念三遍. 各隨聖号 如法作觀. 觀想 佛菩薩身光 遍照諸法界中

一切佛子承光明力 悉捨惡道 悉赴道場 受沾功德

次主行白云

諸佛子 已承三寶加被之力 悉赴我請 當生希有心 捨離顛倒想 歸依三寶
懺除罪障 咽喉開通 平等受我所施 無遮無碍 清淨法食 除諸飢渴 歸依三寶
捨邪歸正 入法初門 一(7) 向投性爲歸 始終憑托曰依.

主行 舉歸依三寶. 衆和如法作觀

歸依佛 歸依法 歸依僧 歸依佛 兩足尊. 歸依法離欲尊. 歸依僧衆中尊.

歸依佛竟 歸依法竟 歸依僧竟 各三遍

三寶者 有十方常住佛法僧寶. 有自己佛法僧寶 歸依十方常住. 佛寶爲出世
大師 法寶爲解脫大戒 僧寶爲證眞善友. 歸依]自己佛寶者覺也. 一念回光 覺
悟妙道 永絕輪回 卽自己佛寶. 歸依自己法寶者 正也. 眞心正直 旋光一鑑 頓
悟無生法忍 解脫一切苦趣 卽自己法寶. 歸依自己僧寶者 清淨也. 捨盡凡情
一心清淨 不染諸塵 心心實相 念念圓明 卽自己僧寶.

兩足尊者 福德智慧二種具足者 證無上菩提. 離欲尊者 凡情聖念俱清 方便
發(8)輝 玄妙而不住玄妙 隨機普施 饒益而無我. 衆中尊者 清淨法身是也. 以
大圓覺爲伽藍 住四無碍智 而轉大法輪 饒益一切衆生也. 歸依常住三寶已 是
謂常隨佛學 不爲邪魔 外道所惑. 歸依自己三寶已 能頓悟妙道 圓集十力 至
究竟地. 歸依三寶竟. 誦滅罪眞言 授受三昧耶戒 開咽喉眞言 及變食眞言尊]

　　　地藏菩薩滅正業陁羅尼

唵鉢囉末頗陁顆娑婆訶 三遍

観音菩薩滅業障眞言

唵阿嚕勒繼娑婆訶 三遍

開咽喉眞言

唵步布底哩伽哆哩怛他誐哆野 三遍

三昧耶戒眞言

唵三昧耶薩陀鑁 三遍(9)

變食眞言

南無薩嚩怛哆誐哆縛嚧 引 枳帝 二 唵 三叭囉三叭囉吽 七遍

作觀之法 先觀 斛器廣大 如摩伽陀國 所用之斛 飯食滿中 一斛化七斛 七
斛化無量斛 遍滿施場 及諸法界 諸佛子悉赴法會 一一佛子前 皆有我身 誦經
持呪 變食以少爲多 次運呪力 化盂中淨水 變爲甘露水海. 次誦 毘盧遮那如
來一字水輪呪 化爲甘露法水. 次誦 乳海眞言 化甘露法水 爲清淨香乳海. 當
如法觀想 乳色滿大海中 諸佛子 各各恣意 飽飲法乳 各捨六道身 生極樂國
業生智慧 圓修十力 成就十身功德 速證無上菩提.

甘露水眞言

南無素嚕皤耶怛陀誐哆耶怛你陀

唵素嚕(10)素嚕鉢囉素嚕鉢囉素嚕 莎訶 七遍

一字水輪呪

唵鑁鑁鑁鑁 七遍

乳海眞言

南無三滿哆沒馱喃唵鑁 七遍

各隨所念名号 作觀如來妙相身 現在諸佛子前 身光遍照 一切法界 願諸佛
子 聞如來名号故 觀如來光明故 等獲利益.

南無多寶如來 殄某靈駕下同 破除慳貪 具足法財

南無寶勝如來 各捨惡道 隨意超界

南無妙身色如來　捨諸醜陋身　獲淨妙色身

南無廣博身如來　捨六凡微細身　悟明清淨虛空身

南無離怖畏如來　離諸怖畏　得大自在

南無甘露王如來　咽喉開通　獲甘露食

南無阿彌陁如來　隨念超生極樂世界

頓圓十力　速證四眞　念佛三遍　訖. 主行將(11)食及淨水　出外施時　先以食望東捧獻　以手盛食　放下然後　彈指三聲　捧淨水獻　訖. 將淋飯上　又彈指三聲　大衆同聲　念施食偈. 各各作觀　如前法.

神呪加持淨飲食　普施河沙衆鬼神

願皆飽滿捨慳貪　悉脫幽冥生淨土

歸依三寶發菩提　究竟得成無上道

功德無邊盡未來　一切衆生同法食　三遍

汝等鬼神衆　我今施汝供　此食遍十方

一切鬼神共　原以此功德　普及於一切

我等與衆生　皆共成佛道　三遍

施無遮法食眞言

唵穆力陵娑訶　三遍

普供養眞言

唵誐誐曩三婆嚩嚩囉斛　三遍

諸佛子受法食已　飢渴旣除　今當再爲汝等(12)懺悔　無始以來　至於今日　身口意作諸不善業　各各志誠　隨我音聲　發露懺悔. 誦偈三遍

我昔所造諸惡業　皆由無始貪嗔癡

從身口意之所生　一切我今皆懺悔

各各作觀　毘盧遮那佛　現在放光　照我及諸佛子　十方諸佛　諸大菩薩　悉放光明　照我及諸佛子　發露懺悔　悉發三業淸淨

諸佛子懺悔罪業已. 今當志誠　發四弘誓願. 然後　諦聽妙法

376

衆生無邊誓願度 我等誓隨諸佛學誓願

普度一切法界中 一切衆生 悟無上菩提 集十力功德 早成正等正覺.

煩惱無盡誓願斷 一切法界 一切衆生 所有無明煩惱 以我功德力 平等悟明妙道 滅盡無明 各各永斷煩惱.

法門無量誓願學 世間出世法門 無量(13) 無邊 我以眞心悉學 以如是法 敎導一切法界諸佛子 同圓十力 取四等菩提.

佛道無上誓願成 過現十方諸佛 四等菩提 四眞涅槃 是名無上妙果. 我誓願從今身 進修至聖身 化諸佛子 同取無上妙果.

自性衆生誓願度 一切凡情聖念 皆名衆生. 靈利者 回光一鑑洞明 體具四眞轉識爲智 集十力功德 證二無上果 願一切法果 諸佛子同我 獲是功德.

自性煩惱誓願斷 眞性淨妙 因情生故 積緣無明 情見生無量煩惱 我同諸佛子等 以無上菩提心功德 悟徹無生法忍 滅盡無明 永斷煩惱.

自性法門誓願學 眞性靈妙具足 世間出世間 一切法門 因逐妄生迷 捨已從他 今省覺已 誓願不向外求 如法一一習學(14) 法圓通一切法 機智等諸佛.

自性佛道誓願成 無上菩提 四眞妙果 各各自性 本自具足 因逐妄迷眞 失大受用. 今誓願捨妄趣眞 直至無極妙道 體用等十方諸佛 普施饒益 一切衆生. 行人各各知此法門 口念心應 集大功德 饒益諸法界中佛子 同登覺岸.

諸佛子發四弘誓願已. 各宜洗心 諦聽妙法. 我佛如來 怜憫汝等. 自無始以來 至於今日 迷眞逐妄 隨業漂流 出沒四生 往來六道 受無量苦. 特爲汝等 開大解脫門 演說十二因緣法. 各令於言下 頓明自性 永絶輪廻. 十二因緣法者 無明緣行行緣識 識緣名色 名色緣六入 六入緣觸 觸緣受 受緣愛 愛緣取 取緣有 有緣生 生緣老死憂悲苦惱. 無明滅則行滅 行滅則識滅 識滅則名色滅 名色滅則(15)六入滅 六入滅則觸滅 觸滅則受滅 受滅則愛滅 愛滅則取滅 取滅則有滅 有滅則生滅 生滅則老死憂悲苦惱滅.

一切有爲法 如夢幻泡影 如露亦如電 應作如是觀

若以色見我 以音聲求我 是人行邪道 不能見如來

一念普觀無量劫　無去無來亦無住

如是了知三世事　超諸方便成十力

主行擧心經　一遍

往生淨土呪　三遍

南無阿彌哆婆夜哆他伽哆夜哆地夜他

阿彌唎嘟婆毗阿彌哆悉耽婆毗阿彌利

哆毗迦蘭帝阿彌唎哆毗迦蘭哆伽　彌膩伽耶枳多迦隷娑婆訶

2. 영혼문

這一點靈明虛徹十方　廣通三際　歷刧常存　去來自由　山河石壁　不能障碍
瞬目之頃　請則便到. 行孝　某　就於　某守　以今月　某日　謹備香燈　以伸供養　某
靈　聞此香烟　臨法筵受沾供養　證菩提. 又

此　段孤明輝天　鑑地處萬變　而如々不動淪浩劫而寛尒常存　所以道生時
不隨生死時不隨死生　死無干涉　正體如不動　整更懷苦切　重整容儀　今赴香壇
如法受食. 又

萬點靑山圓梵刹　一竿紅日照靈臺　願承三寶加持力　高馭雲車暫下來

　　　動鈴偈

以此振鈴伸召請　某氏靈駕願遙知　願承三寶力加持　今日今時來赴會

　　　破地獄偈(16)

願承三寶力加持　地獄變成蓮花池　若人欲識圓通境　返聞々性始應知

　　　破地獄眞言

曩謨阿洒吒馱　二合　始地喃三藐三沒馱鳩致喃唵惹左　二合　拏縛婆始地哩地
哩吽

　　　滅惡趣眞言

378

唵阿謨伽尾嚧左曩摩訶毋拔囉麼抳 鉢納麼入縛囉鉢囉𠯣哆野吽

　　　召餓鬼眞言

唵唧曩唧迦希曳 二合 希莎訶

　　　普召請眞言

南無步步地哩伽哩多哩怛葛多野

一心奉請 業因三毒 識轉四流 修殺盜以迷源 固貪淫而失性 今日奉爲 某靈
惟願承三寶力 仗秘密語 今日今時 來臨法會

　　　香偈 二首

烟起成雲偏沙界 風飄爲瑞布天堂 依然從此着眼者 戒定眞香自然成
紛紛香氣爐中出 拂拂淸風散虛空 但得五湖風月在 法身具足五分香

　　　燈偈 二首

我今一念淸淨燈 十方法界照分明 大覺明心本淸淨 隨處無非大光明
點香點燈靈前燈 燈 光耀遍大千人 人本具自受用 皎月光明豈在天

　　　茶偈 二首

親傳趙州名茶藥 聊表山僧一片誠 覺破昏迷三界夢 翻身眞到法王城
百草林中一味新 趙州常勸幾千人 烹將石鼎江心水 願使仙靈歇苦淪
我今以此法味茶 一滴能令偏河沙 了得仙茶淸淨味 超然三業薩婆訶(372)

　　　引入參聖

水千回山萬疊 難知去來之微 縱燈一點茶三碗 悉陳孝子之哀懇 須仗梵唄
當入道場 參禮聖容 求受佛記 又

碧樹林中依俙 昔日之面目 般若臺上髮髴 今日之來儀 某靈 今飮茶一碗
更進禮三尊

　　　指壇眞言

唵曳囉 泗吠路左那野莎賀

　　　淨路眞言 齋者執爐前引大衆聲口 後闍梨振鈴誦呪引入庭

唵蘇悉帝囉佐哩哆囉囉佐哩哆吽滿哆賀那賀那囉毋囉多曳佐囉泮吒

開門偈 二首

開門禮彌勒之大會　入庭參彌陁之慈顏　聽法悟三身之大覺　卽證同諸佛之妙果

捲箔逢彌勒　開門見釋迦　三三　禮無上遊戲法王家(18)

庭中偈 二首

生死輪回無量劫　幸逢得入解脫門　歸依至誠禮佛僧　永斷生死入涅槃

一步曾不動　來向水雲間　旣到阿練若　入室禮金仙

普禮三寶

普禮十方一切佛　普禮十方一切法　普禮十方一切僧　唵縛日囉吻

幸逢聖會已. 禮慈尊宜生罕遇之心　可業難遭之想　請離壇所當赴淨堂

受位安座

嚴設素帳已　敷玳筵頓彎於華嚴法界　宴坐於圓覺妙場　身心不動　隨意而住

安座眞言

唵摩尼軍茶利吽吽莎訶

獻靈飯時(19)

一靈眞性湛湛　圓融五陰浮雲空　空自盡輝天鑑地　曜古騰今所　向自由　榮臨法會　又

來無所來　如朗月影現千江　去無所去　似澄空形分諸刹　欲識靈駕來往意　熱香爐中著眼看

香偈 二首

山僧香熱一爐　傍承此香　烟偏十方　普熏衆生蒙解脫　法身具是五分香

只這一慧香將取法性　山混在靑黃裏　分明皂白間

茶偈 二首

龍宮滿藏無窮水　莫將茶碗取一容　秋水漂淸碧天時　團々孤月處處通

380

我此一碗茶 趙州曾知味 若能如是飮 除熱得淸涼

　　　飯偈 二首

我此鉢中香積味 諸天仙食了無殊 勸君若也知滋味 來世當々飽未休

我此一鉢飯香積 醍醐味變爲禪悅 食法喜充徧身 諷經尊勝或心經

　　　宣密加持 或擧此篇則宜念三寶

切以式遵聖敎 依法追修 請迎之禮 卽周供養之儀 方展先憑三寶 觀音妙力

諦聽法音 如法受食 南無十方佛云々 諸眞言 如常後表白 或送魂 亦得

　　　表白

上來恭對靈幄 諷誦秘文 稱揚聖号 作多生之功德 修種種之良因資尊魂 莊

嚴淨土

願 某靈 身超□□□□捨塵梵蓮開上□□□□

授一生之記再勞衆等念十方三世云

　　　送魂

上來諷經 功德奉爲 某靈 若人欲識歸家路 圓明寂照徧河沙 萬代古今長不

滅 心向西方問如何 又

明々一句貫古今 體徧河沙內外空 若人於此翻身轉 塵々刹刹是古鄕(20)

3. 구병시식의문

　　　救病施食儀文

　　　擧念三寶及觀音大士

南無十方佛 南無十方法 南無十方僧 南無大慈大悲救苦觀世音菩薩

今宵特爲 某氏 嘖主鬼神靈駕 承佛威神 仗法加持 就此淸淨之寶座 飽膳禪

悅之法供

以此振鈴伸召請　冥途鬼界普聞知　入嘖主靈

願承三寶力加持　今夜今時來赴會

　　　　　破地獄眞言

曩謨阿洒叱　二合　始地喃　三藐　三沒馱鳩致喃唵　二合　拏　嚩婆始地哩吽

　　　　　滅惡趣眞言

唵阿謨伽尾嚧左曩摩訶母囉麼扼鉢納麼入嚩鉢囉靺哆野吽

　　　　　召餓鬼眞言(21)

唵唧曩唧迦移希　二合　希莎訶

　　　　　普召請眞言

南無步步地哩　伽哩多哩　怛他葛多野

維歲次　某年某月某日　朝鮮國某道某邑某村居住　某人得病難除　撲床呻吟
謹備香燈飯餅錢馬　就於淸淨溪邊　邀請嘖主鬼神靈駕　及與五方諸位　靈祇靈
魂　以伸供養　伏願死人嘖主鬼神　諸位靈魂　來臨醮座　受沾功德　解冤釋結　病
患消除　身强力足　所求如願　一一成就.

切以　冥路茫茫　孤魂攘攘　或入幽關　永世楚毒　或處中陰　長刲飢虛　斯苦斯
殃　難當難忍　千載未獲　超昇之路　四時永無　享祭之儀　餬口四方　終無一飽　幸
托財色而損物　亦付酒食而侵人　或不忘情愛而追尋　或未釋冤憎而逼迫　或因
鼎釜槽瓮出納以生禍　或緣瓦(22)石土木犯動而流災　凡夫不知病根而痛傷　鬼
神了知罪相而侵嘖　鬼不知人之苦惱而妄怒　人不知鬼飢虛而徒憎　不假觀音之
威神　寧釋人鬼之結恨　肆以運心平等　設食無遮　願諸無主孤魂　仰仗觀音妙力
咸脫苦趣　來赴法筵　謹秉一心　先陳三請

南無一心奉請　承權起敎　普濟飢虛　爲救於惡道衆生　故現此尫羸之相　大聖
焦面鬼王　悲增菩薩摩訶薩　惟願不違本誓　臨降道場　受沾供養

一心奉請　某人嘖主鬼神靈駕　爲首　先亡父母　多生師長　五族六親　列名靈
駕　法界亡魂　惟願承三寶力　仗秘密語　今夜今時　來臨法會　受沾供養

一心奉請　某人嘖主鬼神靈駕　爲首　堂神萬位諸神　八萬四千因王神　山主大

382

王 客件神 近界土公神 近界砧鬼神 近界廚鬼神 近界道路神 近界庭中神 近界欄中神 幷從泛眷屬 來臨醮座 受沾法供 下皆倣此

一心奉請 某人嗔主鬼神靈駕 爲首 東方動土神 南方動土神 西方動土神 北方動土神 中方動土神 東方靑帝龍王 南方赤帝龍王 西方白帝龍王 北方黑帝龍王 中方黃帝龍王 東方聖者 南方聖者 西方聖者 北方聖者 中方聖者

一心奉請 某人嗔主鬼神靈駕 爲首 東方甲乙靑色神 南方丙丁赤色神 西方庚申白色神 北方壬癸黑色神 中方戊巳黃色神 第一夢陁羅尼七鬼神 五蘊行件鬼神 東方靑殺神 南方赤殺神 西方白殺神 北方黑殺神 中方黃殺神 各幷眷屬

一心奉請 某氏嗔主鬼神靈駕 爲首天件鬼(23)神 都前地件鬼神 都前人件鬼神 都前溫件鬼神 都前行件鬼神 都前客件鬼神 都前路件鬼神 都前山件鬼神 都前各幷眷屬

　　　　引詣香浴

上來已憑 佛力法力 三寶威神之力 召請某氏 嗔主鬼神 及與諸位 靈祇靈魂 已屆道場 大衆聲鈸 請迎赴浴 或誦大悲呪及般若心經亦得

　　　　沐浴眞言

以此香湯水 沐浴亡者身 願承加持力 普獲於淸淨

唵鉢頭暮瑟 二合 西方可尼伽惹隷吽

　　　　化衣財眞言

南無三滿哆沒馱喃唵般遮那毗盧枳帝 莎賀

　　　　授衣眞言

唵鉢哩摩羅鉢口縛量尼吽

　　　　着衣眞言(以下缺)

책을 마치며

모든 종교는 그 종교가 존재한 시대의 사회와 관련이 깊다. 불교도 시대와 사회에 따라 다양하게 현실에 적응하였고 사회를 변화시키기도 하였다. 문자에 얽매이지 않는다고[不立文字] 외치던 당의 선종과 달리 선종의 우위가 확립된 남송에서 어록을 중요시하는 경향으로 변하였다. 어록이란 일상 언어이더라도 문자로 기록되었고, 선교 절충의 여유를 보이면서 유행하였다.

몽산의 어록과 저술은 우리나라에 주로 전하고 있다. 이를 찾아 정리하면서 줄곧 세 가지 의문을 간직하였다. 하나는 그의 저술이 우리나라에만 풍부하게 전하는 까닭을 밝히면 고려와 조선으로 계승된 불교사의 특성을 이해하기에 도움이 되겠다는 기대였다. 다음으로 남송으로부터 원의 초기를 살았던 세속의 지식인으로 34세의 늦은 나이에 출가하여 활동하는 과정의 추적이었고, 그가 현실에 대응하는 자세였다. 마지막으로 한국불교에 남아 있는 그의 영향을 최대한 밝히고자 노력하였다.

누구나 자신이 연구하는 주제에 애착을 가지고 확대해서 해석하는 경향이 있다. 불교에 대해서도 개인보다 집단과 국가와 사회의 제도를 대상으로 삼았으나, 지공과 몽산의 경우에는 본래의 방향을 바꿔 고승의 연구에 해당하였다. 고승은 개인에 불과한 대상이므로 지금까지 불교계의 연구가 원효와 지눌, 그리고 의천을 비롯한 몇몇 고승을 파헤치던 좁은 연구로 회귀하는 방향과 같아서 스스로 주저한 때가 있었다.

개인을 대상으로 살피면서도 고승 개인의 연구인 미시적인 연구에서 사회와 국가와의 관계를 포함하여 거시적인 관점으로 파악하려고 노력하였다. 개인이 모여 사회와 국가를 이루므로, 개인이 사회와 국가에 대하여 대응하는 자세는 작은 주제와 큰 주제를 연결시키는 장점도 있다고 변명하고자 한다. 연구자만 풍부하다면 미시적인 연구를 축적하여 거시적인 연구로 확대시켜야 하겠지만, 국사학계는 적은 인력마저 폭우에 휘말리는 홍수와 같이 유행에 휩쓸리고 새로운 분야를 개척하기가 어렵다.

우리의 불교학계는 극단의 보편주의와 국수주의가 평행을 달리는 느낌이 있다. 대장경의 전산화를 한국불교전서보다 서둘렀던 노력은 보편주의를 강조하는 경향이고, 신라의 피가 흐르는 혜초(慧超)와 정중무상(靜衆無相)에 대하여 열정을 쏟으면서도 고려인이 아닌 지공과 몽산은 외면하는 태도는 국수주의의 경향이다. 우리의 전통을 알기 위하여 우리나라에서 간행된 외국 출신 고승의 저술과 우리나라에만 남아 있는 저술에도 관심을 높일 필요가 있음을 제시하고자 한다.

몽산과 지공이 고려에 직접 영향을 준 시기는 30년 정도 차이이므로 그들을 수용한 고려의 불교계는 연속성이 강하였다. 특히 조계산 수선사의 고승들에게 이들의 영향은 컸다. 한국의 조계종은 수선사와 몽산, 그리고 지공과 관계가 깊으면서도 이를 애써 외면하거나 축소하였다. 학계와 불교계는 그동안 답습된 태고법통설의 선입견에 얽매어 있고, 이와 반대된 사실은 축소시키고, 이해하려고 노력을 기울이지 않았다.

몽산과 지공은 중원에서 계승된 불교에서 소외당한 고승이다. 이들에 관한 자료가 대부분 국내에서 계승된 원인이야말로 한국불교사에서 반드시 규명이 필요한 과제이다. 이들의 저술이나 관련 자료는 국내외의 연구대상에서 제외된 경계에 위치하였다. 자료의 전산화는 고사하고 자료의 정리조차 배제되었다. 지공에 대한 연구가 막바지에 이르렀던 15년 전 몽산에 대한 관심을 기울이기 시작하여 한국불교사의 새로운 틀을 짜고, 이어서 몽산에 관하여 보충하려고 계획을 세웠다. 10년이 지나 몽산에 관한 연구도 거의 완성되었다고 간주하고 동서문화재단에 연구비를 신청하였다. 그러나 이를 탈고한 2007년 5월에도 몽산의 새로운 법어 두 편이 발견되었을 정도로 끊임없이 자료가 증가하였다.

평소 필자의 게으른 탓도 있지만 몽산에 관한 연구는 오래 지연되었다. 핑계이기도 하지만 자료가 새롭게 나타나고 아무도 이에 관심을 두지 않았기 때문에 더욱 힘들었다. 몽산과 지공의 연구는 새로운 자료가 자주 나타나 이를 판독하고 자료를 검토하면서 입력하고 해석하기에 귀중한 시간을 보냈다. 아직도 더 많은 자료를 기다리고, 이미 나타난 자료에 대하여 훼손된 부분을 보충하지 못하고, 대강 마무리하고 스스로 향상시키기 위한 디딤돌로 삼고자 한다.

한국의 불교는 삼국의 중반기에 수용되었다. 국내 출신이고 외국에서 활동하였으나 국내의 불교에 영향이 적은 고승에 대해서는 외국의 고승이면서 국내의 불교에 영향을 크게 준 경우보다 밀집되어 연구하는 경향이 강하다. 1290년대부터 우리나라의 불교에 큰 영향을 주었던 몽산과 1326년 이후 몽산에 못지않은 영향을 끼친 지공은 각각 원과 인도 출신의 고승이었다. 이들이 고려말부터 불교에 끼친 영향에 대하여 우리나라의 학계와 불교계에서 상응하는 관심을 보였다고 말하기 어렵다.

필자는 능력의 한계로 세계주의자도 못되고 그렇다고 국수주의자도 아니다. 다만 우리의 과거와 현재에 큰 영향을 끼친 인물에 대해서는 국적에 관계없이 상응하는 연구와 관심을 부여할 필요가 있다는 소극적인 태도이다. 이는 과거와 현재의 자리매김을 정확히 이해하여야 불교학에 대한 미래의 올바른 지표를 설정할 수 있기 때문이다. 몽산과 지공은 불교뿐 아니라 동아시아의 사상계에 큰 영향을 주었고, 특히 한국의 사상계에 심오한 흔적을 남겼다.

동아시아의 사상사에서 불교와 유교, 그리고 도교는 고등종교일 뿐 아니라 이념이었다. 유교와 도교는 중원을 대표하는 여러 민족이 세운 국가가 답습한 대표적 사상이고, 동시에 중원의 패권을 뒷받침한 국가종교였다. 유교와 도교는 동아시아를 벗어나지 못하였고, 중원의 패권주의에 편승하여 확장하면서 주변의 국가를 종속적으로 흡입시키는 한계를 가진 국가종교였으며, 세계종교가 아니었다. 동아시아의 종교현상의 바탕인 신화종교는 국가종교도 아니고, 그렇다고 세계종교라고 말하기 어려울 정도로 이론의 체계가 약하다. 중국의 유교와 도교와 일본의 신도는 토착성과 국가종교의 요소는 강하지만 이론적인 체계가 약하여 국가를 벗어나 확대하기는 어렵다.

유교와 도교와는 달리 불교는 남아시아에서 기원하여 지구상의 가장 험준한 지형을 극복하고 동아시아와 동남아시아로 확대하였다. 불교는 기원지에서 동아시아로 전파하는 과정에서 인도의 군사력과 경제력을 바탕으로 침략을 동반하지도 않았으므로 초기의 기독교와 상통한다. 기독교가 이스라엘의 국가종교가 아니듯이 불교는 지금 인도의 국가종교도 아니다. 불교의 교주는 물론 많은 고승이 외국인이고, 이들이 우리의 보편주의 사상에 깊은 영향을 주었다.

한국의 불교사는 불교라는 좁은 테두리를 벗어나 폭넓은 사상사의 주제로 부각시킬 필요가 있다. 몽산은 불교를 기반으로 동아시아 사상의 대립을 포괄적으로 극복하려는 노력과 이론을 확립하였다. 그가 남긴 직주도덕경과 함께 사설(四說)은 유교와 도교를 불교로 해석하여 차이점을 극복한 동아시아 사상사에서 주목받을 중요한 저술이고, 고려와 조선에서 이를 수용하고 간행하였을 정도로 동아시아에서 한국은 유일하게 이를 보존하였고 중요시하였다는 특징이 있다.

이 책의 1장에서는 몽산의 생애와 저술, 그리고 고려의 승속과의 관계를 살폈다. 몽산은 남송에서 태어나, 몽고에 의하여 남송이 몰락하던 시기에 생애의 중반에 출가하였다. 몽산의 전기에는 불교와 관련된 사실만 강조되었고, 시대상황과 관련된 대응은 매우 소략하다.

몽산의 생애를 몽고에 대한 남송의 저항과 연결되었음을 규명하려고 노력하였으나 자료의 한계가 심하였다. 고려의 승속이 그와 교류한 사실도 같은 관점으로 좀더 천착되었으면 한다. 원은 다른 국가를 가혹하게 정복하였으나 신앙과 종교에서 포용성이 컸고 다원성을 인정하였다. 원은 광대한 영역에서 지역별 종교의 특성이 강하여 사상을 통한 사회적 통합이 어려웠다. 고려에서 몽산의 저술이 풍부하게 남은 까닭도 불교전통이 상통하였기 때문이라고 결론지었다.

2장에서는 몽산의 선사상의 특징을 살폈다. 몽산은 선승이었고, 전쟁이 심한 시기를 살았으므로 단순성과 실천을 강조한 생애를 보냈다. 그는 몽고가 동아시아를 석권한 시기에 주지를 맡으라는 회유책을 거절하고, 휴휴암으로 은둔하여 저술에 힘썼다. 남송이 몰락한 초기에 철저한 은둔과 저술에만 힘썼으나, 원의 전성기에 들어가자 원과 동맹한 고려와 활발한 교류를 통하여 자신의 저술과 사상을 전파시켜 고려의 불교계에 깊은 흔적을 남겼다.

몽산은 의식에 사용한 시식의문과 세속인의 수양의 방편으로 권장한 염불화두, 승속을 모아 설법한 보설을 남겼다. 이러한 저술은 그가 지역의 주민과 불교의 사회성을 밀착시킨 교화의 방편으로서 전란의 시련을 극복하고, 승속이 공존하는 방법이고 사회를 이끌어가는 신앙인의 전형적인 모습을 나타내었다.

3장에서는 몽산이 다양한 경전을 요약하여 선사상에 활용하였음을 밝혔다. 그는 선사상의 정점을 이루는 『육조단경』을 활용하여 조사의 계승을 강조하던 앞선 판본을 멀리하고 여래선의 경향이 강한 이본을 선본으로 확정하였다. 몽산본의 육조단경은 지눌과 그의 계승자가 수선사에서 간행하였던 판본일 가능성이 크다는 견해를 제시하였다.

사본만 전하는 제경촬요는 몽산의 초기 저술임을 밝혔다. 그가 주장한 선교일치사상이 제경촬요에서 강하게 반영되었고, 그보다 앞선 시기의 온릉계환(溫陵戒環)의 사상을 강하게 계승하였다고 입증하였다. 몽산이 확정한 불조삼경(佛祖三經)은 경전에서 선사상을 찾으려는 선교일치와 관계가 깊었다. 임제종의 법맥과 거리가 있는 위앙종(潙仰宗) 고승 위산영우(潙山靈祐)의 저술을 삼경의 하나로 과감하게 수용하면서 조사선과 다른 여래선을 확정시키는 포용성과 과단성을 드러냈다.

4장에는 몽산의 삼교일치론을 강조한 저술을 소개하고 분석하였다. 몽산은 도교의 중심 경전인 도덕경을 불교의 사상으로 풀이하고 새로운 유학인 성리학의 논쟁을 잠재우려고 하였다. 그는 유교의 경전인 주역과 상서와 중용에서 중요한 주제를 골라 불교와 도교의 사상으로 풀이하여 상통한다고 설명하였다. 몽산은 당이 망한 다음 원의 통일에 이르는 시기의 분열을 극복하여 사상의 통일을 이루려고 시도하였다고 하겠다.

몽산의 삼교일치론은 그보다 50년 앞선 시기의 여여거사 안병(顏丙)의 저술과 밀접하였다. 안병과 몽산의 삼교일치에 관한 저술은 16세기 중반 조선에서 불교에서 성리학으로 사상의 기반이 전환되던 시기에 마지막으로 불교를 지탱하기 위한 이론서로 간행되었음이 확인되었다. 몽산의 삼교일치론은 동아시아에서 자생한 유교와 도교에 대하여 불교를 통하여 사상의 보편성을 확인한 성과였고, 현재에도 다시 음미할 이론서이다. 동아시아의 이론서를 간행하고 보존한 노력과 식견이 놀랍다고 하겠다.

대구에서 목격한 일이다. 동행한 불교서지학을 전공한 교수가 서점 주인이 대접하는 커피를 받았던 찰나 마침 서점에 들어온 스님에게 먼저 드시라고 권하였다. 그 스님이 말하기를 "커피는 외국산이어서 마시지 아니 합니다"라고 대답하였다. 무참해진 교수가 당황하는 모습을 보고 "그러면 석가는 국산입니까?"라고 되묻고 싶었으나 맞받아치는 선문답 같아서 말을 아꼈다. 커피와 부처, 공자와 예수, 그리고 맑스도 모두 외국산이지만 이제 우리의 생활에서 중요한 일부분이 되었다고 말하고 싶다.

지공과 몽산을 연구하면서 남아시아와 동아시아에 대하여 깊은 이해가 필요함을 절감하였다. 19세기의 아시아는 극히 적은 나라를 제외하고 악몽과 같은 시련을 겪었고, 아직도 늦잠에서 깨어나지 못한 곳이 많다. 금세기의 벽두에도 동아시아의 동맥에 경화를 일으키는 공범인 우리의 사고를 유연하게 가지기 위해서도 동아시아의 신화와 종교는 깊은 이해가 필요한 일반사의 대상이라 하겠다.

필자는 개인 연구로 지공과 몽산에 대하여 자료로부터 이론과 가설에 이르기까지 스스로 찾고 연구할 터전을 마련하였다. 몽산의 새로운 저술과 자료가 나타날 때마다 연구계획이 몇해씩 지연되고 다른 일을 제쳐놓고 이에 몰두하는 기간이 필요하였다. 때로는 누가 나를 시험하거나 창조적인 활동을 훼방하기 위하여 일을 마칠 무렵이면 성가실 정도로 새로운 저술이 다시 출현하지 않은가 의심하여 보았다. 마지막으로 기다리던 사설(四說)이 출현하여 기뻤지만 사설에서 취급한 『주역(周易)』과 『서경(書經)』은 필자가 파악하기 힘겨운 동아시아의 고전이었다.

필자가 가장 이해하기 어려웠던 고전은 『주역』과 『서경』 『도덕경』과 『카라마조프가의 아들들』이었다. 도스토예프스키의 소설을 제외하면 모두 몽산이 다룬 동아시아의 고전이었다. 도덕경을 이해하기 위하여 3년을 보냈으나 아직도 이해가 미진하다. 여러 고전의 해석을 읽으면서 조금씩 서경과 역경의 이해에 접근할 예정이다. 학문이란 음식과 같아서 일상 대하면서도 음미하지 않으면 진전이 없다.

개인에 불과한 몽산과 지공을 연구하면서 인구와 면적, 그리고 문화전통에서 남아시아와 동아시아는 아시아에 속한 대륙의 일부가 아니라 스스로 각각의 대륙이라 간주하였다. 필자의 미진한 지식과 의욕만이 앞선 이 책이 앞으로 두 대륙을 넘어서 세계를 이해하는 조그만 디딤돌이기를 기대하면서 연구의 대부분을 판독과 입력과 표점에 오랜 시간을 소모했던 자료를 정리하여 제5장에 실었다. 거들떠 살피지 않았던 유산이지만 귀중하게 취급되기를 기대한다.

지중해 연안에 산재한 게르만족의 보루를 보고 서양의 중세를 이해하였고, 우리의 중세와 비교하였다. 운남에서 여러 민족이 남긴 시가(詩歌)를 읽으면서 시경(詩經)의 참뜻을 맛보았고, 그들의 민속을 보고 우리의 단군신화에 접근하였다. 학문이란 독서와 함께 체험이 필요하지만 시간과 공간의 제약을 받으면 이를 극복하기 어렵다. 동아시아는 지난 세기의 어둠이 사라지고 먼동이 터야 한다. 동아시아의 동맥을 경화시킨 한반도는 어둠에서 깨어나야 하겠다.

【부록 1—傳記合集[1]】

1. 松江府澱山 蒙山德異禪師 高安盧氏子「존고」 禪師名德異 瑞陽[2]高安盧氏 號
   蒙山 因地得名也. 父正達 母鄒氏「실기」

2. 乳之夕 符預夢 齠卯不群「실기」

3. 年十四 聞僧誦心經 至是大神呪等語 徵以何義. 僧駭之 指叩洞山竹巖印.「실기」

4. 印一見而笑曰 你也是箇蟲豸 切莫忘他時自會去在「실기」年十六 以舅氏仕於衡
   襄 往學逮冠 遊制幕 多器其才 殊無經世意 所至聞方外交 卽浩然從之「실기」

5. 某年二十 知有此事[3]「책진」

6. 嘗閱藏函三百 因補公安二聖藏典「실기」[4]

7. 三十二請益十七八員長老 問他做工夫 都無端的「책진」 後參皖山長老 敎看無
   字 十二時中 要惺惺 如猫捕鼠 如鷄抱卵 無令間斷 未透徹時 如鼠咬棺材 不
   可移易 如此做去 定有發明時節 於是晝夜孜孜 體究經十八日喫茶次 忽會得世
   尊拈花迦葉微笑 不勝歡喜求決「책진」 入閩見皖山凝 令單提狗字話 鞭疑嘿究
   「실기」[5]

---

1) 참고한 자료의 약칭은 다음과 같다.
   ① 明 通谷 『五燈嚴統』(이하 엄통으로 약칭) 권 22, 鼓山凝禪師法嗣 蒙山異禪師.
   ②『五燈會元續略』(이하 속략) 권 4, 鼓山凝禪師法嗣 蒙山異禪師.
   ③ 明 文琇 『增集續傳燈錄』(이하 증집) 권 4, 鼓山皖山凝禪師法嗣 蒙山異禪師.
   ④ 明 袾宏 禪關策進(이하 책진)
   ⑤ 淸 超永 『五燈全書』(이하 전서) 권 56, 皖山凝禪師法嗣 蒙山異禪師.
   ⑥ 蒙山行實記(이하 실기), 南權熙所藏 寫本
2) 증집에는 서양(瑞陽)을 시양(示陽)이라 하였다.
3) 모(某)는 몽산덕이 자신을 가리킨다. 차사(此事)는 석가의 위대한 일대기를 말한다. 불
   교의 위대함을 알았다는 뜻이다.
4) 실기에는 연대가 없으나 순서로 보아 20세부터 대장경을 읽은 듯하다.
5) 연대가 불확실하지만 순서대로 시기의 선후를 나타낸다고 해석하였다.

8. 還至順昌 忽於拈化機緣 有省[6] 「실기」 三四員長老 俱無一語 或敎只以海印三
   昧 一印印定 餘俱莫管 便信此說 過了二載 「책진」[7]

9. 景定五年 六月在四川重慶府 「책진」
   後入蜀 留重慶 「실기」

10. 景定五年六月[8] 在四川重慶府 患痢晝夜百次 危劇瀕死 全不得力 海印三昧也
    用不得從前解會的也 用不得 有口說 不得有身動 不得有死而已 業緣境界 俱
    時現前 怕怖憧惶 衆苦交逼 遂强作主宰 分付後事 高著蒲團裝一爐香 徐起坐
    定默禱 三寶龍天 悔過從前 諸不善業 若大限當 盡願承般若力 正念托生 早早
    出家 若得病愈 便棄俗爲]僧 早得悟明 廣度後學 作此願已 提箇無字 回光自看
    未久之間 臟腑三四回動 只不管他 良久眼皮不動 又良久不見 有身只話頭 不
    絶至晩方起 病退一半復坐 至三更四点 諸病盡退 身心輕安 「책진」秊三十三[9]
    一疾瀕死 誓疾起 卽披緇從釋 盦明妙道 語竟厥疾頓廖 「실기」

11. 八月到江陵落髮 「책진」 理舟出峽 抵二聖院 傾橐飯僧 薙髮蛻塵 師福嚴祐 適
    寺厄畢 方贊緣復館 辭往黃龍緣不羿 「실기」[10]

12. 一年起單行脚 途中炊飯 悟得工夫 須是一氣 做成不可斷續 到黃龍歸堂 第一
    次睡魔來時 就座抖擻 精神輕輕敵退 第二次亦如是退 第三次睡魔重時 下地禮
    拜消遣 再上蒲團規式 已定便趁 此時打併睡魔 初用枕短睡 後用臂 後不放倒
    身 過二三夜 日夜皆倦脚下 浮逼逼地 忽然眼前 如黑雲開自身 如新浴出 一般
    淸快心下 疑團愈盛 不著用力 綿綿現前 一切聲色 五欲八風 皆入不得 淸淨如
    銀盆盛雪 相似如秋空氣蕭相 似却思工夫 雖好無可決擇 「책진」

13. 起單入浙 在路辛苦 工夫退失 「책진」

---

6) 순창은 몽산이 있는 고향이고 부모를 뵈었음을 의미하는 듯하다.

7) 순창에서 2년 동안 머물고 장로 3, 4명과 만났다고 해석하였다.

8) 1264년이고 그가 32세에서 2년 지난 시기이므로 34세이고 그의 출생연도는 1231년이
   다.

9) 실기에는 33세이고 책진은 34세이므로 1년의 차이가 있다. 필자는 실기를 따라서 기준
   으로 삼은 앞선 연구를 취소하고 책진의 기록이 좀더 구체성이 있으므로 이를 따르도록
   하였다. 앞으로 유의할 사항이다.

10) 실기에는 중경에서 배로 삼협에 이르렀음을 구체적으로 밝혔다.

14. 至承天孤蟾和尚處歸堂 自誓未得悟明斷不起單 月餘工夫復舊 其時偏身生瘡 亦不顧捨命趁逐 工夫自然得力 又做得病中工夫 因赴齋出門 提話頭而行 不覺 行過齋家 又做得動中工夫到此 却似透水月華急灘之上 亂波之中 觸不散蕩不 夫活潑潑地 三月初六日坐中正舉無字 首座入堂 燒香打香盒作聲 忽然團地一 聲 識得自己捉敗 趙州逐頌云沒與路頭窮踏翻波 是水超群老趙州面目 只如此 「책진」 初參承天孤蟾 命看趙州無字話 一日蟾問 亡僧遷化 向甚處去 師罔措 悱發參究 因首座入堂 墮香盒作聲 豁然有省 述偈曰 沒興路途窮 踏飜波是水 超群老趙州 面目只如此 「존고」 參蘇之承天孤蟾瑩 「중집」 夏終如浙承天孤蟾 瑩 偶罹寒疾 蟾躬慰之 舉古以驚對 機不舛 病間道益進 次因蟾問亡僧遷化 向 甚處去 師罔措排發墮肢 越數日坐參 次第一坐入堂 落香合作聲 豁然大悟 頌 云 沒與路頭窮 蹋飜波是水 超群老趙州 面目只如此 「실기」

15. 武忠呂公 聞之 寄頌旌美 「중집」 京湖制閫 武忠呂公旌以頌 可齋李公交譽之 「실기」

16. 自是遍叩叢席 時湖之天寧雪巖欽 思溪石林鞏淨慈石汎衍 皆入室 衡驚直趍徑 山 謁虛堂愚 愚拈瓶楪 令頌契機 參堂後請益 五祖不具三緣而生 達麼 .瘂熊 耳 「실기」 登徑山 謁虛堂 語契 然師未以此自足 「중집」

17. 示衆 蘇州有常 州有八角磨盤 空裏走日面佛月面佛 覿面和盤都托出便與麼 掀 倒禪床拂袖散去 法門幸甚 或有猶豫之者 只得把手 牽汝歸家 聞聲悟道 見色 明心 豎拂子曰 見麼 見底是色 那箇 是心 喝一喝曰 聞麼聞底是聲 那箇是道 直下正眼豁開 方得入門 猶是脫白沙彌 要與衲僧齊驅 竝駕 更進竿頭一步 「존 고」 示衆 蘇州有常州有八角磨盤 空裏走日面 佛月面 佛覿面 和盤都托出便與 麼 掀倒禪床 拂袖散去 法門幸甚 或有猶豫之者 只得把手 牽汝歸家 聞聲悟道 見色明心 豎拂子曰 見麼見麼 是色那個 是心喝一喝 曰聞麼聞底是聲 那個是 道 直下正眼 豁開方得 入門 猶是脫白沙彌 要與衲僧齊驅 並駕 更進禺頭一步 眞性湛然 離諸名相 虛而靈 寂而妙 悟之者號大法王 纔出母胎 便乃周行 七步 目顧四方 一手指天 一手指地 天上天下唯吾獨尊 且道明甚麼邊事者 裏薦得便 見 時時有諸佛下生 念念有諸佛成道 「속락」

18. 三年後 遇宋雲於蔥嶺 是神通妙用用耶 工夫做到耶 堂云這箇 亦是邊事 師云 者 工夫如何做 堂奇之指 「실기」

394

舟問; 不是心 不是佛 不是物 是什麼

師曰; 所供並是詣實

又問; 南泉斬猫 意旨如何

師曰; 剖腹傾心

舟曰; 趙州戴艸鞋出去 又作麼生

師曰; 手脚俱露

一日 室中

舟問; 雪覆千山 爲甚麼孤峯不白

師曰; 別是一乾坤

舟大稱賞 勸謁皖山 「존고」

19. 舟勸往皖山 山問光明寂照偏河沙 豈不是張拙秀才語 某[11]開口山便喝出 自此
　　行坐飮食 皆無意思 「책진」

　　山問光明寂照 遍河沙豈不 是張拙秀才語 師擬答 山震威一喝 師當下釋然 「존
　　고」

　　見皖山 契心冥嚮 休夏 度嶺凝皷山室中 舉狗子話 反覆徵詰 箭柱函合 凝轉機
　　捗 以張 拙寂照之語 師繾 擬議凝奮威一喝 繇此意消心廢嗣 春至後 嶼上
　　石梯 忽然疑氷盡洋 徑詣方丈 凝便問光明寂照 遍河沙 豈不是張拙秀才語
　　師掀倒禪床 凝擒云那裏是 這僧話墮處 師以手掩凝口 「실기」

20. 經六箇月 次年春日出城 回上石梯子 忽然胸次疑凝冰釋不知有身 在路上行乃
　　見山 山又問前語 某便掀倒禪床 却將從前 數則極淆訛公案一一曉了 諸仁者參
　　禪大須仔細 山僧若不得重慶 一病幾乎虛度要緊在遇正知 見人所以古人朝參暮
　　請 決擇身心 孜孜切切 究明此事 「책진」

21. 一日上石梯子 豁然大悟―語見皖山章 「속락」

　　又問諸訛在甚麼處 師云再犯不容 凝俾頌衡口應曰 雲門挬怪 不勘自敗 師子咬
　　人韓盧逐塊 凝托開云 柱杖不在 別時與一頓 師云 要用卽 借和尙 凝便打
　　師禮拜而出 一日凝舉臥雲深處 不朝天 因甚到者裏 師云 邦有道則見 凝
　　甚器之 「실기」

---

11) 모(某)는 몽산덕이 자신을 말한다.

一日山擧 臥雲深處不朝天 因甚到者裏 師曰 邦有道則見 山深肯之 「존고」

22. 時靜觀陳公云 帥固延禮神契 杞窓趙公 竹溪林公 同時名流風咨 叩師堂機不讓
凝以所傳 衣拂 付之 「실기」

23. 尋歷衡廬甸 復如吳 所至韜密 萬壽石樓 明伺機俾(十字落) 「실기」 復如吳 萬
壽石樓 明命典藏 「증집」

24. 至元混一 大丞相伯顏平吳 武暇詢決禪要 胸含確請出世 於嘉興之澱山 固辭不
獲 逾年勇退 「실기」

至元間 丞相伯顏破吳 武暇詢決禪要 機契確請 出世于澱山 「증집」

25. 承天覺菴 處以第一座 「존고」

承天覺庵 眞延師分座 「실기」

26. 後隱居蓮湖橋休休庵12) 「존고」

未機檀越素軒蔡公施庵 以居之 扁曰休休 別號絶牧 方以大隱焉 適學者 飮風
履滿 於是虛 問 鐘籥化治 朝扣暮鎔 色無少倦 每誠來學 決志於道 直須甘
若茹寂 捨盡凡情 以大悟爲入門深窮 遠到洞徹玄微 毋得少以自謾 毋務速
以遽畫 毋衒已起傲 毋逐末以忘源 汝志匪劣 式器于成 汝行匪懈 式詣于
極 三敎達□ 質疑求益 歲無虛日 「실기」

27. 出世澱山 僧問保壽開堂 三聖推出一僧 意旨如何 師曰兩彩一賽 曰保壽便打
又作麼生 師曰 爲人須爲徹曰三聖道恁麼爲人 非但瞎却者僧眼瞎 却鎭州一
城人眼去在 是肯他不肯他 師曰 兜率陀天一晝夜 人間四百年 「존고」

僧問保壽開堂 三聖推出一僧 其意如何 師云兩彩一賽 僧云保壽便打 又作麼生
師云 爲人須爲徹

僧云三聖道恁麼爲人 非但瞎却這僧眼瞎 却鎭州一城人眼去在是何的意 師云
兜率陀天 一日

人間四百年 僧云保壽 歸方丈有利害也無 師云疑殺愁癡 佛祖慶快 靈利男兒
「증집」

28. 師以十妙 示學者曰 位中功中 動中靜中 體中用中 意中句中 要中妙中 各演以
偈 「증집」

---

12) 오등전서에는 "菴"으로 쓰였다.

396

上堂 昨日十四日 今日十五日 靈利衲僧 吞却佛祖從敎 謝三郞月 下自搖艣阿
　　呵呵 莫莽鹵甜

瓜徹蒂甜 苦瓠連根苦「존고」

上堂 昨日十四日 今日十五日 靈利衲僧吞却佛祖從敎 謝三郞月 下自搖艣阿呵
　　呵 莫莽鹵甛瓜徹蒂恬 苦瓠連根苦「중집」

29. 上堂 奪人不奪境 九月菊花新奪境 不奪人當陽撲 破鏡人境兩俱奪 古井浸乾坤
　　人境 俱不奪 撼樹摘來香便恁麼去 在人背後又手不行此道 八十四種圓相如
　　何 收拾靈利 漢更進一步 拂却行蹤瞥轉一機 平常無偶自然 境智乾淨自然
　　父慈子孝 雖然兩口無一舌 是何宗旨 良口暗機 猶未動 義 海已全彰「중집」

30. 師垂三關語 以驗學者曰 蟭螟吸乾滄海 魚龍蝦蟹 向何處安心立命 又曰 水母
　　飛上 色究竟天 入摩醢眼裏作舞 因甚不見 又曰蓮湖橋爲一切人 直指明眼人
　　因甚落井「속락」

次依虛堂 堂指瓶梅

曰; 做得頌者歸堂

師曰; 戰退群飮得意回 百花頭上作春魁 看他方便爲人處 放出春風和氣來

堂曰; 歸堂去「속락」

31. 高麗遣使問道 及靜寧明順兩公[13]主 大臣名士 皆函願誠 槧普說繪像 而師事
　　之[14]

32. 遣內[15]願堂滿繡(此後缺[16]「실기」

---

13) "公"은 훼손되었으나 추측해서 보충한 글자이다.

14) 이에 대해서는 본서 5장 자료 법문경치 요암원명의 후서를 참조.

15) "內"는 훼손되어 알 수 없으나 보충한 글자이다.

16) "결"은 없으나 미루어 보충한 글자이다.

연대(나이) 행적(典據)

1231년(1세) 선사(禪師)의 이름은 덕이(德異), 서양(瑞陽) 고안노씨(高安盧氏)이고, 호는 몽산으로 출생지에서 붙였다. 부는 정달(正達)이고, 모는 추씨(鄒氏) 였다(행실기).

1244년(14세) 어려서부터 영리하였고, 14세에 승이 심경(心經)을 외우는 소리를 대신주(大神呪)의 의미가 무슨 의미냐고 묻자 이상하게 생가과고 동산(洞山)의 죽암인(竹嚴印)을 찾도록 했다. 인(印)은 보자마자 다른 날 올 때가 있을 것이니 가서 있으라고 했다고 한다(행실기).

1248년(16세) 형양(荊襄)에 벼슬하고 있는 외숙에게 가서 배움. 관례를 행하고 제 막에서 머묾.

1250년(20세) 이때부터 17.8명의 장로(長老)를 만남.

1262년(32세) 환산정응에게서 무자 화두를 받음(『선관책진』).

1264년(34세) 촉에 들어가 중경에 있었음. 병이 심하여 병이 나으면 출가하기로 맹세하자 병이 나음(행실기). 8월 강릉에 이르러 낙발함(『선관책진』).

(34세) 『선관책진』에는 32세에 17.8명의 장로와 공부를 물었고, 2년 지나 서 1264년 6월에 병이 심하였고, 8월에 출가하였다고 적었으나 행 실기에 의하여 바로잡음.

(35~44세) 1265~1274(咸淳間) 몇해 동안 민(閩)에 머물 때 10여 명의 사 부(士夫)를 만나 역(易)에 대하여 논의하였고 복재(復齋) 황공원(黃 貢元)과 겸재(謙齋) 임공원(林貢元)과는 여러 차례 토의함(사설의 역 설).

불교와 도교의 이치를 논란하고 설복시킴(直註道德經鈙).

1277년(47세, 丁丑: 충렬왕 3년) 원 승상 백안이 청량사의 주지를 맡으라는 요청을 사양하고 승천 각암에 머묾(행실기).

여름부터 전산에서 일을 사양하고 오중의 작은 암자에 의지하여 이름을
숨기고 휴휴암이라 함(직주도덕경서).

단월 소헌 채공이 암자를 주고 살게 했으므로 편액을 휴휴라 하고 별호를
절목수라고 하였음. 이때부터 철저하게 은둔하였다.

1278년(46세, 무인) 도덕경을 직주함(직주도덕경서).

1281년(51세) 평강로 승천사에서 화엄경 1백부를 간송(看誦)함(보설).

1285년(55세, 을유) 직주도덕경을 끝내고 서(敍)를 씀(직주도덕경서).

1286년(56세) 불조삼경(불설사십이장경)의 서(序)를 씀(불조삼경서).

하원절 강심남원화상이 휴휴암으로 찾아와서 일기(日氣)와 주역의 관계를
논의하고 몽산의 견해를 역설로 남기도록 권유함(사설의 역설).

1287년(57세, 정해) 중양 명본산인이 직주도덕경서를 써줌(직주도덕경서).

창절일 오정이 매왕거사의 도움으로 직주도덕경을 간행하고 제(題)를 씀
(직주도덕경서).

오정과 조립이 보설을 간행(보설).

1288년(58세, 무자) 양월단, 경조의 평직처사 상공이 사설(四說)의 간행비를 보조
함(직주도덕경서).

자각이 보설 4를 간행(보설).

휴휴암에서 보제회를 개최하고 보설함(보설).

1289년(59세) 자각이 보설을 간행(보설).

탁암에서 화엄경 102부 간송(보설).

1290년(60세) 『육조단경』의 서문을 씀(서序).

홍총이 보설 권 3을 간행(보설).

1295년(65세, 을미: 충렬왕 21년) 겨울에 요암원명장로, 각원상인, 각성상인, 묘부상
인 등 도우(道友) 8명이 삼한(고려)에서 와서 조용히 지내기를 같이함.

1296년(66세, 병신) 여름. 중부상인 등 도우 4인이 고려로 돌아감.

겨울, 고려의 만수상인이 와서 말하기를 고려국 내원당대선사 혼구, 정령
원공주 왕씨 묘지, 명순원공주 왕씨 묘혜, 전도원수 상락공 김방경,
시중 한강, 재상 염승익, 재상김혼, 재상 이혼, 상서 박경, 상서 유

거 등 여러분이 재삼 편지를 보내어 문답함.

요암원명장로의 요청으로 충렬왕을 위하여 설법함(보설).

1297년(67세, 정유) 중춘, 법문(십송)경치의 서문(序文)을 씀(십송서).

1298년(68세) 상인을 통하여 만항이 몽산의 서문이 있는 육조대사법보단경을 구함(덕이본 육조단경서).

　　2월 2일 십송설의 서(序)와 가송(歌頌)의 후서를 씀(십송서).

　　4월 12일 동안거사 이승휴에게 법어를 보냄(동안거사집).

1300년 고려에서 만항이 덕이본 육조대사법보단경을 선원사에서 간행함(덕이본 육조단경서).

1308년 몽산의 제자 철산소경(鐵山紹瓊)이 고려에 옴(고려사, 고려국대장이안기).

1350년 나옹이 휴휴암을 찾음(나옹행장).

1364년 진각국사 천희가 휴휴암의 몽산진당에서 방광을 보았음(진각국사비).

1357년 몽산화상법어약록(蒙山和尙法語略錄) 금사경이 조성됨(호림박물관 소장).

1364년 진각국사 천희가 휴휴암의 몽산진당에서 방광을 보았음(진각국사비).

1432년 몽산화상육도보설의 국내 최초판이 간행됨(육도보설 간기).

1463년 몽산화상법어약록 간경도감판 언해본이 간행됨.

1472년 몽산화상법어약록의 언해본이 간행됨(육도보설 언해본 간기).

1481년 몽산화상법어약록(통문관소장본)이 간행됨.

1517년 몽산화상법어약록과 사법어의 언해본이 고운사판으로 간행됨.

1525년 몽산화상법어약록과 사법어의 언해본이 심원사판으로 간행됨.

1526년 벽송야노가 단속사에서 직주도덕경을 간행하고 발문을 씀(직주도덕경 발문).

1535년 몽산화상법어약록과 사법어의 언해본이 빙발암판으로 간행됨.

1577년 몽산화상법어약록과 사법어의 언해본이 송광사판(松廣寺版)으로 간행됨.

400

【참고문헌】

1. 논문

許興植 「高麗에 남긴 鐵山瓊의 行蹟」, 『韓國學報』 39, 一志社 1985.

閔泳珪 「蒙山德異와 高麗佛教」, 『六祖檀經의 世界』, 民族社 1989.

朴相國 「現存 古本을 통해 본 六祖大師法寶壇經의 流通」, 『書誌學研究』 4, 1989.

南權熙 「蒙山和尙六道普說 諺解本의 書誌的 考察」, 『어문논총』 25, 경북어문학회 1991.

南權熙 「筆寫本 『諸經撮要』에 수록된 蒙山德異와 高麗人物들과의 交流」, 『圖書館學論輯』 21, 圖書館學會 1994.

韓基斗 「休休庵坐禪文 研究」, 『韓國文化와 圓佛教思想』 文山金三龍博士華甲紀念, 圓光大學 校出版局 1985.

許興植 「蒙山德異의 行蹟과 年譜」, 『韓國學報』 71, 一志社 1994.

許興植 「蒙山德異의 著述과 生涯」, 『書誌學報』 15, 1995.

許興植 「蒙山德異의 直註道德經과 그 思想」, 『정신문화연구』 61, 1995.

印鏡 「普照 引用文을 통해서 본 法寶記壇經의 性格」, 『普照思想』 11, 1998.

許興植 「蒙山德異와 曹溪宗法統」, 『南豊鉉教授華甲紀念論文集』, 同刊行會 1998.

許興植 「蒙山德異의 念佛話頭—염불과 화두의 접목」, 『문헌과해석』 太學社 1999.

許興植 「如如居士의 三教語錄」, 『書誌學報』 21, 一志社 1999.

印鏡 『蒙山德異와 高麗後期 禪思想 研究』, 불일출판사 2000.

姜好善 「충렬·충선왕대 臨濟宗 수용과 고려불교의 변화」, 『韓國史論』 46, 서울

대학교 국사학과 2001.

孟東燮 「德異本 『六祖大師法寶壇經』의 研究」, 『禪學研究』 81, 2002.

許興植 「蒙山德異의 普說과 懶翁普說과의 관계」, 『書誌學報』 韓國書誌學會 2002.

최연식·강호선 「『蒙山和尙普說』에 나타난 蒙山의 행적과 高麗後期 佛敎界와의 관계」, 『보조사상』 19, 보조사상연구원 2003.

許興植 「蒙山德異의 諸經撮要와 敎學思想」, 『書誌學報』 28, 2004

許興植 「三敎語錄의 서지와 藏書閣本의 중요성」, 『藏書閣』 13, 2005

2. 기본 사료

鄭麟趾 等, 1451, 『高麗史』, 亞細亞文化社影印 1972.

春秋館·實錄廳, 1413~1865, 『朝鮮王朝實錄』, 國史編纂委員會 編, 探求堂 1972.

金富軾 等, 1145, 『三國史記』, 李丙燾 譯註, 乙酉文化社 1977.

一然, 1286년경, 『三國遺事』, 旿晟社 1983.

徐居正 等, 14, 『東文選』, 太學社 1975.

成均館大 大東文化研究院 編, 『高麗名賢集』 1-6, 景仁文化社 1973~1985.

民族文化推進委員會 『影印標點韓國文集叢刊』 1-350, 1995~2005.

東國大學校佛敎全書編纂委員會, 『韓國佛敎全書』, 東國大出版部 1980~1989.

韓國文獻學研究所 『韓國金石文全書』, 亞細亞文化社 1977~.

許興植 編 『韓國金石全文』, 亞細亞文化社 1984.

黃壽永 編 韓國金石遺文(『黃壽永全集』 4), 1999.

趙涑 編 『金石淸玩』, 國立博物館所藏.

徐兢 『宣和奉使高麗圖經』(『梨花史學叢書』 2), 1970.

李荇 等 『新增東國輿地勝覽』(民族文化推進會), 1971.

成俔 等 『大東野乘』(『국역대동야승』, 민족문화추진위원회 1971).

大藏都監 『高麗大藏經』, 東國大學校民族佛教研究所 1251.

高楠順次郎 等 『大正新脩大藏經』, 大正新脩大藏經刊行會 1928.

西義雄 等 『新纂大日本續藏經』, 國書刊行會 1984.

佛教書局 『佛教大藏經』, 佛教出版社 1978.

佛教書局 『續佛教大藏經』, 佛教出版社 1980.

朝鮮總督府 『妙香山調査報告書』, 筆寫本, 故李種學所藏 1914.

韓國文獻學研究所 『韓國寺誌叢書』, 亞細亞文化社 1977.

朝鮮總督府 『朝鮮金石總覽』, 日韓印刷所 1919.

朴世敬 編 『韓國佛教儀禮資料叢書』, 三聖庵 1993.

韓國古代社會研究所 『譯註韓國古代金石文』, 駕洛國史蹟開發研究院 1992.

新文豊出版公司 編 『石刻史料新編』, 新文豊出版公司 1977.

韓在濂 『高麗古都徵』, 1834.

金容稷 等 編 『韓國地理志叢書』, 亞細亞文化社 1982~1987.

3. 목록·사전

『한국민족문화배백과사전』, 한국정신문화연구원 1992.

前間恭作 『古鮮冊譜』 3冊, 1934, 1956, 1957.

Courant, Maurice, Bibliographie Coreenee, 1894, Paris.

李仁榮 『淸芬室書目』, 寶蓮閣 影印本 1944.

金烋 『海東文獻總錄』, 學文閣 1969, 영인본.

李聖儀 『羅麗藝文志』, 프린트본 1964.

『羅麗文籍志』, 大韓民國國會圖書館 1981.

望月信亨 『佛教大辭典』, 世界聖典刊行協會 1954.

『韓國人名大事典』, 新丘文化社 1967.

小野玄妙 『佛書解說大辭典』, 大東出版社 1968.

駒鐸大學圖書館 『新纂禪籍目錄』, 日本佛書刊行會 1972.

東國大 佛教文化研究所 編 『韓國佛教撰述文獻目錄』, 東國大出版部 1976.

駒鐸大學 『禪學大辭典』, 大修館書店 1978.

凌雲書房 『中國歷史地名大辭典』, 日本: 東京 1981.

譚其驤 主編 『中國歷史地圖集』 7, 地圖出版社 1982.

蔡運辰 編 『二十五種藏經目錄對照考釋』, 新文豊出版公司 1983.

高麗史學會 編 『高麗時代史論著目錄』, 景仁文化社 2000.

『韓國文化 상징사전』, 동아출판사 1992.

國史編纂委員會 『韓國史研究彙報』, 1972~.

韓國精神文化研究院 『韓國口碑文學大系』, 1981.

4. 전산화 사료와 인터넷 온라인

李丙燾 譯註 『三國遺事』, 누리미디어.

정구복 외 역주 『三國史記』 서울시스템.

열린데이터베이스연구원 『CD-ROM 고려사』, (주)누리미디어 1998.

서울시스템주식회사 『國譯·原典 高麗史』, 동방미디어주식회사 1999.

『標點·校勘 朝鮮王朝實錄』, 서울시스템 1997~2003.

『高麗大藏經』, 해인사, 고려대장경연구소.

『增補文獻備考』, 누리미디어.

金龍善 編 『高麗墓誌銘集成』, 누리미디어 2003.

『文淵閣四庫全書』 電子版, 上海人民出版社 1999.

한국역사정보시스템, http://www.koreanhistory.or.kr/

국사편찬위원회, http://kuksa.nhcc.go.kr/

한국학중앙연구원, http://www.aks.ac.kr/aks_kor/aks.aspx

5. 단행본 저술

李能和 『朝鮮佛敎通史』, 新文館 1918.

404

橫超慧日 『中國佛敎の硏究』, 法藏館 1928.

高橋亨 『李朝佛敎』, 寶文館 1929.

忽滑谷快天 『朝鮮禪敎史』, 春秋社 1930.

安震湖 編 『釋門儀範』, 法輪社 1931.

李丙燾 『高麗時代의 硏究』, 朝鮮文化叢書 4, 1948.

高裕燮 『松都古蹟』, 1948.

內藤雋輔 『朝鮮史硏究』, 京都大 東洋史硏究會 1961.

趙明基 『高麗大覺國師와 天台思想』, 經書院 1964.

林錫珍 編 『松廣寺誌』, 松廣寺 1965.

關口眞大 『天台止觀の硏究』, 岩波書店 1969.

高柄翊 『東亞交涉史의 硏究』, 서울대출판부 1970.

李鐘益 『高麗普照國師の硏究』, 國書刊行會 1974.

金庠基 『東方史論叢』, 서울대출판부 1974.

金斗鐘 『韓國古印刷技術史』, 探求堂 1974.

塚本善雄 『中國近世佛敎史の硏究』, 大東出版社 1975.

金哲埈 『韓國古代社會硏究』, 知識産業社 1975.

李智冠 『曹溪宗史』, 東國譯經院 1976.

李鍾益 『曹溪宗中興論』, 寶蓮閣 1976.

退翁性徹 1976 『韓國佛敎의 法脈』, 海印叢林.增補版 藏經閣, 1990.

江田俊雄 『朝鮮佛敎史の硏究』, 國書刊行會 1977.

耕雲炯埈 『海東佛祖源流』 4冊, 佛書普及社 1978.

千惠鳳 『羅麗印刷術의 硏究』, 景仁文化社 1980.

姜昔珠・朴敬勛 『佛敎近世百年』, 中央新書 1980.

陳桓 『陳桓學術論文集』, 中華書局 1980.

江田俊雄 『韓國佛敎の硏究』, 國書刊行會 1980.

退翁性徹 1980 『韓國佛敎의 法脈』, 海印叢林, 增補版 藏經閣, 1990.

김형우 『고승진영』, 대원사 1980.

金杜珍 『均如華嚴思想硏究』, 韓國傳統佛敎硏究院 1981.

安啓賢 『韓國佛敎史硏究』, 同和出版公社 1982.

安啓賢 『韓國佛教思想史研究』, 東國大出版部 1983.

西南民族研究會 編 『西南民族研究』, 四川民族出版社 1983.

佛祖源流編纂刊行委員會 『增補佛祖源流』, 佛教出版社 1983.

許興植 『高麗佛教史研究』, 一潮閣 1986.

權熹耕 『高麗寫經의 研究』, 미진사 1986.

李基白 『新羅思想史研究』, 一潮閣 1986.

崔法慧 編 『高麗板重添足本禪苑淸規』 解題, 民族社 1987.

趙朴初 編 『房山石經之研究』, 中國佛教協會 1987.

高翊晉 『韓國撰述佛書의 研究』, 民族社 1987.

洪潤植 『韓國佛教史의 研究』, 敎文社 1988.

溫陽民俗博物館 『1302年 阿彌陀佛腹藏物의 調査研究』, 啓蒙文化財團 1991.

蔡尙植 『高麗後期佛教史研究』, 一潮閣 1991.

金相鉉 『新羅華嚴思想史研究』, 民族社 1991.

韓基斗 『韓國禪思想研究』, 一志社 1991.

張輝玉 『海東高僧傳研究』, 民族社 1991.

서윤길 『高麗密教思想史研究』, 불광출판부 1993.

韓㳓劤 『儒教政治와 佛教』, 一潮閣 1993.

許興植 『韓國中世佛教史研究』, 一潮閣 1994.

許興植 『高麗로 옮긴 印度의 등불』, 一潮閣 1997.

趙明濟 『朝鮮後期 看話禪研究』, 혜안 2004.

金杜珍 『고려전기 교종과 선종의 교섭사상사 연구』, 一潮閣 2006.

Ch'en Kenneth K. S., *Buddhism in China*. Princeton 1964.

Peter H. Lee, *Lives of Eminent Korean Monks*. Havard University Press 1969.

Charles Backus, *The Nan-chao Kingdom and T'ang China's Southwestern Frontier*. Cambridge UP 1981.

Herbert Franke and Denis twitchett ed, *Alien regimes and border states 907-1368*, The Cambridge History of China, vol 6, Cambridge UP 1994.

【Afterthought】

All religions are closely related to the respective societies of the eras during which they exist. Likewise, Buddhism has adjusted in diverse ways to different societies and eras and in turn changed these societies. Unlike the Zen School of the Tang Dynasty(618~907), which proposed "no dependence on words and letters(不立文字)," by the time of the Southern Song Dynasty(1127~1279), when Zen Buddhism had become well established, the main tendency was to stress texts of recorded oratories. Such texts were written texts despite their use of everyday language and were also popular, capable even of syncretizing the teachings of the Zen and Doctrinal Schools.

Mengshan Deyi(蒙山德異, 1231~1198?)'s discourse record(*yulu*) and other works are extant mainly in Korea. In unearthing and examining them, three questions or arguments persisted. First, I predicted that if the reason for the abundance of his works mainly in Korea were clarified, it would help to shed light on the characteristics of Korean Buddhism, especially from the Goryeo(918 ~1392) to the Joseon(1392~1910) Dynasties. Second, I was interested in tracing the life, activities, and thoughts of Mengshan, who, as a secular intellectual who had lived from the Southern Song Dynasty to the early Yuan Dynasty, had entered the priesthood at the late age of thirty four. Finally, I sought as much as possible to elucidate his continuing influence on Korean Buddhism.

Researchers all too often tend to be passionate about their respective research topics, even over interpreting or exaggerating them at times. As for research on Buddhism, I focused more on collective, national, and social institutions rather than on individuals early on. In the case of Zhikong(指空, 1300?~63) and

Mengshan, however, I changed my original approach so that the present project belongs to the genre of the study of eminent monks or research on hagiographic records? At the same time, I was sometimes hesitant, because eminent monks are mere individuals, and this project likewise could signal a regression to the narrow examination of a handful of eminent monks such as Wonhyo(元曉, 617~686), Uicheon(義天, 1055~1110), and Jinul(知訥, 1158~1210), an enduring trend in the Buddhist studies of Korea.

I therefore sought, even while studying individual figures, to explore eminent monks not only microscopically but also macroscopically, taking also into consideration the relationships between these individuals and their respective societies and nations. My rationale here is that because individuals come together to form societies and nations, their responses to and stances on the latter are advantageous in that they link small and large themes. Of course, if there were enough researchers, microscopic studies should accumulate to expand to macroscopic studies. Unfortunately, however, the numerically limited Korean historical circles are easily swayed by new trends and have difficulty developing new frontiers.

There seems to be two parallel and extreme trends in the Buddhist academia in Korea: universalism and nationalism. The digitization of *Goryeo daejanggyeong* (高麗大藏經, Tripitaka Koreana) before that of *Hanguk Bulgyo jeonseo*(韓國佛教全書, Complete Works of Korean Buddhism) bespeaks a stance that stresses universalism. On the other hand, the tendency to focus on Jeongjung Musang(靜衆無相, 684~762) and Hyecho(慧超, 704~787), who were Silla monks, but to disregard Zhikong and Mengshan, who were not from Goryeo, stems from nationalism. In my view, to understand our tradition properly, it is necessary to turn also to works by eminent foreign monks published and extant in Korea.

Because Mengshan and Zhikong directly affected Goryeo with an interval of approximately thirty years, Buddhism in Goryeo, which accepted the teachings and texts of these monks, enjoyed a high degree of continuity. These two figures had a particularly large influence on the eminent monks who belonged to the Association for the Practice of Zen(修禪社) on Mt. Jogye(曹溪山). However, despite its close relationship to the Association for the Practice of Zen, Mengshan, and Zhikong alike, the Jogye Order(曹溪宗) of modern Korea has sought to reduce or to disregard that relationship. Both academia and Buddhist circles have been biased towards the received theory of Taego(太古, 1301~82) as the orthodox patriarch(太古法統說), thus repressing facts that contradict this theory and making no effort to understand such facts.

Mengshan and Zhikong have been excluded from Chinese Buddhist circles. The reason for the continued publication of most of the data on these figures in Korea is a question that must be tackled in terms of the history of Korean Buddhism. However, the two monks' works and related materials have been situated on a boundary, excluded by researchers both in Korea and abroad. Indeed, not only were such data not computerized but also neglected altogether. As my research on Zhikong drew near its conclusion fifteen years ago, I started to take an interest in Mengshan and established a plan to create a new framework for the history of Korean Buddhism and to supplement my knowledge of Mengshan. Ten years later, judging that my study of Mengshan was near its end, I applied for a grant from the East and West Foundation of Culture(EWFC). However, even after the completion of that study in May of 5 years, new materials including two sermons by Mengshan continued to surface.

Due in part to my usual laxness, research on Mengshan progressed very slowly. Although this is partly an excuse, the task was all the more difficult because new materials continued to emerge, yet no one even noticed them. Because new data on Mengshan and Zhikong often surfaced, research on these figures required me to spend precious time deciphering, reviewing, inputting, and interpreting such data. Though I await even more materials and would like to examine existing materials closely, I have decided to conclude the present project and to use it as a stepping stone to future improvement.

Buddhism was introduced to Korea in the later fourth century. As for eminent Korean monks who were active abroad and had little influence on Korean Buddhism per se, they have tended to be studied in concentration as opposed to eminent foreign monks who affected Korean Buddhism considerably. Mengshan, who had a considerable effect on Korean Buddhism starting in the 1290s, and Zhikong, whose similarly strong influence on Korean Buddhism started in 1326, were eminent monks from Yuan China and India, respectively. It is difficult to say, however, that the academic and Buddhist circles of Korea today have devoted corresponding attention to the effect of these monks on Korean Buddhism starting in the last years of the Goryeo Dynasty.

Due to limited abilities, I am neither a cosmopolitan nor a nationalist. I only and passively believe that it is necessary to study and to focus on figures who have considerably affected our past and present regardless of their respective nationalities. This is because the correct indices for Buddhist studies can be established only after accurately understanding the relative position of the past and the present. Mengshan and Zhikong had considerable influence on not only Buddhism per se but also East Asian thought, especially Korean thought.

In the history of East Asian thought, Buddhism, Confucianism, and Taoism were not only higher religions but also ideologies. Confucianism and Taoism were representative thoughts that nations established by diverse peoples representing China transmitted and, at the same time, they were state religions. They failed to spread beyond East Asia, and were state religions limited by the fact that they expanded by taking advantage of China's bid for hegemony, absorbing and subordinating surrounding nations, and therefore were not world religions. Indeed, mythical religions, the basis of religious phenomena in East Asia, had such weak theoretical systems that they can be called neither state religions nor world religions. Despite their strong aboriginality and status as state religions, Confucianism and Taoism of China and Shintoism of Japan cannot easily expand beyond their respective national borders due to their weak theoretical frameworks.

Unlike Confucianism and Taoism, Buddhism originated in India and expanded to East Asia and Southeast Asia, surmounting the roughest terrain on earth. In addition, because it at least was not accompanied by invasion based on the military and economic power of India in the process of spreading all the way to East Asia, Buddhism is akin to early Christianity. Just as Christianity is not the state religion of Israel, nor is Buddhism the state religion of India today. Moreover, the founder and many eminent monks of Buddhism were foreigners, which makes Buddhism a true world religion, and these figures had a profound effect on Korean thought as well.

The history of Korean Buddhism must transcend the narrow bounds of Buddhism and, instead, be highlighted as a theme of a broader history of ideas. With Buddhism as the basis, Mengshan sought comprehensively to overcome conflict in East Asian thought and established theories to accomplish this goal. Together with *Zhizhu Daodejing*(直註道德經, Annotated Classic of the Way and Its Power), his *Sishuo*(四說, Four Essays) is an important work in the history of East Asian thought. Worthy of notice, this work strives to overcome the differences between Confucianism and Taoism by interpreting them in terms of Buddhism. Indeed, both Goryeo and Joseon adopted, published, preserved, and stressed these works, which is a phenomenon unique to Korea in comparison with other East Asian countries.

Chapter 1 of this volume examines Mengshan's life and works as well as his relationship with the Buddhist priesthood and laity of the Goryeo Dynasty. Born in the Southern Song during the Mongols' expansion, Mengshan entered the priesthood in his mid-life, when his nation was being ravaged by the Mongols. However, biographies of Mengshan only focus on facts related to Buddhism, recounting very briefly his suffering due to the sociopolitical situation of the era.

Though I attempted to examine Mengshan's life in terms of Song China's struggle against the Mongols, there was a severe paucity of data. I hope that the relationship between his life and the priesthood and laity of Goryeo will be explored in depth from a similar perspective. Despite its ruthless conquest of other countries, Yuan China was open to various religious faiths and acknowledged diversity. Because it had a strong tradition of local religions scattered over a vast area, the Yuan Dynasty had difficulty integrating society through ideology. I therefore have concluded that Goryeo served as a rich repository of Mengshan's works because they had many things in common with the Buddhist tradition of the Korean dynasty.

Chapter 2 examines the characteristics of Mengshan's Zen thought. Because he was a Zen monk and lived in an era rife with war, Mengshan stressed simplicity and praxis throughout his life. Rejecting the Mongols' conciliatory plan of appointing him the head monk of a monastery at a time when Yuan China was conquering East Asia, he retired to Xiuxiu Hermitage(休休庵) and devoted himself to writing. However, during the subsequent heyday of the Yuan Dynasty, he left a lasting trace on the Buddhist circles of Goryeo through his works and thought, which were transmitted to Goryeo via its alliance with Yuan China.

Mengshan analyzed in his works *such texts as Shishi yiwen*(施食儀文, *Ritual Text on Offering Food to the Dead), which was used to enlighten the laity, Nianfo huatou*(念佛話頭, *Critical Phrase in Chanting the Buddha's Name), which was used to cultivate the laity, and Pushuo*(普說, *Zen Sermons*), to both the priesthood and the laity. Such works reflect his wish to overcome the ravages of war and to bring about a coexistence of the priesthood and the laity through an enlightenment that linked local residents and the social aspects of Buddhism and reveal him as a typical devotee who led society.

Chapter 3 proves that Mengshan summarized diverse sutras and applied these summaries to Zen thought. Using *Liuzu tanjing*(六祖壇經, *Platform Sutra of the Sixth Patriarch*), the epitome of Zen thought, he distanced himself from earlier editions, which emphasized the succession of the Patriarchs, and established another variant edition, which had a strong bias toward Tathagata Chan(如來禪), as the standard Zen edition. In my view, Mengshan's edition of the *Platform Sutra of the Sixth Patriarch* is likely that published by Jinul and his successors in the Association for the Practice of Zen.

I have proven that *Zhujing cuoyao*(諸經撮要, *Summaries of All Sutras*), only a single copy of which exists, is an early work by Mengshan. The Summaries of All Sutras strongly reflects both the harmonization of the Zen and Doctrinal Schools, one of his ideas, and the earlier thought of Wenling Jiehuan(溫陵戒環, 12세기 후반). Established by Mengshan, the Three Sutras of the Buddha and the Patriarchs(佛祖三經) boldly adopted as one of the Three Sutras a work by Guishan Lingyou(潙山靈祐 771~853), an eminent monk of the Guiyang School(潙仰宗). This work was far removed from the idea of the agreement of the Zen and Doctrinal Schools, which sought to find Zen thought in sutras, and the doctrinal heritage of the Linji School(臨濟宗), thus exhibiting an inclusiveness and a decisiveness that established Tathagata Zen instead of Patriarchal Chan(祖師禪).

Chapter 4 introduces and analyzes works that stress Mengshan's theory of the harmonization of the Three Teachings(三敎一致). Mengshan interpreted Daodejing(道德經, Classic of the Way and Its Power), the key text of Taoism, from the perspective of Buddhism and sought to mitigate arguments with Neo-Confucianism, a new school of Confucianism. He selected important themes from such Confucian texts as *Zhouyi*(周易, *Classic of Changes*), Shangshu(尙書, *Classic of History*), and *Zhongyong*(中庸, *Doctrine of the Mean*) and elucidated them in terms of Buddhism and Taoism, explaining that the teachings of all three doctrines are not different in essence. Mengshan can be said to have attempted to accomplish ideological unification by overcoming the division of the period from the fall of the Tang Dynasty to the unification of Yuan China.

Mengshan's Theory of the Agreement of the Three Doctrines had its roots in the works of Yanbing(顔丙, ?~1215), written 50 years earlier. I have verified that Yanbing's and Mengshan's works on the agreement of the three doctrines were published in mid-16th century Joseon, when the ideological basis was shifting from Buddhism to Neo-Confucianism, as the final theoretical attempt to support Buddhism. Mengshan's theory of the harmonization of the Three Teachings was an accomplishment that confirmed the universality of thought between Confucianism and Taoism, both native to East Asia, through the prism of Buddhism, and therefore deserves reexamination even today. The effort and learning in publishing and preserving such a theoretical work applicable to all of East Asia are simply astounding.

Here, I would like to relate something I witnessed in Daegu. At a bookstore, a professor who was accompanying me, a specialist in Buddhist bibliography, accepted a cup of coffee from the owner. At that moment, a Buddhist monk entered the store. The professor entreated the monk to have coffee first. The monk responded, "I don't drink coffee because it's a foreign product." Thus rebuffed, the professor was naturally very embarrassed. Although I wanted to ask the monk, "If so, was the Buddha a Korean?" I desisted because it seemed as the question would lead to a Zen dialogue. I would like to say that coffee, Buddha, Confucius, Jesus, and Marx, although all foreign, have become important parts of our daily lives.

In studying Zhikong and Mengshan, I keenly felt the need for an in-depth

414

understanding of both South Asia and East Asia. With the exception of a few nations, nineteenth-century Asia underwent nightmarish suffering, and many places have yet to fully awaken even today. Even simply for us, who are complicit in the clogging of the artery of East Asia in the new millennium, to think in a more flexible manner, the myths and religions of East Asia are of interest to all and must be fully understood.

Through independent effort, I managed to construct the foundation for studying Zhikong and Mengshan, from gathering related data to establishing theories and hypotheses. However, each time new works and data on Mengshan appeared, I had to postpone my research plan for years, devoting all my time to such newly discovered materials. At times, I even wondered whether someone wasn't purposely making public a new work to test me or to hinder my creative activities just as I was about to finish my project. While it was a joy when the eagerly awaited Four Essays emerged, the Classic of Changes and the Classic of History, which I addressed in the introduction, were difficult East Asian classics.

The classics that I found the most abstruse throughout my scholarly career were *the Classic of Changes, Classic of History, Classic of the Way and Its Power,* and The Brothers Karamazov. With the exception of Dostoyevsky's novel, all of these works were East Asian classics addressed by Mengshan. Although I have spent three years, I have yet to understand the *Classic of the Way and Its Power.*

I plan to approach the *Classic of History* and the *Classic of Changes* gradually by reading diverse interpretations of these texts. For learning is like food and can see no advancement unless one fully savors it even as one partakes of it every day.

In studying Mengshan and Zhikong, who were but mere individuals, I saw

South Asia and East Asia not as parts of the Asian landmass but as individual continents unto themselves in terms of population, area, and cultural tradition. Though this book is based solely on my passion and a paucity of knowledge, I hope that it will serve as a stepping stone for understanding not only the two continents but also the world. Because I spent most of my research and time on the deciphering and inputting of the data, I have included them in the appendix. I strongly hope that these materials, although overlooked in the past, will be treated as invaluable sources.

I have seen the fortresses of Germanic peoples along the coast of the Mediterranean, understood the Western Middle Ages, and compared the latter with the Korean Middle Ages. I savored the true meaning of Shijing(詩經, Classic of Poetry) in reading songs left by various peoples of Yunnan(雲南) and discovered a way of approaching our Dangun(檀君) myth in watching these peoples folk customs. Although learning requires both reading and experience, the restrictions imposed by time and space are difficult to overcome. East Asia must transcend the darkness of the past century and welcome a new dawn. The Korean Peninsula, which hitherto has clogged the artery of East Asia, must awake from darkness.

416

【찾아보기】

ㄱ

420

426

434

허 홍 식 許興植
서울대 사학과를 졸업하고 동 대학원 국사학과에서 석사와 박사학위를 받음. 경북대 전임강사를 거쳐 교수를 역임. 이탈리아 나폴리 동양학대학교와 미국 캘리포니아대학 로스앤젤레스 소재에서 강의. 북경대학교 연구교수, 운남성 민족조사 여러 차례. 두계학술상과 출판문화저작상을 수상, 올해의 책, 우수도서 여러 차례.
현재 한국학중앙연구원 한국학대학원 교수.

서남동양학술총서
고려에 남긴 휴휴암의 불빛 몽산덕이

초판 1쇄 발행 / 2008년 12월 22일
초판 2쇄 발행 / 2009년 6월 30일

지은이 / 허흥식
펴낸이 / 고세현
편집 / 강영규 신선희
펴낸곳 / (주)창비
등록 / 1986년 8월 5일 제85호
주소 / 413-756 경기도 파주시 교하읍 문발리 513-11
전화 / 031-955-3333
팩시밀리 / 영업 031-955-3399 편집 031-955-3400
홈페이지 / www.changbi.com
전자우편 / human@changbi.com
인쇄 / 상지사P&B

ⓒ 허흥식 2008
ISBN 978-89-364-1310-1 93910

* 이 책은 서남재단으로부터 연구비를 지원받아 발간됩니다.
  서남재단은 동양그룹 창업주 故 瑞南 李洋球회장이 설립한 비영리 공익법인입니다.
* 이 책 내용의 일부 또는 전부를 재사용하려면
  반드시 저작권자와 창비 양측의 동의를 받아야 합니다.
* 책값은 뒤표지에 표시되어 있습니다.